आर. गुप्ता® कृत

## पॉपुलर मास्टर

# वस्तुनिष्ठ वाणिज्य

प्रतियोगी परीक्षाओं हेतु उपयोगी
प्रश्नों का उच्चस्तरीय संकलन

*लेखिका:*
**डॉ. सीमा कुमारी**
Ph.D (HRM), M.COM., M.B.A., UGC-NET (MANAGEMENT), ASSOCIATE PROFESSOR
DELHI SCHOOL OF PROFESSIONAL STUDIES AND RESEARCH, ROHINI, DELHI-110085

रमेश पब्लिशिंग हाउस, नई दिल्ली

*प्रकाशक*
ओ॰पी॰ गुप्ता, **रमेश पब्लिशिंग हाउस**
*प्रशासनिक कार्यालय*

12-H, न्यू दरियागंज रोड, ऑफिसर्स मेस के सामने,
नई दिल्ली-110002 ☏ 23261567, 23275224, 23275124

E-mail: info@rameshpublishinghouse.com
Website: www.rameshpublishinghouse.com

*विक्रय केन्द्र*

● बालाजी मार्किट, नई सड़क, दिल्ली-6 ☏ 23253720, 23282525
● 4457, नई सड़क, दिल्ली-6, ☏ 23918938



**Book Code: R-748**

**15th Edition: 1806**

**ISBN: 978-93-5012-843-5**

**HSN Code: 49011010**

# अनुक्रमणिका

# वस्तुनिष्ठ वाणिज्य

# 1. पुस्तपालन एवं लेखांकन
# (BOOK–KEEPING AND ACCOUNTING)

**1.** लेखा मानक-6 के अनुसार ह्रास विधि में परिवर्तन निम्नलिखित कारण से किया जा सकता है:
- A. विधान द्वारा आवश्यक हो
- B. प्रबन्धकों की इच्छानुसार कभी भी
- C. चार्टर्ड एकाउन्टेन्ट की इच्छा से
- D. परिवर्तन नहीं करना चाहिए

**2.** विदेशी मुद्रा में प्रदर्शित देनदारों की राशि को बदलना चाहिए:
- A. अंतिम विनिमय दर
- B. वर्ष के प्रारम्भ की विनिमय दर
- C. औसत विनिमय दर
- D. विक्रय तिथि को विनिमय दर

**3.** लेखा मानक—11 के अनुसार निम्नलिखित में से अमौद्रिक मदें हैं:
- A. देनदार
- B. प्राप्यबिल
- C. माल भण्डार
- D. ऋणी

**4.** किराया क्रय पद्धति से खरीदी गयी सम्पत्ति को क्रेता की पुस्तकों में प्रकट करना चाहिए:
- A. रोकड़ी मूल्य पर
- B. किराया क्रय मूल्य पर
- C. लागत मूल्य पर
- D. बाजार मूल्य पर

**5.** लेखा मानक—10 के अनुसार सम्पत्ति की लागत का अंश है:
- A. आयात कर एवं शुल्क
- B. स्थापना व्यय
- C. प्रारम्भिक परिवहन व्यय
- D. उपर्युक्त सभी

**6.** लेखा मानक—10 अनुसार स्थायी सम्पत्तियों का आशय है:
- A. उत्पादन व सेवा उद्देश्य हेतु रखी गयी सम्पत्तियां
- B. व्यापार के संचालन हेतु रखी गई सम्पत्तियां
- C. प्रतिस्पर्द्धा हेतु सम्पत्तियां
- D. उपर्युक्त में कोई नहीं

**7.** लेखा मानक—10 लागू होता है:
- A. खनिज तेल के कुएं पर
- B. पशुधन पर
- C. भूमि के विकास व्यय पर
- D. भवन पर

**8.** लेखा मानक—10 सम्बन्धित है:
- A. ह्रास लेखांकन
- B. प्रकटीकरण
- C. स्थायी सम्पत्तियों का लेखांकन
- D. विदेशी विनिमय दरों में परिवर्तन का लेखांकन

**9.** लेखा मानक—10 निम्नलिखित सम्पत्ति पर लागू नहीं होता है:
- A. ख्याति
- B. मशीनरी
- C. पेटेन्ट
- D. वन-बागान

**10.** आय मान्यता सम्बन्धी मानक-9 की आय परिभाषा में शामिल नहीं है:
- A. माल का विक्रय
- B. सेवाओं से आय
- C. साधनों के अन्यत्र उपयोग से आय
- D. स्थायी सम्पत्ति विक्रय से लाभ

**11.** लेखा मानक-9 की आय मान्यता निम्नलिखित आय से सम्बन्धित नहीं है:
- A. ब्याज एवं अधिकार शुल्क
- B. सेवाएं प्रदान करने की आय
- C. लाभांश की आय
- D. पट्टा सम्बन्धी व्यवहारों की आय

**12.** लेखा मानक-9 अनिवार्य किया गया है:
- A. सन् 1985 से
- B. सन् 1981 से
- C. सन् 1992 से
- D. सन् 1991 से

**13.** लेखा मानक-6 के अनुसार ह्रास योग्य राशि है:
- A. लागत मूल्य
- B. क्रय मूल्य
- C. ऐतिहासिक लागत—अवशिष्ट मूल्य

**14.** निम्नलिखित में क्षयी सम्पत्ति है:
- A. खान

B. पशुधन
C. शोध एवं विकास लागत
D. ख्याति

**15.** रोकड़ तुल्य का आशय है:
A. रोकड़ हस्तस्थ
B. बैंक जमा
C. अत्यधिक तरल विनियोग
D. तरल विनियोग

**16.** रोकड़ प्रवाह विवरण के लेखा मानक–3 का उद्देश्य है:
A. रोकड़ पर नियन्त्रण
B. रोकड़ एवं रोकड़ तुल्य में परिवर्तन की सूचना प्रस्तुत करना
C. रोकड़ प्रवाह विवरण तैयार करना
D. रोकड़ की प्रकृति की जानकारी करना

**17.** लेखा मानक–2 के अनुसार अवशोषण लागत में सम्मिलित है:
A. केवल स्थायी उपरिव्यय
B. केवल परिवर्तनशील उपरिव्यय
C. स्थायी एवं परिवर्तन व्यय दोनों
D. असामान्य व्यय

**18.** लेखा मानक–2 के अनुसार ऐतिहासिक लागत में शामिल है:
A. क्रय लागत
B. परिवर्तन लागत
C. रहतिए को वर्तमान स्थिति पर लाने में किया गया व्यय
D. उपर्युक्त सभी

**19.** निम्नलिखित में आयगत प्राप्ति है:
A. बैंक ऋण
B. सम्पत्ति का विक्रय
C. विनियोगों पर लाभांश
D. उपर्युक्त में से कोई नहीं

**20.** ऋणपत्रों के निर्गमन से प्राप्ति है:
A. आयगत प्राप्ति
B. पूंजीगत प्राप्ति
C. ऋण
D. कुछ नहीं

**21.** वातानुकूलन पर 15,000 रु. व्यय किए गए, यह मद है:
A. आयगत
B. पूंजीगत
C. विविध
D. आस्थगित आयगत

**22.** 2,000 रु. का माल आग से नष्ट हुआ:
A. पूंजीगत हानि
B. आयगत हानि
C. पूंजीगत व्यय
D. आयगत व्यय

**23.** कारखाने के निर्माण पर 3,00,000 रु. व्यय किये गए।

वहीं पर माल रखने हेतु अस्थायी निर्माण (झोपड़ी आदि) बनवायी 20,000 रु. में। अस्थायी निर्माण है:
A. आयगत
B. पूंजीगत
C. विनियोग
D. समायोजन

**24.** एक प्लांट 1,00,000 रु. में खरीदा, मरम्मत पर उसी समय 60,000 रु. व्यय किया। कुछ समय बाद 10,000 रु. और व्यय किए गए। प्लांट को 20,000 रु. के लाभ पर बेचा गया। पूंजीगत प्राप्ति होगी:
A. 1,80,000 रु.
B. 1,90,000 रु.
C. 1,20,000 रु.
D. 80,000 रु.

**25.** एक प्लांट 40,000 रु. में खरीदा। उसका पुस्तक मूल्य 30,000 रु. था। 50,000 रु. में प्लांट बेचा गया। पूंजीगत लाभ होगा:
A. 20,000 रु.
B. 10,000 रु.
C. हानि 20,000 रु.
D. उपर्युक्त में से कोई नहीं

**26.** माल भण्डार मूल्यांकन मानक निम्नलिखित में लागू होता है :
A. अचल सम्पत्तियां
B. कृषि वस्तुएं
C. पशुधन
D. निर्माणी उद्योग

**27.** ह्रास लेखांकन से सम्बन्धित लेखा मानक है:
A. AS–5
B. AS–6
C. AS–12
D. AS–7

**28.** 'शोध एवं विकास के लिए लेखांकन' से संबंधित मानक है:
A. AS–6
B. AS–7
C. AS–8
D. AS–9

**29.** लेखांकन मानक बोर्ड की स्थापना की गई:
A. सन् 1977 में
B. सन् 1956 में
C. सन् 1961 में
D. सन् 1973 में

**30.** लेखा मानकों की प्रकृति है:
A. वैधानिक
B. अनुशंसात्मक
C. अनावश्यक
D. नैतिक रूप से आवश्यक

**31.** लेखांकन मानक बोर्ड की स्थापना की गई:
A. भारत सरकार के ऑडिटर जनरल द्वारा
B. चार्टर्ड एकाउन्टेन्ट्स संस्थान द्वारा
C. आई.सी.डब्ल्यू.ए. संस्थान द्वारा
D. कम्पनी अधिनियम द्वारा

**32.** माल भण्डार के मूल्यांकन के सम्बन्ध में लेखा मानक है:
A. AS–2
B. AS–5

<table>
<tr><td>

    C. AS–6             D. AS–10

**33.** भारतीय लेखांकन मानक–10 का सम्बन्ध है:

    A. माल भण्डार मूल्यांकन

    B. सरकारी अनुदानों का लेखांकन

    C. ह्रास लेखांकन

    D. स्थिर लागतों का लेखांकन

**34.** विदेशी विनिमय दरों में परिवर्तन के प्रभाव के लिए लेखांकन सम्बन्धित है:

    A. ए.एस.–12      B. ए.एस.–94

    C. ए.एस.–11      D. ए.एस.–5

**35.** अंश निर्गमन पर प्रीमियम एक मद है:

    A. पूंजीगत प्राप्ति      B. आयगत प्राप्ति

    C. विविध व्यय      D. पूंजीगत व्यय

**36.** अंशों के हरण पर लाभ है:

    A. पूंजीगत हानि      B. आयगत लाभ

    C. पूंजीगत लाभ      D. संचय की मद

**37.** नए उत्पाद का विशेष अनुसंधान व्यय है:

    A. आयगत मद

    B. पूंजीगत मद

    C. अस्थगित आयगत व्यय

    D. एक हानि

**38.** कर्मचारियों की छटनी पर दी गयी क्षतिपूर्ति एक मद है:

    A. स्थगित आयगत      B. आयगत

    C. पूंजीगत      D. उपर्युक्त में से कोई नहीं

**39.** पूर्वदत्त व्यय एक मद है:

    A. आयगत प्रकृति      B. पूंजीगत प्रकृति

    C. स्थगित आयगत व्यय    D. कुछ नहीं

**40.** स्थायी सम्पत्तियों के विक्रय से प्राप्ति एक मद है:

    A. आयगत प्राप्ति      B. पूंजीगत प्राप्ति

    C. स्थगित आयगत      D. स्थगित पूंजीगत

**41.** पूंजीगत व्यय यदि आयगत मान लिए जाएं तो परिणाम होगा:

    A. लाभ कम होंगे      B. लाभ बढेंगे

    C. गुप्त संचय बनेगा      D. कुछ नहीं

**42.** पेटेन्ट अधिकारों पर व्यय की गयी राशि है:

    A. पूंजीगत प्रकृति की    B. आयगत प्रकृति की

    C. स्थगित आयगत की    D. उपर्युक्त सभी का

**43.** स्वामी के व्यक्तिगत व्यय व्यवसाय के लाभ-हानि खाते में नहीं लिखे जाते हैं, क्यों?

    A. रूढ़िवादिता के कारण

</td><td>

    B. निरन्तरता के कारण

    C. पृथक् अस्तित्व अवधारणा के कारण

    D. द्विपक्षीय अवधारणा के कारण

**44.** हानि को छिपाने के लिए यदि ह्रास पुस्तकों में न दिखाया जाए तो किस परम्परा का उल्लंघन होगा?

    A. रुढ़िवादिता का      B. प्रकटीकरण का

    C. संगति का      D. उल्लंघन नहीं

**45.** नए उत्पाद का विशेष अनुसंधान व्यय है:

    A. आयगत मद

    B. पूंजीगत मद

    C. अस्थगित आयगत व्यय

    D. एक हानि

**46.** व्यवसाय की सम्भावित हानियों का आयोजन पूर्व में ही करना चाहिए–ऐसी परम्परा है:

    A. रुढ़िवादी      B. प्रकटीकरण

    C. महत्वपूर्णता      D. कोई नहीं

**47.** कम मूल्य के माल को विविध व्यय में लिखना चाहिए– ऐसी परम्परा है:

    A. संगति परम्परा      B. महत्वपूर्णता की परम्परा

    C. रुढ़िवादिता      D. प्रकटीकरण

**48.** 'विंडो ड्रेसिंग' किस परम्परा से प्रतिबन्धित है?

    A. प्रकटीकरण      B. उपार्जन

    C. रुढ़िवादिता      D. महत्वपूर्णता

**49.** संदिग्ध दायित्व को चिट्ठे में दिखाना चाहिए:

    A. रुढ़िवादी परम्परा    B. महत्वपूर्णता

    C. प्रकटीकरण      D. दो पक्ष

**50.** प्रथम वर्ष में ह्रास का लेखा स्थायी किश्त पद्धति से किया गया। आगामी वर्ष में भी ह्रास का लेखा इसी पद्धति से करना चाहिए। ऐसी धारणा है:

    A. प्रकटीकरण अवधारणा    B. संगति परम्परा

    C. रुढ़िवादी परम्परा      D. अन्य

**51.** लेखांकन एक पेशा है, क्योंकि:

    A. इसके सिद्धांत हैं

    B. इसकी संकल्पनाएं हैं

    C. इसमें ज्ञान, अनुभव, बुद्धि की आवश्यकता होती है

    D. यह पूर्ण विज्ञान है

**52.** राजकीय लेखांकन आधारित है:

    A. स्फीति लेखांकन पर   B. इकहरा प्रणाली पर

    C. साख प्रणाली पर      D. दोहरा लेखा प्रणाली पर

</td></tr>
</table>

**53.** सार्वजनिक लेखांकन में सम्मिलित है:
   A. फर्म का बजट बनाना
   B. अंकेक्षण एवं कर नियोजन
   C. सरकार के लेखे रखना
   D. विश्वास पर कार्य करना

**54.** खातों में लिखना व शेष निकालने की प्रक्रिया कहलाती है:
   A. संक्षिप्तीकरण          B. निर्वचन
   C. वर्गीकरण               D. कुछ नहीं

**55.** यदि फर्नीचर 5,000 रु., स्टॉक 3,000 रु., नकद 2,000 रु., लेनदार 3,000 रु. के हों तो स्वामी की पूंजी होगी:
   A. 10,000 रु.            B. 7,000 रु.
   C. 13,000 रु.           D. उपर्युक्त में से कोई नहीं

**56.** लुकास पेसियोली ने अपनी पुस्तक कब लिखी थी ?
   A. सन् 1594             B. सन् 1697
   C. सन् 1494             D. सन् 1768

**57.** लेखांकन प्रक्रिया का क्रम है:
   1. प्रारम्भिक लेखा        2. सारांश
   3. वर्गीकरण              4. अन्तिम खाते
   A. 1, 4, 3, 2           B. 1, 2, 3, 4
   C. 1, 3, 2, 4           D. 1, 4, 2, 3

**58.** X की पूंजी 4,000 रु., लेनदार 3, 000 तो सम्पत्तियां होंगी:
   A. 7,000 रु.            B. 3,000 रु.
   C. 4,700 रु.            D. 1,000 रु.

**59.** लेखांकन समीकरण नहीं है:
   A. पूंजी = सम्पत्तियां + दायित्व
   B. पूंजी = सम्पत्तियां – दायित्व
   C. सम्पत्तियां = पूंजी + दायित्व
   D. बाह्य दायित्व = सम्पत्ति – पूंजी

**60.** आधुनिक लेखांकन प्रणाली का जनक माना जाता है:
   A. बाटली बॉय            B. एटली
   C. लुई प्रथम            D. लुकास पेसियोली

**61.** लेखांकन की वैज्ञानिक पद्धति मानी जाती है:
   A. इकहरा लेखा प्रणाली    B. महाजनी पद्धति
   C. दोहरा लेखा प्रणली     D. दोहरा खाता पद्धति

**62.** लेखांकन का कार्य है:
   A. व्यवहारों को क्रमबद्ध रूप से लिखना
   B. सम्बन्धित पक्षकारों को सूचना देना
   C. वैधानिक आवश्यकता की पूर्ति करना
   D. उपर्युक्त में से कोई नहीं

## उत्तरमाला

| 1 | 2 | 3 | 4 | 5 | 6 | 7 | 8 | 9 | 10 |
|---|---|---|---|---|---|---|---|---|---|
| A | A | C | A | D | A | D | C | D | D |
| **11** | **12** | **13** | **14** | **15** | **16** | **17** | **18** | **19** | **20** |
| D | D | C | A | C | B | C | D | C | B |
| **21** | **22** | **23** | **24** | **25** | **26** | **27** | **28** | **29** | **30** |
| B | A | B | A | B | D | B | C | A | B |
| **31** | **32** | **33** | **34** | **35** | **36** | **37** | **38** | **39** | **40** |
| B | A | D | C | A | C | C | B | A | B |
| **41** | **42** | **43** | **44** | **45** | **46** | **47** | **48** | **49** | **50** |
| C | A | C | B | C | A | B | C | C | B |
| **51** | **52** | **53** | **54** | **55** | **56** | **57** | **58** | **59** | **60** |
| C | B | B | C | B | C | C | A | A | D |
| **61** | **62** | | | | | | | | |
| C | D | | | | | | | | |

# 2. अन्तिम लेखे
# (FINAL ACCOUNTS)

**1.** सहायक बहियों को कहा जाता है:
   A. खाता बही
   B. विशेष जर्नल
   C. जर्नल
   D. मुख्य जर्नल

**2.** लेखांकन की वैज्ञानिक एवं उपयुक्त विधि मानी गई है:
   A. इकहरा लेखा पद्धति
   B. रोकड़ प्रणाली
   C. दोहरा लेखा प्रणाली
   D. दोहरा खाता प्रणाली

**3.** मशीनरी उधार खरीदी–लेखा किया जाएगा:
   A. क्रय बही में
   B. मशीनरी बही में
   C. मुख्य जर्नल में
   D. उपर्युक्त में से कोई नहीं

**4.** प्रारम्भिक लेखे की पुस्तक है:
   A. रोजनामचा
   B. खाता बही
   C. दोहरा बही
   D. उपर्युक्त में से कोई नहीं

**5.** पृथक्-पृथक् सहायक बहियां रखने पर दान में दिए गए माल का लेखा होगा:
   A. क्रय बही में
   B. सामान्य बही में
   C. प्रमुख जर्नल में
   D. विक्रय बही में

**6.** विशेष जर्नल कही जाती है:
   A. मूल पुस्तक
   B. सारांश पुस्तक
   C. खाता बही
   D. तलपट

**7.** 'माल दान में दिया' कौन-सा खाता क्रेडिट होगा ?
   A. क्रय खाता
   B. धर्मादा खाता
   C. लाभ-हानि खाता
   D. विक्रय खाता

**8.** क्रय बही में लेखा किया जाता है:
   A. नगद क्रय
   B. नगद एवं उधार क्रय
   C. उधार क्रय
   D. सम्पत्तियों का क्रय

**9.** व्यापारी ने 5,000 रु. का फर्नीचर लगाकर व्यापार प्रारम्भ किया। डेबिट होगा:
   A. रोकड़ खाता
   B. विनियोग खाता
   C. फर्नीचर खाता
   D. पूंजी खाता

**10.** 'फर्नीचर उधार खरीदा' यह सौदा लिखा जाएगा:
   A. क्रय बही में
   B. रोकड़ बही में
   C. विशेष जर्नल में
   D. मुख्य जर्नल में

**11.** पूंजी खाता है:
   A. वस्तुगत खाता
   B. व्यक्तिगत खाता
   C. अवास्तविक खाता
   D. स्वामी का खाता

**12.** विक्रय बही का योग प्रकट करता है:
   A. माल का विक्रय
   B. माल का उधार विक्रय
   C. मशीनरी का विक्रय
   D. लेनदारों का योग

**13.** स्पोर्ट्स क्लब खाते की प्रवृति है:
   A. व्यक्तिगत खाते की
   B. वास्तविक खाते की
   C. नाम-मात्र के खाते की
   D. संस्था के खाते की

**14.** सोहन से नगद माल खरीदा। कौन-सा खाता डेबिट होगा ?
   A. क्रय खाता
   B. सोहन खाता
   C. माल खाता
   D. रोकड़ खाता

**15.** लेखा पुस्तकों में L.F. कॉलम का अर्थ है:
   A. लास्ट फ्रंट
   B. लेजर फोलियो
   C. लॉज फ्रन्ट
   D. लेजर फर्स्ट

**16.** उपेन्द्र से उधार माल खरीदा। क्रेडिट होगा:
   A. क्रय खाता
   B. उपेन्द्र का खाता
   C. माल खाता
   D. रोकड़ खाता

**17.** क्रय बही के योग से डेबिट किया जाता है:
   A. लेनदार खाता
   B. माल खाता
   C. क्रय खाता
   D. विक्रय खाता

**18.** आनन्द को फर्नीचर बेचा। डेबिट होगा:
   A. आनन्द का खाता
   B. रोकड़ खाता
   C. विक्रय खाता
   D. फर्नीचर खाता

**19.** निम्नलिखित में से सहायक बही है:
   A. खाता बही
   B. मुख्य जर्नल
   C. तलपट
   D. प्रारम्भिक जर्नल

**20.** स्वामी द्वारा निजी प्रयोग हेतु माल निकाला। कौन-सा खाता क्रेडिट होगा ?
   A. रोकड़ खाता
   B. माल खाता
   C. क्रय खाता
   D. आहरण खाता

**21.** मशीनरी खाते के बाईं ओर प्रविष्टि से प्रकट होगी:
   A. वृद्धि
   B. कमी
   C. ह्रास
   D. विक्रय

**22.** 'इम्प्रेस्ट प्रणाली' का सम्बन्ध है:
   A. लघु रोकड़ बही से   B. साधारण रोकड़ बही से
   C. क्रय बही से   D. खर्चों की बही से

**23.** किसी विशेष लेन-देन का ब्यौरा ज्ञात होगा:
   A. प्रमाणकों से
   B. प्रारम्भिक लेखे की पुस्तक से
   C. बीजक से
   D. खाता बही से

**24.** तलपट में प्रदर्शित 'रोकड़ खाता' प्रकट करता है:
   A. प्रारम्भिक शेष
   B. सम्बन्धित अवधि में प्राप्त राशि
   C. नगद भुगतान
   D. तलपट बनाने की तिथि को नगद शेष

**25.** प्राप्य बिल बही भाग है:
   A. चिट्ठे का   B. सहायक बही का
   C. खाता बही का   D. उपर्युक्त में से कोई नहीं

**26.** निम्न में से किस खाते का शेष सदैव डेबिट होगा ?
   A. बैंक खाता   B. पूंजीखाता
   C. देनदारों का खाता   D. लेनदारों का खाता

**27.** खाते का सदैव क्रेडिट शेष होता है:
   A. लेनदार खाता   B. बट्टा खाता
   C. प्राप्य बिल खाता   D. देनदार खाता

**28.** सम्पत्ति पर नगरपालिका करों का भुगतान है:
   A. पूंजीगत व्यय   B. आयगत व्यय
   C. पूंजीगत हानि   D. उपर्युक्त में से कोई नहीं

**29.** पाने वाले को नाम करो, देने वाले को जमा करो, यह नियम लागू होता है:
   A. व्यक्तिगत खातों पर   B. वस्तुगत खातों पर
   C. नाममात्र के खातों पर   D. उपर्युक्त में से कोई नहीं

**30.** बैंक अधिविकर्ष है:
   A. कृत्रिम खाता   B. अमूर्त खाता
   C. वास्तविक खाता   D. व्यक्तिगत खाता

**31.** जिस पुस्तक में क्रमबद्ध ब्यौरा दर्ज किया जाता है, वह है:
   A. जर्नल   B. खाता बही
   C. तलपट   D. क्रय खाता

**32.** डेबिट पक्ष में प्रविष्टि से किस खाते में कमी होगी ?
   A. वेतन खाता   B. सम्पत्ति खाता
   C. बैंक खाता   D. स्वामी का खाता

**33.** 'डूबत ऋण वसूली' किस खाते में क्रेडिट की जाएगी ?
   A. देनदार खाता   B. डूबत ऋण खाता
   C. डूबत ऋण वसूली खाता   D. विक्रय खाता

**34.** क्रय बही का योग दर्शाता है:
   A. कुल क्रय   B. नगद क्रय
   C. कुल क्रय-वापसी   D. उधार क्रय

**35.** तलपट के क्रेडिट पक्ष में लिखा जाएगा:
   A. विक्रय वापसी खाता   B. अर्जित आय खाता
   C. पूर्वदत्त व्यय खाता   D. अदत्त व्यय खाता

**36.** 530 रु. के स्थान पर रहीम के खाते में 350 रु. लिखे गए। यह एक अशुद्धि है:
   A. भूल की अशुद्धि   B. हिसाब की अशुद्धि
   C. सैद्धान्तिक अशुद्धि   D. उपर्युक्त में से कोई नहीं

**37.** 'पूर्वदत्त किराया खाते' का शेष होगा:
   A. डेबिट   B. क्रेडिट
   C. दोनों   D. दोनों नहीं

**38.** ह्रास की प्रविष्टि निम्न में से की जाएगी:
   A. रोकड़ बही में   B. जर्नल में
   C. क्रय बही में   D. समायोजन बही में

**39.** व्यापारिक बट्टे का लेखा किया जाता है:
   A. बट्टे खाते में
   B. प्रविष्टि के प्राक्कथन में
   C. प्रविष्टि नहीं की जाती है
   D. मूल राशि में जोड़ा जाता है

**40.** रोकड़ बही का शेष होना चाहिए:
   A. नाम शेष   B. जमा शेष
   C. बराबर   D. कुछ नहीं

**41.** द्विस्तम्भीय रोकड़ बही में बट्टे खाने का शेष होता है:
   A. डेबिट
   B. क्रेडिट
   C. शेष नहीं निकाला जाता
   D. बराबर होना चाहिए

**42.** द्विस्तम्भीय रोकड़ बही के क्रेडिट पक्ष के बट्टे खाने का योग प्रकट करता है:
   A. प्राप्त बट्टा   B. स्वीकृत बट्टा
   C. हानि   D. समायोजन

**43.** बैंक में राशि जमा करायी। कौन-सी रोकड़ बही में लेखा होगा ?
   A. साधारण रोकड़ बही
   B. द्विस्तम्भीय रोकड़ बही

   C. त्रिस्तम्भीय रोकड़ बही
   D. लघु रोकड़ बही

**44.** रोकड़ बही में नहीं लिखा जाएगा:
   A. क्रय वापसी       B. कमीशन प्राप्ति
   C. नगद विक्रय      D. पूंजी व्यापार में लगायी

**45.** सामान्य रोकड़ बही बैंक के खाते होते हैं:
   A. एक            B. दो
   C. एक भी नहीं       D. तीन

**46.** राम से प्राप्त चैक उसी दिन बैंक में जमा कराया। डेबिट होगा:
   A. राम खाता        B. बैंक खाता
   C. रोकड़ खाता       D. कुछ नहीं

**47.** 'अदत्त व्यय' खाते की प्रकृति है:
   A. व्यक्तिगत        B. वस्तुगत
   C. अवास्तविक       D. लाभ-हानि

**48.** 10,000 रु. में माल खरीदा 15% व्यापारिक बट्टा प्राप्त हुआ। द्विस्तम्भीय रोकड़ पुस्तक में प्रविष्टि होगी:
   A. डेबिट पक्ष में 500 रु.
   B. क्रेडिट पक्ष में 500 रु.
   C. दोनों ओर 250–250 रु.
   D. लेखा नहीं होगा

**49.** जे.के. एण्ड संस से प्राप्त हुए 9,500 रु. स्वीकृत बट्टा 500 रु.। दो खानों वाली रोकड़ बही में बट्टा लिखा जाएगा:
   A. डेबिट पक्ष में
   B. क्रेडिट पक्ष में
   C. दोनों ओर विपरीत प्रविष्टि
   D. प्रविष्टि नहीं होगी

**50.** सोहन को माल बेचा 5,000 रु. में, रोकड़ बही में लेखा होगा:
   A. डेबिट पक्ष में      B. क्रेडिट पक्ष में
   C. लेखा नहीं होगा    D. उपर्युक्त में से कोई नहीं

**51.** भुगतान में सोहैल ने बिल दिया। क्रेडिट होगा:
   A. प्राप्य बिल खाता    B. सोहैल का खाता
   C. विक्रय खाता       D. उपर्युक्त में से कोई नहीं

**52.** 'ख्याति खाता' है:
   A. एक व्यक्तिगत खाता
   B. एक वस्तुगत खाता
   C. एक अवास्तविक खाता
   D. नाम मात्र का खाता

**53.** व्यापार खाते की प्रकृति है:
   A. सम्पत्ति खाते के समान
   B. वास्तविक खाता
   C. नाम मात्र का खाता
   D. दायित्व खाता

**54.** 'आने वाली वस्तु को नाम करो। जाने वाली वस्तु जमा करो' यह नियम सम्बन्धित है:
   A. व्यक्तिगत खाते से    B. वास्तविक खाते से
   C. नाम मात्र के खाते से   D. उपर्युक्त में से कोई नहीं

**55.** खतौनी करने की प्रक्रिया कहलाती है:
   A. पोस्टिंग         B. लेजरिंग
   C. जर्नलाइजिंग      D. एडजस्टिंग

**56.** Sudarshan's Account

| To Bal. b/d | 7,500 | By Cash A/C | 5,000 |
|---|---|---|---|
| | | By Bad debts A/C | 2,500 |

उपर्युक्त खाते का व्यवहार होगा।
   A. सुदर्शन को 7,500 रु. चुकाने थे, भुगतान किया
   B. सुदर्शन ने पूर्ण भुगतान में 5,000 रु. दिए
   C. सुदर्शन दिवालिया हो गया उससे दो-तिहाई वसूली हुई
   D. सुदर्शन को भुगतान में 2,500 रु. दिए बट्टा प्राप्त किया

**57.** 'अग्रिम प्राप्त कमीशन' खाता है:
   A. सम्पत्ति खाता      B. नाम मात्र का खाता
   C. व्यक्तिगत खाता     D. अवास्तविक खाता

**58.** त्रिस्तम्भीय रोकड़ बही में प्रकट किए जाने वाले खाते हैं:
   A. नाममात्र के खाते    B. वास्तविक खाते
   C. व्यक्तिगत खाते     D. सभी प्रकार के खाते

**59.** तलपट में प्रदर्शित शेष है:
   A. केवल जमा शेष
   B. केवल नाम शेष
   C. जमा एवं नाम शेष दोनों
   D. सम्पत्तियों के शेष

**60.** व्यापार की मशीनरी का उधार विक्रय प्रकट किया जाता है:
   A. विक्रय जर्नल में    B. रोकड़ बही में
   C. सामान्य जर्नल में   D. उपर्युक्त में से कोई नहीं

**61.** 'आहरण खाता' तलपट में दिखाया जाता है:
   A. डेबिट पक्ष में      B. क्रेडिट पक्ष में
   C. दोनों पक्षों में     D. दिखाया नहीं जाता है

**62.** ''देनदारों पर बट्टे के लिए आयोजन'' खाते का शेष होता है:

    A. डेबिट              B. क्रेडिट

    C. दोनों              D. खाता ही नहीं होता

**63.** क्रय बही का अन्य नाम है:

    A. सामान्य जर्नल              B. लेनदार बही

    C. इन्वॉइस जर्नल        D. उपर्युक्त में से कोई नहीं

**64.** किसी भी खाते का अन्तिम नाम शेष लिखा जाता है:

    A. जमा पक्ष में

    B. नाम पक्ष में

    C. ट्रेडिंग खाते के क्रेडिट में

    D. जर्नल में

**65.** अभिषेक से प्राप्त चैक अप्रतिष्ठित होने पर डेबिट किया जाएगा:

    A. बैंक खाता           B. अभिषेक बैंक खाता

    C. अभिषेक का खाता      D. स्टार खाता

**66.** उपार्जित ब्याज दिखाया जाता है:

    A. व्यापार खाते के क्रेडिट में

    B. लाभ-हानि खाते के क्रेडिट में

    C. लाभ-हानि खाते के डेबिट में

    D. लाभ-हानि खाते के क्रेडिट में ब्याज में जोड़कर

**67.** अन्तिम स्टॉक को दिखाया जाता है:

    A. चिट्ठे में           B. व्यापार खाते में

    C. लाभ-हानि खाते में      D. व्यापार खाते के चिट्ठे में

**68.** लाभ-हानि खाता है:

    A. एक विवरण पत्र        B. अवास्तविक खाता

    C. वास्तविक खाता        D. समायोजन खाता

**69.** अन्तिम स्टॉक ज्ञात करने का सही सूत्र है:

    A. प्रारम्भिक स्टॉक + क्रय – विक्रय लागत

    B. प्रारम्भिक स्टॉक + विक्रय लागत – क्रय

    C. क्रय + विक्रय लागत – प्रारम्भिक स्टॉक

    D. उपर्युक्त में से कोई नहीं

**70.** निम्नलिखित में सही है:

    A. विक्रय लागत – अन्तिम स्टॉक – क्रय = प्रारम्भिक स्टॉक

    B. विक्रय लागत + क्रय – अन्तिम स्टॉक = प्रारम्भिक स्टॉक

    C. क्रय + अन्तिम स्टॉक – विक्रय लागत = प्रारम्भिक स्टॉक

**71.** प्रारम्भिक स्टॉक + क्रय + प्रत्यक्ष व्यय – अन्तिम स्टॉक का परिणाम क्या होगा ?

    A. विक्रय लागत        B. विक्रय

    C. सकल हानि         D. सकल लाभ

**72.** 'आवक गाड़ी भाड़े' को लिखा जाता है:

    A. लाभ-हानि खाता

    B. विक्रय में से घटाया जाता है

    C. व्यापार खाते के डेबिट में

    D. अन्तिम स्टॉक में जोड़ना

**73.** प्रारम्भिक स्टॉक 5,000 रु., क्रय 2,000 रु., क्रय वापसी 300 रु., मजदूरी 200 रु., अन्तिम स्टॉक 1,000 रु.। विक्रय लागत होगी:

    A. 7,000 रु.        B. 5,900 रु.

    C. 8,500 रु.        D. 7,200 रु.

**74.** सकल लाभ 10,000 रु., विक्रय लागत 8,000 रु., विक्रय का मूल्य होगा:

    A. 2,000 रु.        B. 10,000 रु.

    C. 8,000 रु.        D. 18,000 रु.

**75.** विक्रय लागत ज्ञात करने का सूत्र होगा:

    A. प्रारम्भिक स्टॉक + क्रय + प्रत्यक्ष व्यय

    B. प्रारम्भिक स्टॉक + क्रय + प्रत्यक्ष व्यय + सकल लाभ

    C. प्रारम्भिक स्टॉक + क्रय + प्रत्यक्ष व्यय – अन्तिम स्टॉक

    D. प्रारम्भिक स्टॉक + क्रय + प्रत्यक्ष व्यय – विक्रय

**76.** एक व्यापारी ने सकल लाभ अर्जित किया 5,000 रु., क्रय 3,000 रु., विक्रय लागत 4,000 रु., प्रारम्भिक स्टॉक 1,000 रु., विक्रय होगा:

    A. 7,000 रु.        B. 9,000 रु.

    C. 4,000 रु.        D. 12,000 रु.

**77.** विक्रय 30,000 रु., सकल लाभ की दर विक्रय पर 30%, क्रय 15,000 रु., प्रत्यक्ष व्यय 1,000 रु. विक्रय लागत होगी:

    A. 14,000 रु.        B. 21,000 रु.

    C. 25,000 रु.        D. उपर्युक्त में से कोई नहीं

**78.** विक्रय 30,000 रु., अन्तिम स्टॉक 5,000 रु., क्रय 15,000 रु., प्रत्यक्ष व्यय 3,000 रु., सकल लाभ 9,000 रु. प्रारम्भिक स्टॉक होगा:

    A. 8,000 रु.        B. 21,000 रु.

D. एक भी नहीं

C.  17,000 रु.　　　　　D.  29,000 रु.

**79.** ''उत्पादन शुल्क'' लिखा जाता है:
A.  क्रय में जोड़ा जाता है
B.  व्यापार खाते के डेबिट में
C.  लाभ-हानि खाते के डेबिट में
D.  विक्रय में से घटाया जाता है

**80.** अन्तिम स्टॉक की राशि होगी जब प्रारम्भिक स्टॉक 2,250 रु., विक्रय लागत 27,250 रु., क्रय 30,000 रु. हो:
A.  9,500 रु.　　　　　B.  4,500 रु.
C.  5,000 रु.　　　　　D.  कुछ नहीं

**81.** क्रय की राशि क्या होगी यदि प्रारम्भिक स्टॉक 1,750 रु. अन्तिम स्टॉक 750 रु. एवं विक्रय लागत 11,000 रु. हो:
A.  10,000 रु.　　　　　B.  12,000 रु.
C.  13,500 रु.　　　　　D.  8,500 रु.

**82.** व्यापार खाता है:
A.  नाममात्र का खाता　　　B.  वास्तविक खाता
C.  व्यक्तिगत खाता　　　　D.  एक विवरण पत्र

**83.** व्यापार खाते से प्रकट होता है:
A.  सकल लाभ
B.  सकल हानि
C.  शुद्ध लाभ
D.  सकल लाभ या सकल हानि

**84.** प्रत्यक्ष व्यय दिखाए जाते हैं:
A.  व्यापार खाते में
B.  लाभ-हानि खाते में
C.  लाभ-हानि नियोजन खाते में
D.  आगे ले जाए जाते हैं

**85.** तलपट में दिखाया गया स्टॉक है:
A.  कच्चा माल　　　　　B.  प्रारम्भिक रहतिया
C.  अन्तिम स्टॉक　　　　D.  चालू कार्य

**86.** व्यापार खाते में सकल लाभ होगा:
A.  जब क्रेडिट पक्ष डेबिट पक्ष से अधिक हो
B.  जब क्रेडिट पक्ष का योग कम हो
C.  विक्रय क्रय से अधिक हो
D.  सकल लाभ नहीं होगा

**87.** विक्रय + अन्तिम स्टॉक – विक्रय की लागत = ?
A.  सकल लाभ　　　　　B.  सकल हानि
C.  माल में कमी　　　　D.  क्रय

**88.** अनुपार्जित कमीशन दिखाया जाता है:
A.  लाभ – हानि खाते के क्रेडिट में कमीशन में घटाकर
B.  लाभ – हानि खाते के क्रेडिट में कमीशन में जोड़कर
C.  लाभ – हानि खाते के डेबिट में कमीशन में घटाकर
D.  लाभ – हानि खाते में नहीं दिखाया जाता है

**89.** ''बीमा कम्पनी द्वारा प्राप्त प्रीमियम'' है:
A.  आय　　　　　　　　B.  पूर्वदत्त व्यय
C.  उपार्जित सम्पत्ति　　　D.  उपार्जित दायित्व

**90.** अदत्त व्यय को समायोजित तलपट के किस पक्ष में दिखाया जाता है ?
A.  डेबिट खाने में　　　　B.  क्रेडिट खाने में
C.  दोनों और　　　　　　D.  दिखाया नहीं जाता है

**91.** 2,000 रु. की लागत का माल 2,200 रु. के विक्रय पर दर्ज किया गया जबकि यह पसन्दगी की शर्त पर था। समायोजन होगा:
A.  देनदारों में 2,200 रु. कम होंगे
B.  देनदारों में 2,000 रु. कम होंगे
C.  देनदारों में 2,000 रु. कम तथा स्टॉक में 2,200 रु. की वृद्धि
D.  देनदारों में 2,200 रु. की कमी तथा स्टॉक में 2,000 रु. की वृद्धि

**92.** चालू वर्ष का ब्याज 6,000 रु., वर्ष के अन्त में उपार्जित 500 रु., वर्ष के प्रारम्भ में उपार्जित 300 रु., लाभ-हानि खाते में राशि आएगी:
A.  5,800 रु.　　　　　B.  6,200 रु.
C.  5,100 रु.　　　　　D.  5,500 रु.

**93.** विक्रय लागत 1,20,000 रु., सकल हानि 1/4 विक्रय पर, विक्रय की राशि होगी:
A.  96,000 रु.　　　　　B.  90,000 रु.
C.  1,50,000 रु.　　　　D.  1,44,000 रु.

**94.** लाभ-हानि खाते में डेबिट होने की सही राशि ज्ञात होगी:
A.  व्यय–अन्तिम पूर्वदत्त व्यय + प्रारम्भिक पूर्वदत्त व्यय
B.  व्यय + प्रारम्भिक पूर्वदत्त शेष – अन्तिम पूर्वदत्त शेष
C.  अन्तिम पूर्वदत्त शेष – व्यय – प्रारम्भिक पूर्वदत्त व्यय
D.  उपर्युक्त में से कोई नहीं

**95.** निम्नलिखित में से अमूर्त सम्पत्ति है:
A.  पेटेण्ट　　　　　　　B.  प्रारम्भिक व्यय
C.  विकास व्यय　　　　　D.  अंश निर्गमन बट्टा

**96.** वर्ष के प्रारम्भ का पूर्वदत्त बीमा 1,000 रु., वर्ष के अन्त

में पूर्वदत्त बीमा 3,000 रु. वर्ष का बीमा 5,000 रु.। लाभ-हानि खाते में डेबिट राशि होगी:

A. 6,000 रु.      B. 8,000 रु.

C. 7,000 रु.      D. 3,000 रु.

**97.** अन्तिम पूंजी 31,000 रु., स्वामी द्वारा लगाई गई पूंजी 5,000 रु., वर्ष में आहरण 7,000 रु., शुद्ध लाभ 3,000 रु., वर्ष के प्रारम्भ की पूंजी बताइए:

A. 36,000 रु.      B. 30,000 रु.

C. 41,000 रु.      D. 24,000 रु.

**98.** वर्ष के प्रारम्भ का बकाया वेतन 5,000 रु., वर्ष के अन्त में बकाया वेतन 8,000 रु. है, किराया चुकाया 3,000 रु.। लाभ-हानि खाते के डेबिट में लिखी गई राशि होगी:

A. 8,000 रु.      B. 13,000 रु.

C. 10,000 रु.      D. 6,000 रु.

**99.** सम्पत्तियों एवं दायित्वों का प्रारम्भिक शेष क्रमश: 40,000 रु., 23,000 रु., अन्तिम पूंजी 26,500 रु., प्रारम्भिक पूंजी होगी:

A. 17,000 रु.      B. 3,500 रु.

C. 13,500 रु.      D. उपर्युक्त में से कोई नहीं

**100.** मैनेजर को कमीशन उसको कमीशन देने के पश्चात् के लाभों पर 10% की दर से दिया जाता है। देय कमीशन होगा यदि लाभ कमीशन से पूर्व 77,000 रु., हो:

A. 7,000 रु.      B. 7,700 रु.

C. 8,555 रु.      D. 8,000 रु.

**101.** अन्तिम पूंजी 50,000 रु., आहरण = 6,000 रु., लाभ = 3,000 रु., प्रारम्भिक पूंजी = ?

A. 53,000 रु.      B. 56,000 रु.

C. 59,000 रु.      D. 47,000 रु.

**102.** सम्पत्तियों को स्थायित्व क्रम में रखा जाएगा:

1. ख्याति 2. नकद 3. बैंक में रोकड 4. मशीनरी

A. 1, 2, 3, 4      B. 2, 3, 4, 1

C. 2, 3, 1, 4      D. 1, 4, 3, 2

**103.** प्रारम्भिक सम्पत्ति 40,000 रु., अन्तिम सम्पत्ति 39,000 रु., अतिरिक्त पूंजी 3,000 रु., आहरण 7,000 रु., शुद्ध आय होगी:

A. 3,000 रु.      B. –1,000 रु.

C. 5,000 रु.      D. 4,000 रु.

**104.** प्रारम्भिक पूंजी 20,000 रु., अन्तिम पूंजी 20,200 रु., अतिरिक्त विनियोजित 2,000 रु., आहरण 1,700 रु., शुद्ध आय होगी:

A. 200 रु.      B. 500 रु.

C. –100 रु.      D. 300 रु.

**105.** सम्पत्तियों का प्रारम्भिक शेष 5,000 रु., अन्तिम शेष 8,000 रु., अतिरिक्त पूंजी 1,000 रु., शुद्ध लाभ होगा:

A. 3,000 रु.      B. 7,000 रु.

C. 4,000 रु.      D. 2,000 रु.

**106.** दायित्व 11,000 रु., पूंजी 16,000 रु. सम्पत्ति होगी:

A. 5,000 रु.      B. 11,000 रु.

C. 16,000 रु.      D. 27,000 रु.

**107.** अन्तिम स्टॉक = 50,000 रु. विक्रय लागत = 70,000 रु., सकल लाभ = 5,000 रु. क्रय = 80,000 रु., प्रारम्भिक स्टॉक = ?

A. 35,000 रु.      B. 85,000 रु.

C. 1,20,000 रु.      D. 40,000 रु.

**108.** शुद्ध लाभ बताइए:

| | रु. |
|---|---|
| विक्रय | 20,000 |
| विक्रय लागत | 10,000 |
| संचालन व्यय | 5,000 |
| सकल लाभ | 10,000 |

A. 5,000 रु.      B. 10,000 रु.

C. 20,000 रु.      D. कोई नहीं

**109.** शुद्ध लाभ ज्ञात होगा:

A. विक्रय – विक्रय लागत

B. विक्रय – सकल लाभ – संचालन व्यय

C. सकल लाभ + संचालन व्यय – विक्रय लागत

D. विक्रय – विक्रय लागत – संचालन व्यय

**110.** सही समीकरण चुनिए:

A. सकल लाभ – विक्रय लागत + शुद्ध हानि = शुद्ध लाभ

B. विक्रय + शुद्ध हानि – सकल लाभ = विक्रय लागत

C. शुद्ध लाभ + संचालन व्यय + विक्रय लागत = बिक्री

D. सभी गलत हैं

**111.** बिक्री 26,000 रु., संचालन व्यय 5,400 रु., विक्रय लागत 19,000 रु., शुद्ध लाभ होगा:

|   |   |
|---|---|
| A. 1,600 रु. | B. 12,000 रु. |
| C. 2,600 रु. | D. 7,000 रु. |

**112.** बिक्री 14,000 रु., सकल लाभ 3,000 रु., शुद्ध हानि 500 रु. संचालन व्यय होगा:

|   |   |
|---|---|
| A. 11,000 रु. | B. 3,500 रु. |
| C. 9,500 रु. | D. 10,500 रु. |

**113.** सकल लाभ होगा : शुद्ध हानि 500 रु., संचालन व्यय 1,450 रु., विक्रय 2,500 रु.:

|   |   |
|---|---|
| A. 950 रु. | B. 3,950 रु. |
| C. 2,000 रु. | D. 1,050 रु. |

**114.** विक्रय लागत 1,330 रु. सकल लाभ 300 रु., शुद्ध लाभ 800 रु. :

|   |   |
|---|---|
| A. 2,130 रु. | B. 1,630 रु. |
| C. 1,100 रु. | D. 2,430 रु. |

**115.** निम्नलिखित में विक्रय ज्ञात करना सम्भव होगा:

A. सकल लाभ + विक्रय लागत + संचालन व्यय
B. सकल लाभ + विक्रय लागत – संचालन व्यय
C. शुद्ध लाभ + विक्रय लागत + संचालन व्यय
D. शुद्ध लाभ – संचालन व्यय + विक्रय लागत

**116.** विक्रय का 1/4 लाभ लागत के बराबर होगा:

|   |   |
|---|---|
| A. 1/3 | B. 1/5 |
| C. 1/6 | D. 1/2 |

**117.** लागत मूल्य पर 20% लाभ अर्जन की दर विक्रय मूल्य के किस प्रतिशत के बराबर होगी ?

|   |   |
|---|---|
| A. 25% | B. 30% |
| C. $16\frac{2}{3}\%$ | D. 15% |

**118.** विक्रय ज्ञात होगा:

A. सकल लाभ – विक्रय लागत
B. विक्रय लागत – सकल लाभ
C. विक्रय लागत + सकल लाभ
D. क्रय + अन्तिम स्टॉक

**119.** व्यापारिक बट्टा यदि तलपट में दिखाया गया हो तो अन्तिम खातों में प्रदर्शित होगा:

A. लाभ-हानि खाते के डेबिट में
B. व्यापार खाते के डेबिट में
C. व्यापार खाते के विक्रय में जोड़कर
D. व्यापार खाते के विक्रय में से घटाकर

**120.** एकल व्यापारी द्वारा आयकर का भुगतान दिखाया जाता है:

A. व्यापार खाते के डेबिट में
B. लाभ-हानि खाते के डेबिट में
C. अदत्त व्यय की भांति चिट्ठे में
D. चिट्ठे में पूंजी में से घटाकर

**121.** अनुपार्जित कमीशन खाता चिट्ठे में दिखाया जाता है, क्योंकि:

A. यह कमीशन खाता है   B. यह व्यक्तिगत खाता है
C. यह वस्तुगत खाता है   D. यह आय खाता है

**122.** 'अदत्त मजदूरी' अन्तिम खातों में प्रकट होगी, समायोजन न होने पर:

A. व्यापार एवं लाभ-हानि खाते में
B. व्यापार खाते एवं चिट्ठे में
C. लाभ-हानि खाते में एवं चिट्ठे में
D. चिट्ठे में

**123.** 'अदत्त वेतन' प्रकट होगा यदि समायोजन न हुआ हो तो:

A. व्यापार खाते एवं चिट्ठे में
B. लाभ-हानि खाते एवं चिट्ठे में
C. व्यापार एवं लाभ-हानि खाते में
D. केवल चिट्ठे में

**124.** दिया गया है:

देनदार 20,000 , डूबत ऋण आयोजन 5%, बट्टा आयोजन 2%, बट्टा आयोजन की राशि होगी:

|   |   |
|---|---|
| A. 380 रु. | B. 400 रु. |
| C. 200 रु. | D. उपर्युक्त में से कोई नहीं |

**125.** स्टेशनरी व्यय 6,000 रु., 1/3 व्यय अगले वर्ष से सम्बन्धित हैं, समायोजन होगा:

A. लाभ – हानि खाते में 2,000 रु. स्टेशनरी में से घटाए जाएंगे
B. स्टेशनरी में जोड़े जाएंगे
C. स्टेशनरी व्ययों में से 2,000 रु. घटेंगे तथा चिट्ठे में सम्पत्ति पक्ष में लिखे जाएंगे
D. स्टेशनरी व्ययों में 2,000 रु. बढेंगे चिट्ठे में दायित्व में लिखे जाएंगे

## उत्तरमाला

| 1 | 2 | 3 | 4 | 5 | 6 | 7 | 8 | 9 | 10 |
|---|---|---|---|---|---|---|---|---|----|
| B | C | C | A | C | A | A | C | C | D |
| **11** | **12** | **13** | **14** | **15** | **16** | **17** | **18** | **19** | **20** |
| B | B | A | A | B | B | C | A | B | C |
| **21** | **22** | **23** | **24** | **25** | **26** | **27** | **28** | **29** | **30** |
| A | A | B | D | B | C | A | B | A | C |
| **31** | **32** | **33** | **34** | **35** | **36** | **37** | **38** | **39** | **40** |
| A | D | C | D | D | B | A | B | C | A |
| **41** | **42** | **43** | **44** | **45** | **46** | **47** | **48** | **49** | **50** |
| C | A | C | A | C | B | A | C | A | C |
| **51** | **52** | **53** | **54** | **55** | **56** | **57** | **58** | **59** | **60** |
| B | B | C | B | A | C | C | D | C | C |
| **61** | **62** | **63** | **64** | **65** | **66** | **67** | **68** | **69** | **70** |
| A | B | C | A | C | D | D | B | A | C |
| **71** | **72** | **73** | **74** | **75** | **76** | **77** | **78** | **79** | **80** |
| B | C | B | D | C | B | B | A | B | C |
| **81** | **82** | **83** | **84** | **85** | **86** | **87** | **88** | **89** | **90** |
| A | A | C | A | B | A | A | A | A | B |
| **91** | **92** | **93** | **94** | **95** | **96** | **97** | **98** | **99** | **100** |
| D | B | A | D | A | D | B | C | A | **A** |
| **101** | **102** | **103** | **104** | **105** | **106** | **107** | **108** | **109** | **110** |
| A | D | A | C | D | D | D | A | D | C |
| **111** | **112** | **113** | **114** | **115** | **116** | **117** | **118** | **119** | **120** |
| A | B | A | B | C | A | C | C | D | D |
| **121** | **122** | **123** | **124** | **125** | | | | | |
| B | B | B | A | **C** | | | | | |

# 3. अपूर्ण लेखे
# (INCOMPLETE ACCOUNTS)

**1.** अपूर्ण लेखा विधि में खाते खोले जाते हैं:
   - A. केवल व्यक्तिगत
   - B. केवल वस्तुगत
   - C. रोकड़ बही
   - D. रोकड़ बही एवं व्यक्तिगत खाते

**2.** इकहरा लेखा प्रणाली निम्न हेतु उपयुक्त है:
   - A. दिल्ली क्लॉथ मिल्स लि.
   - B. बाटा शू कम्पनी
   - C. विकास किराणा
   - D. सेंचुरी मिल्स लि.

**3.** अपूर्ण लेखा विधि का प्रयोग किया जाता है:
   - A. कम्पनी द्वारा
   - B. बीमा कम्पनी द्वारा
   - C. एकांकी व्यापारी द्वारा
   - D. साझेदारी फर्म द्वारा

**4.** अपूर्ण लेखों में लाभ ज्ञात किया जाएगा:
   - A. प्रारंभिक पूंजी + आहरण – अन्तिम पूंजी
   - B. अन्तिम पूंजी – आहरण – प्रारम्भिक पूंजी
   - C. अन्तिम पूंजी + आहरण – प्रारम्भिक पूंजी
   - D. अन्तिम पूंजी + प्रारंभिक पूंजी

**5.** शुद्ध लाभ का सूत्र होगा:
   - A. अन्तिम पूंजी + आहरण + अतिरिक्त पूंजी – प्रारम्भिक पूंजी
   - B. अन्तिम पूंजी + आहरण – अतिरिक्त पूंजी – प्रारम्भिक पूंजी
   - C. अन्तिम पूंजी – आहरण + अतिरिक्त पूंजी – प्रारम्भिक पूंजी
   - D. अन्तिम पूंजी – आहरण – अतिरिक्त पूंजी – प्रारम्भिक पूंजी

**6.** 'पूंजी पर ब्याज' अपूर्ण लेखा विधि के शुद्ध लाभ ज्ञात करने हेतु लाभों में:
   - A. घटाया जाएगा
   - B. जोड़ा जाएगा
   - C. कोई समायोजन नहीं किया जाएगा
   - D. उपर्युक्त में से कोई नहीं

**7.** प्रारम्भिक पूंजी ज्ञात करने के लिए बनाया जाता है:
   - A. चिट्ठा
   - B. स्थिति विवरण
   - C. पूंजी विवरण
   - D. अनुमान विवरण

**8.** अपूर्ण लेखों में बैंक शेष ज्ञात होगा:
   - A. रोकड़ बही से
   - B. बैंक खाने की रोकड़ बही से
   - C. तिजोरी से देखकर
   - D. कैशियर से पूछकर

**9.** उधार क्रय ज्ञात किया जाता है:
   - A. बीजकों से
   - B. कुल देनदार खाते से
   - C. कुल लेनदार खाते से
   - D. ग्राहकों से पूछकर

**10.** उधार विक्रय की राशि ज्ञात की जाती है:
   - A. विक्रय खाते से
   - B. प्रमाणकों से
   - C. कुल देनदारों के खाते से
   - D. व्यापार खाते से

**11.** नगद खाता प्रभावित होगा:
   - A. उधार फर्नीचर खरीदा
   - B. बट्टा दिया
   - C. माल का आहरण किया
   - D. देनदारों से वसूली

**12.** रोकड़ खाता प्रभावित नहीं होगा:
   - A. लेनदारों को भुगतान
   - B. प्राप्य बिलों से वसूली
   - C. बट्टा प्राप्त हुआ
   - D. वेतन चुकाया

**13.** लेनदारों का खाता प्रभावित होगा:
   - A. नगद क्रय
   - B. देय बिलों का भुगतान
   - C. बट्टा प्राप्त हुआ
   - D. देय बिलों का प्रारम्भिक शेष

**14.** लेनदारों का खाता प्रभावित नहीं होगा:
   - A. लेनदारों को भुगतान
   - B. देय बिलों का भुगतान
   - C. क्रय वापसी
   - D. देय बिल भुगतान में स्वीकारें

**15.** अन्तिम स्थिति विवरण बनाया जाता है:
A. वर्ष का लाभ
B. वर्ष के अंत में रोकड़ शेष
C. अन्तिम पूंजी शेष
D. उपर्युक्त में से कोई नहीं

**16.** सहायतार्थ बिलों या अनुग्रह विपत्रों का लेखा किया जाता है:
A. कुल देनदारों के खाते में
B. कुल लेनदारों के खाते में
C. उपर्युक्त दोनों में
D. दोनों खातों में नहीं

**17.** प्रथम वाक्य : देनदारों का प्रारम्भिक शेष ''कुल देनदार खाता'' बनाकर ज्ञात किया जाता है।
द्वितीय वाक्य : अन्य कोई विधि इस कार्य हेतु उपलब्ध नहीं है।
A. प्रथम सत्य है, द्वितीय वाक्य सही तर्क देता है
B. प्रथम असत्य है, द्वितीय तर्क सही है
C. प्रथम वाक्य सत्य है लेकिन द्वितीय वाक्य का तर्क सही नहीं है
D. दोनों असत्य हैं

**18.** शुद्ध लाभ होगा:
अन्तिम पूंजी 50,000 रु., प्रारम्भिक पूंजी 52,000 रु.
A. 2,000 रु.
B. –2,000 रु.
C. शून्य
D. 51,000 रु.

**19.** यदि अन्तिम पूंजी 60,000 रु., प्रारंभिक पूंजी 35,000 रु., आहरण 12,000 रु. हो तो शुद्ध लाभ होगा:
A. 37,000 रु.
B. 35,000 रु.
C. 13,000 रु.
D. –23, 000 रु.

**20.** दिया गया है:
अन्तिम पूंजी 21,000 रु., आहरण 5,000 रु., अतिरिक्त पूंजी 1,000 रु., प्रारम्भिक पूंजी 12,000 रु. तो शुद्ध लाभ होगा:
A. 14,000 रु.
B. 13,000 रु.
C. 4,000 रु.
D. 15,000 रु.

**21.** यदि प्रारम्भिक पूंजी 13,000 रु., आहरण 3,000 रु., शुद्ध लाभ 5,000 रु., अतिरिक्त पूंजी 6,000 रु. हो तो अन्तिम पूंजी होगी:
A. 19,000 रु.
B. 27,000 रु.
C. 15,000 रु.
D. 21,000 रु.

**22.** यदि प्रारम्भिक पूंजी 10,000 रु. आहरण 6,000 रु., अतिरिक्त पूंजी 3,000 रु., लाभ कुछ नहीं हो, तो अन्तिम पूंजी होगी:
A. 13,000 रु.
B. 19,000 रु.
C. 7,000 रु.
D. 6,000 रु.

**23.** यदि अन्तिम पूंजी 26,500 रु., आहरण 5,000 रु., प्रारम्भिक पूंजी 18,000 रु. हो, तो लाभ होगा:
A. 21,500 रु.
B. 13,500 रु.
C. 8,500 रु.
D. 3,500 रु.

**24.** यदि शुद्ध लाभ 6,000 रु., प्रारम्भिक पूंजी 11,000 रु., अन्तिम पूंजी 16,000 रु. हो, तो आहरण होगें:
A. 1,000 रु.
B. 10,000 रु.
C. NIL
D. 11,000 रु.

**25.** यदि अन्तिम पूंजी 60,000 रु., प्रारम्भिक पूंजी 45,000 रु., अतिरिक्त पूंजी 6,000 रु. हो तो लाभ/हानि होगी:
A. हानि 21,000 रु.
B. लाभ 9,000 रु.
C. हानि 9,000 रु.
D. लाभ 21,000 रु.

**26.** यदि अन्तिम पूंजी 70,000 रु., प्रारम्भिक पूंजी 60,000 रु. अतिरिक्त पूंजी 15,000 रु. हो तो लाभ/हानि होगी:
A. हानि 5,000 रु.
B. लाभ 5,000 रु.
C. लाभ 25,000 रु.
D. हानि 25,000 रु.

**27.** यदि अन्तिम पूंजी 77, 000 रु., आहरण 7,000 रु., प्रारम्भिक पूंजी 69,000 रु., पूंजी पर ब्याज 2,000 रु., साझियों का वेतन 3,000 रु. हो तो शुद्ध लाभ होगा:
A. 15,000 रु. लाभ
B. 10,000 हानि
C. 15,000 रु. हानि
D. 10,000 रु. लाभ

**28.** यदि अन्तिम पूंजी 38,895 रु., आहरण 500 रु., लाभ 7,700 रु., पूंजी पर ब्याज 1,780 रु. हो तो प्रारम्भिक पूंजी होगी:
A. 29,915 रु.
B. 31,695 रु.
C. 39,395 रु.
D. 38,395 रु.

**29.** लेनदारों का प्रारम्भिक शेष 10,000 रु., अन्तिम शेष 25,000 रु., बट्टा 2,000 रु., नगद भुगतान 2,000 रु., उधार क्रय होगा:
A. 15,000 रु.
B. 11,000 रु.
C. 12,000 रु.
D. 19,000 रु.

**30.** उधार क्रय 20,000 रु., लेनदारों का अन्तिम शेष 30,000 रु., नगद भुगतान 5,000 रु., देय बिल 2,000 रु., लेनदारों का प्रारम्भिक शेष होगा:
A. 12,000 रु.
B. 7,000 रु.
C. 17,000 रु.
D. 6,000 रु.

**31.** देय बिलों का प्रारम्भिक शेष 5,000 रु., अन्तिम शेष 8,000 रु., लेनदार खाते के डेबिट में लिखे जाएंगे:

A. 3,000 रु.         B. 5,000 रु.

C. 8,000 रु.         D. लिखे नहीं जाएंगे

**32.** देय बिल का प्रारम्भिक शेष 10,000 रु., अन्तिम शेष 15,000 रु, भुगतान किया 3,000 रु., लेनदार खाते के डेबिट में लिखे जाएंगे:

A. 5,000 रु.         B. 2,000 रु.

C. 8,000 रु.         D. 3,000 रु.

**33.** देय बिलों का प्रारम्भिक शेष 12,000 रु., अन्तिम शेष 8,000 रु., वर्ष में जारी देय बिल 2,000 रु., देय बिलों के भुगतान की राशि होगी:

A. 6,000 रु.         B. 2,000 रु.

C. 4,000 रु.         D. कुछ नहीं

**34.** देय बिलों का प्रारम्भिक शेष 17,000 रु., अन्तिम शेष 9,000 रु., देय बिलों का भुगतान 3,000 रु., वर्ष में जारी देय बिल 3,000 रु., तो शेष प्रकट करेगा:

A. देय बिलों का भुगतान

B. देय बिल स्वीकार किए

C. अन्तिम शेष

D. देय बिल भुगतान नहीं किए

**35.** यदि देनदारों का प्रारम्भिक शेष 52,000 रु., उधार विक्रय 20,000 रु., प्राप्त राशि 35,000 रु. हो तो अन्तिम शेष होगा:

A. 72,000 रु.         B. 1,07,000 रु.

C. 37,000 रु.         D. 67,000 रु.

**36.** यदि देनदारों का अन्तिम शेष 15,000 रु., उधार विक्रय 28,000 रु., प्राप्त राशि 17,000 रु. हो तो प्रारम्भिक शेष होगा:

A. 4,000 रु.         B. 26,000 रु.

C. 5,000 रु.         D. 30,000 रु.

**37.** यदि देनदारों का प्रारम्भिक शेष 12,000 रु., उधार विक्रय 18,000 रु., विक्रय वापसी 2,000 रु., अन्तिम शेष 10,000 रु., हो तो देनदारों से वसूल राशि होगी:

A. 20,000 रु.         B. 18,000 रु.

C. 14,000 रु.         D. 16,000 रु.

**38.** यदि देनदारों का प्रारम्भिक शेष 8,000 रु., अन्तिम शेष 15,000 रु. बट्टा दिया 500 रु., विक्रय वापसी 100 रु., प्राप्त राशि 3,000 रु. हो, तो उधार विक्रय होगा :

A. 11,500 रु.         B. 9,500 रु.

C. 7,000 रु.         D. 5,500 रु.

**39.** यदि उधार विक्रय 18,000 रु., प्राप्त राशि 5,000 रु., प्राप्य बिल 4,000 रु., नगद विक्रय 3,000 रु., बट्टा 300 रु. हो तो देनदारों का अन्तिम शेष होगा:

A. 12,700 रु.         B. 11,700 रु.

C. 15,000 रु.         D. 8,700 रु.

**40.** यदि प्राप्य बिल खाते का प्रारंभिक शेष 6,000 रु., अंतिम शेष 3,250 रु. हो तो अन्तर होगा :

A. वसूल हुए 2,750 रु.

B. बिल स्वीकार किये 2,750 रु.

C. माल उधार बेचा 2,750 रु.

D. उपर्युक्त में से कोई नहीं

**41.** बेचे गए माल की लागत 80,000 रु. हो और विक्रय पर सकल हानि 1/4 हो, तो विक्रय की राशि होगी:

A. 60,000 रु.         B. 70,000 रु.

C. 64,000 रु.         D. 85,000 रु.

**42.** दिया गया है:

प्रारम्भिक स्टॉक 10,000 रु., अन्तिम स्टॉक 9,000 रु., क्रय 50,000 रु., सकल लाभ विक्रय मूल्य पर 1/6, तो विक्रय ज्ञात कीजिए।

A. 51,000 रु.         B. 61,200 रु.

C. 68,000 रु.         D. 63,750 रु.

**43.** विक्रय पर सकल लाभ की दर 25% हो एवं बेचे गए माल की लागत 75,000 रु. हो तो कुल विक्रय की राशि होगी:

A. 90,000 रु.         B. 1,00,000 रु.

C. 95,000 रु.         D. 93,750 रु.

**44.** दिया गया है:

देनदारों का प्रारम्भिक शेष 2,000 रु., अन्तिम शेष 3,000 रु., देनदारों से प्राप्त नगद राशि 4,000 रु., वर्ष की कुल बिक्री 8,000 रु., तो वर्ष की नगद बिक्री होगी:

A. 3,000 रु.         B. 4,000 रु.

C. 5,000 रु.         D. 8,000 रु.

**45.** एक व्यापारी की पुस्तकों में शेष: (अन्तिम) लेनदार 4,000 रु. देनदार 15,000 रु., स्टॉक 3,000 रु., नगद शेष 2,000 रु. व्यापार के लाभ 6,000 रु., तो प्रारम्भिक पूंजी होगी:

A. 4,000 रु.         B. 10,000 रु.

C. 14,000 रु.         D. 16,000 रु.

**46.** अन्तिम स्टॉक का मूल्य होगा:

प्रारम्भिक स्टॉक 10,000 रु., क्रय 85,000 रु., विक्रय 1,00,000 रु., सकल लाभ लागत का 25%:

A. 5,000 रु.  
B. 10,000 रु.  
C. 15,000 रु.  
D. 20,000 रु.

**47.** दिया गया है:

प्रारम्भिक शेष: रोकड़ 20,000 रु., देनदार 30,000 रु., लेनदार 10,000 रु.

अन्तिम शेष: रोकड़ 30,000 रु., देनदार 25,000 रु., लेनदार 15,000 रु. तो लाभ ज्ञात कीजिए:

A. लाभ 5,000 रु.  
B. हानि 5,000 रु.  
C. लाभ 10,000 रु.  
D. न लाभ, न हानि

**48.** उधार विक्रय ज्ञात कीजिए:

नकद विक्रय 20,000 रु., देनदारों से प्राप्त राशि 4,00,000 रु., डूबत ऋण 25,000 रु., प्रारम्भिक शेष 25,000 रु., अन्तिम शेष 75,000 रु.

A. 4,00,000 रु.  
B. 4,50,000 रु.  
C. 4,75,000 रु.  
D. 3,00,000 रु.

**49.** वर्ष के प्रारम्भ में सम्पत्तियां 70,000 रु. और दायित्व 55,000 रु. के थे। वर्ष के दौरान आहरण 5,000 रु. किया गया तथा वर्ष में अतिरिक्त पूंजी लगायी गयी 8,000 रु., वर्ष की हानि 4,000 रु. हो तो अन्तिम पूंजी होगी:

A. 10,000 रु.  
B. 18,000 रु.  
C. 14,000 रु.  
D. 15,000 रु.

**50.** यदि विक्रय मूल्य 2,25,000 रु. हो और लाभ की दर लागत पर $33\frac{1}{3}$% हो, तो विक्रय की लागत होगी:

A. 1,60,000 रु.  
B. 1,50,000 रु.  
C. 2,81,250 रु.  
D. 1,68,750 रु.

**51.** बेचे गए माल की लागत 40,000 रु. सकल लाभ की दर = विक्रय पर 25% विक्रय राशि होगी:

A. 30,000 रु.  
B. 40,000 रु.  
C. 50,000 रु.  
D. 53,333 रु.

**52.** बेचे गए माल की लागत 1,20,000 रु. सकल हानि = विक्रय का 25% विक्रय राशि होगी:

A. 90,000 रु.  
B. 96,000 रु.  
C. 1,44,000 रु.  
D. 1,50,000 रु.

**53.** प्रारम्भिक पूंजी ज्ञात कीजिए:

वर्ष के लाभ 60,000 रु., अन्तिम पूंजी शेष 2,00,000 रु., आहरण 40,000 रु., अतिरिक्त पूंजी 25,000 रु.

A. 1,55,000 रु.  
B. 1,50,000 रु.  
C. 1,00,000 रु.  
D. 1,65,000 रु.

**54.** यदि प्राप्य बिल खाते का अन्तिम शेष 8,900 रु., प्रारम्भिक शेष 5,000 रु., बिल प्राप्त हुए 5,000 रु., बिलों की प्राप्त राशि 500 रु. हो तो अंतर का कारण हो सकता है:

A. 600 रु. प्राप्त हुए  
B. 600 रु. के बिल अप्रतिष्ठित हुए  
C. बिल पर कमीशन दिया 600 रु.  
D. उपर्युक्त में से कोई नहीं

**55.** यदि देय बिल 1,250 रु., नगद भुगतान किया 13,150 रु., बट्टा 850 रु., कुल लेनदार खाते का अन्तिम शेष 5,000 रु., प्रारम्भिक शेष 7,100 रु. हो तो उधार क्रय होगा:

A. 13,150 रु.  
B. 18,150 रु.  
C. 19,000 रु.  
D. 20,250 रु.

**56.** दिया गया है:

प्रारम्भिक स्टॉक 8,000 रु., अन्तिम स्टॉक 2,000 रु., क्रय 40,000 रु., सकल लाभ की दर 1/6 बिक्री पर कुल बिक्री की राशि बताइए।

A. 55,000 रु.  
B. 46,000 रु.  
C. 55,200 रु.  
D. 50,000 रु.

**57.** यदि विक्रय 2,00,000 रु. सकल लाभ की दर लागत पर 25% हो तो विक्रय लागत होगी:

A. 1,60,000 रु.  
B. 2,40,000 रु.  
C. 1,50,000 रु.  
D. 2,50,000 रु.

**58.** विक्रय लागत 13,000 रु., अन्तिम स्टॉक 800 रु., प्रारम्भिक स्टॉक 1,200 रु., क्रय की राशि होगी:

A. 12,500 रु.  
B. 14,000 रु.  
C. 12,600 रु.  
D. 13,400 रु.

**59.** यदि वर्ष के प्रारंभ में सम्पत्तियां 10,000 रु. तथा वर्ष के अन्त में सम्पत्तियां 18,000 रु., आहरण 2,000 रु. हो तो लाभ होगा:

A. 6,000 रु.  
B. 8,000 रु.  
C. 10,000 रु.  
D. उपर्युक्त में से कोई नहीं

**60.** यदि विक्रय 1,00,000 रु. और सकल लाभ की दर लागत मूल्य पर 20% हो तो विक्रय लागत होगी:

A. 83,333 रु.  
B. 80,000 रु.  
C. 75,000 रु.  
D. 84,000 रु.

**61.** यदि बेचे गए माल की लागत 50,000 रु. हो, सकल लाभ विक्रय मूल्य पर 20% हो तो विक्रय राशि होगी:

A. 40,000 रु.      B. 37,500 रु.
C. 60,000 रु.      D. 62,500 रु.

**62.** यदि विक्रय लागत 1,00,000 रु. हो तथा सकल हानि विक्रय पर 1/7 हो, तो विक्रय की राशि होगी:

A. 87,500 रु.      B. 1,12,500 रु.
C. 83,667 रु.      D. 1,16,667 रु.

**63.** यदि विक्रय लागत 1,50,000 रु. हो और विक्रय पर सकल हानि की दर 25% हो, तो विक्रय मूल्य होगा:

A. 1,12,500 रु.      B. 1,25,000 रु.
C. 1,20,000 रु.      D. 1,37,500 रु.

**64.** यदि लाभ लागत पर 1/4 हो तो विक्रय मूल्य पर होगा:

A. 1/3      B. 1/5
C. 1/6      D. 1/2

**65.** यदि लाभ की दर विक्रय मूल्य पर $16\frac{2}{3}$% है, तो लागत पर होगी:

A. 20%      B. 15.67%
C. 25%      D. 18.33%

**66.** दिया गया है—प्रारम्भिक देय बिल 3,000 रु., अन्तिम देय बिल 12,000 रु., वर्ष में देय बिलों का भुगतान 7,000 रु., देय बिल लौटाए गए 500 रु., तो वर्ष में निर्गमित देय बिल होंगे:

A. 16,500 रु.      B. 7,500 रु.
C. 15,500 रु.      D. 2,500 रु.

**67.** यदि प्रारम्भिक प्राप्य बिल 10,000 रु., प्राप्य बिलों से वर्ष में प्राप्त राशि 20,000 रु. तथा देनदारों से प्राप्त बिल 20,000 रु. हों तो प्राप्य बिलों का अन्तिम शेष होगा:

A. 20,000 रु.      B. 10,000 रु.
C. 30,000 रु.      D. कुछ नहीं

**68.** मशीन खाते का डेबिट शेष 4,500 रु. है। वर्ष के अंत में 1,500 रु., मूल्य ह्रास लगाने के बाद डेबिट शेष 9,000 रु. है, तो वर्ष में क्रय की गयी मशीन थी:

A. 4,500 रु.      B. 3,000 रु.
C. 12,000 रु.      D. 6,000 रु.

**69.** वर्ष के अंत में स्थिति इस प्रकार थी:

रोकड़ 2,885 रु., स्टॉक 4,600 रु., देनदार 4,950 रु., लेनदार 4,350 रु. । आहरण 6,500 रु., जिसमें से मशीनरी खरीदी 5,600 रु. । अतिरिक्त पूंजी लगायी 5,000 रु., प्रारम्भिक पूंजी 12,000 रु., तो लाभ/हानि होगा:

A. लाभ 2,585 रु.      B. हानि 2,585 रु.
C. हानि 2,415 रु.      D. लाभ 2,415 रु.

**70.** दिया गया है:

प्रारम्भिक शेष: देनदार 720 रु., प्राप्य बिल 100 रु., अन्तिम शेष: देनदार 980 रु., देनदारों से प्राप्ति 1,250 रु., विक्रय वापसी 40 रु., बट्टा दिया 70 रु., प्राप्य बिल अप्रतिष्ठित हुए 80 रु., उधार विक्रय होगा:

A. 1,710 रु.      B. 1,540 रु.
C. 1,620 रु.      D. 1,690 रु.

**उत्तरमाला**

| 1 | 2 | 3 | 4 | 5 | 6 | 7 | 8 | 9 | 10 |
|---|---|---|---|---|---|---|---|---|----|
| D | C | C | C | B | A | B | B | C | C |
| **11** | **12** | **13** | **14** | **15** | **16** | **17** | **18** | **19** | **20** |
| D | C | C | B | C | D | C | B | A | B |
| **21** | **22** | **23** | **24** | **25** | **26** | **27** | **28** | **29** | **30** |
| D | C | B | A | B | A | D | A | D | C |
| **31** | **32** | **33** | **34** | **35** | **36** | **37** | **38** | **39** | **40** |
| A | C | A | D | C | A | B | A | D | A |
| **41** | **42** | **43** | **44** | **45** | **46** | **47** | **48** | **49** | **50** |
| C | B | B | A | B | C | D | C | C | D |
| **51** | **52** | **53** | **54** | **55** | **56** | **57** | **58** | **59** | **60** |
| D | B | A | B | A | C | A | C | C | A |
| **61** | **62** | **63** | **64** | **65** | **66** | **67** | **68** | **69** | **70** |
| D | A | C | B | A | A | B | D | C | B |

# 4. साझेदारी खाते
# (PARTNERSHIP ACCOUNTS)

1. साझेदार वेतन के बदले नकद राशि निकालते हैं, तो लेखा होगा:
   A. वेतन डेबिट, नकद खाता क्रेडिट
   B. लाभ–हानि खाता डेबिट, वेतन खाता क्रेडिट
   C. साझेदारों का चालू खाता क्रेडिट, वेतन डेबिट
   D. साझेदारों का चालू खाता डेबिट, नकद खाता क्रेडिट

2. स्मरणार्थ पुनर्मूल्यांकन खाते एवं पुनर्मूल्यांकन खाते में अन्तर है:
   A. दोनों खाते साझी के प्रवेश पर खोले जाते हैं
   B. सम्पत्तियों, दायित्वों को पुराने मूल्य पर दिखाने के लिए स्मरणार्थ खाता और इनके मूल्यों में परिवर्तन को प्रभावी करने के लिए स्मरणार्थ खाता खोला जाता है
   C. स्मरणार्थ खाता लाभ विभाजन अनुपात में परिवर्तन पर खोला जाता है, जबकि पुनर्मूल्यांकन खाता प्रवेश पर
   D. स्मरणार्थ खाता नाममात्र का है जबकि पुनर्मूल्यांकन खाता व्यक्तिगत खाते के समान

3. त्याग के अनुपात का प्रयोग होगा:
   A. साझेदार की मृत्यु पर
   B. फर्म के विघटन पर
   C. लाभ विभाजन अनुपात में परिवर्तन होने पर
   D. उपर्युक्त में से कोई नहीं

4. साझेदारों के चालू खाते का शेष होता है:
   A. सदैव डेबिट          B. सदैव क्रेडिट
   C. डेबिट या क्रेडिट दोनों हो सकता है
   D. आधे वर्ष डेबिट–आधे वर्ष क्रेडिट

5. पुनर्मूल्यांकन खाते की प्रकृति है:
   A. वस्तुगत          B. नाममात्र
   C. व्यक्तिगत          D. संचय

6. 'X' और 'Y' 3 : 2 के अनुपात में साझेदार हैं। 'X' के पुत्र 'Z' को साझेदारी में प्रवेश दिया जाता है। 'X' अपने लाभों का 1/5 भाग 'Z' को उपहार में देता है। फर्म की ख्याति का मूल्यांकन 40,000 रु. पर किया गया, तो 'Z' चुकाएगा:
   A. X को 8,000 रु.
   B. X को 4,000 रु., Y को 4,000 रु.
   C. X को 8,000 रु., Y को 8,000 रु.
   D. इनमें से कोई नहीं

7. एक फर्म में साझेदार के प्रवेश पर ख्याति का मूल्यांकन 45,000 रु. किया गया। यह राशि डेबिट की जाएगी:
   A. पूंजी खातों में          B. ख्याति खाते में
   C. रोकड़ खाते में          D. चालू खाते में

8. साझेदारों के चालू खाते खोले जाते हैं जब कि उनके पूंजी खाते हैं:
   A. स्थिर          B. परिवर्तनशील
   C. स्थिर या परिवर्तनशील   D. उपर्युक्त में से कोई नहीं

9. साझेदार के प्रवेश पर कृत्रिम सम्पत्तियों के साथ व्यवहार किया जाता है:
   A. पुनर्मूल्यांकन खाते में हस्तान्तरित
   B. पूंजी खाते में हस्तान्तरित
   C. संचयों में हस्तान्तरित
   D. नए चिट्ठे में प्रदर्शित किया जाता है

10. पुनर्मूल्यांकन से लाभ–पूंजी खातों में बांटा जाता है:
    A. पूंजी के अनुपात में
    B. लाभ विभाजन के अनुपात में
    C. लाभ के अनुपात में
    D. सम्पत्तियों के अनुपात में

11. फर्म के लाभों में नए साझी का हिस्सा 1/5, नए साझी की पूंजी 20,000 रु., साझियों का नया अनुपात 3 : 1 : 1, तो कुल पूंजी में साझियों का हिस्सा होगा:
    A. 60,000 : 20,000 : 20,000
    B. 80,000 : 20,000 : 20,000
    C. 50,000 : 25,000 : 25,000
    D. उपर्युक्त में से कोई नहीं

**12.** पुराने साझियों की समायोजित पूंजी 1,00,000 रु., नए साक्षी का हिस्सा 1/5, फर्म की कुल पूंजी होगी:
- A. 1,20,000 रु.
- B. 1,25,000 रु.
- C. 5,00,000 रु.
- D. 1,30,000 रु.

**13.** अ और ब 3 : 2 में साझेदार हैं। 1/5 हिस्से के लिए 'स' 10,000 रु. की पूंजी लगाता है। 'ब' की समायोजित पूंजी होगी:
- A. 14,000 रु.
- B. 10,000 रु.
- C. 12,000 रु.
- D. 16,000 रु.

**14.** 'X' और 'Y' 3 : 1 में साझेदार है। 'Z' को लाभों में 1/3 हिस्सा देकर साझी बनाया गया। नया लाभ विभाजन अनुपात होगा:
- A. 2 : 1 : 3
- B. 3 : 2 : 1
- C. 3 : 1 : 2
- D. 1 : 2 : 3

**15.** 'X', 'Y' और 'Z' एक फर्म में साझेदार हैं यदि 'B' एक नए साझेदार के रूप में प्रवेश करता है:
- A. पुरानी साझेदारी विघटित हो जाती है
- B. पुरानी फर्म विघटित हो जाती है
- C. पुरानी फर्म व साझेदारी विघटित हो जाती है
- D. न फर्म और न साझेदारी के विघटन की आवश्यकता होती है

**16.** 'A' और 'B' 7 : 5 में लाभ-हानि बांटते हुए साझेदार हैं। 'C' को 1/5 हिस्से के लिए प्रवेश दिया जाता है। नया अनुपात होगा:
- A. 3 : 2 : 1
- B. 7 : 5 : 3
- C. 2 : 2 : 1
- D. इनमें से कोई नहीं

**17.** नए साझेदार के प्रवेश पर एक नया खाता खोला जाता है:
- A. लाभ-हानि नियोजन खाता
- B. स्मरणार्थ पुनर्मूल्यांकन खाता
- C. पुनर्मूल्यांकन खाता
- D. नए साझी का पूंजी खाता

**18.** साझेदार के प्रवेश पर सम्पत्तियों के मूल्य में वृद्धि से उत्पन्न होता है:
- A. लाभ
- B. हानि
- C. संचय
- D. आयोजन

**19.** प्रवेश की स्थिति में दायित्व में वृद्धि होने पर दायित्व खाते को:
- A. प्रभावित नहीं किया जाता
- B. डेबिट किया जाता है
- C. पूंजी में से घटाते हैं
- D. क्रेडिट किया जाता है

**20.** भवन का पुस्तक मूल्य 95,000 रु. है, साझी के प्रवेश पर उसका मूल्य 85,000 रु. आंका गया। तो सम्पत्ति खाता होगा:
- A. 10,000 रु. से क्रेडिट
- B. 85,000 रु. से क्रेडिट
- C. 10,000 रु. से डेबिट
- D. 85,000 रु. से डेबिट

**21.** लाभों के पूंजीकृत मूल्य का आशय है:
- A. पूंजी + लाभ
- B. निश्चित लाभार्जन हेतु व्यवसाय में विनियोजित पूंजी
- C. विनियोजित पूंजी पर लाभ
- D. लाभ × क्रय वर्ष

**22.** औसत लाभों का पूंजीकृत मूल्य होगा:
- A. $\dfrac{\text{औसत लाभ}}{\text{सामान्य दर}} \times 100$
- B. $\dfrac{\text{औसत लाभ} \times \text{सामान्य दर}}{100}$
- C. $\dfrac{\text{औसत लाभ} - \text{सामान्य लाभ}}{\text{सामान्य दर}} \times 100$
- D. $\text{विनियोजित पूंजी} \times \dfrac{\text{दर}}{100}$

**23.** यदि वास्तविक औसत लाभ 30,000 रु. तथा सामान्य प्रत्याय दर 12% हो, तो लाभों का पूंजीकृत मूल्य होगा:
- A. 3,60,000 रु.
- B. 2,50,000 रु.
- C. 3,05,000 रु.
- D. उपर्युक्त में से कोई नहीं

**24.** औसत लाभों के पूंजीकरण विधि में ख्याति का मूल्य होगा:
- A. विनियोजित पूंजी – औसत लाभ
- B. वास्तविक औसत लाभों का पूंजीकृत मूल्य – वास्तविक विनियोजित पूंजी
- C. विनियोजित पूंजी – लाभों का पूंजीकृत मूल्य
- D. उपर्युक्त में से कोई भी

**25.** अधिलाभों का पूंजीकरण विधि में ख्याति का मूल्य ज्ञात किया जाएगा:
- A. विनियोजित पूंजी – औसत लाभ
- B. औसत लाभों का पूंजीकृत मूल्य – विनियोजित पूंजी
- C. $\dfrac{\text{वास्तविक लाभ} - \text{सामान्य लाभ} \times 100}{\text{सामान्य दर}}$
- D. $\dfrac{\text{औसत लाभ} \times 100}{\text{सामान्य दर}}$

**26.** दिया गया है–विनियोजित पूंजी 2,00,000 रु., सामान्य प्रत्याय की दर 12%, वास्तविक औसत लाभ 33,000 रु., तो अधिलाभों के पूंजीकरण के आधार पर ख्याति होगी:

A. 75,000 रु.  
B. 2,00,000 रु.  
C. 2,75,000 रु.  
D. उपर्युक्त में से कोई नहीं

**27.** यदि व्यवसाय के अधिलाभ 20,000 रु., 10% वार्षिक ब्याज दर 3 वर्षों के क्रय के आधार पर रुपए का वर्तमान मूल्य 2487 है तो वार्षिक वृति विधि से ख्याति होगी:

A. 2,00,000 रु.  
B. 45,740 रु.  
C. 49,740 रु.  
D. 60,000 रु.

**28.** पुराने साझियों द्वारा ख्याति की राशि निकालने पर डेबिट होगा:

A. ख्याति खाता  
B. पुनर्मूल्यांकन खाता  
C. पुराने साझियों का पूंजी खाता  
D. नए साझी का पूंजी खाता

**29.** नए साझी द्वारा ख्याति की राशि नकद में न लाने पर पुराने साझियों के पास क्या विकल्प है ?

A. ख्याति खाता खोलना  
B. नए साझी के पूंजी खाते से राशि निकालना  
C. दोनों विकल्पों का आनुपातिक प्रयोग  
D. उपर्युक्त में से कोई नहीं

**30.** प्रवेश पर पुराने साझियों द्वारा ख्याति खाता खोलने पर पुराने साझी इस राशि को बांटेगें:

A. त्याग के अनुपात में  
B. पुराने अनुपात में  
C. नए अनुपात में  
D. पूंजी के अनुपात में

**31.** नए साझेदार के प्रवेश पर खोला गया ख्याति खाता बंद करने पर डेबिट किया जाता है:

A. पुराने साझियों के पूंजी खाते  
B. पुराने एवं नए साझियों के पूंजी खाते  
C. नए साझेदार का पूंजी खाता  
D. ख्याति खाता

**32.** नए साझेदार के प्रवेश पर खोले गए ख्याति खाते को बन्द करने का प्रभाव होगा:

A. पुराने साझेदारों का खाता त्याग के अनुपात में क्रेडिट रह जाता है  
B. पुराने साझेदारों को कोई लाभ नहीं मिलता है  
C. पुराने साझी पुराने अनुपात में क्रेडिट रह जाते हैं  
D. नए साझी को हानि होगी

**33.** ख्याति खाता पहले से ही पुस्तकों में खुला हो और नया साझी ख्याति की राशि नकद में लाता हो तो लेखांकन प्रभाव होगा:

A. पुराना ख्याति खाता बन्द होगा  
B. नए साझी द्वारा लाई गई राशि पुराने साझेदारों में त्याग के अनुपात में बांटी जाएगी  
C. उपर्युक्त दोनों  
D. उपर्युक्त में से कोई नहीं

**34.** नए साझी द्वारा प्रवेश पर फर्म में ख्याति की राशि नकद में लाने पर क्रेडिट होगा:

A. लाभ-हानि खाता  
B. ख्याति खाता  
C. साझी का पूंजी खाता  
D. पुनर्मूल्यांकन खाता

**35.** नए साझी द्वारा प्रवेश पर फर्म में लाई गई ख्याति की राशि पर अधिकार होता है:

A. पुराने साझियों का  
B. नए साझी का  
C. दोनों का  
D. उपर्युक्त में से कोई नहीं

**36.** 'X' और 'Y' एक फर्म में 3 : 4 में साझेदार हैं। नए साझी 'Z' को 1/4 हिस्से के लिए फर्म में प्रवेश दिया जाता है। 'X' व 'Y' का त्याग का अनुपात ज्ञात कीजिए:

A. 3 : 1  
B. 2 : 3  
C. 1 : 1  
D. 3 : 4

**37.** राम और श्याम एक फर्म में 3 : 2 में साझेदार हैं। मोहन के प्रवेश के बाद साझी लाभों को बराबर बांटते हैं, पुराने साझेदारों का त्याग का अनुपात होगा:

A. 2 : 1  
B. 1 : 1  
C. 4 : 1  
D. 3 : 2

**38.** ख्याति के रूप में चुकाई गई राशि मूल्य है:

A. पुराने साझियों द्वारा अर्जित प्रतिष्ठा का  
B. पुरानी फर्म के लाभ का  
C. फर्म की भौतिक स्थिति का  
D. कानून सम्मत मूल्य

**39.** फर्म की ख्याति है:

A. एक कृत्रिम सम्पत्ति  
B. एक भौतिक सम्पत्ति  
C. एक अमूर्त सम्पत्ति  
D. एक मूल्यहीन सम्पत्ति

**40.** ख्याति का मूल्यांकन अवलम्बित है:

A. फर्म की पूंजी पर  
B. लाभार्जन क्षमता पर  
C. सम्पत्तियों पर  
D. स्थायी सम्पत्तियों पर

**41.** अधिलाभों का आशय है:

A. फर्म के अधिक अर्जित लाभ  
B. औसत लाभों का सामान्य लाभों पर अधिक्य

C. औसत लाभों की सामान्य लाभों पर न्यूनता

D. सामान्य लाभ व अधिलाभ समान है

**42.** दिया गया है:

औसत लाभ – 20,000 रु.

विनियोजित पूंजी – 2,00,000 रु.

सामान्य लाभ दर – 8%

अधिलाभ होंगे:

A. 20,000 रु.          B. 16,000 रु.

C. 36,000 रु.          D. 4,000 रु.

**43.** सामान्य लाभ का अर्थ है:

A. इसी व्यवसाय द्वारा अर्जित लाभ

B. इसी प्रकार के अन्य व्यवसायों द्वारा अर्जित लाभ

C. पूर्व वर्षों के लाभों का औसत

D. उपर्युक्त में से कोई नहीं

**44.** यदि साझियों की पूंजी 10 लाख रु. हो, वार्षिक औसत लाभ 2,00,000 रु. हो, सामान्य प्रत्याय दर 18% हो, तो अधिलाभ होंगे:

A. 2,00,000 रु.          B. 1,80,000 रु.

C. 20,000 रु.          D. –20,000 रु.

**45.** साझेदारी संलेख की व्यवस्था के अनुरूप साझी अनुराग को 8,000 रु. प्रति माह वेतन दिया जाता है। अनुराग प्रतिमाह 6,000 रु. निकालता है, शेष 2,000 रु. का लेखा होगा:

A. पूंजी खाते में डेबिट किए जाएंगे

B. लाभ–हानि समायोजन खाते में क्रेडिट किए जाएंगे

C. अनुराग के चालू खाते में जमा किए जाएंगे

D. वेतन खाते में जमा किए जाएंगे

**46.** एक साझेदारी फर्म के सदस्यों की अधिकतम संख्या हो सकती है:

A. 5          B. 20

C. 10          D. 18

**47.** अधिनियम के अनुसार बैंकिंग फर्म के सदस्यों की अधिकतम संख्या हो सकती है:

A. 10          B. 12

C. 5          D. 20

**48.** फर्म के साझेदारों का दायित्व होता है:

A. संयुक्त          B. असमान

C. असीमित          D. सीमित

**49.** साझेदारों को देय पूंजी पर ब्याज की गणना की जाती है:

A. अन्तिम पूंजी पर          B. समायोजित पूंजी पर

C. प्रारम्भिक पूंजी पर          D. औसत पूंजी पर

**50.** नए साझी को प्रवेश लेने पर फर्म में अधिकार मिलते हैं:

A. सम्पत्ति में स्वामित्व          B. लाभों में बंटवारा

C. उपर्युक्त दोनों          D. फर्म का विभाजन

**51.** व्यापार के स्वामित्व में अधिकार प्राप्ति हेतु नए साझी द्वारा लाई गई राशि कहलाती है:

A. पूंजी          B. ख्याति

C. ऋण          D. सहायता

**52.** लाभों में हिस्सा प्राप्ति हेतु नए साझी द्वारा लाई गई राशि है:

A. पूंजी          B. प्रीमियम

C. अनुदान          D. अतिरिक्त पूंजी

**53.** साझी द्वारा व्यवसाय में पूंजी के रूप में नकद राशि पर डेबिट होगा:

A. रोकड़ या बैंक खाता          B. स्थायी सम्पत्ति खाता

C. पूंजी खाता          D. चालू सम्पत्ति खाता

**54.** दिया गया है:

|  | X (Rs.) | Y (Rs.) |
|---|---|---|
| पूंजी खातों का शेष (31 दिसम्बर, 2003) | 20,000 | 50,000 |
| चालू खातों का शेष (31 दिसम्बर, 2003) | 25,000 (क्रेडिट) | 10,000 (क्रेडिट) |
| वेतन | 20,000 | 5,000 |
| पूंजी पर ब्याज | 1,500 | 5,500 |
| आहरण एवं आहरण पर ब्याज | 5,000 | 6,000 |

पूंजी खातों का प्रारम्भिक शेष होगा:

A. 36,500 रु. एवं 54,500 रु.

B. 46,500 रु. एवं 66,500 रु.

C. 45,000 रु. एवं 60,000 रु.

D. 20,000 रु. एवं 50,000 रु.

**55.** दिया गया है:

| | आदित्य (Rs.) | भास्कर (Rs.) | दिनकर (Rs.) |
|---|---|---|---|
| अन्तिम पूंजी | 70,000 | 50,000 | 25,000 |
| आहरण | 12,000 | 10,000 | 5,000 |
| शुद्ध लाभ | 22,000 | 12,000 | 3,000 |

ब्याज की दर 5%

साझियों की पूंजी पर ब्याज होगा:

A. 3,500 रु., 2,500 रु., 1,250 रु.

B. 4,100 रु., 3,000 रु. 1,500 रु.

C. 3,000 रु., 2,400 रु., एवं 1,350 रु.

D. उपर्युक्त में से कोई नहीं

**56.** दिया गया है:

| | राम | श्याम |
|---|---|---|
| | (Rs.) | (Rs.) |
| अन्तिम पूंजी | 45,000 | 60,000 |
| आहरण | 4,500 | 6,000 |
| पूंजी पर ब्याज | 1,500 | 5,500 |
| लाभों में हिस्सा | 5,000 | 12,000 |
| वेतन : राम | 20,000 | |

प्रत्येक साझी की प्रारम्भिक पूंजी होगी:
- A. 23,000 रु. एवं 48,500 रु.
- B. 43,000 रु. एवं 48,500 रु.
- C. 45,000 रु. एवं 53,500 रु.
- D. 23,000 रु. एवं 54,500 रु.

**57.** साझेदार को वेतन दिया गया। परिवर्तनशील पूंजी खाता विधि में इस वेतन का लेखा होगा:
- A. पूंजी खाते में
- B. चालू खाते में
- C. दोनों में
- D. दोनों में नहीं

**58.** परिवर्तनशील पूंजी खाता विधि में पूंजी के सम्बन्ध में खोले गए खाते हैं:
- A. केवल पूंजी खाते
- B. केवल चालू खाते
- C. पूंजी खाते एवं चालू खाते
- D. समायोजन खाते

**59.** स्थायी पूंजी खाता विधि में पूंजी के सम्बन्ध में, प्रत्येक साझी के लिए, खोले गए खातों की संख्या होगी:
- A. एक
- B. दो
- C. तीन
- D. चार

**60.** भारतीय साझेदारी अधिनियम का निर्माण हुआ:
- A. सन् 1956
- B. सन् 1961
- C. सन् 1932
- D. सन् 1931

**61.** साझेदारी अनुबन्ध हो सकता है:
- A. लिखित
- B. मौखिक
- C. लिखित या मौखिक
- D. गर्भित

**62.** साझेदारी में सम्मिलित व्यक्ति बांटते हैं:
- A. पूंजी
- B. व्यापार के हित
- C. स्वामित्व
- D. लाभ या हानि

**63.** दो या दो से अधिक व्यक्तियों के बीच साझेदारी हेतु आवश्यक है:
- A. व्यापार का होना
- B. अनुबन्ध का होना
- C. स्वामित्व का होना
- D. लाभों का होना

**64.** साझेदारों के मध्य परस्पर व्यवहार संचालन का लिखित समझौता कहलाता है:
- A. अनुबन्ध
- B. संलेख
- C. पारस्परिक सहमति
- D. प्रतिज्ञा-पत्र

**65.** साझेदारी संलेख समाहित करता है:
- A. पारस्परिक अधिकार एवं कर्त्तव्य
- B. लाभ विभाजन एवं ब्याज की शर्तें
- C. साझेदारी लेखा प्रणाली
- D. उपर्युक्त में से कोई नहीं

**66.** लिखित या मौखिक समझौते के अभाव में साझेदारी अधिनियम की कौन-सी घटनाएं लागू होती हैं ?
- A. धारा 4 – 8
- B. धारा 12 – 17
- C. धारा 25
- D. धारा 1 ब

**67.** साझेदारी संलेख के अभाव में साझेदारों को वेतन मिलेगा:
- A. बराबर
- B. 2,40,000 रु.
- C. लाभों का 90%
- D. कुछ नहीं

**68.** साझेदारी संलेख जब साझेदारों के मध्य न हो, तो लाभ-हानि का विभाजन होगा:
- A. पूंजी के अनुपात में
- B. बराबर
- C. आहरणों के अनुपात में
- D. त्याग के अनुपात में

**69.** फर्म के उचित व्यापार संचालन में साझेदार को हुई क्षति की पूर्ति की जाएगी:
- A. फर्म द्वारा
- B. साझियों द्वारा
- C. न्यायालय द्वारा
- D. साझी स्वयं वहन करेगा

**70.** साझेदारी संलेख के अभाव में साझेदारों के आहरणों पर ब्याज की राशि होगी:
- A. 6% वार्षिक की दर से
- B. 100 रु. प्रतिमाह
- C. पूंजी व आहरण के अनुपात में
- D. ब्याज नहीं लेगी

**71.** साझेदार के अवकाश ग्रहण करने पर सम्पत्तियों एवं दायित्वों में निवृतमान साझी को हिस्सा देने के लिए कौन-सा खाता खोला जाता है ?
- A. पुनर्मूल्यांकन खाता
- B. वसूली खाता
- C. लाभ-हानि खाता
- D. लाभ-हानि समायोजन खाता

**72.** अवकाश ग्रहण तिथि पर सम्पत्ति के मूल्य में वृद्धि होने पर डेबिट होगा:

   A. पुनर्मूल्यांकन खाता    B. सम्पत्ति खाता
   C. पूंजी खाता    D. साझी का चालू खाता

**73.** अवकाश ग्रहण की स्थिति में दायित्व के मूल्य में वृद्धि का आशय होगा:

   A. निवृतमान साझी को लाभ
   B. निवृतमान साझी को हानि
   C. कोई प्रभाव नहीं
   D. पूंजी खातों में वृद्धि

**74.** डूबत ऋण आयोजन खाते में कमी से निवृतमान साझी के दावे में:

   A. वृद्धि होगी
   B. कमी होगी
   C. फर्म के लाभों में कमी होगी
   D. कोई प्रभाव नहीं

**75.** पुनर्मूल्यांकन खाता अवकाश ग्रहण पर प्रभावित करता है:

   A. संचयों को    B. साझियों के पूंजी खाते को
   C. लाभ-हानि खाते को    D. किसी को नहीं

**76.** अवितरित लाभों एवं संचयों में निवृत्तमान साझी को हिस्सा देने पर उसका पूंजी खाता:

   A. डेबिट होगा    B. आहरण में लेखा होगा
   C. क्रेडिट होगा    D. न डेबिट न क्रेडिट

**77.** पुनर्मूल्यांकन खाता हानि प्रकट करता है अवकाश ग्रहण पर लेखा होगा:

   A. निवृतमान साझी के पूंजी खाते के डेबिट में
   B. निवृतमान साझी के पूंजी खाते के क्रेडिट में
   C. सभी साझेदारों के पूंजी खातों के क्रेडिट में
   D. उपर्युक्त सभी में

**78.** निवृतमान साझी को नकद भुगतान करने पर क्रेडिट होगा:

   A. नगद/बैंक खाता
   B. साझी का ऋण खाता
   C. साझी का चालू खाता
   D. शेष साझेदारों के पूंजी खाते

**79.** अवकाश ग्रहण करने वाले साझी का दावा किश्तों में भुगतान किए जाने पर लेखा होगा:

   A. ऋण खाता डेबिट, पूंजी खाता क्रेडिट
   B. ऋण खाता डेबिट, सभी साझियों के पूंजी खाते क्रेडिट

   C. निवृतमान साझी का पूंजी खाता डेबिट, ऋण खाता क्रेडिट
   D. ऋण खाता डेबिट, चालू खाता क्रेडिट

**80.** निवृतमान साझी के दावे पर ब्याज देय है, डेबिट होगा:

   A. ऋण खाता    B. ब्याज खाता
   C. पूंजी खाता    D. चालू खाता

**81.** अवकाश ग्रहण करने वाले साझी को दावे की राशि वृत्ति के रूप में देने पर खाता खोला जाएगा:

   A. Annuity A/C
   B. Annuity suspense A/C
   C. Capital suspense A/C
   D. None of the above

**82.** वृत्ति पर ब्याज देय होने पर क्रेडिट होगा:

   A. ब्याज खाता    B. वार्षिकी खाता
   C. लाभ-हानि खाता    D. पूंजी खाता

**83.** वार्षिक वृत्ति खाते की राशि साझी की मृत्यु पर हस्तान्तरित की जाती है:

   A. लाभ-हानि खाते में
   B. साझेदारों के पूंजी खाते में
   C. उत्तराधिकारियों को
   D. संचयों में

**84.** वार्षिकी पाने वाले साझी को वार्षिकी खाते का शेष समाप्त होने पर भी उसके जीवित रहने तक भुगतान किया जाता है, ऐसी राशि अपलिखित की जाती है:

   A. लाभ-हानि खाते से    B. पुनर्मूल्यांकन खाते से
   C. संचय से    D. ख्याति से

**85.** साझी की मृत्यु पर उत्तराधिकारी को एक मुश्त भुगतान करने से कार्यशील पूंजी प्रभावित न हो, इस हेतु फर्म लेती है:

   A. जीवन बीमा पॉलिसी    B. प्रतिभूतियां
   C. सरकारी प्रतिभूतियां    D. स्वर्ण

**86.** A, B और C 5 : 3 : 2 के साझेदार हैं। संयुक्त जीवन बीमा पॉलिसी 2,50,000 रु. की ली गई। पॉलिसी का समर्पण मूल्य 50,000 रु. था। 'B' की मृत्यु हो गई। जीवन बीमा पॉलिसी के समायोजन के फलस्वरूप 'B' का पूंजी खाता क्रेडिट होगा:

   A. 40,000 रु.    B. 1,00,000 रु.
   C. 75,000रु.    D. 60,000 रु.

**87.** अवकाश ग्रहण करने वाले साझी ने अपने दावे की राशि फर्म को ऋण के रूप में दी—उसे ब्याज प्राप्त होगा:
   A. 7% वार्षिक
   B. 6% वार्षिक
   C. 5% वार्षिक
   D. ब्याज नहीं मिलेगा

**88.** X, Y, और Z 3 : 2 : 1 में साझी है। सड़क दुर्घटना में Z की मृत्यु हो जाती है, परिणाम होगा:
   A. फर्म व साझेदारी का विघटन
   B. साझेदारी का विघटन
   C. फर्म का विघटन
   D. फर्म व साझेदारी दोनों का विघटन नहीं होगा

**89.** संयुक्त जीवन बीमा पॉलिसी खाता है:
   A. व्यक्तिगत खाता
   B. नाममात्र का खाता
   C. वस्तुगत खाता
   D. उपर्युक्त में से कोई नहीं

**90.** साझेदार के अवकाश ग्रहण करने पर यदि हानि हो तो कौन-सा खाता क्रेडिट होगा?
   A. साझेदारों का पूंजी खाता
   B. लाभ-हानि समायोजन खाता
   C. अवकाश ग्रहण करने वाले साझी का पूंजी खाता
   D. उपर्युक्त में से कोई नहीं

**91.** साझेदार जो अवकाश ग्रहण करने वाला है, ने अपने दावे की राशि फर्म में ऋण के रूप में दी। 15,200 रु., इस राशि का भुगतान 6% वार्षिक ब्याज सहित किया जाना है, दूसरी किश्त में साथ देय ब्याज क्या होगा?
   A. 921 रु.
   B. 912 रु.
   C. 546 रु.
   D. 456 रु.

**92.** A, B और C 5 : 3 : 2 के अनुपात में साझी हैं। B अवकाश ग्रहण करता है। A और C का नया अनुपात होगा:
   A. 5 : 2
   B. 5 : 3
   C. 1 : 1
   D. 3 : 2

**93.** निवृतमान साझेदार अवकाश ग्रहण के बाद भी दायी माना जाएगा यदि :
   A. वह सार्वजनिक सूचना नहीं देता हो
   B. देय राशि उसके ऋण खाते में ले जायी गई हो
   C. यदि वह समान व्यवसाय करने लगा हो
   D. उपर्युक्त सभी

**94.** वित्तीय वर्ष समाप्ति से पूर्व साझी की मृत्यु होने पर लाभों में हिस्सा देने हेतु खाता डेबिट होगा:
   A. लाभ-हानि खाता
   B. पुनर्मूल्यांकन खाता

   C. लाभ-हानि नियोजन खाता
   D. लाभ-हानि समायोजन खाता

**95.** खर्चा माना गया प्रीमियम वर्ष के अन्त में अपलिखित किया जाता है:
   A. लाभ-हानि खाते से
   B. पुनर्मूल्यांकन खाते से
   C. संचय से
   D. उपर्युक्त में से कोई नहीं

**96.** संयुक्त जीवन बीमा पॉलिसी का शेष चिट्ठे में दिखाया जाता है:
   A. दायित्व पक्ष में
   B. सम्पत्ति पक्ष में
   C. दोनों ओर
   D. दिखाया नहीं जाता है

**97.** संयुक्त जीवन बीमा पॉलिसी का शेष चिट्ठे में दिखाया जाता है:
   A. प्रीमियम की राशि
   B. विनियोग मूल्य
   C. बाजार मूल्य
   D. समर्पण मूल्य

**98.** 'संयुक्त बीमा पॉलिसी संचय खाते' में हस्तान्तरित राशि होती है:
   A. चुकाए गए प्रीमियम के बराबर
   B. पॉलिसी की कुल राशि
   C. मृतक साझी के दावे के बराबर
   D. लाभों का एक निश्चित भाग

**99.** ''संयुक्त जीवन बीमा पॉलिसी संचय'' खाते का उद्देश्य है:
   A. पॉलिसी को सम्पत्ति के रूप में वास्तविक मूल्य पर लाने के लिए
   B. पॉलिसी की हानि को अपलिखित करने के लिए
   C. पॉलिसी के भुगतान को संचय खाते से अपलिखित करने के लिए
   D. उपर्युक्त में से कोई नहीं

**100.** संयुक्त जीवन बीमा पॉलिसी खाता किस खाते में हस्तान्तरित करके बन्द किया जाता है?
   A. संयुक्त जीवन बीमा पॉलिसी संचय खाता
   B. लाभ-हानि खाता
   C. साझेदारों का पूंजी खाता
   D. सामान्य संचय खाता

**101.** संयुक्त जीवन बीमा पॉलिसी खाते को साझेदारों के पूंजी खाते में किस अनुपात में हस्तान्तरित किया जाता है?
   A. पूंजी के अनुपात में
   B. लाभ के अनुपात में
   C. लाभ-हानि विभाजन अनुपात में

D. त्याग के अनुपात में

**102.** अवकाश ग्रहण के समय लाभ के अनुपात का आशय है:
A. नए अनुपात का पुराने अनुपात पर आधिक्य
B. पुराने अनुपात का नए अनुपात पर आधिक्य
C. पुराना अनुपात + त्याग का अनुपात
D. नया अनुपात + त्याग का अनुपात

**103.** X, Y और Z लाभों को 4 : 3 : 2 में बांटते हैं। Z के अवकाश ग्रहण के बाद लाभ X व Y बराबर बांटेंगे, लाभ का अनुपात होगा:
A. 4 : 3        B. 5 : 6
C. 1 : 1        D. 4 : 2

**104.** A, B और C फर्म में 3 : 4 : 2 में साझी हैं। A के अवकाश ग्रहण के बाद B और C लाभों को 4 : 5 में बांटते हैं, लाभ का अनुपात होगा :
A. लाभ केवल C को        B. 3 : 4
C. 3 : 2        D. 4 : 2

**105.** राम, मोहन व सोहन 4 : 3 : 1 में साझी हैं। राम अवकाश ग्रहण करता है उसका हिस्सा मोहन व सोहन 3 : 2 में बांटते हैं, लाभ का अनुपात होगा:
A. 3 : 1        B. 3 : 2
C. 4 : 3        D. 4 : 1

**106.** कृष्ण, श्याम व मोहन 3 : 2 : 1 में साझी हैं, श्याम अवकाश ग्रहण करता है। उसका हिस्सा कृष्ण व मोहन बराबर बांटते हैं, लाभ का अनुपात होगा :
A. 3 : 1        B. 2 : 1
C. 1 : 1        D. 4 : 1

**107.** अवकाश ग्रहण करने वाले साझी का ख्याति में हिस्सा उसके पूंजी खाते में:
A. डेबिट किया जाता है
B. क्रेडिट किया जाता है
C. एक बार डेबिट व एक बार क्रेडिट किया जाता है
D. कुछ नहीं किया जाता है

**108.** साझेदार फर्म से अवकाश ग्रहण कर सकता है:
A. अवकाश ग्रहण की सूचना देकर
B. सभी साझेदारों की सहमति से
C. अनुबन्ध के प्रावधानों द्वारा
D. उपर्युक्त सभी

**109.** एक ऐच्छिक साझेदारी में साझेदार अवकाश ग्रहण कर सकता है:

A. सभी साझेदारों की सहमति से
B. स्वयं की मृत्यु द्वारा
C. अवकाश ग्रहण की सूचना देकर
D. उपर्युक्त के द्वारा नहीं

**110.** अवकाश ग्रहण करने वाले साझी को उसके दावे में मिलता है:
A. ख्याति एवं लाभों में हिस्सा
B. पूंजी, ख्याति, वेतन
C. पूंजी ख्याति लाभों में हिस्सा
D. पूंजी ख्याति वेतन, लाभों में हिस्सा, पूनर्मूल्यांकन का लाभ

**111.** ख्याति खाता पुस्तकों में खुला नहीं है, निवृतमान साझी को ख्याति में हिस्सा दिया जाएगा:
A. बाजार से खरीदकर
B. ख्याति का मूल्यांकन करके ख्याति खाता खोला जाएगा और पुराने अनुपात में हिस्सा देय
C. ख्याति खाता खोलकर लाभ के अनुपात में
D. हिस्सा नहीं दिया जाएगा

**112.** ख्याति खाता पुस्तकों में खुला है अवकाश ग्रहण पर मूल्यांकन से ख्याति का मूल्य बढ़ गया, लेखा होगा:
A. नया मूल्य सभी साझियों के पूंजी खातों में क्रेडिट किया जाएगा
B. नया मूल्य सभी साझियों के पूंजी खातों में डेबिट
C. बढ़ा हुआ मूल्य सभी साझियों के पूंजी खातों में क्रेडिट
D. बढ़ा हुआ मूल्य शेष साझेदारों के पूंजी खातों में क्रेडिट किया जाएगा

**113.** अवकाश ग्रहण पर साझेदार ख्याति खाता खोलकर बन्द करने का निर्णय लेते हैं, लेखा होगा:
A. सभी साझियों का पूंजी खाता डेबिट होगा
B. शेष रहे साझेदारों का पूंजी खाता डेबिट होगा
C. शेष रहे साझेदारों का पूंजी खाता क्रेडिट होगा
D. सभी साझेदारों का पूंजी खाता क्रेडिट होगा

**114.** गार्नर बनाम मरे का नियम लागू न होने पर दिवालिया साझी की पूंजी की हानि बांटी जाएगी :
A. लाभ विभाजन के अनुपात में
B. बराबर
C. पूंजी के अनुपात में
D. सरकारी निर्देशों से

**115.** दिया गया है :

| साझी | A | B | C |
|---|---|---|---|
| | (Rs.) | (Rs.) | (Rs.) |
| पूंजीशेष | 20,000 | 20,000 | 3,000 (Dr.) |
| वसूली से हानि | 3,000 | 2,000 | 1,000 |

'C' की निजी सम्पत्तियों से वसूली 2,200

लाभ-हानि विभाजन अनुपात 3 : 2 : 1

तो 'C' को पूंजी की हानि होगी—

A. 3,000 रु.  B. 4,000 रु.

C. 1,800 रु.  D. 4,200 रु.

**116.** दिया गया है

| साझी | X | Y | Z |
|---|---|---|---|
| | (Rs.) | (Rs.) | (Rs.) |
| पूंजी शेष | 30,000 | 10,000 | 10,000 (Dr.) |
| वसूली से हानि | 6,000 | 6,000 | 6,000 |

संचय 15,000 रु.

Z द्वारा लाई गई राशि 2,000 रु.

लाभ विभाजन अनुपात 1 : 1 : 1 दिवालिया साझी Z की पूंजी की हानि होगी:

A. 10,000 रु.  B. 16,000 रु.

C. 14,000 रु.  D. 9,000 रु.

**117.** साझी के दिवालिया होने पर उसकी सम्पत्तियों से वसूल राशि में सर्वप्रथम चुकता किया जाएगा:

A. फर्म के दायित्वों का

B. उसके व्यक्तिगत दायित्वों का

C. अन्य साझेदारों के दायित्वों का

D. गिरवी सम्पत्ति को छुड़ाने में

**118.** फर्म दिवालिया कही जाएगी:

A. एक साझी का दिवालिया होना

B. दो साझेदारों का दिवालिया होना

C. फर्म की सम्पत्तियां ऋण भुगतान में पूर्ण न हों

D. साझेदारों एवं फर्म दोनों की सम्पत्तियां दायित्व भुगतान में अपर्याप्त हों

**119.** ''किश्तों में वितरण'' की स्थिति में भुगतान में किसे प्राथमिकता है ?

A. साझियों के ऋण  B. वसूली व्यय

C. साझेदारों की पूंजी  D. असुरक्षित लेनदार

**120.** साझेदारों में नगद राशि वितरित करने के विवरण-पत्र की आवश्यकता पड़ती है:

A. फर्म के विघटन पर

B. अवकाश ग्रहण की स्थिति

C. सम्पत्तियों का शनै: शनै: वितरण

D. दिवालिया की स्थिति

**121.** जब दो फर्मों का समापन करके नई फर्म की स्थापना करते हैं तो यह स्थिति कहलाती है:

A. पूर्ण विघटन

B. दो फर्मों का विघटन

C. फर्मों का स्वरूप परिवर्तन

D. फर्मों का एकीकरण

**122.** फर्म के समापन के समय रोकड़ खाता बन्द किया जाता है:

A. वसूली खाते द्वारा

B. रोकड़ का शेष लाभ विभाजन अनुपात में बांटते हैं

C. साझेदारों के पूंजी खातों के शेषों को रोकड़ खाते से चुकारा किया जाता है

D. रोकड़ बराबर साझी बांट लेते हैं

**123.** दिवालिया साझी की पूंजी की हानि बांटने के लिए समर्थ साझियों के पूंजी खातों का अनुपात ज्ञात करने में वसूली खाते का शेष:

A. समायोजित किया जाता है

B. समायोजित नहीं किया जाता है

C. पूंजी खाते में से घटाते हैं

D. लाभ-हानि खाते से समायोजित करते हैं

**124.** वर्ष के अन्त में साझेदारों A, B, और C की पूंजी थी। क्रमशः 15,000 रु., 7,500 रु., 1000 रु.। समापन पर हानि 20,000 रु.। C दिवालिया हो गया। लाभ विभाजन अनुपात 4 : 3 : 3 है, तो A को देय राशि होगी:

A. 15,000 रु.  B. 7,000 रु.

C. 3,333 रु.  D. 3,667 रु.

**125.** दिया गया है: पूंजी शेष: X 20,000 रु.; Y 18,000 रु., लाभ विभाजन अनुपात 5 : 3 प्रथम वसूली 9,000 रु., भुगतान होगा:

A. X को 9,000 रु.

B. X को 18,125 रु., Y को 10,875 रु.

C. X को 1,875 रु., Y को 7,125 रु.

D. X को 3,000 रु., Y को 6,000 रु.

**126.** दिया गया है: पूंजी खातों का शेष: X 20,000 रु., Y 15,000 रु., Z 20,000 रु., दायित्वों के भुगतान के बाद

फर्म के पास उपलब्ध राशि 15,000 रु., किश्त वितरण की अधिकतम हानि विधि के अनुसार अधिकतम हानि क्या होगी ?

A. 40,000 रु.  B. 55,000 रु.

C. 15,000 रु.  D. 35,000 रु.

**127.** एकीकरण की स्थिति में पुरानी फर्म की ख्याति साझेदारों में किस अनुपात में बांटी जाती है ?

A. नए लाभ विभाजन अनुपात में

B. पुराने लाभ विभाजन अनुपात में

C. पूंजी के अनुपात में

D. बराबर

**128.** फर्मों के एकीकरण की स्थिति में एकीकृत होने वाली फर्मों के संचय खातों को हस्तान्तरित किया जाता है:

A. पुनर्मूल्यांकन खाते में

B. वसूली खाते में

C. साझेदारों के पूंजी खातों में

D. नई फर्म को

**129.** दिया गया है: दायित्व 20,000 रु., सम्पत्तियां 60,000 रु., सम्पत्तियों से वसूली 50,000 रु., वसूली व्यय 5,000 रु., वसूली पर लाभ या हानि होगी:

A. 15,000 रु. लाभ  B. 15,000 रु. हानि

C. 5,000 रु. लाभ  D. 5,000 रु. हानि

**130.** फर्म के समापन के दिन सम्पत्तियों का पुस्तक मूल्य 4,00,000 रु. तथा दायित्व 1,50,000 रु. के थे। सम्पत्तियों से वसूली पर 30,000 रु. की हानि हुई, तो वसूली राशि होगी:

A. 3,70,000 रु.  B. 2,20,000 रु.

C. 2,50,000 रु.  D. 5,20,000 रु.

**131.** फर्म की सम्पत्तियों का विक्रय एवं दायित्वों के भुगतान से सम्बन्धित व्यय किस खाते में लिखे जाएंगे ?

A. लाभ-हानि खाता  B. वसूली खाता

C. ख्याति खाता  D. पूंजीगत संचय खाता

**132.** सभी साझेदारों के दिवालिया होने पर हानि होती है:

A. साझेदारों को

B. लेनदारों को

C. सम्पत्तियों के क्रय के सम्बन्ध में

D. सरकार को

**133.** सभी साझेदारों के दिवालिया होने पर फर्म के पास उपलब्ध राशि से चुकता किया जाएगा:

A. साझेदारों के दायित्वों का

B. फर्म के दायित्वों का

C. दोनों का सामूहिक रूप से

D. राशि साझेदार बांटेंगे

**134.** सभी साझेदारों के दिवालिया होने पर पूंजी खाते बन्द किए जाएंगे:

A. वसूली खाते में ले जाकर

B. पूंजी खातों के शेष परस्पर एक-दूसरे के खाते में हस्तान्तरित करके

C. सरकारी खातों में हस्तान्तरण करके

D. खाते बन्द नहीं किए जाएंगे

**135.** फर्म के दिवालिया होने की स्थिति में अवयस्क साझेदार का दायित्व होगा:

A. असीमित

B. फर्म में विनियोजित पूंजी तक

C. फर्म में विनियोजित पूंजी एवं अर्जित लाभ तक

D. अवयस्क का दायित्व नहीं होता है

**136.** फर्म के दिवालिया होने की स्थिति में अवयस्क साझे की व्यक्तिगत सम्पत्तियों का प्रयोग किया जाएगा:

A. अव्यक्तिगत दायित्वों के भुगतान में

B. फर्म के दायित्वों के भुगतान में

C. समस्त प्रकार के ऋणों के भुगतान में

D. प्रयोग नहीं किया जाएगा

**137.** ''सम्पत्तियों का किश्तों में वितरण'' का क्या आशय है ?

A. साझियों में एक-एक सम्पत्ति बांटना

B. सम्पत्ति को धीरे-धीरे बेचना

C. शनै:-शनै: विक्रय एवं शनै:-शनै: लेनदारों व साझियों में वितरण

D. सम्पत्ति धीरे-धीरे साझियों में वितरित करना

**138.** किश्तों में वितरण का क्रम इस प्रकार है:

1. असुरक्षित लेनदार 2. साझियों के ऋण 3. वसूली व्यय 4. सुरक्षित लेनदार 5. साझेदारों की पूंजी

A. (1), (4), (3), (2), (5)

B. (4), (3), (1), (2), (5)

C. (2), (1), (3), (4), (5)

D. (5), (4), (3), (1), (2)

**139.** 'आधिक्य पूंजी विधि' के अनुसार भुगतान किया जाता है:

A. सबसे कम पूंजी वाले साझी को सर्वप्रथम भुगतान

B. मध्यम पूंजी विनियोजन को सर्वप्रथम भुगतान

C. लाभ-विभाजन अनुपात की तुलना सर्वाधिक विनियोजन वाले सर्वप्रथम भुगतान

D. डेबिट शेष वाले साझी को सर्वप्रथम भुगतान

**140.** अधिकतम हानि विधि की मान्यता है:

A. सम्पत्तियों के विक्रय पर हानि ज्ञात करते हैं

B. भुगतानों पर हानि परिकलित की जाती है

C. सम्पत्ति वसूली पर प्राप्त राशि को अन्तिम प्राप्ति मानकर हानि ज्ञात करते हैं

D. साझेदारों की हानि ज्ञात करते हैं

**141.** किश्त वितरण प्रक्रिया की दोनों विधियों में अन्ततः पूंजी किस अनुपात में होनी चाहिए?

A. बराबर

B. स्थायी पूंजी के शेष के अनुपात में

C. घटते हुए क्रम में

D. साझियों की पूंजी लाभ-विभाजन अनुपात में आनी चाहिए।

**142.** फर्म अनिवार्य रूप से भंग कब होती है?

A. किसी साझी की मृत्यु होने पर

B. किसी साझी के दिवालिया होने पर

C. किसी साझी के पागल होने पर

D. फर्म के व्यापार को चलाना अवैध हो जाए

**143.** निम्नलिखित में किस परिस्थिति में फर्म किसी भी साझी की इच्छा से भंग की जा सकती है?

A. फर्म की निश्चित अवधि समाप्त होने पर

B. फर्म का उपक्रम पूरा होने पर

C. अभियोग चलाने वाले साझी के अलावा अन्य साझा अपना कर्त्तव्य पूरा करने में अयोग्य हो

D. एक को छोड़कर समस्त साझी दिवालिया हो जाएं

**144.** फर्म के विघटन का आशय है:

A. एक साझी द्वारा अवकाश लेना

B. एक साझी द्वारा दिवालिया होना

C. सभी साझेदारों के बीच साझेदारी समाप्त होना

D. एक का अवकाश लेना, दूसरे का प्रवेश लेना

**145.** फर्म किसी एक साझी की इच्छा से भंग नहीं की जा सकती:

A. जब कोई साझी पागल हो जाए

B. अन्य साझी का आचरण व्यवसाय को क्षति पहुंचाने वाला हो

C. जब व्यवसाय केवल हानि उठाकर ही चलाया जा सके

D. किसी साझी के दिवालिया घोषित हो जाने पर

**146.** फर्म के विघटन पर सम्पत्तियों के विक्रय से प्राप्त राशि का सर्वप्रथम उपयोग होगा:

A. तीसरे पक्ष के ऋण चुकाने में

B. साझियों का ऋण चुकाने में

C. साझी की पूंजी चुकाने में

D. उपर्युक्त में से कोई नहीं

**147.** वसूली खाते का शेष साझेदारों में बांटा जाता है:

A. लाभ-हानि विभाजन अनुपात में

B. पूंजी अनुपात

C. बराबर

D. उपर्युक्त में से कोई नहीं

**148.** दिया गया है: साझियों के पूंजी खातों का क्रेडिट शेष 50,000 रु. एवं 80,000 रु.। सम्पत्तियों की बिक्री का दायित्वों पर आधिक्य 1,50,000 रु., वसूली पर लाभ-हानि होगी:

A. 20,000 रु. लाभ     B. 20,000 रु. हानि

C. 1,00,000 रु. लाभ   D. 1,50,000 रु. लाभ

**149.** लेनदार (पुस्तक मूल्य) 50,000 रु., भुगतान 55,000 रु., डेबिट होगा:

A. लेनदार खाता 50,000 रु.

B. लेनदार खाता 55,000 रु.

C. लेनदार खाता 50,000 रु., वसूली खाता 5,000रु.

D. लेनदार खाता 45,000 रु.

**150.** दिया गया है: सम्पत्तियों का वसूली मूल्य 58,000 रु., वसूली खाते में हानि 2,000 रु., सम्पत्तियों का पुस्तक मूल्य होगा:

A. 60,000 रु.         B. 56,000 रु.

C. 58,000 रु.         D. 59,000 रु.

**151.** सम्पत्तियों का वसूली मूल्य 60,000 रु., वसूली पर लाभ 3,000 रु., सम्पत्तियों का पुस्तक मूल्य होगा:

A. 63,000 रु.         B. 57,000 रु.

C. 60,000 रु.         D. 61,500 रु.

**152.** दिया गया है:

| | |
|---|---|
| विविध सम्पतियां | 65,000 रु. |
| सम्पत्तियों से वसूली | 61,000 रु. |
| लेनदार | 16,000 रु. |

लेनदारों को भुगतान      15,000 रु.

वसूली पर लाभ या हानि होगी:

A. हानि 3,000 रु.      B. लाभ 3,000 रु.

C. लाभ 4,000 रु.      D. हानि 4,000 रु.

**153.** गार्नर बनाम मरे के नियम के अनुसार साहूकार साझेदार दिवालिया साझी की हानि बांटेंगे:

A. लाभ विभाजन अनुपात में

B. पूंजी के अनुपात में

C. लाभ के अनुपात में

D. सरकारी नियमों से

**154.** दिवालिया साझी की हानि बांटने के लिए पूंजी अनुपात का आशय है यदि पूंजी खाते स्थायी विधि के आधार पर रखे जाएं:

A. विघटन से पूर्व के चिट्ठे में प्रकट पूंजी के अनुपात में

B. पूंजी के आवश्यक समायोजन करने के बाद के शेष के अनुपात में

C. चालू खातों के शेष के अनुपात में

D. अन्य किसी उचित विधि से

**155.** परिवर्तनशील विधि से रखे गए पूंजी खाता विधि के अनुसार दिवालिया की स्थिति में पूंजी अनुपात ज्ञात किया जाएगा:

A. पूंजी खातों के शेषों के आधार पर

B. चालू खातों के शेषों के आधार पर

C. पूंजी खातों में समायोजन से पूर्व के शेषों के अनुपात में

D. पूंजी खातों में वेतन लाभ आदि का समायोजन करने के बाद के शेषों के अनुपात में

**156.** वसूली व्यय साझेदार अपने निजी स्रोतों से करता है, क्रेडिट होगा:

A. बैंक खाता          B. वसूली खाता

C. साझी का पूंजी खाता  D. लाभ-हानि खाता

**157.** वसूली खाता हानि प्रकट करता है–क्रेडिट होगा:

A. वसूली खाता          B. पूंजी खाता

C. लाभ-हानि खाता       D. बैंक खाता

**158.** फर्म के विघटन के समय काल्पनिक सम्पत्तियों के खाते बंद किए जाते हैं:

A. वसूली खाते से

B. साझियों के पूंजी खाते में डेबिट करके

C. साझियों के पूंजी खाते में क्रेडिट करके

D. लाभ-हानि खाते से

**159.** साझियों के ऋण खाता का भुगतान करने पर क्रेडिट किया जाता है:

A. बैंक खाता

B. ऋण खाता

C. साझियों का पूंजी खाता

D. वसूली खाता

**160.** सामान्य संचय खाता फर्म के समापन के समय किस प्रकार बन्द किया जाता है?

A. वसूली खाते में हस्तान्तरण द्वारा

B. लाभ-हानि खाते द्वारा

C. साझियों के पूंजी खाते में हस्तान्तरण द्वारा

D. हानियों को अपलिखित करके

**161.** साझेदार की पत्नी ने फर्म को ऋण दिया–भुगतान विधि होगी:

A. साझेदार के पूंजी खाते में हस्तान्तरित

B. अन्य दायित्वों की भांति वसूली खाते के माध्यम से भुगतान

C. साझी के ऋण खाते में हस्तान्तरित

D. भुगतान प्रक्रिया हेतु समिति का गठन

**162.** सम्पत्तियों का पुस्तक मूल्य 2,00,000 रु., वसूली राशि 1,70,000 रु., वसूली व्यय 5% है तो वसूली व्ययों की राशि होगी:

A. 10,000 रु.        B. 8,500 रु.

C. 7,666 रु.        D. 9,667 रु.

**163.** विघटन की प्रक्रिया के बाद किसी साझेदार के पूंजी खाते का डेबिट शेष होने पर प्रकट होगा :

A. साझी दिवालिया है, फर्म का समापन करना चाहिए

B. इस साझी को नगद राशि फर्म में लानी होगी

C. इस साझी की हानि क्रेडिट शेष वाले साझी को हस्तान्तरित की जाएगी

D. उपर्युक्त में से कोई नहीं

**164.** फर्म के विघटन के समय दायित्वों का भुगतान करने पर राशि लिखी जाएगी:

A. पुस्तक मूल्य

B. वास्तविक भुगतान की राशि

C. बट्टे की राशि घटाकर

D. अन्य कोई सहमति मूल्य

**165.** फर्म के समापन के समय साझियों के ऋण खातों को:

A. साझियों के पूंजी खाते में हस्तान्तरित करते हैं

 

B. वसूली खाते में लिखते हैं

C. नगद भुगतान करते हैं

D. भुगतान नहीं करते हैं

**166.** विघटन के समय व्यापार की हानियों की पूर्ति सर्वप्रथम की जाएगी:

A. पूंजी में से

B. लाभों में से

C. साझेदारों के व्यक्तिगत साधनों से

D. दान लेकर

**167.** वसूली खाते का उद्देश्य है:

A. फर्म के संचालन से लाभ-हानि ज्ञात करना

B. विघटन के समय सम्पत्तियों के विक्रय एवं दायित्वों के भुगतान से लाभ-हानि ज्ञात करना

C. ऋण दाताओं को भुगतान करना

D. फर्म की आर्थिक स्थिति का अध्ययन करना

**168.** वसूली खाते की प्रकृति है:

A. नाम मात्र खाते के समान

B. सम्पत्ति खाते के समान

C. व्यक्ति खाते के समान

D. दायित्व खाते के समान

**169.** वसूली खाते के माध्यम से:

A. लेनदारों को भुगतान किया जाता है

B. सम्पत्तियों एवं दायित्वों के खाते बंद किए जाते हैं

C. समापन व्यय चुकाए जाते हैं

D. साझियों में लाभ-हानि बांटा जाता है

**170.** वसूली खाते में सम्पत्तियों को किस मूल्य पर हस्तान्तरित किया जाता है ?

A. पुस्तक मूल्य पर     B. लागत मूल्य पर

C. बाजार मूल्य पर     D. प्रतिस्थापन मूल्य पर

**171.** फर्म के समापन पर ख्याति खाते के साथ क्या व्यवहार किया जाता है ?

A. साझियों में बांटा जाता है

B. संचय से अपलिखित करना

C. बाजार मूल्य पर वसूली खाते में जमा

D. पुस्तक मूल्य से वसूली खाते में नाम लिखकर बन्द किया जाता है

**172.** सम्पत्तियों के खातों को फर्म के विघटन के समय बन्द किया जाता है:

A. वसूली खाते के डेबिट में लिखकर

B. वसूली खाते के क्रेडिट में हस्तान्तरित करके

C. साझियों के पूंजी खाते में स्थानान्तरित करके

D. बेचकर बैंक खाते में लिखकर

**173.** डूबत ऋण आयोजन खाते को फर्म के विघटन के समय किस प्रकार बन्द किया जाता है ?

A. देनदारों के खाते में जमा करके

B. वसूली खाते में जमा करके

C. वसूली खाते में नाम करके

D. साझेदारों के पूंजी खातों द्वारा

**174.** चिट्ठे में प्रदर्शित संचय खाते को फर्म के विघटन के समय बन्द किया जाता है:

A. वसूली खाते में लिखकर

B. सम्पत्तियों को अपलिखित करके

C. साझियों के पूंजी खाते में जमा करके

D. उपर्युक्त में से कोई नहीं

**175.** साझी के प्रवेश पर संचयों एवं अवितरित लाभों के खातों को ले जाया जाता है:

A. पुनर्मूल्यांकन खाते में

B. लाभ-हानि खाते में

C. साझियों के पूंजी खाते में

D. चिट्ठे में

## उत्तरमाला

| 1 | 2 | 3 | 4 | 5 | 6 | 7 | 8 | 9 | 10 |
|---|---|---|---|---|---|---|---|---|----|
| D | B | C | C | B | D | B | A | A | B |
| **11** | **12** | **13** | **14** | **15** | **16** | **17** | **18** | **19** | **20** |
| A | B | D | C | A | B | C | A | D | A |
| **21** | **22** | **23** | **24** | **25** | **26** | **27** | **28** | **29** | **30** |
| B | A | B | B | C | A | C | C | A | B |
| **31** | **32** | **33** | **34** | **35** | **36** | **37** | **38** | **39** | **40** |
| B | A | C | B | A | D | C | A | C | B |

| 41 | 42 | 43 | 44 | 45 | 46 | 47 | 48 | 49 | 50 |
|---|---|---|---|---|---|---|---|---|---|
| B | D | B | C | C | B | A | C | C | C |
| 51 | 52 | 53 | 54 | 55 | 56 | 57 | 58 | 59 | 60 |
| A | B | A | D | C | A | A | A | B | C |
| 61 | 62 | 63 | 64 | 65 | 66 | 67 | 68 | 69 | 70 |
| C | D | A | B | A | B | D | B | A | C |
| 71 | 72 | 73 | 74 | 75 | 76 | 77 | 78 | 79 | 80 |
| A | B | B | A | B | C | A | A | C | B |
| 81 | 82 | 83 | 84 | 85 | 86 | 87 | 88 | 89 | 90 |
| D | B | B | A | A | C | B | B | C | B |
| 91 | 92 | 93 | 94 | 95 | 96 | 97 | 98 | 99 | 100 |
| D | A | A | C | A | B | D | A | A | C |
| 101 | 102 | 103 | 104 | 105 | 106 | 107 | 108 | 109 | 110 |
| C | A | B | A | B | C | B | D | C | D |
| 111 | 112 | 113 | 114 | 115 | 116 | 117 | 118 | 119 | 120 |
| B | C | B | A | C | D | B | D | B | C |
| 121 | 122 | 123 | 124 | 125 | 126 | 127 | 128 | 129 | 130 |
| D | C | B | D | C | A | B | C | B | A |
| 131 | 132 | 133 | 134 | 135 | 136 | 137 | 138 | 139 | 140 |
| B | B | B | B | C | D | C | B | C | C |
| 141 | 142 | 143 | 144 | 145 | 146 | 147 | 148 | 149 | 150 |
| D | D | C | C | D | A | A | A | C | A |
| 151 | 152 | 153 | 154 | 155 | 156 | 157 | 158 | 159 | 160 |
| B | A | B | A | D | C | A | B | A | C |
| 161 | 162 | 163 | 164 | 165 | 166 | 167 | 168 | 169 | 170 |
| B | B | B | B | A | B | B | A | B | A |
| 171 | 172 | 173 | 174 | 175 | | | | | |
| D | A | B | C | C | | | | | |

———

# 5. कम्पनी खाते
# (COMPANY ACCOUNTS)

**1.** ''प्रतिभूति प्रीमियम खाता'' चिट्ठे में दिखाया जाता है:
   A. सम्पत्ति पक्ष में ऋण एवं अग्रिम शीर्षक में
   B. दायित्व पक्ष के संचय एवं आधिक्य शीर्षक में
   C. चालू दायित्व शीर्षक में
   D. विविध व्यय शीर्षक में

**2.** प्रीमियम पर निर्गमित अंशों पर प्रीमियम की राशि प्राप्त होती है:
   A. आवंटन के साथ
   B. आवेदन के साथ
   C. मांग राशियों के साथ
   D. उपर्युक्त सभी

**3.** X ने 200 अंश प्रति अंश 100 रु. में खरीदा। कम्पनी ने आवेदन पर 20 रु., आवंटन पर प्रीमियम सहित 35 रु., प्रथम मांग पर 25 रु., तथा द्वितीय मांग पर 25 रु. मांगे। X आवेदन राशि के अलावा कुछ नहीं चुका सका। प्रतिभूति प्रीमियम की रद्द की गई राशि होगी:
   A. 2,000 रु.
   B. 1,000 रु.
   C. 2,500 रु.
   D. 3,000 रु.

**4.** एक कम्पनी का निर्माण 100 रु. वाले 20,000 अंशों से हुआ। जनता में कम्पनी ने 9,000 अंश निर्गमित किए 110 रु. प्रति अंश की दर से। जनता ने 8,000 अंश खरीदे। कम्पनी ने 80 रु. प्रति अंश मांग लिए। 200 अंशों के धारक ने बण्टन व प्रथम मांग के 50 रु. नहीं चुकाए। आवेदन राशि 30 रु. प्रति अंश थी। कम्पनी की निर्गमित पूंजी होगी:
   A. 9,00,000 रु.
   B. 8,00,000 रु.
   C. 2,00,000 रु.
   D. 7,80,000 रु.

**5.** अंकित पूंजी का आशय है:
   A. निर्गमित पूंजी
   B. संचित पूंजी
   C. अधिकृत पूंजी
   D. प्रार्थित पूंजी

**6.** अभिदत्त पूंजी है:
   A. संचालकों द्वारा दी गई पूंजी
   B. अंशधारियों द्वारा चुकाई गई पूंजी
   C. अंशधारियों द्वारा मांगी गई पूंजी
   D. कम्पनी द्वारा बण्टित पूंजी

**7.** मांगी गई पूंजी का आशय है:
   A. कम्पनी द्वारा निर्गमित अंशों के सम्बन्ध में मांग ली गई पूंजी
   B. कम्पनी द्वारा निर्गमित अंशों के सम्बन्ध में मांग ली गई पूंजी
   C. अंशधारियों द्वारा चुका दी गई राशि
   D. उपयुक्त में से कोई नहीं

**8.** प्रारम्भिक व्ययों की प्रकृति है:
   A. आयगत
   B. पूंजीगत
   C. समायोजन
   D. सम्पत्ति

**9.** प्रारम्भिक व्ययों का सम्बन्ध होता है:
   A. समापन से
   B. एकीकरण से
   C. सविलयन से
   D. निर्माण से

**10.** संचित पूंजी का आशय है:
   A. कम्पनियों द्वारा घाटे की स्थिति में मांगी जाने वाली पूंजी
   B. कम्पनी द्वारा समापन के समय मांगी जाने वाली पूंजी
   C. कम्पनी द्वारा संचयों में हस्तान्तरित पूंजी
   D. कम्पनी द्वारा बैंक में स्थायी रूप से जमा कराई गई पूंजी

**11.** अधिकृत पूंजी का चिट्ठे में महत्व है:
   A. इसके बिना चिट्ठे के दोनों पक्षों का योग नहीं मिलेगा
   B. निर्गमित पूंजी को इससे सहारा मिलता है
   C. यह अंशधारियों एवं जनता को सूचना देने हेतु लिखी जाती है
   D. जनता आकर्षित हो इसलिए लिखी जाती है

**12.** संचित पूंजी के निर्धारण हेतु आवश्यक है:
   A. कम्पनी द्वारा साधारण प्रस्ताव पारित करना
   B. अंशधारियों का सहमति पत्र लेना
   C. सरकार से अनुमोदन पत्र लेना
   D. कम्पनी का विशेष प्रस्ताव पारित करना

**13.** मांग राशि का भुगतान करने हेतु अंशधारी को समय मिलना चाहिए:

|  A. 14 दिन | B. 21 दिन |
| C. 30 दिन | D. असीमित |

**14.** मांग राशि अंकित मूल्य से अधिक नहीं हो:
|  A. 100% | B. 25% |
| C. 20% | D. 30% |

**15.** दो मांग राशियों के बीच अंतर होना चाहिए:
|  A. 15 दिन कम से कम | B. 21 दिन कम से कम |
| C. 1 माह कम से कम | D. 3 माह कम से कम |

**16.** न्यूनतम अभिदान राशि सेबी के दिशा निर्देशों के अनुसार कुल निर्गमन के बराबर होनी चाहिए:
|  A. 90% | B. 75% |
| C. 50% | D. 80% |

**17.** यदि कम्पनी निर्गमन बन्द होने के 30 दिन के भीतर अंशों का बण्टन नहीं करती है तो आवेदन राशि लौटानी होगी:
|  A. 5% ब्याज सहित | B. 6% ब्याज सहित |
| C. 15% ब्याज सहित | D. 18% ब्याज सहित |

**18.** कम्पनी की अधिकृत पूंजी का आशय है:
A. सरकार द्वारा अधिकार सम्पन्न
B. पार्षद सीमा नियम में उल्लिखित अधिकतम सीमा
C. पार्षद अन्तर्नियमों द्वारा निर्धारित
D. कम्पनी लॉ बोर्ड द्वारा निर्धारित सीमा

**19.** SEBI के अनुसार ऋण पत्रों पर ब्याज की दर हो सकती है:
|  A. 10% वार्षिक | B. 24% वार्षिक |
| C. कोई सीमा नहीं | D. शून्य |

**20.** Debenture Suspense A/C चिट्ठे में दिखाया जाता है:
|  A. सम्पत्ति पक्ष में | B. दायित्व पक्ष में |
| C. दोनों तरफ | D. कोई नहीं |

**21.** ऋण पत्रों के निर्गमन पर प्राप्त प्रीमियम हस्तान्तरित किया जाता है:
|  A. पूंजी संचय खाते में | B. सामान्य संचय खाते में |
| C. लाभ-हानि खाते में | D. उपर्युक्त से में कोई नहीं |

**22.** ''ऋण पत्रों के निर्गमन पर बट्टा खाते'' को चिट्ठे में किस प्रकार दिखाया जाता है ?
A. दायित्व पक्ष में
B. सम्पत्ति पक्ष में चालू सम्पत्ति शीर्षक में
C. सम्पत्ति पक्ष में विविध व्यय शीर्षक में
D. दायित्व पक्ष में संचय एवं आधिक्य में

**23.** समर्थक ऋणाधार के रूप में ऋण पत्रों का निर्गमन करने पर खाता खोला जाता है:
A. Debenture Adjustment A/C
B. Debenture Suspense A/C
C. Debenture Appropriation A/C
D. कोई नहीं

**24.** Discount on issue of shares A/C को अपलिखित किया जाता है:
A. पूंजीगत लाभों में से
B. आयगत लाभों में से
C. अंश प्रीमियम खाते से
D. पूंजीगत लाभों एवं अंश प्रीमियम खाते में से

**25.** अंशों को प्रब्याजि पर निर्गमित करने पर, प्रब्याजि की राशि का उपयोग किया जाता है:
|  A. बोनस अंश निर्गमन में | B. लाभांश भुगतान में |
| C. ऋण पत्र शोधन में | D. कोई नहीं |

**26.** जब्त अंशों के पुनर्गठन पर लाभ को हस्तान्तरित किया जाता है:
A. लाभ-हानि खाते में
B. पूंजी संचय खाते में
C. अंश पूंजी शोधन खाते में
D. सामान्य संचय में

**27.** भारतीय कम्पनी अधिनियम के अंतर्गत न्यूनतम अभिदान को परिभाषित किया गया है:
|  A. धारा 59 (1) | B. धारा 70 (1) |
| C. धारा 65 (2) | D. धारा 69 (1) |

**28.** एक कंपनी के अंश प्रमाण-पत्र निर्गमन हेतु अनुमति आवश्यक है:
A. एक संचालक मण्डल के प्रस्ताव की
B. सामान्य सभा के प्रस्ताव की
C. कम्पनी लॉ बोर्ड की
D. केन्द्रीय सरकार की

**29.** 100 रु.का एक अंश जिस पर 80 रु. मांगे गए लेकिन 50 रु. चुकाए गए, हरण करने पर अंश पूंजी खाता डेबिट होगा:
|  A. 80 रु. | B. 100 रु. |
| C. 50 रु. | D. 30 रु. |

**30.** ऋण पत्र, ऋण पत्र स्टॉक से भिन्न है:
A. ऋण पत्र दीर्घकालीन है, स्टॉक अल्पकालीन
B. पूर्ण प्रदत्त ऋण पत्र ही स्टॉक में बदले जाते हैं

C. ऋण पत्रों को एक इकाई में निर्गमित किया जाता है जब कि ऋण पत्र स्टॉक को अंशत:

D. दोनों में कोई अन्तर नहीं है

**31.** हरण किए गए अंशों पर पुन: निर्गमन के बाद अंश हरण खाते के साथ क्या व्यवहार किया जाता है ?

A. पूंजी खाते में जोड़ा जाता है

B. संचय एवं आधिक्य शीर्षक में दिखाते हैं

C. पूंजी संचय खाते में हस्तान्तरण करते हैं

D. अंश हरण खाता खुला रखते हैं

**32.** जब तक अंशों का पुन: निर्गमन न किया जाए अंश हरण खाते को चिट्ठे में किस प्रकार दिखाते हैं ?

A. संचय एवं आधिक्य शीर्षक में

B. अंश पूंजी शीर्षक में

C. अंश पूंजी शीर्षक में निर्गमित पूंजी में जोड़कर

D. दिखाते ही नहीं

**33.** पुन: निर्गमन बट्टे पर किया जाने पर बट्टे की राशि दिखाते हैं:

A. अंशों के निर्गमन पर बट्टे खाते में

B. अंश हरण खाते में

C. अंश प्रिमियम में समायोजन करके

D. ऐसा नहीं किया जाता

**34.** ऋण पत्र धारक है:

A. कम्पनी के पूंजीदाता

B. कम्पनी के ऋणदाता

C. कम्पनी के आंशिक स्वामी

D. कम्पनी के साधारण देनदार

**35.** नग्न ऋण पत्र के सम्बन्ध में अधिक सही है:

A. मूलधन एवं ब्याज असुरक्षित होता है

B. कम्पनी की कोई सम्पत्ति जमानत के रूप में नहीं रखी जाती

C. सुदृढ़ आर्थिक स्थिति वाली कम्पनियां इन्हें जारी करती हैं

D. ये प्रचलन में नहीं है

**36.** प्रथम ऋण पत्र होते हैं:

A. जिन पर ब्याज का भुगतान सर्वप्रथम किया जाता है

B. समापन पर सम्पत्तियों की बिक्री से सर्वप्रथम इन्हें भुगतान किया जाता है

C. कम्पनी के जीवनकाल में इनका भुगतान किया जाता है

D. उपर्युक्त में से कोई नहीं

**37.** ऋणपत्रधारियों एवं अंशधारियों में मुख्य अन्तर है:

A. ऋणपत्रधारी कम्पनी के ऋणदाता हैं, अंशधारी स्वामी

B. ऋणपत्रधारियों को ब्याज मिलता है, अंशधारियों को लाभांश

C. ऋणपत्रधारियों को भुगतान किया जाता है, अंशधारियों को नहीं

D. कोई नहीं

**38.** अंशहरण के अंशधारी को नोटिस देना होगा:

A. 10 दिन का     B. 60 दिन का

C. 14 दिन का     D. 15 दिन का

**39.** SEBI (सेबी) की स्थापना हुई:

A. 1988 में     B. 1992 में

C. 1956 में     D. 1989 में

**40.** न्यूनतम अभिदान की राशि प्राप्त न होने पर राशि लौटानी होगी:

A. 130 दिन में     B. 120 दिन में

C. 60 दिन में     D. लौटानी नहीं होगी

**41.** मांग राशि अंशों के अंकित मूल्य की निम्न सीमा के बराबर होनी चाहिए:

A. 20%     B. 15%

C. 25%     D. 10%

**42.** बकाया मांग और अग्रिम मांग पर क्रमश: ब्याज की दर होगी:

A. 6% और 5%     B. 5% और 6%

C. 10% और 12%     D. 5% और 10%

**43.** आवंटन विवरण कम्पनियों के रजिस्ट्रार के कार्यालय में जमा करना होगा:

A. बण्टन के 30 दिन में

B. आवेदन के 120 दिन में

C. प्रविवरण निर्गमन के 120 दिन में

D. जमा नहीं कराना है

**44.** कम्पनी का वैधानिक स्तर है:

A. व्यक्ति से पृथक्     B. फर्म के समान

C. कृत्रिम व्यक्ति     D. कोई नहीं

**45.** कम्पनी अपनी पूंजी प्राप्त करती है:

A. जनता से ऋण     B. सदस्यों का अंशदान

C. अंशों का निर्गमन     D. बैंको से अनुदान

**46.** अधिमान अंशधारी है:

A. समता अंशों के समान

B. पूंजी वापसी का पूर्व अधिकार रखने वाले

C. पूंजी व लाभांश भुगतान का पूर्वाधिकार रखने वाले

D. किसी प्रकार का पूर्वाधिकार नहीं

**47.** संचयी अधिमान अंश है:

A. अदत्त लाभांश संचित होता है

B. लाभांश व ब्याज दोनों संचित होते हैं

C. लाभांश व पूंजी दोनों का अधिकार है

D. कोई नहीं

**48.** अवशिष्ट भागी अधिमान अंश है:

A. पूंजी का भुगतान सबसे बाद में किया जाता है

B. लाभांश सबसे पहले चुकाया जाता है

C. शेष लाभों में हिस्सा बंटाने का अधिकार होता है

D. पूंजी व लाभांश दोनों का पूर्वाधिकार होता है

**49.** शोधनीय अधिमान अंश है:

A. कम्पनी के जीवनकाल में भुगतान योग्य

B. कम्पनी के जीवनकाल में अंश राशि एवं लाभांश का भुगतान

C. लाभांश प्रतिवर्ष देय

D. किश्तों में प्रतिवर्ष भुगतान

**50.** कम्पनी के सदस्यों का दायित्व होता है:

A. असीमित                    B. सीमित

C. सीमित व असीमित      D. दायित्व नहीं होता है

**51.** निजी कम्पनी की अधिकतम सदस्य संख्या होती है:

A. 10                         B. 20

C. 50                         D. असंख्य

**52.** सार्वजनिक कम्पनी की न्यूनतम व अधिकतम सदस्य संख्या है:

A. 7 व 5                     B. 10 व 20

C. 7 व असीमित          D. निर्धारित नहीं

**53.** ओवदन राशि अंशों के अंकित मूल्य से कम नहीं होनी चाहिए:

A. 5% से                    B. 10% से

C. 75% से                  D. कोई नहीं

**54.** ऋण पत्रों पर बट्टा है:

A. लाभों का नियोजन      B. लाभों पर प्रभाव

C. संचय                     D. आयोजन

**55.** केवल पूर्ण प्रदत्त अधिमान अंश ही शोधनीय है–ऐसा उल्लेख है:

A. धारा 80 में              B. धारा 81 में

C. धारा 79 में              D. धारा 78 में

**56.** ऋण पत्रों पर बट्टे को अपलिखित करना चाहिए:

A. पांच वर्ष में

B. निर्गमन के वर्ष में

C. ऋण पत्रों की कुल अवधि में

D. शोधन के वर्ष में

**57.** ऋण पत्रों के शोधन पर प्रीमियम खाता है:

A. व्यक्तिगत खाता         B. वास्तविक खाता

C. कृत्रिम खाता            D. हानि खाता

**58.** Capital Redemption Reserve A/C में हस्तान्तरण किया जाता है:

A. अंश हरण खाते में से

B. सामान्य संचय में से

C. अंश प्रीमियम खाते में से

D. उपर्युक्त में से कोई नहीं

**59.** सभी ऋणपत्रों के शोधन के बाद ''ऋणपत्र शोधन कोष खाते'' का शेष हस्तान्तरित किया जाता है:

A. ऋणपत्र खाते में        B. ऋणपत्र विनियोग खाते में

C. सामान्य संचय में       D. पूंजीगत संचय में

**60.** Own Debentures A/C को रद्द करने पर लाभ या हानि किस खाते में हस्तान्तरित करते हैं ?

A. सामान्य संचय या पूंजीगत संचय में

B. अंश हरण खाते में

C. लाभ होता ही नहीं है

D. इसी खाते में रहता है

**61.** अधिमान अंशों के शोधन पर प्रीमियम की व्यवस्था की जाती है:

A. अंश हरण खाते से

B. अंश प्रीमियम खाते से

C. नए अंशों के निर्गमन की राशि से

D. विनियोग बेचकर

**62.** ''पूंजी शोधन संचय खाते'' का उपयोग किया जा सकता है:

A. ऋणपत्रों के शोधन में

B. अधिमान अंशों के शोधन में

C. बोनस अंश निर्गमन में

D. कोई नहीं

**63.** कौन-से लाभों का अंश शोधन में प्रयोग नहीं किया जा सकता है ?

A. सामान्य संचय

B. लाभांश समानीकरण कोष

C. लाभ-हानि खाता

D. अंश प्रीमियम खाता

**64.** ''पूंजी शोधन संचय खाता'' खोला जाता है:

A. अधिमान अंशों के शोधन हेतु

B. संचित लाभों में से

C. अधिमान अंशो के शोधन की वैधानिक आवश्यकता हेतु

D. कोई नहीं

**65.** निम्नलिखित शेष है: रु.

शोधनीय अधिमान अंश 12,00,000

अंश प्रीमियम खाता 1,40,000

सामान्य संचय 4,00,000

लाभ-हानि खाता (जमा) 1,00,000

पूंजीगत संचय 2,00,000

शोधन में अधिकतम लाभों का प्रयोग करने पर नए निर्गमित अंश होंगे:

A. 36,00,000 रु. B. 7,00,000 रु.

C. 5,60,000 रु. D. 5,00,000 रु.

**66.** एक ऋण पत्र धारक को मिलता है:

A. लाभांश

B. स्वामित्व

C. पार्षद अन्तर्नियम के अनुसार अधिकार

D. निश्चित ब्याज

**67.** अपरिवर्तनशील ऋण पत्रों का आशय है:

A. स्वामियों की पूंजी B. ऋण पूंजी

C. अल्पकालीन निधि D. कोई नहीं

**68.** ऋण पत्रों का शोधन किया जा सकता है:

A. खुले बाजार में क्रय द्वारा

B. अंशों में परिवर्तन द्वारा

C. ऋण पत्रों में परिवर्तन द्वारा

D. उपर्युक्त सभी

**69.** ऋण पत्रों का विनियोग के लिए क्रय करने पर डेबिट होगा:

A. विनियोग खाता B. ऋण पत्र खाता

C. स्वयं ऋण पत्र खाता D. ऋण पत्र आवेदन खाता

**70.** विनियोग विक्रय के बाद संचयी कोष विनियोग खाते का शेष हस्तान्तरित किया जाता है:

A. ऋण पत्र संचयी कोष खाते में

B. विनियोग खाते में

C. सामान्य संचय खाते में

D. चिट्टे में ले जाया जाता है

**71.** ऋण पत्र है:

A. कम्पनी द्वारा लिए गए ऋण के स्वीकृति पत्र

B. कम्पनी द्वारा उधार ली गयी राशि का करार

C. कम्पनी के ऋण हेतु दी गयी जमानत

D. कम्पनी की पूंजी के बदले जारी पत्र

**72.** प्रथम ऋण पत्र है:

A. कम्पनी के जीवन काल में जिनका भुगतान किया जाए

B. भुगतान अन्य ऋण पत्रों से पहले किया जाए

C. सम्पत्ति बन्धक रखी गयी हो

D. जो कम्पनी के स्वामी हों

**73.** ऋण पत्र धारी है:

A. कम्पनी का ऋणी B. कम्पनी का स्वामी

C. कम्पनी का जमानती D. कम्पनी का ऋणदाता

**74.** वाहक ऋण वे हैं:

A. जिनका नाम कम्पनी की पुस्तकों में दर्ज है

B. जिनका हस्तान्तरण कम्पनी की अनुमति से हो

C. जिनका हस्तान्तरण मात्र सुपुर्दगी से हो

D. हस्तान्तरण सुपुर्दगी एवं अनुमति दोनों से हो

**75.** ऋणपत्र स्कन्ध है:

A. एक प्रकार के ऋण पत्र

B. पूर्णदत्त ऋण पत्रों का परिवर्त्तित रूप

C. अंशतः हस्तान्तरणीय पत्र

D. एक प्रकार की पूंजी

**76.** ऋणपत्र प्रीमियम का प्रयोग किया जाना चाहिए:

A. आयगत हानियों को अपलिखित करने में

B. लाभांश बांटने में

C. पूंजीगत हानियों के अपलेखन में

D. कोई नहीं

**77.** ऋणपत्रों के निर्गमन पर बट्टा अपलिखित न किए जाने पर चिट्टे में दिखाया जाना चाहिए:

A. दायित्व पक्ष में संचय एवं आधिक्य शीर्षक में

B. सम्पत्ति पक्ष में चालू सम्पत्ति शीर्षक में

C. सम्पत्ति पक्ष एवं दायित्व पक्ष दोनों में

D. सम्पत्ति पक्ष में विविध व्यय शीर्षक के अन्तर्गत

**78.** ऋणपत्रों के सम्पार्श्विक प्रतिभूति के रूप में निर्गमन की दशा में खोला जाने वाला खाता है:

A. Debenture A/C

B. Debenture Suspense A/C

C. Debenture Adjustment A/C

D. Debenture Capital A/C

**79.** Discount on issue on Debenture A/C है:

A. पूंजीगत हानि          B. सामान्य हानि

C. व्यापारिक हानि          D. आयगत हानि

**80.** ''ऋणपत्रों के निर्गमन पर बट्टा'' को चिट्ठा में दर्शाया जाता है:

A. दायित्व पक्ष में संचय एवं आधिक्य शीर्षक में

B. दायित्व पक्ष में असुरक्षित लेनदार शीर्षक में

C. सम्पत्ति पक्ष में विविध व्यय शीर्षक में

D. सम्पत्ति पक्ष में चालू सम्पत्ति शीर्षक में

**81.** ऋणपत्र 1,00,000 रु. के 10% बट्टे पर निर्गमित किए। जिनका पांच वार्षिक किश्तों द्वारा शोधन करना है। प्रति वर्ष बट्टे की अपलिखित की जाने वाली राशि होगी:

A. 10,000 रु.          B. 1,000 रु.

C. 2,000 रु.          D. उपर्युक्त में से कोई नहीं

**82.** ऋणपत्रों पर ब्याज खाते को हस्तान्तरित किया जाता है:

A. अंश प्रिमियम खाते में     B. लाभ-हानि खाते में

C. सामान्य संचय खाते में     D. चिट्ठे में

**83.** ''ऋण पत्र शोधन कोष विनियोग'' के विक्रय पर लाभ क्रेडिट किया जाएगा:

A. ऋणपत्र शोधन कोष खाते में

B. सामान्य संचय में

C. लाभ-हानि खाते में

D. अंश पूंजी खाते में

**84.** 1,00,000 रु. के ऋणपत्रों में गतवर्ष 50,000 रु. के ऋणपत्रों का शोधन किया गया। शोधन कोष खाते का शेष 1,00,000 रु. था। शोधन से शोधन कोष खाते पर क्या प्रभाव पड़ेगा?

A. शोधन कोष खाता पर बन्द किया जाएगा

B. इस खाते में से 50,000 रु. सामान्य संचय में ले जाएंगे

C. कोई प्रभाव नहीं पड़ेगा

D. शोधन पर हानि की गणना करके कोष खाता बन्द किया जाएगा

**85.** ऋणपत्र धारी कम्पनी के ऋणदाता होते हैं, इन्हें अपनी राशि के बदले प्राप्त होता है:

A. लाभांश          B. ब्याज

C. बट्टा          D. स्वामित्व में हिस्सा

**86.** एक सार्वजनिक कम्पनी को निम्नलिखित जारी करने का अधिकार नहीं है:

A. पूर्वाधिकार अंश          B. ऋणपत्र

C. समता अंश          D. स्थगित अंश

**87.** ऋणपत्रों के शोधन हेतु नए ऋणपत्र बट्टे पर देकर परिवर्तन द्वारा शोधन किए। क्या सही है ?

A. ऋणपत्रों के निर्गमन बट्टा खाता डेबिट होगा

B. ऋणपत्रों के शोधन पर बट्टा खाता क्रेडिट होगा

C. बट्टा खाता शोधन को प्रभावित नहीं करेगा

D. केवल ऋणपत्रधारियों का खाता डेबिट होगा

**88.** दिया गया है क्रय प्रतिफल 28,80,000 रु., भुगतान में ऋणपत्र दिए 80 रु. प्रति 10 रु. प्रति ऋणपत्र प्रिमियम। निर्गमित ऋणपत्रों की संख्या होगी:

A. 28,800          B. 32,000

C. 32,200          D. 30,000

**89.** ऋणपत्र शोधन से विनियोग खरीदने पर क्रेडिट होगा:

A. बैंक खाता          B. विनियोग खाता

C. ऋणपत्र खाता          D. लाभ-हानि खाता

**90.** एक कम्पनी क्रय नहीं कर सकती है:

A. स्वयं ऋणपत्र          B. दूसरी कम्पनी के अंश

C. स्वयं के अंश          D. सम्पत्तियां

**91.** ऋणपत्र शोधन कोष हेतु राशि चार्ज की जाती है:

A. सामान्य संचय से

B. लाभ-हानि खाते से

C. लाभ-हानि नियोजन खाते से

D. अंश हरण खाते से

**92.** विनियोग हेतु खरीदे गए ऋणपत्रों पर रद्द करने या बेचने पर लाभ हो तो ऐसा लाभ हस्तान्तरित किया जाएगा:

A. सामान्य संचय में

B. पूंजी शोधन कोष में

C. ऋणपत्र शोधन कोष में

D. पूंजीगत संचय में

**93.** 1,000 ऋणपत्र प्रति ऋणपत्र 100 रु. 5% प्रिमियम पर शोधित किए गए। शोधन हेतु 100 रु. वाले अधिमान अंश 5% प्रिमियम पर दिए गए, तो अंशों की संख्या होगी:

A.  1,050 अंश          B.  1,005 अंश
C.  1,000 अंश          D.  500 अंश

**94.** विनियोग हेतु खरीदे गए ऋण पत्रों की स्थिति में Own Debentures A/C डेबिट किया जाता है:

A.  पुस्तक मूल्य से          B.  बट्टा मूल्य से
C.  अंकित मूल्य से          D.  क्रय मूल्य से

**95.** ''प्रस्तावित लाभांश'' दिखाया जाता है:

A.  संचय एवं आधिक्य में
B.  चालू दायित्व एवं आयोजन
C.  ऋण एवं अग्रिम
D.  विविध व्यय

**96.** ''अंश हरण खाते'' का शेष है:

A.  पूंजीगत संचय          B.  आयगत संचय
C.  आय          D.  कुछ नहीं

**97.** एक कम्पनी लाभांश दे सकती है:

A.  अंश हरण खाते से
B.  अंश प्रीमियम खाते से
C.  पूंजीशोधन संचय में से
D.  सरकारी सहयोग राशि से

**98.** ''बकाया मांग खाता'' चिट्ठे में दिखाया जाता है:

A.  संचय एवं आधिक्य     B.  अंश पूंजी में से घटाकर
C.  विविध व्यय में          D.  दिखाया नहीं जाता है

**99.** कम्पनी द्वारा अर्जित लाभ-हानि दिखाया जाता है:

A.  अंश पूंजी में जोड़कर-घटाकर
B.  संचय एवं आधिक्य में
C.  सामान्य संचय में
D.  चालू दायित्व में

**100.** वैधानिक रूप से कौन-सा विवरण पत्र बनाना अनिवार्य नहीं है ?

A.  लाभ-हानि खाता
B.  लाभ-हानि नियोजन खाता
C.  नगद प्रवाह विवरण
D.  चिट्ठा

**101.** कम्पनी के चिट्ठे में सम्पत्तियां दिखाई जाती है:

A.  स्थायित्व क्रम में          B.  तरलता क्रम में
C.  बिना क्रम के          D.  बाजार मूल्य पर

**102.** निम्नलिखित में कौन-सी मद चालू दायित्व नहीं है:

A.  अदत्त लाभांश
B.  देय बिल

C.  बैंक अधिविकर्ष
D.  अल्पमत अंशधारियों का हित

**103.** कम्पनी के चिट्ठे का सम्पत्ति में क्रम होगा:

1.  स्थायी सम्पत्तियां
2.  चालू सम्पत्तियां एवं ऋण
3.  विनियोग
4.  विविध व्यय

A.  1, 2, 3, 4          B.  1, 3, 4, 2
C.  1, 3, 2, 4          D.  1, 3, 2, 4

**104.** कम्पनी के चिट्ठे के दायित्व पक्ष में संचय एवं आधिक्य के अन्तर्गत कौन-कौन सी मदों को दिखाया जाता है ?

1.  अंश प्रीमियम खाता
2.  प्रस्तावित लाभांश
3.  पूंजी शोधन संचय
4.  लाभ हानि खाते का शेष

A.  1, 2, 4          B.  1, 2, 3
C.  1, 3, 4          D.  2, 3, 4

**105.** 'कर आयोजन' को चिट्ठे में किस शीर्षक में दिखाया जाता है ?

A.  चालू दायित्व एवं आयोजन
B.  संचय एवं आधिक्य
C.  सुरक्षित ऋण
D.  विविध व्यय

**106.** दिया गया है:

अंश पूंजी 1,00,000, सामान्य संचय 1,20,000, सामान्य संचय में से कम्पनी अंश निर्गमित करना चाहती है तथा सामान्य संचय का शेष नई पूंजी 25% रखना चाहती है। सामान्य संचय का शेष होगा:

A.  25,000          B.  40,000
C.  55,000          D.  44,000

**107.** निर्माण कार्य हेतु उधार ली गई राशि का ब्याज दिखाया जाता है:

A.  लाभ-हानि खाते में
B.  लाभ-हानि नियोजन खाते में
C.  सम्पत्ति पक्ष में
D.  दायित्व पक्ष में

**108.** Unclaimed Dividend की राशि का हरण करने पर हस्तान्तरित किया जाता है:

A.  सामान्य संचय में
B.  लाभांश समानीकरण कोष में

C. पूंजीगत संचय में

D. पूंजी शोधन संचय खाते में

**109.** Share Premium A/C चिट्ठे में दायित्व पक्ष में किस शीर्षक के अन्तर्गत दिखाया जाता है ?

A. संचय एवं आधिक्य     B. अंश पूंजी

C. सुरक्षित ऋण     D. चालू दायित्व

**110.** 'न मांगे गए लाभांश खाते' को चिट्ठे में दिखाया जाता है:

A. सुरक्षित ऋण     B. असुरक्षित ऋण

C. आयोजन     D. चालू दायित्व

**111.** 'अंशों के निर्गमन पर बड़े खाते' को दिखाया जाता है:

A. सम्पत्ति पक्ष

B. दायित्व पक्ष

C. लाभ-हानि खाता

D. लाभ-हानि नियोजन खाता

**112.** 'अंश हरण खाते' को दिखाते हैं:

A. अंश पूंजी में जोड़कर

B. अंश पूंजी में घटाकर

C. सम्पत्ति पक्ष में विविध व्यय के अन्तर्गत

D. संचय में

**113.** 'अभिगोपन कमीशन' दिखाया जाता है:

A. सम्पत्ति पक्ष में

B. दायित्व पक्ष में

C. सम्पत्ति पक्ष में विविध व्यय के अन्तर्गत आयोजन के अन्तर्गत

D. दायित्व पक्ष में

**114.** लाभांश चुकाया जाता है:

A. अंश प्रीमियम खाते में से

B. पूंजी शोधन संचय खाते में से

C. समामेलन से पूर्व के लाभों में से

D. चालू वर्ष के लाभों में से

**115.** बिना प्रबन्धकीय संचालकों एवं पूर्णकालीन संचालकों के अधिकतम प्रबन्धकीय पारिश्रमिक की दर क्या है ?

A. 1%     B. 2%

C. 3%     D. 5%

**116.** बोनस अंशो का आशय है:

A. लाभांश के बदले अंश देना

B. बोनस नगद देना

C. अंशत: प्रदत्त अंशों को पूर्ण प्रदत्त में बदलना

D. कोई नहीं

**117.** ''स्टॉफ प्रोविडेण्ट फण्ड'' चिट्ठे में दिखाया जाता है:

A. संचय एवं आधिक्य में

B. सुरक्षित ऋण

C. चालू दायित्व एवं आयोजन

D. संदिग्ध दायित्व

**118.** ''प्रस्तावित लाभांश'' दिखाया जाता है:

A. लाभ-हानि खाते में

B. चिट्ठे के दायित्व पक्ष में

C. चिट्ठे के सम्पत्ति पक्ष में

D. उपर्युक्त में से कोई नहीं

**119.** ''पशुधन'' (Live stock) को चिट्ठे में दिखाया जाता है:

A. सुरक्षित ऋण

B. असुरक्षित ऋण

C. स्थायी सम्पत्तियां

D. चालू सम्पत्तियां

**120.** लाभ-हानि नियोजन खाता बनाया जाता है:

A. 31 दिसम्बर को

B. वित्तीय वर्ष समाप्ति की तिथि

C. 30 जून को

D. आवश्यकतानुसार

**121.** **प्रथम** : पूंजीगत हानि को लाभांश घोषित करने से पूर्व अपलिखित करना आवश्यक नहीं है।

**द्वितीय** : कम्पनी अधिनियम इसे अनिवार्य बताता है।

A. दोनों कथन सत्य है

B. प्रथम सत्य दूसरा असत्य है

C. प्रथम दूसरे पर आधारित है

D. दोनों असत्य है

**122.** कम्पनी के लाभों का पूंजीकरण किया जाता है:

A. बोनस अंश निर्गमन द्वारा

B. लाभांश घोषणा द्वारा

C. पूंजीगत संचय बनाकर

D. ऐसा सम्भव नहीं है

**123.** संचयी अधिमान अंशों का लाभांश है:

A. एक दायित्व     B. एक हानि

C. संदिग्ध दायित्व     D. एक समायोजन

**124.** DIN **प्राप्त करने के लिए फॉर्म** _____ **है:**

A. DIR 3     B. DIR 2

C. DIR 4     D. DIR 5

**125.** वर्ष के अंत में अन्तरिम लाभांश खाता स्थानान्तरित किया जाता है:

A. अन्तिम लाभांश खाते में

B. लाभ-हानि नियोजन खाते में

C. लाभ-हानि समायोजन खाते में

D. चिट्ठे में

**126.** बोनस अंश निर्गमन की स्थिति में कम्पनी अंश टुकड़ों के बदले अंशधारियों को देती है:

A. नए अंश      B. अंश कूपन

C. प्रमाण पत्र      D. वचन एवं नगद भुगतान

**127.** ऋणपत्रों पर अभिगोपन कमीशन की दर है:

A. 10%      B. 2.5%

C. 12.5%      D. 5%

**128.** अंशों पर अभिगोपन कमीशन की अधिकतम दर है:

A. 5%      B. 10%

C. 2.5%      D. 7.5%

**129.** पूंजीगत बोनस की वर्तमान दर कायम न रख पाने का प्रभाव होगा:

A. कम्पनी को हानि की सम्भावना बढ़ेगी

B. अंशों का सट्टा बढ़ेगा

C. कम्पनी के अंशों का बाजार मूल्य गिरेगा

D. कुछ नहीं होगा

**130.** एक कम्पनी की पूंजी 16 करोड़ रु. है वर्ष 2000 में उसे हानि उठानी पड़ी। अधिकतम वार्षिक प्रबन्धकीय पारिश्रमिक होगा:

A. 20,00,000 रु.      B. 10,50,000 रु.

C. 10,00,000 रु.      D. 4,50,000 रु.

**131.** कम्पनी के चिट्ठे का क्षैतिज प्रारूप वर्णित है:

A. अनुसूची VI में      B. अनुसूची V में

C. अनुसूची VII में      D. अनुसूची XIII में

**132.** अपर्याप्त लाभ होने पर प्रबन्धकीय पारिश्रमिक का भुगतान किस अनुसूची के अनुसार किया जाएगा ?

A. अनुसूची XX      B. अनुसूची XIII

C. अनुसूची XII      D. दिया नहीं जाता है

**133.** एक पूर्णकालीन संचालक का अधिकतम पारिश्रमिक हो सकता है:

A. 4%      B. 5%

C. 10%      D. 11%

**134.** स्वेद समता अंश कहते हैं:

A. नए समता अंशों को

B. पूर्व में निर्गमित श्रेणी के समता अंशों को

C. बट्टे पर निर्गमित अंशों को

D. कोई नहीं

**135.** स्क्रिप लाभांश कहते हैं:

A. बोनस को

B. अंशत: प्रदत्त अंशों को पूर्ण प्रदत्त बनाकर बोनस भुगतान को

C. लाभांश को

D. उपर्युक्त सभी को

**136.** कम्पनी अधिनियम 2013 की _____ के अंतर्गत एक व्यक्ति कंपनी को परिभाषित किया गया है:

A. Section 2(62)      B. Section 2(63)

C. Section 2(64)      D. Section 2(65)

**137.** ब्लयू चिप्स अंशों से तात्पर्य है:

A. अंश जो स्कन्ध विपणि में सूचीबद्ध हो

B. सरकार की गारण्टी हो

C. अंश जिन पर ऊंची दर पर लाभ चुकाया जाता हो

D. पहली बार निर्गमित अंश

**138.** निजी कंपनियों के लिए सदस्यों की अधिकतम संख्या _____ है।

A. 200      B. 50

C. 250      D. 500

**139.** लाभों का नियोजन किया जाता है:

A. हानियों को अपलिखित करने में

B. हानियों के लिए आयोजन बनाने में

C. संचयों में हस्तान्तरण व लाभांश वितरण में

D. सम्पत्तियां क्रय करने में

**140.** न चुकाया गया या न मांगा गया लाभांश हस्तान्तरित किया जाता है:

A. पूंजीगत संचय में

B. लाभ-हानि नियोजन खाते में

C. केन्द्रीय सरकार के सामान्य रिवेन्यू खाते में

D. अंश पूंजी खाते में

**141.** न मांगे गए लाभांश के लिए बैंक में खोला गया पृथक् खाता होगा:

A. Un Claim Div. A/C

B. Un Paid Div. Account of ... Co. Ltd.

C. Un Paid Div. Bank A/C

D. Div. Bank A/C

**142.** एक कम्पनी रजिस्ट्रार की सहमति से अपने वित्तीय वर्ष की अवधि को बढ़ा सकती है:

A. 15 माह      B. 18 माह

C. 19 माह      D. 20 माह

**143.** बोनस अंश निर्गमित करके लाभों का पूंजीकरण करने की स्थिति में जो खाता क्रेडिट किया जाता है वह है:

A. लाभांश खाता      B. अंश पूंजी खाता

C. प्रस्तावित बोनस खाता D. कोई नहीं

**144.** कम्पनी के पूर्णकालीन संचालक न होने पर अन्य संचालकों को पारिश्रमिक दिया जा सकता है:

A. 3%      B. 5%

C. 11%      D. 10%

**145.** कम्पनी में पूर्णकालीन संचालक होने पर अन्य संचालकों के पारिश्रमिक की दर क्या होगी ?

A. 3%      B. 1%

C. 11%      D. 5%

**146.** लाभांश घोषणा के कितने दिन में अधिपत्र जारी करना या चैक जारी करना अनिवार्य है ?

A. 42 दिन      B. 21 दिन

C. 15 दिन      D. कोई सीमा नहीं

**147.** कम्पनी की अधिकृत पूंजी 10 लाख रु., निर्गमित पूंजी 8 लाख रु., बकाया मांग 50,000 रु., अग्रदत्त मांग 5000 रु., घोषित लाभांश 10%, लाभांश की राशि होगी:

A. 80,000 रु.      B. 75,000 रु.

C. 75,500 रु.      D. 1,00,000 रु.

**148.** कंपनी अधिनियम 2013 के अनुसार NFRA है?

A. National Financial Reporting Authority

B. Non-Financial Reporting Authority

C. National Financial Reporting Agency

D. National Fraud Reporting Authority

**149.** बोनस अंश दिए जा सकते हैं, रूप में:

A. केवल साधारण अंश

B. केवल अधिमान अंश

C. ऋणपत्र

D. साधारण और अधिमान अंश दोनों

**150.** प्रस्तावित बोनस खाता चिट्ठे में दिखाया जाता है:

A. चालू दायित्व एवं आयोजन

B. विविध व्यय

C. संचय एवं आधिक्य

D. कोई नहीं

**151.** बोनस अंश कम्पनी द्वारा निर्गमित किए जाते हैं जब कम्पनी लाभांश चुकाती है:

A. नकद      B. अंश निर्गमन द्वारा

C. चुकाती नहीं है      D. कोई नहीं

**152.** जब बोनस अंश निर्गमित किए जाते हैं तो कौन सा खाता क्रेडिट किया जाता है ?

A. सामान्य संचय खाता

B. अंश प्रीमियम खाता

C. अंश पूंजी खाता

D. अंशधारियों का बोनस खाता

**153.** कम्पनियों की अधिकतम संख्या _____ हैं जिसमें एक व्यक्ति निदेशक बन सकता है।

A. 20      B. 15

C. 10      D. 25

**154.** अन्तरिम लाभांश को दिखाया जाता है:

A. लाभ-हानि खाता

B. चिट्ठे का सम्पत्ति पक्ष

C. चिट्ठे का दायित्व पक्ष

D. लाभ-हानि नियोजन खाता

**155.** प्रस्तावित लाभांश प्रदत्त पूंजी के 10% से कम हो तो संचयों में हस्तान्तरित राशि होगी:

A. 5%      B. 10%

C. 12.5%      D. कुछ नहीं

**156.** डूबत ऋण के अपलेखन हेतु पृथक् रखी गई राशि कहलाती है:

A. विनियोग      B. आयोजन

C. संचय      D. कुछ नहीं

**157.** विविध व्ययों की चिट्ठे में राशि दिखाई जाती है:

A. सम्पूर्ण

B. आधी

C. जिसका समायोजन नहीं हुआ है

D. दिखाई नहीं जाती है

**158.** कम्पनी अधिनियम की किस धारा में उल्लेख है कि चिट्ठा अनुसूची VI के अनुसार बनाना चाहिए ?

A. धारा 209      B. धारा 211

C. धारा 210      D. धारा 212

**159.** कम्पनी के अन्तिम खाते उपार्जित आधार पर बनाने चाहिए—उल्लेख है:

A. धारा 211 में      B. धारा 212 में

C. धारा 209 में      D. धारा 210 में

**160.** कम्पनी के चिट्ठे पर हस्ताक्षर होने चाहिए:
 A. चार्टर्ड एकाउण्टेण्ट के
 B. एम.बी.ए. के
 C. सरकार के प्रतिनिधि के
 D. संचालक मण्डल के

**161.** अंश प्रिमियम निर्धारित किया जाता है:
 A. कम्पनी लॉ बोर्ड द्वारा
 B. स्वयं कम्पनी द्वारा
 C. सरकार द्वारा
 D. सेबी द्वारा

**162.** लाभांश भुगतान हेतु प्रयुक्त किया जा सकता है:
 A. पूंजीगत संचय
 B. अंशहरण खाता
 C. प्रतिभूति प्रिमियम खाता
 D. संचय कोष खाता

**163.** दो वार्षिक सभाओं के मध्य घोषित लाभांश है:
 A. अन्तिम लाभांश    B. प्रस्तावित लाभांश
 C. अन्तरिम लाभांश    D. उपर्युक्त में से कोई नहीं

**164.** ''संचयों में प्रस्तावित वृद्धि'' है:
 A. व्यय    B. आय
 C. आयोजन    D. कुछ नहीं

## उत्तरमाला

| 1 | 2 | 3 | 4 | 5 | 6 | 7 | 8 | 9 | 10 |
|---|---|---|---|---|---|---|---|---|---|
| B | D | B | B | A | B | A | B | D | B |
| **11** | **12** | **13** | **14** | **15** | **16** | **17** | **18** | **19** | **20** |
| C | D | A | B | C | A | C | B | C | A |
| **21** | **22** | **23** | **24** | **25** | **26** | **27** | **28** | **29** | **30** |
| A | C | B | D | A | B | D | A | A | C |
| **31** | **32** | **33** | **34** | **35** | **36** | **37** | **38** | **39** | **40** |
| C | C | B | B | B | B | A | C | A | A |
| **41** | **42** | **43** | **44** | **45** | **46** | **47** | **48** | **49** | **50** |
| C | B | A | C | C | C | A | C | A | B |
| **51** | **52** | **53** | **54** | **55** | **56** | **57** | **58** | **59** | **60** |
| C | C | A | B | A | C | A | B | C | A |
| **61** | **62** | **63** | **64** | **65** | **66** | **67** | **68** | **69** | **70** |
| B | C | D | C | B | D | B | C | C | C |
| **71** | **72** | **73** | **74** | **75** | **76** | **77** | **78** | **79** | **80** |
| A | B | D | C | B | C | D | B | A | C |
| **81** | **82** | **83** | **84** | **85** | **86** | **87** | **88** | **89** | **90** |
| C | B | A | B | B | D | A | B | A | D |
| **91** | **92** | **93** | **94** | **95** | **96** | **97** | **98** | **99** | **100** |
| C | A | C | D | A | A | D | D | B | C |
| **101** | **102** | **103** | **104** | **105** | **106** | **107** | **108** | **109** | **110** |
| A | D | C | B | A | D | C | C | A | D |
| **111** | **112** | **113** | **114** | **115** | **116** | **117** | **118** | **119** | **120** |
| A | A | C | D | C | A | C | B | C | B |
| **121** | **122** | **123** | **124** | **125** | **126** | **127** | **128** | **129** | **130** |
| B | A | C | D | B | B | B | A | C | **B** |
| **131** | **132** | **133** | **134** | **135** | **136** | **137** | **138** | **139** | **140** |
| A | B | B | B | B | A | C | A | C | C |
| **141** | **142** | **143** | **144** | **145** | **146** | **147** | **148** | **149** | **150** |
| B | B | B | A | B | A | B | A | A | A |
| **151** | **152** | **153** | **154** | **155** | **156** | **157** | **158** | **159** | **160** |
| C | D | A | D | D | B | C | B | C | D |
| **161** | **162** | **163** | **164** | | | | | | |
| B | D | C | C | | | | | | |

# 6. वित्तीय विवरणों का विश्लेषण एवं निर्वचन (ANALYSIS AND PREPARATION OF FINANCIAL STATEMENTS)

1. चालू दायित्व 4,00,000 रु., चालू अनुपात 4 : 1 त्वरित अनुपात 1 : 1 स्टॉक का मूल्य होगा:
   A. 12,00,000 रु.
   B. 1,00,000 रु.
   C. 4,00,000 रु.
   D. 16,00,000 रु.

2. चालू अनुपात 2 : 1, 5,00,000 रु. का माल 1,00,000 रु. के लाभ पर बेचा गया—क्या प्रभाव होगा?
   A. अनुपात में कमी होगी
   B. अनुपात में वृद्धि होगी
   C. कोई प्रभाव नहीं पड़ेगा
   D. तरलता अनुपात प्रभावित नहीं होगा

3. 'प्रति अंश लाभांश' प्रकट करता है:
   A. अंश पूंजी एवं शुद्ध लाभ
   B. समता अंश पूंजी एवं शुद्ध लाभ
   C. अधिमान अंश पश्चात् शुद्ध लाभ एवं समता अंश पूंजी
   D. लाभ एवं समता अंश पूंजी

4. Pay out Ratio का सूत्र होगा:
   A. $\dfrac{\text{Dividend per share}}{\text{Market price per share}}$
   B. $\dfrac{\text{Dividend per share}}{\text{Earning per share}}$
   C. $\dfrac{\text{Dividend paid}}{\text{Eq. share capital}}$
   D. $\dfrac{\text{Share capital}}{\text{Dividend paid}}$

5. प्रति अंश लाभांश 2 रु., कर व लाभांश के बाद शुद्ध लाभ 2,40,000 रु., समता अंश 50,000 प्रति अंश 10 रु., लाभों का रोका गया भाग होगा:
   A. 41.6%
   B. 52%
   C. 50%
   D. 58.4%

6. ऋण समता अनुपात 5 : 1; समता 2,00,000 रु., ऋण होगा:
   A. 2,00,000 रु.
   B. 3,00,000 रु.
   C. 1,00,000 रु.
   D. 1,33,000 रु.

7. यदि बिक्री 30,00,000 रु. हो तो तथा स्थायी आवर्त अनुपात 3 बार हो तो स्थायी सम्पत्तियां होंगी:
   A. 90,00,000 रु.
   B. 10,00,000 रु.
   C. 15,00,000 रु.
   D. 3,00,000 रु.

8. चालू अनुपात प्रभावित नहीं होगा:
   A. चालू दायित्व का भुगतान
   B. मोटर कार का नकद विक्रय
   C. बैंक ऋण लेना
   D. माल का नकद क्रय

9. दिया गया है: स्थायी सम्पत्तियां (लागत) 25,00,000 रु., संचित ह्रास 3,00,000 रु., चालू सम्पत्तियां 1,50,000 रु., पेटेण्ट 50,000 रु., प्रारम्भिक व्यय 50,000 रु., चालू दायित्व 1,50,000 रु., कुल विनियोजित पूंजी होगी:
   A. 22,50,000 रु.
   B. 24,00,000 रु.
   C. 24,50,000 रु.
   D. 23,00,000 रु.

10. स्थायी सम्पत्तियां 50,000 रु., चालू सम्पत्तियां 1,50,000 रु., गैर व्यापारिक विनियोग 3,00,000 रु., चालू दायित्व 1,00,000 रु., शुद्ध विनियोजित पूंजी होगी:
    A. 9,50,000 रु.
    B. 8,50,000 रु.
    C. 7,00,000 रु.
    D. 5,50,000 रु.

11. दिया गया है: ब्याज एवं कर पश्चात् लाभ 25,000 रु., कर आयोजन 50%, ऋणपत्रों का ब्याज 30,000 रु., गैर व्यापारिक विनियोगों की आय 5,000 रु., तो 'शुद्ध विनियोजित पूंजी पर प्रत्याय' हेतु शुद्ध लाभ होगा:
    A. 55,000 रु.
    B. 80,000 रु.
    C. 75,000 रु.
    D. 50,000 रु.

**12.** समता अंश पूंजी 20,000 रु., 8% अधिमान अंश 3,00,000 रु., कर पूर्व लाभ 1,50,000 रु., कर की दर 50%, समतापूंजी पर प्रत्याय होगा:
A. 10.2%  B. 75%
C. 37.5%  D. 26.5%

**13.** दिया गया है: ब्याज एवं कर पूर्व लाभ 2,00,000 रु., ब्याज 50,000 रु., कर की दर 50%, स्वामित्व कोषों पर प्रत्याय की गणना में शुद्ध लाभ होगा:
A. 75,000 रु.  B. 1,50,000 रु.
C. 2,00,000 रु.  D. 2,50,000 रु.

**14.** दिया हुआ है: शुद्ध लाभ 20,00,000 रु., सुरक्षित ऋणों पर ब्याज 3,00,000 रु., कर की दर 30% समता अंश पूंजी 5,00,000 अंश प्रति अंश 10 रु., प्रति अंश अर्जन होगा:
A. 4 रु.  B. 2.38 रु.
C. 3.20 रु.  D. 2 रु.

**15.** वित्तीय विवरण विश्लेषण है:
A. अनुपात विश्लेषण
B. प्रवृत्ति विश्लेषण
C. विश्लेषण
D. एक तकनीकी जिसके द्वारा पूंजी के स्रोत एवं उपयोग का पता लगाकर आर्थिक सुदृढ़ता जांची जाती है

**16.** सकल लाभ अनुपात का सूत्र होगा:

A. $\dfrac{\text{Operating profit}}{\text{Sales}} \times 100$

B. $\dfrac{\text{Gross profit}}{\text{Sales}} \times 100$

C. $\dfrac{\text{Gross profit}}{\text{Capital}} \times 100$

D. $\dfrac{\text{Gross profit}}{\text{Assets}} \times 100$

**17.** संचालन अनुपात का सूत्र होगा:

A. $\dfrac{\text{Operating expenses}}{\text{Net sales}} \times 100$

B. $\dfrac{\text{Operating profit}}{\text{Net sales}} \times 100$

C. $\dfrac{\text{Cost of goods sold + operating expenses}}{\text{Net sales}} \times 100$

D. $\dfrac{\text{Sales} - \text{Gross profit}}{\text{Sales}} \times 100$

**18.** 'विनियोजित पूंजी पर प्रत्याय' का सूत्र होगा:

A. $\dfrac{\text{Sales}}{\text{Capital employed}} \times 100$

B. $\dfrac{\text{Net profit}}{\text{Capital employed}} \times 100$

C. $\dfrac{\text{Operating profit}}{\text{Capital employed}} \times 100$

D. $\dfrac{\text{Capital employed}}{\text{Sales}} \times 100$

**19.** परिचालन व्ययों में शामिल नहीं होगा:
A. किराया  B. ह्रास
C. वेतन  D. कर आयोजन

**20.** परिचालन व्ययों में शामिल होगा:
A. लाभांश  B. ब्याज
C. ऑफिस व्यय  D. दान

**21.** दिया गया है: बिक्री 2,00,000 रु., बिक्री वापसी 10,000 रु., विक्रय माल की लागत 1,30,000 रु., परिचालन व्यय 15,000 रु. दान दिया 500 रु., डूबत ऋण आयोजन 2,000 रु., परिचालन अनुपात होगा:
A. 72.5%  B. 13.55%
C. 76.32%  D. 77.63%

**22.** कुल विक्रय 3,00,000 रु., विक्रय वापसी 30,000 रु., विक्रय लागत 1,70,000 रु., अन्तिम स्टॉक 20,000 रु., सकल लाभ अनुपात होगा:
A. 56.67%  B. 70%
C. 63.33%  D. 62.96%

**23.** दिया गया है: प्रारम्भिक स्टॉक 50,000 रु., क्रय 4,00,000 रु., प्रत्यक्ष व्यय 30,000 रु., अन्तिम स्टॉक 90,000 रु., कार्यालय व्यय 40,000 रु., विक्रय व्यय 50,000 रु., कुल बिक्री 9,00,000 रु., विक्रय वापसी 50,000 रु., परिचालन अनुपात होगा:
A. 56.47%  B. 45.88%
C. 52%  D. 50%

**24.** शुद्ध विक्रय 8,50,000 रु., अन्तिम स्टॉक 50,000 रु., प्रारम्भिक स्टॉक 60,000 रु., क्रय 4,56,000 रु. सकल

लाभ अनुपात होगा:

A. 60.71%  B. 44.82%
C. 59%  D. 45.18%

**25.** सकल लाभ 3,84,000 रु., परिचालन व्यय 1,00,000 रु., विक्रय 8,50,000 रु., गैर परिचालन व्यय 3,500 रु., गैर परिचालन आय 4,000 तो परिचालन लाभ अनुपात होगा:

A. 33.41%  B. 33%
C. 45.23%  D. 33.47%

**26.** शुद्ध लाभ 2,90,000 रु., गैर परिचालन व्यय 5,000 रु., गैर परिचालन आय 6,000 रु., शुद्ध विक्रय 9,00,000 रु. संचालन लाभ अनुपात होगा:

A. 32.33%  B. 32.11%
C. 32.77%  D. 32.22%

**27.** दिया गया है: स्थायी सम्पत्तियां 2,60,000 रु., प्रारम्भिक व्यय 20,000 रु., मशीनरी 50,000 रु.(उपर्युक्त में शामिल नहीं), बिक्री 5,00,000 रु., तो स्थायी सम्पत्ति आवर्त अनुपात होगा:

A. 1.72  B. 1.51
C. 1.8  D. 1.61

**28.** वसूली अवधि 15 दिन, उधार बिक्री 73,000 रु., औसत प्राप्य होंगे:

A. 30,000 रु.  B. 48,667 रु.
C. 25,000 रु.  D. 50,000 रु.

**29.** ऊंचा देय आवर्त अनुपात प्रकट करता है:

A. भुगतान में विलम्ब  B. शीघ्र आवर्तिक भुगतान
C. पूर्तिकर्ता उदार हैं  D. उपर्युक्त में से कोई नहीं

**30.** लेनदार आवर्त अनुपात = 5, उधार क्रय 7,25,000 रु., कुल देयताएं होंगी:

A. 1,40,000 रु.  B. 14,50,000 रु.
C. 36,25,000 रु.  D. 1,45,000 रु.

**31.** दिया गया है: कुल क्रय 8,50,000 रु., नगद क्रय 1,00,000 रु., क्रय वापसी 50,000 रु., लेनदार एवं देय बिल 1,50,000 रु., बट्टा आयोजन 3,000 रु., लेनदार आवर्त अनुपात होगा:

A. 4.5 बार  B. 4.67 बार
C. 4.8 बार  D. 5 बार

**32.** लेनदार एवं देय बिल 2,00,000 रु., उधार क्रय 10,00,000 रु., औसत भुगतान अवधि होगी:

A. 73 दिन  B. 72 दिन
C. 70 दिन  D. 74 दिन

**33.** दिया गया है: उधार बिक्री 5,00,000 रु., विक्रय वापसी 50,000 रु., अन्तिम देनदार 9,000 रु., डूबत ऋण आयोजन 500 रु., औसत संग्रह अवधि होगी:

A. 72 दिन  B. 73 दिन
C. 72.5 दिन  D. 73.5 दिन

**34.** उधार बिक्री 1,12,000 रु., वापसी 2,000 रु., देनदार व प्राप्य बिल 20,000 रु., आयोजन 1,000 रु., देनदार आवर्त अनुपात होगा:

A. 5.5  B. 5.78
C. 6  D. 5.49

**35.** शुद्ध विनियोजित पूंजी आवर्त अनुपात में शुद्ध विनियोजित पूंजी ज्ञात की जाएगी।

A. Total Assets

B. Total Assets – Current Assets – Non Trading Assets

C. Fixed Assets + Current Assets

D. Fixed Assets + Current Assets – Current Liabilities

**36.** स्थायी सम्पत्ति आवर्त अनुपात के सूत्र में 'अंश' में लिखा जाता है:

A. स्थायी सम्पत्तियां  B. बिक्री या बिक्री लागत
C. स्वामित्व कोष  D. शुद्ध धन

**37.** कुल सम्पत्ति आवर्त अनुपात का सूत्र होगा:

A. $\dfrac{\text{Net Sales}}{\text{Total Assets}}$  B. $\dfrac{\text{Net Sales}}{\text{Fixed Assets}}$

C. $\dfrac{\text{Total Assets}}{\text{Net Sales}}$  D. $\dfrac{\text{Fixed Assets}}{\text{Net Sales}}$

**38.** कुल सम्पत्ति आवर्त अनुपात में निम्नलिखित में से सम्पत्ति में शामिल नहीं होगा:

A. ख्याति  B. मशीनरी
C. प्रारम्भिक व्यय  D. नगद

**39.** दिया गया है: कुल बिक्री 1,80,000 रु., नगद बिक्री : कुल बिक्री का 10%, विक्रय वापसी 5,000 रु., प्रारम्भिक देनदार 10,000 रु., अन्तिम देनदार 20,000 रु., तो देनदार आवर्त अनुपात होगा:

A. 15.7  B. 12
C. 7.85  D. 10.47

**40.** औसत वसूली अवधि प्रकट करती है:

   A. अधिक बिक्री

   B. शीघ्र वसूली

   C. धीमी वसूली

   D. वसूली की तीव्रता एवं शिथिलता

**41.** दीर्घकालीन शोधन क्षमता का माप है:

   A. चालू अनुपात      B. स्टॉक टर्न ओवर अनुपात

   C. ऋण सेवा अनुपात    D. संचालन अनुपात

**42.** तुरन्त शोधन अनुपात है:

   A. चालू अनुपात      B. देनदार आवर्त अनुपात

   C. त्वरित अनुपात    D. उपर्युक्त में से कोई नहीं

**43.** अल्पकालीन तरलता का निर्णायक माप है:

   A. चालू अनुपात      B. तरलता अनुपात

   C. पूर्ण तत्परता अनुपात   D. देनदार आवर्त अनुपात

**44.** देनदारों को अपलिखित करने से त्वरित अनुपात प्रभावित होगा:

   A. कम होगा      B. वृद्धि होगी

   C. बराबर रहेगा    D. उपर्युक्त में से कोई नहीं

**45.** क्रियाशीलता अनुपात प्रकट करते हैं:

   A. लाभदायकता      B. गतिशीलता

   C. कार्य निष्पादन क्षमता   D. बिक्री में वृद्धि

**46.** स्टॉक आवर्त अनुपात में बिक्री लागत का भाग दिया जाता है:

   A. प्रारम्भिक स्टॉक      B. औसत स्टॉक

   C. अन्तिम स्टॉक    D. चालू कार्य एवं स्टोर्स

**47.** बेचे गए माल की लागत एक निर्माणी संस्था ज्ञात करती है:

   A. प्रारम्भिक स्टॉक + क्रय + प्रत्यक्ष व्यय

   B. मूल लागत + निर्माणी उपरिव्यय + अन्तिम स्टॉक

   C. मूल लागत + निर्माणी उपरिव्यय + निर्मित माल का प्रारम्भिक स्टॉक (–) निर्मित माल का अन्तिम स्टॉक

   D. प्रारम्भिक स्टॉक + क्रय + प्रत्यक्ष व्यय – अन्तिम स्टॉक

**48.** व्यापारिक संस्था के लिए बेचे गए माल की लागत निर्धारण का सूत्र होगा:

   A. प्रारम्भिक स्टॉक + क्रय + प्रत्यक्ष व्यय – अन्तिम स्टॉक

   B. प्रारम्भिक स्टॉक + क्रय – अन्तिम स्टॉक

   C. प्रारम्भिक स्टॉक + अन्तिम स्टॉक का औसत

   D. विक्रय – ( प्रारम्भिक स्टॉक + क्रय + प्रत्यक्ष व्यय )

**49.** ऊंचा स्टॉक आवर्त अनुपात प्रतीक है:

   A. स्टॉक में अति विनियोग

   B. अधिक लाभार्जन क्षमता

   C. अधिक बिक्री

   D. स्टॉक की कमी

**50.** नीचा स्टॉक टर्न ओवर अनुपात प्रकट करता है:

   A. लाभदायकता      B. कार्य कुशलता

   C. व्यवसाय में मन्दी    D. उच्च निष्पादन क्षमता

**51.** स्टॉक आवर्त अनुपात 5 times, औसत स्टॉक 7,000 रु., विक्रय मूल्य 20%, above cost सकल लाभ होगा:

   A. 7,000 रु.      B. 8,750 रु.

   C. 35,000 रु.    D. उपर्युक्त में से कोई नहीं

**52.** देनदार टर्न ओवर अनुपात प्रकट करता है:

   A. संस्था की विक्रय नीति

   B. उत्पादन एवं बिक्री नीति

   C. उधार वसूली नीति

   D. उधार बिक्री का विश्लेषण

**53.** देनदार आवर्त अनुपात का सूत्र होगा:

   A. $\dfrac{\text{Total Sales}}{\text{Average Receivables}}$

   B. $\dfrac{\text{Average Receivables}}{\text{Net Credit Sales}}$

   C. $\dfrac{\text{Net credit Sales}}{\text{Average Receivables}}$

   D. $\dfrac{\text{Average Receivables}}{\text{Cash Sales}}$

**54.** देनदार आवर्त अनुपात में बिक्री का आशय है:

   A. नगद बिक्री + उधार बिक्री

   B. नगद बिक्री + उधार बिक्री – वापसी

   C. कुल बिक्री – नगद बिक्री – वापसी

   D. उधार बिक्री + वापसी

**55.** क्षैतिज विश्लेषण है:

   A. गतिशील विश्लेषण    B. स्थिर विश्लेषण

   C. समीक्षात्मक विश्लेषण  D. लाभ-हानि विश्लेषण

**56.** तुलनात्मक विवरण विश्लेषण आधारित है:

   A. मात्रा तत्व पर      B. समय तत्व पर

   C. सापेक्ष मूल्य पर    D. उपर्युक्त सभी पर

**57.** तुलनात्मक विवरण में मदें होती हैं:
   A. निरपेक्ष　　　　　B. सापेक्ष
   C. निरपेक्ष व सापेक्ष　　D. दोनों नहीं

**58.** निम्नलिखित में स्थिर विश्लेषण है:
   A. क्षैतिज　　　　　B. लम्बवत्
   C. दोनों　　　　　　D. दोनों नहीं

**59.** यदि चालू अनुपात 2 : 1 हो तो सम्पत्तियों एवं दायित्वों में समान वृद्धि का प्रभाव होगा:
   A. चालू अनुपात बढ़ेगा
   B. इसमें कमी होगी
   C. कार्यशील पूंजी प्रभावित होगी
   D. कोई प्रभाव नहीं पड़ेगा

**60.** यदि चालू अनुपात 1.2 : 1 हो तो निर्वचन होगा:
   A. साख नीति कमजोर है
   B. विनियोग नीति सुदृढ़ है
   C. कार्यशील पूंजी का अभाव है
   D. स्टॉक में धन अधिक लगा है

**61.** यदि चालू अनुपात 2.5 : 1 हो तो चालू दायित्वों के 1,00,000 रु. का होने पर चालू सम्पत्तियां कितनी होगी ?
   A. 1,50,000 रु.　　　B. 2,50,000 रु.
   C. 3,50,000 रु.　　　D. कुछ नहीं

**62.** यदि नगद 20,000 रु., स्टॉक 30,000 रु., विनियोग 10,000 रु., लेनदार 30,000 रु., अदत्त व्यय 10,000 रु. हो, तो चालू अनुपात होगा:
   A. 3 : 2　　　　　B. 2 : 1
   C. 5 : 4　　　　　D. 5 : 3

**63.** अम्ल परीक्षण अनुपात का आदर्श माप है:
   A. 2 : 1　　　　　B. 1 : 1
   C. 3 : 2　　　　　D. 5 : 1

**64.** त्वरित अनुपात का सूत्र होगा:

   A. $\dfrac{\text{Current Assets}}{\text{Current Liabilities}}$

   B. $\dfrac{\text{Quick Assets}}{\text{Current Liabilities}}$

   C. $\dfrac{\text{Current Liabilites}}{\text{Quick Assets}}$

   D. $\dfrac{\text{Liquid Assets}}{\text{Current Liabilites}}$

**65.** यदि स्वामित्व अनुपात 70% है तो शोधन क्षमता अनुपात होगा:
   A. 170%　　　　　B. 30%
   C. 130%　　　　　D. 35%

**66.** ऋण समता अनुपात है:

   A. $\dfrac{\text{Debt}}{\text{Equity}}$

   B. $\dfrac{\text{Equity}}{\text{Debts}}$

   C. $\dfrac{\text{Assets}}{\text{Proprietor's Fund}}$

   D. $\dfrac{\text{Liabilites}}{\text{Proprietor's Fund}}$

**67.** पूर्ण तरलता अनुपात की आदर्श स्थिति है:
   A. 1 : 1　　　　　B. 2 : 1
   C. 1 : 0.5　　　　D. 0.5 : 1

**68.** त्वरित अनुपात 1.8 : 1 हो तो चालू दायित्व कितने होंगे ? यदि चालू सम्पत्तियां 90,000 रु. हो:
   A. 50,000 रु.　　　B. 90,000 रु.
   C. 36,000 रु.　　　D. 54,000 रु.

**69.** नीचा दन्तिकरण अनुपात प्रतीक है:
   A. निम्न दन्तिकरण　　B. उच्च दन्तिकरण
   C. प्रतिशत दन्तिकरण　D. हानि का

**70.** ट्रेडिंग ऑन ईक्विटी का लाभ मिलता है:
   A. निम्न दन्तिकरण में
   B. ऊंचे अनुपात में
   C. उच्च दन्तिकरण में
   D. इसमें लाभ नहीं मिलता है

**71.** ऋण सेवा अनुपात कहलाता है:
   A. ऋण व सेवा का अनुपात
   B. ऋण व पूंजी का अनुपात
   C. ब्याज आवरण अनुपात
   D. ऋण समता अनुपात

**72.** ब्याज आवरण अनुपात की आदर्श स्थिति है:
   A. देय ब्याज का दुगुना
   B. ब्याज का सौ गुना
   C. देय ब्याज का तीन गुना
   D. देय ब्याज का 6 – 7 गुना

**73.** स्थायी सम्पत्ति अनुपात 1.5 है, स्थायी सम्पत्तियां 5 लाख रु. तो दीर्घकालीन कोष होंगे:

    A. 7 लाख रु.        B. 3.50 लाख रु.

    C. 7.5 लाख रु.     D. 2,66,667 रु.

**74.** निम्न दन्तिकरण का आशय है:

    A. ऊंचा गियरिंग अनुपात

    B. नीचा गियरिंग अनुपात

    C. ऋण पूंजी अधिक है

    D. समता अंश पूंजी कम है

## उत्तरमाला

| 1 | 2 | 3 | 4 | 5 | 6 | 7 | 8 | 9 | 10 |
|---|---|---|---|---|---|---|---|---|---|
| A | B | C | B | D | C | B | D | B | D |
| **11** | **12** | **13** | **14** | **15** | **16** | **17** | **18** | **19** | **20** |
| C | D | A | B | D | B | C | B | D | C |
| **21** | **22** | **23** | **24** | **25** | **26** | **27** | **28** | **29** | **30** |
| C | D | A | D | A | B | D | A | B | D |
| **31** | **32** | **33** | **34** | **35** | **36** | **37** | **38** | **39** | **40** |
| B | A | B | A | D | B | A | C | D | D |
| **41** | **42** | **43** | **44** | **45** | **46** | **47** | **48** | **49** | **50** |
| C | C | C | A | C | B | C | A | B | C |
| **51** | **52** | **53** | **54** | **55** | **56** | **57** | **58** | **59** | **60** |
| A | C | C | C | A | B | A | B | B | C |
| **61** | **62** | **63** | **64** | **65** | **66** | **67** | **68** | **69** | **70** |
| B | A | B | B | B | A | C | A | B | C |
| **71** | **72** | **73** | **74** | | | | | | |
| C | D | C | A | | | | | | |

# 7. मूल्य ह्रास लेखांकन
## (DEPRECIATION ACCOUNTING)

**1.** मूल्य ह्रास चार्ज किया जाता है:
   A. सभी प्रकार की सम्पत्तियों पर
   B. स्थायी सम्पत्तियों पर
   C. चालू सम्पत्तियों पर
   D. स्थायी एवं कृत्रिम सम्पत्तियों पर

**2.** निरन्तर मूल्य ह्रास न काटने का प्रभाव होगा:
   A. लाभ बढ़ेंगे
   B. आयकर अधिक लगेगा
   C. लाभांश वितरण पूंजी में से होगा
   D. लागत निर्धारण गलत होगा

**3.** मूल्य ह्रास निम्नलिखित कारण से होता है:
   A. निरन्तर उपयोग
   B. अप्रचलन से
   C. बाजार मूल्य में कमी होने से
   D. उपर्युक्त सभी

**4.** मूल्य ह्रास का आशय है:
   A. प्रतियोगिता के कारण मूल्य में कमी आना
   B. सम्पत्ति के निरन्तर उपयोग से मूल्य में कमी आना
   C. कार्यहीन रहने से मूल्य में कमी आना
   D. उपर्युक्त में से कोई नहीं

**5.** रिक्तीकरण ह्रास का पर्याय निम्नलिखित सम्पत्ति से सम्बन्धित है:
   A. प्लान्ट
   B. फर्नीचर
   C. ख्याति
   D. खान

**6.** रिक्तीकरण विधि सम्बन्धित है:
   A. स्थायी सम्पत्तियों से
   B. अमूर्त सम्पत्तियों से
   C. चालू सम्पत्तियों से
   D. क्षयी सम्पत्तियों से

**7.** मूल्य ह्रास की गणना हेतु ध्यान में नहीं रखा जाता है:
   A. स्थापना व्यय
   B. आयात कर
   C. बाजार मूल्य
   D. गाड़ी भाड़ा

**8.** मूल्य ह्रास हेतु ध्यान में रखा जाता है:
   A. अवशिष्ट मूल्य
   B. पुनर्स्थापन मूल्य
   C. बाजार मूल्य
   D. पुनर्मूल्यांकन मूल्य

**9.** Amortization ( परिशोधन ) सम्बन्धित है:
   A. मशीनरी से
   B. खान से
   C. पेटेण्ट से
   D. तेल के कुएं से

**10.** सम्पत्ति की समाप्ति द्वारा ह्रास प्रयुक्त होगा:
   A. पेटेण्ट
   B. फर्नीचर
   C. ख्याति
   D. पशुधन

**11.** निम्नलिखित सम्पत्ति पर मूल्य ह्रास ज्ञात नहीं किया जाता है:
   A. भवन
   B. भूमि
   C. फर्नीचर
   D. पट्टे की सम्पत्ति

**12.** दिया गया है: मशीन की लागत 1,00,000, अवशिष्ट मूल्य 5,000 रु., उपयोगी जीवनकाल 10 वर्ष, तो ह्रास की राशि होगी:
   A. 10,000 रु.
   B. 9,500 रु.
   C. 10,500 रु.
   D. उपर्युक्त में से कोई नहीं

**13.** सम्पत्ति बेचने पर हानि डेबिट की जाती है:
   A. सम्पत्ति खाते में
   B. लाभ–हानि खाते में
   C. ह्रास खाते में
   D. विक्रेता के खाते में

**14.** स्थायी किश्त पद्धति से ह्रास गणना का सूत्र है:

   A. $\dfrac{\text{लागत मूल्य} - \text{अन्तिम मूल्य}}{365}$

   B. $\dfrac{\text{लागत मूल्य} - \text{अवशिष्ट मूल्य}}{12}$

   C. $\dfrac{\text{लागत मूल्य} + \text{स्थापना मूल्य} - \text{अवशिष्ट मूल्य}}{\text{उपयोगी जीवनकाल ( वर्षों में )}}$

   D. $\dfrac{\text{लागत मूल्य} + \text{अवशिष्ट मूल्य}}{2}$

**15.** मशीन का लागत मूल्य 5,000 रु., स्थापना व्यय 10,000 रु., अवशिष्ट मूल्य 5,000 रु., जीवन काल 5 वर्ष। तीसरे वर्ष का मूल्य ह्रास सीधी रेखा पद्धति से होगा:
   A. 11,000 रु.
   B. 12,000 रु.
   C. 13,000 रु.
   D. 3,300 रु.

**16.** क्रमागत ह्रास विधि से प्रथम वर्ष का ह्रास होगा—लागत 1,00,000 रु., अवशिष्ट मूल्य 10,000 रु., जीवन काल 10 वर्ष ह्रास की दर 20% :

    A. 20,000 रु.           B. 18,000 रु.

    C. 9,000 रु.            D. 10,000 रु.

**17.** 1 जनवरी, 1998 को मशीन स्थापित की 1,00,000 रु. में, गाड़ी भाड़ा 10,000 रु., ह्रास की दर 10%, 31 दिसम्बर, 2000 को क्रमागत ह्रास विधि से ह्रास होगा:

    A. 10,000 रु.           B. 11,000 रु.

    C. 8,910 रु.            D. 9,900 रु.

**18.** वार्षिक वृत्ति विधि ह्रास गणना हेतु उपयुक्त है:

    A. मशीन              B. लम्बी अवधि के पट्टे

    C. भूमि                D. ख्याति

**19.** वार्षिक वृत्ति विधि में ब्याज की राशि:

    A. प्रति वर्ष बढ़ती है      B. प्रति वर्ष कम होती है

    C. निश्चित रहती है       D. लचीली रहती है

**20.** मूल्य ह्रास कोष विधि में ह्रास कोष खाता बन्द किया जाता है:

    A. सम्पत्ति खाते में हस्तान्तरित करके

    B. लाभ-हानि खाते में हस्तान्तरित करके

    C. ह्रास खाते में

    D. चिट्ठे में दिखाकर

**21.** ह्रास कोष विधि में विनियोगों को बेचने पर लाभ/हानि को हस्तान्तरित किया जाता है:

    A. लाभ-हानि खाते में     B. ह्रास कोष खाते में

    C. सम्पत्ति खाते में       D. ह्रास खाते में

**22.** ह्रास कोष विधि में विनियोगों का ब्याज जमा किया जाता है:

    A. ह्रास खाते में        B. लाभ-हानि खाते में

    C. ह्रास कोष खाते में    D. सम्पत्ति खाते में

**23.** ह्रास कोष विधि में ह्रास की राशि प्रति वर्ष:

    A. घटती है            B. बढ़ती है

    C. निश्चित रहती है      D. बदलती रहती है

**24.** ह्रास की किस विधि में सम्पत्ति पुनर्स्थापन हेतु कोष उपलब्ध होता है ?

    A. पुनर्स्थापन विधि      B. पुनर्मूल्यांकन विधि

    C. मूल्य ह्रास कोष विधि   D. रिक्तीकरण विधि

**25.** मूल्य ह्रास की राशि निश्चित रहती है:

    A. ह्रास कोष विधि में

    B. वार्षिक वृत्ति विधि में

    C. बीमा पॉलिसी विधि में

    D. उपर्युक्त सभी में

**26.** बीमा पॉलिसी विधि में ह्रास की राशि विनियोजित की जाती है:

    A. दुर्घटना बीमा पॉलिसी में

    B. मशीन बीमा पॉलिसी में

    C. बन्दोबस्ती बीमा पॉलिसी में

    D. ह्रास बीमा पॉलिसी में

**27.** बीमा पॉलिसी विधि में ''बीमा पॉलिसी खाता'' बन्द किया जाता है:

    A. ह्रास कोष में हस्तान्तरित करके

    B. सम्पत्ति खाते द्वारा

    C. ह्रास खाते द्वारा

    D. लाभ-हानि खाते द्वारा

**28.** बीमा पॉलिसी विधि ह्रास कोष विधि से भिन्न है:

    A. दोनों में ह्रास की राशि प्रति वर्ष निश्चित नहीं रहती है

    B. बीमा पॉलिसी में वसूली के समय हानि नहीं होती है

    C. पॉलिसी विधि में विनियोजन किया जाता है

    D. उपर्युक्त में से कोई नहीं

**29.** बीमा पॉलिसी विधि में Assets A/C बन्द किया जाता है:

    A. लाभ-हानि खाते द्वारा   B. सम्पत्ति बेचकर

    C. ह्रास कोष खाते द्वारा    D. ह्रास खाते द्वारा

**30.** कौन-सी विधि में सम्पत्ति खाता पूर्ण जीवन काल तक लागत मूल्य पर ही प्रकट होता है:

    A. वार्षिक वृत्ति विधि में   B. मशीन घंटा दर विधि में

    C. रिक्तीकरण विधि में    D. मूल्य ह्रास कोष विधि में

**31.** पुनर्मूल्यांकन विधि में ह्रास की गणना की जाती है:

    A. निश्चित दर से

    B. लागत ÷ जीवन काल

    C. लागत मूल्य − पुनर्मूल्यांकित मूल्य

    D. लागत − अवशिष्ट ÷ 12

**32.** पुनर्मूल्यांकन विधि उपयुक्त है:

    A. प्लान्ट एवं मशीनरी हेतु

    B. फुटकर औजार हेतु

    C. भूमि हेतु

    D. खान हेतु

**33.** रिक्त इकाई विधि में ह्रास की गणना का सूत्र होगा:

    A. (लागत − अवशिष्ट मूल्य) ÷ जीवन काल

    B. (लागत + अवशिष्ट मूल्य) + 12

C. $\dfrac{\text{लागत} - \text{अवशिष्ट मूल्य}}{\text{अनुमानित भण्डार}} \times$ वर्ष में उत्पादित इकाइयां

D. $\dfrac{\text{लागत} \times \text{भण्डार}}{\text{वर्ष का उत्पादन}}$

**34.** मशीन घण्टा दर विधि में ह्रास की गणना की जाती है:

A. $\dfrac{\text{लागत} - \text{अवशिष्ट मूल्य}}{\text{अनुमानित जीवन घण्टे}}$

B. $\dfrac{\text{लागत} + \text{अवशिष्ट मूल्य}}{\text{अनुमानित जीवन वर्ष}}$

C. लागत ÷ 12

D. उपर्युक्त में से कोई नहीं

**35.** ट्रक, बस आदि पर ह्रास गणना की उपयुक्त विधि है:

A. प्रयोग विधि      B. मशीन घण्टा दर विधि

C. वार्षिक वृद्धि विधि      D. स्थायी किश्त पद्धति

**36.** 'वर्षों का योग विधि' में ह्रास की राशि:

A. प्रति वर्ष बढ़ती है

B. प्रति वर्ष घटती है

C. स्थिर रहती है

D. कुछ वर्ष स्थिर, बाद में घटती है

**37.** सम्पत्ति की लागत 70,000 रु., स्थापना व्यय 5,000 रु., अवशिष्ट मूल्य 2,000 रु., ह्रास की दर 10% वार्षिक, मूल लागत विधि से ह्रास की राशि द्वितीय वर्ष में क्या होगी ?

A. 7,300 रु.      B. 7,500 रु.

C. 6,570 रु.      D. 6,800रु.

**38.** मशीन की लागत 20,000 रु., अवशिष्ट मूल्य शून्य, जीवन काल 3 वर्ष, ''वर्षों का योग विधि से ह्रास'' की राशि होगी:

A. 6,777 रु.      B. 3,333 रु.

C. 9,000 रु.      D. 10,000 रु.

**39.** सम्पत्ति की लागत 20,000 रु., ब्याज दर 5%, 3 वर्ष के लिए 1 रु. का तालिका मूल्य .367280 वार्षिक वृत्ति विधि से मूल्य ह्रास की राशि होगी:

A. 10,000 रु.      B. 6,667 रु.

C. 7,344 रु.      D. 10,000 रु.

**40.** दिया गया है: सम्पत्ति की लागत 20,000 रु., बयाज दर 5% जीवनकाल 3 वर्ष, सारणी मूल्य .317208, ह्रास की राशि होगी:

A. 6,544.16      B. 6,344.16

C. 1,000 रु.      D. 6,666.33

**41.** मशीनरी की लागत 40,000 रु., अवशिष्ट मूल्य 20,000 रु., जीवनकाल 5 वर्ष, सिंकिंग फण्ड सारणी मूल्य .180975 प्रति वर्ष, ह्रास की राशि होगी:

A. 3,169.50 रु.      B. 8,000रु.

C. 3,619.50 रु.      D. 4,000 रु.

**42.** ह्रास की बढ़ी दर का प्रयोग करना चाहिए:

A. जब मशीन कार्यहीन रहती हो

B. मशीन एक पारी में चलती हो

C. मशीन दोहरी व तिहरी पारी में भी चलती हो

D. बढ़ी हुई दर का प्रयोग स्वीकृत नहीं है

**43.** 'वर्षों का योग विधि' के अन्तर्गत यदि सम्पत्ति का जीवनकाल 6 वर्ष हो तो 'हर' (denominator) का अंक होगा:

A. 20      B. 21

C. 15      D. 9

**44.** संग्रहित ह्रास खाता (Accumulated depreciation A/C) का शेष बराबर होता है:

A. मशीन की लागत के

B. अब तक काटे गये ह्रास के योग से

C. लागत-अपलिखित मूल्य

D. उपर्युक्त में से कोई नहीं

**45.** ''ह्रास आयोजन खाता'' कहा जाता है:

A. Accumulated Depreciation A/C

B. Insurance Policy A/C

C. Depreciation on Assets A/C

D. उपर्युक्त में से कोई नहीं

**46.** क्रमागत ह्रास विधि में:

A. प्रति वर्ष ह्रास की दर कम होती है

B. ह्रास की राशि कम होती है

C. राशि व दर दोनों कम होते हैं

D. ब्याज कम होता है

**47.** मूल्य ह्रास कोष विधि या सिंकिंग फण्ड विधि में ह्रास की राशि अन्य विधियों की अपेक्षा:

A. अधिक होती है      B. कम होती है

C. बराबर होती है      D. अनुमान कठिन है

**48.** मशीन की लागत 1,00,000 रु., अवशिष्ट मूल्य 10,000 रु., जीवन काल 5 वर्ष, 'वर्षों का समूह' विधि के आधार पर प्रथम वर्ष का ह्रास होगा:

A. 30,000 रु.          B. 18,000 रु.
C. 6,000 रु.          D. 90,000 रु.

**49.** एक खान में 30,000 टन कोयले के भण्डारों का अनुमान है। गत वर्ष 2,000 टन कोयला निकाला गया। खान 12,000 रु. में खरीदी गयी और 10 वर्ष चलेगी। मूल्य ह्रास की राशि होगी:

A. 1,200 रु.          B. 800 रु.
C. 4,000 रु.          D. 3,000 रु.

**50.** 1–1–2001 को 1,00,000 रु. में मशीन खरीदी अनुमानित जीवन काल 5 वर्ष है। वर्ष 2001 को में की अधिकतम राशि होगी:

A. घटती किश्त पद्धति 20%

B. स्थायी किश्त पद्धति

C. मूल लागत पर 10%

D. वर्ष अंको की योग विधि

**51.** एक सम्पत्ति 1–1–1999 को 40,000 रु. में खरीदी। 15% वार्षिक दर से क्रमागत ह्रास विधि से ह्रास लगाया। मशीन 1–1–2001 को 10,000 रु. में बेची गयी। लाभ/हानि होगी:

A. हानि 18,900 रु.          B. लाभ 18,900 रु.
C. हानि 18,000 रु.          D. लाभ 18,000 रु.

**52.** दिया गया है–स्थायी किश्त पद्धति से ह्रास 2,000 रु.
स्थापना व्यय = 5,000 रु.
अवशिष्ट मूल्य = 1,000 रु.
जीवन काल = 10 वर्ष
सम्पत्ति की लागत होगी:

A. 16,000 रु.          B. 15,000 रु.
C. 17,000 रु.          D. 18,000 रु.

**53.** मशीन की लागत = 3,00,000 रु.
अनुमानित जीवन काल = 20,000 घण्टे
प्रतिदिन कार्य घण्टे = 8
वास्तविक कार्य घण्टे = 7
वर्ष में कार्य दिवस = 300
मूल्य ह्रास होगा:

A. 31,500 रु.          B. 36,000 रु.
C. 24,000 रु.          D. 30,000 रु.

**54.** पेटेण्ट एवं ट्रेडमार्क पर ह्रास अपलेखन की उपयुक्त विधि है:

A. पुनर्मूल्यांकन          B. पुनस्थार्पन विधि
C. स्थायी किश्त पद्धति    D. रिक्तीकरण विधि

**55.** पट्टाधारित भूमि भवन पर ह्रास की उचित विधि है:

A. वार्षिक वृति          B. क्रमागत ह्रास विधि
C. ह्रास कोष विधि        D. बीमा पॉलिसी विधि

**56.** निम्नलिखित में किस सम्पत्ति पर ह्रास नहीं काटा जाता है ?

A. भूमि                 B. मशीनरी
C. तेल के कुएं           D. पेटेण्ट

**57.** क्रमागत ह्रास विधि में ह्रास की दर स्थायी किश्त पद्धति से सामान्यतया:

A. अधिक नहीं होती है     B. अधिक होती है
C. कम होती है           D. बराबर होती है

**58.** किस विधि द्वारा परिकलित ह्रास शून्य नहीं होता है ?

A. सेवा इकाई विधि       B. क्रमागत ह्रास विधि
C. मूल्य ह्रास कोष विधि   D. पुनर्मूल्यांकन विधि

**59.** मूल्य ह्रास का कारण है:
(*i*) सम्पत्ति का उपयोग (*ii*) खनिज दोहन (*iii*) मुद्रास्फीति (*iv*) बाजार मूल्य परिवर्तन

A. (*i*), (*ii*), (*iii*)          B. (*i*), (*iii*), (*iv*)
C. (*i*), (*ii*)                 D. (*i*), (*ii*), (*iii*), (*iv*)

**60.** दिया गया है: मशीन की लागत 1,20,000 रु., चुंगी 5,000 रु., स्थापना व्यय 2,000 रु., अवशिष्ट मूल्य 3,000 रु., जीवन काल 8 वर्ष, स्थायी किश्त पद्धति से ह्रास होगा:

A. 14,625 रु.          B. 15,875 रु.
C. 15,250 रु.          D. 15,500 रु.

**61.** सिंकिंग फण्ड विधि द्वारा लगाया गया मूल्य ह्रास वार्षिक वृति विधि द्वारा लगाये गये ह्रास से:

A. कम होता है          B. अधिक होता है
C. बराबर होता है        D. उपर्युक्त में से कोई नहीं

**62.** निम्नलिखित में किस विधि के अन्तर्गत मूल्य ह्रास की राशि कम होती जाती है:

A. सिंकिंग फण्ड विधि

B. रिक्तीकरण विधि

C. वर्ष अंकों की योग विधि

D. मूल लागत विधि

**63.** मूल्य ह्रास विधि कही जाती है:

A. पुनस्थार्पन की          B. पुनर्मूल्यांकन
C. लागत आबंटन की        D. लागत निर्धारण की

**64.** पुनर्मूल्यांकन विधि में ह्रास की राशि:

    A. निश्चित रहती है　　B. कम होती है

    C. बढ़ती है　　D. घटती-बढ़ती है

**65.** वार्षिक वृत्ति विधि में प्रथम वर्ष में सम्पत्ति की लागत पर ब्याज की गणना की जाती है, आगामी वर्षों में ब्याज निकाला जाता है:

    A. सम्पत्ति की लागत पर　　B. लागत + ह्रास पर

    C. अवशिष्ट मूल्य पर　　D. सम्पत्ति खाते के शेष पर

**66.** एक मशीन 1–1–1998 को खरीदी गयी 110% वार्षिक दर से क्रमागत ह्रास विधि से ह्रास काटा गया। 1–1–2001 को उसका अपलिखित मूल्य 36,450 रु. है। मशीन की लागत होगी:

    A. 40,500 रु.　　B. 50,000 रु.

    C. 45,000 रु.　　D. 55,000 रु.

**67.** संचित मूल्य ह्रास खाते का शेष होता है:

    A. जमा　　B. नाम

    C. नाम व जमा दोनों　　D. उपर्युक्त में से कोई नहीं

**68.** वार्षिक वृत्ति विधि उपयुक्त है:

    A. पेटेण्ट हेतु

    B. पशुधन हेतु

    C. पट्टे की भूमि व भवन हेतु

    D. पुर्जे हेतु

**69.** स्थायी किश्त पद्धति में 'प्रति वर्ष' शब्द प्रकट करता है:

    A. ह्रास की राशि स्थिर रहेगी

    B. ह्रास की गणना अवधि को ध्यान में रखकर की जायेगी

    C. ह्रास की गणना में अवधि महत्वहीन रहेगी

    D. यह शब्द लगाना त्रुटिपूर्ण है

**70.** परिकलित ह्रास का प्रभाव लाभ-हानि खाते पर प्रति वर्ष समान पड़ता है:

    A. अपलिखित मूल्य विधि से

    B. वर्ष अंकों का योग विधि से

    C. वार्षिक वृति विधि से

    D. मूल लागत विधि से

## उत्तरमाला

| 1 | 2 | 3 | 4 | 5 | 6 | 7 | 8 | 9 | 10 |
|---|---|---|---|---|---|---|---|---|---|
| B | C | D | B | D | D | C | A | C | D |

| 11 | 12 | 13 | 14 | 15 | 16 | 17 | 18 | 19 | 20 |
|---|---|---|---|---|---|---|---|---|---|
| B | D | B | C | A | A | C | B | B | A |

| 21 | 22 | 23 | 24 | 25 | 26 | 27 | 28 | 29 | 30 |
|---|---|---|---|---|---|---|---|---|---|
| A | C | C | C | D | C | A | B | C | D |

| 31 | 32 | 33 | 34 | 35 | 36 | 37 | 38 | 39 | 40 |
|---|---|---|---|---|---|---|---|---|---|
| C | B | C | A | A | B | A | D | C | B |

| 41 | 42 | 43 | 44 | 45 | 46 | 47 | 48 | 49 | 50 |
|---|---|---|---|---|---|---|---|---|---|
| C | C | B | B | A | B | B | A | B | D |

| 51 | 52 | 53 | 54 | 55 | 56 | 57 | 58 | 59 | 60 |
|---|---|---|---|---|---|---|---|---|---|
| A | A | A | C | A | A | B | B | C | D |

| 61 | 62 | 63 | 64 | 65 | 66 | 67 | 68 | 69 | 70 |
|---|---|---|---|---|---|---|---|---|---|
| A | C | C | D | D | B | A | C | B | D |

# 8. कोष प्रवाह विवरण
# (FUND FLOW STATEMENT)

1. परिचालन से लाभ 70,000 रु., सम्पत्ति विक्रय से लाभ 7,000 रु., लाभांश भुगतान 10,000 रु., हो तो शुद्ध लाभ होगा:

   A. 77,000 रु.          B. 83,000 रु.

   C. 67,000 रु.          D. 73,000 रु.

2. यदि परिचालन से लाभ 50,000 रु., संचयों में स्थानान्तरण 5,000 रु., मशीनरी पर ह्रास 2,000 रु., हो तो शुद्ध लाभ होगा:

   A. 47,000 रु.          B. 45,000 रु.

   C. 48,000 रु.          D. 43,000 रु.

3. यदि कोषों के स्रोत कोषों के उपयोग से अधिक हों तो शुद्ध प्रभाव होगा:

   A. कार्यशील पूंजी में कमी

   B. कार्यशील पूंजी में वृद्धि

   C. परिचालन कोषों में वृद्धि

   D. कोई प्रभाव नहीं

4. दिया गया है–

   |  | 31 दिसम्बर |  |
   |---|---|---|
   |  | 1999 | 2000 |
   |  | Rs. | Rs. |
   | अल्पकालीन विनियोग | 55,000 | 35,000 |
   | पूर्वदत्त व्यय | 5,000 | 7,000 |
   | अदत्त व्यय | 7,000 | 6,000 |

   शुद्ध कार्यशील पूंजी पर प्रभाव होगा:

   A. 17,000 रु. वृद्धि     B. 17,000 रु. कमी

   C. 21,000 रु. वृद्धि     D. 21,000 रु. कमी

5. दिया गया है:

   |  | दिसम्बर 31 |  |
   |---|---|---|
   |  | 1999 | 2000 |
   |  | रु. | रु. |
   | Cash | 50,000 | 60,000 |
   | Debtors | 80,000 | 1,00,000 |
   | Creditors | 70,000 | 90,000 |

   शुद्ध कार्यशील पूंजी होगी:

   A. 10,000 रु. वृद्धि     B. 30,000 रु. वृद्धि

   C. 30,000 रु. कमी     D. 10,000 रु. कमी

6. समता अंश पूंजी खाते का प्रारम्भिक व अन्तिम शेष क्रमश: 7 लाख रु. एवं 9.5 लाख रुपए, 11.25 लाख रु. के बोनस अंश दिए। 75,000 रु. के ऋण पत्रों के बदले 15,000 रु. के प्रीमियम पर अंश दिए गए तो कोषों का स्रोत होगा:

   A. 2.5 लाख रु.          B. 1.25 लाख रु.

   C. 65 हजार रु.          D. 50 हजार रु.

7. 5% ऋणपत्र खाते का प्रारम्भिक व अन्तिम शेष 5 लाख रु. एवं 9 लाख रुपए। स्थायी सम्पत्ति क्रय के बदले ऋणपत्र दिए 2 लाख रु., समता अंशों को ऋणपत्रों में बदला 2 लाख रु., कोषों का स्रोत होगा:

   A. 4 लाख रु.            B. 2 लाख रु.

   C. 5 लाख रु.            D. कुछ नहीं

8. अंश पूंजी खाते का प्रारम्भिक व अन्तिम शेष 20 लाख रु. एवं 30 लाख रु., ऋणपत्रों के बदले अंश दिए 3 लाख रु., मशीनरी क्रय के बदले अंश दिए 2 लाख रुपए, कोषों का स्रोत होगा:

   A. 10 लाख रु.          B. 7 लाख रु.

   C. 5 लाख रु.            D. 15 लाख रु.

9. दिया गया है–परिचालन से कोष 12,000 रु., मशीनरी का विक्रय 5,000 रु., अंशों का निर्गमन 50,000 रु., अन्तरिम लाभांश 10,000 रु., ऋणपत्रों का शोधन 20,000 रु., शुद्ध कार्यशील पूंजी होगी:

   A. 37,000 रु. से वृद्धि   B. 37,000 रु. से कमी

   C. 57,000 रु. से वृद्धि   D. 57,000 रु. से कमी

10. दिया गया है–मशीनरी का क्रय 18,000 रु., लाभांश भुगतान 15,000 रु., कर भुगतान 7,000 रु., कार्यशील पूंजी में वृद्धि 25,000 रु., परिचालन से कोष होंगे:

    A. 33,000 रु.          B. 40,000 रु.

    C. 15,000 रु.          D. 65,000 रु.

**11.** दिया गया है–

|  | 1999 | 2000 |
| --- | --- | --- |
|  | (रु.) | (रु.) |
| मशीनरी | 50,000 | 75,000 |
| संचित ह्रास | 10,000 | 15,000 |
| लाभ-हानि खाता | 20,000 | 25,000 |

20,000 रु. की लागत की मशीन जिस पर 8,000 रु. ह्रास काटा गया था। 5,000 रु. में बेची गई। कोष का उपयोग होगा:

A. 40,000 रु.　　　　　B. 48,000 रु.

C. 53,000 रु.　　　　　D. 45,000 रु.

**12.** दिया गया है: गत वर्ष में चालू सम्पत्तियां 50,000 रु., चालू वर्ष में चालू सम्पत्तियां 49,000 रु., चालू दायित्व गत वर्ष 30,000 रु., चालू वर्ष 28,800 रु., शुद्ध कार्यशील पूंजी पर प्रभाव होगा:

A. 200 रु. से वृद्धि　　　B. 200 रु. से कमी

C. 1,000 रु. से वृद्धि　　D. 1,200 रु. से कमी

**13.** दिया गया है: कर आयोजन वर्ष का प्रारम्भ 30,000 रु., वर्ष का अन्त 40,000 रु., कर का भुगतान चालू वर्ष में 35,000 रु., समायोजित लाभ-हानि खाते में डेबिट में लिखी जाने वाली राशि होगी:

A. 40,000 रु.　　　　　B. 30,000 रु.

C. 45,000 रु.　　　　　D. 35,000 रु.

**14.** प्रस्तावित लाभांश खाते का प्रारम्भिक एवं अन्तिम शेष 75,000 रु. कोष उपयोग की राशि होगी:

A. शून्य

B. 75,000 रु.

C. संचालक की इच्छानुसार

D. विद्यार्थी की इच्छा से

**15.** लाभ-हानि खाते का प्रारम्भिक व अन्तिम शेष क्रमश: 15,000 रु. एवं 25,000 रु., वर्ष में लाभांश चुकाया 20,000 रु. ऋणपत्रों का 1,000 रु. के बट्टे पर शोधन किया, परिचालन से कोषों की राशि होगी:

A. 31,000 रु.　　　　　B. 30,000 रु.

C. 10,000 रु.　　　　　D. 29,000 रु.

**16.** कोषों का उपयोग 70,000 रु., कोषों का स्रोत 55,000 रु., शुद्ध कार्यशील पूंजी होगी:

A. पूंजी में कमी 15,000 रु.

B. पूंजी में वृद्धि 15,000 रु.

C. कार्यशील पूंजी अप्रभावित

D. उपर्युक्त में से कोई नहीं

**17.** कोषों का उपयोग 1,50,000 रु., परिचालन से कोष 1,40,000 रु., बैंक से ऋण 20,000 रु., सम्पत्ति बेची 10,000 रु., शुद्ध कार्यशील पूंजी होगी:

A. शून्य　　　　　　　　B. वृद्धि 10,000 रु.

C. कमी 20,000 रु.　　　D. वृद्धि 20,000 रु.

**18.** देनदारों से प्राप्ति 20,000 रु., नकद टाइप राइटर खरीदा 12,000 रु., शुद्ध कार्यशील पूंजी पर प्रभाव पड़ेगा:

A. 8,000 रु. वृद्धि　　　B. 20,000 रु.वृद्धि

C. 12,000 रु. कमी　　　D. 12,000 रु. वृद्धि

**19.** दिया गया है: कर आयोजन का प्रारम्भिक व अन्तिम शेष 5,000 रु.व 7,000 रु., अग्रिम कर का प्रारम्भिक व अन्तिम शेष 4,000 रु. व 6,000 रु., वर्ष के दौरान कर भुगतान 5,500 रु., कर आयोजन की लाभ-हानि खाते में डेबिट की जाने वाली राशि होगी:

A. 3,500 रु.　　　　　　B. 6,000 रु.

C. 2,000 रु.　　　　　　D. 7,500 रु.

**20.** दिया गया है: अन्तिम स्टॉक, प्रारम्भिक शेष 20,000 रु., अन्तिम शेष 15,000 रु., अन्तिम शेष 6,000 रु. से अधिक मूल्यांकित है, समायोजन होगा:

A. शुद्ध कार्यशील पूंजी में कमी 11,000 रु., परिचालन कोष मे कमी 6,000 रु.

B. शुद्ध कार्यशील पूंजी में कमी 5,000 रु., परिचालन कोष में वृद्धि 6,000 रु.

C. शुद्ध कार्यशील पूंजी पर प्रभाव नहीं, परिचालन कोष में कमी 6,000 रु.

D. शुद्ध कार्यशील पूंजी में कमी 11,000 रु., परिचालन कोष पर प्रभाव नहीं

**21.** प्रारम्भिक स्टॉक 1,35,000 रु. जो लागत से 10% कम है, परिचालन से कोषों को प्रभावित करेगा:

A. शुद्ध कार्यशील पूंजी 15,000 रु. से बढ़ेगी

B. परिचालन से कोष 15,000 रु. से कम होंगे

C. परिचालन से कोष 15,000 रु. से अधिक होंगे

D. परिचालन से कोष 13,500 रु. कम होंगे

**22.** प्रस्तावित लाभांश का प्रारम्भिक एवं अन्तिम शेष क्रमश: 50,000 रु. एवं 62,000 रु., न मांगा गया लाभांश 12,000 रु., कोषों का उपयोग होगा:

A. 12,000 रु.　　　　　B. 50,000 रु.

C. 38,000 रु.　　　　　D. 62,000 रु.

**23.** दिया गया है: ऋण पत्रों का शोधन 18,000 रु., मशीनरी का क्रय 50,000 रु., फर्नीचर का विक्रय 10,000 रु., कार्यशील पूंजी में कमी 20,000 रु. उक्त सूचनाओं के आधार पर ''परिचालन से कोष'' होंगे:

  A. 78,000 रु.      B. 38,000 रु.

  C. 58,000 रु.      D. 68,000 रु.

**24.** ख्याति अपलिखित की गई। एक व्यवहार है जो:

  A. कोषों का उपयोग है

  B. कोषों का स्रोत है

  C. गैर कोष मद है और संचालन लाभों में जोड़ी जाती है

  D. कोष मद है और संचालन लाभों में से घटायी जाती है

**25.** लाभांश समानीकरण संचय खाते का प्रारम्भिक शेष 20,000 रु., अन्तिम शेष 30,000 रु. लेखा होगा:

  A. 10,000 रु. कोष के उपयोग में लिखेंगे

  B. 10,000 रु. कोष के स्रोत में लिखेंगे

  C. 10,000 रु. परिचालन से लाभ ज्ञात करने के लिए शुद्ध लाभों में जोड़ जांएगं

  D. 10,000 रु. शुद्ध लाभों में से परिचालन लाभ ज्ञात करने हेतु घटाए जाएंगे

**26.** ख्याति प्रारंभिक शेष 10,000 रु., अन्तिम शेष 5,000 रु. लेखा होगा:

  A. 5,000 रु.परिचालन लाभों हेतु शुद्ध लाभ में जोड़ेंगे

  B. 5,000 रु. परिचालन लाभों हेतु शुद्ध लाभों में से घटाएंगे

  C. 5,000 रु. कोष का उपयोग है

  D. कोई समायोजन नहीं

**27.** 31 दिसम्बर 99 संचय का शेष 13,000, 31 दिसम्बर 2000 संचय का शेष 14,500 तो कोष पर प्रभाव पड़ेगा:

  A. लाभ बढ़ेंगे

  B. लाभ घटेंगे

  C. शुद्ध लाभों में 1,500 रु. जोड़ेंगे

  D. शुद्ध लाभों में 1,500 रु. कम करेंगे

**28.** देय बिल प्रारम्भिक शेष 5,000 रु., अन्तिम शेष 6,000 रु. तो परिणाम होगा:

  A. 10,000 रु. कोष का उपयोग है

  B. 1,000 रु. स्रोत है

  C. 1,000 रु. से कार्यशील पूंजी में कमी होगी

  D. 1,000 रु. से कार्यशील पूंजी में वृद्धि होगी

**29.** प्लान्ट पर मूल्य ह्रास अपलिखित किया 5,000 रु. लेखा होगा:

  A. कार्यशील पूंजी 5,000 रु. से कम होगी

  B. 5,000 रु. शुद्ध लाभों में जोड़े जाएंगे

  C. प्लान्ट में से 5,000 रु. घटाकर कोष का स्रोत होगा

  D. कोष का उपयोग होगा

**30.** दिया गया है: शुद्ध लाभ 20,000 रु., ख्याति अपलिखित की 5,000 रु., संचयों में हस्तान्तरण 2,000 रु., मशीन बेचने पर लाभ 2,000 रु. परिचालन से कोष होगा:

  A. 27,000 रु.      B. 25,000 रु.

  C. 22,000 रु.      D. 18,000 रु.

**31.** शुद्ध लाभ 42,000 रु., ऋणपत्र शोधन कोष में हस्तान्तरण 5,000 रु., फर्नीचर बेचने पर हानि 2,000 रु., भवन का मूल्य ह्रास 1,000 रु. हो तो परिचालन कोष होंगे:

  A. 47,000 रु.      B. 49,000 रु.

  C. 50,000 रु.      D. उपर्युक्त में से कोई नहीं

**32.** अंश प्रीमियम में वृद्धि है:

  A. कोष का उपयोग      B. कोष का साधन

  C. एक प्रकार का संचय    D. उपर्युक्त में से कोई नहीं

**33.** निम्नलिखित में कोष का साधन है:

  1. लेनदारों को भुगतान 2. अंशों का नगद के बदले निर्गमन 3. स्थायी सम्पत्ति का विक्रय 4. अंशों का ऋण पत्रों में परिवर्तन

  A. 1, 2      B. 1, 4

  C. 2, 3      D. 2, 3, 4

**34.** दिया गया है: शुद्ध लाभ 60,000 रु., फर्नीचर बेचने पर हानि 2,000 रु., मशीन विक्रय पर लाभ 5,000 रु., देनदारों से वसूली 3,000 रु., लेनदारों का भुगतान 2,000 रु., परिचालन से कोष होंगे:

  A. 57,000 रु.      B. 63,000 रु.

  C. 62,000 रु.      D. 59,000 रु.

**35.** परिचालन से कोषों की गणना करते समय निम्नलिखित को शुद्ध लाभों में जोड़ा नहीं जाता है:

  A. सम्पत्ति का ह्रास

  B. सम्पत्ति विक्रय पर लाभ

  C. सम्पत्ति विक्रय पर हानि

  D. संचयों में हस्तान्तरण

**36.** परिचालन कोषों की गणना करते समय निम्नलिखित को घटाया नहीं जाता है:

A. अंश निर्गमन पर बट्टा

B. कर वापसी

C. स्थायी सम्पत्ति विक्रय पर लाभ

D. लाभांश प्राप्ति

**37.** 'कर आयोजन का लेखा' कोष प्रवाह विवरण में किया जाता है:

A. चालू दायित्व की भांति

B. लाभों के नियोजन की भांति

C. चालू दायित्व या लाभों का नियोजन

D. लेखा किया ही नहीं जाता है

**38.** प्रस्तावित लाभांश के साथ कोष प्रवाह विवरण में व्यवहार करना चाहिए:

A. लाभों का नियोजन मानकर

B. चालू दायित्व मानकर

C. लेखा करना ही नहीं चाहिए

D. चालू दायित्व या लाभों का नियोजन मानकर

**39.** दिया गया है:

| | 1999 | 2000 |
| --- | --- | --- |
| | (रु.) | (रु.) |
| देनदार | 50,000 | 60,000 |
| अग्रिम भुगतान | 5,000 | 10,000 |
| लेनदार | 60,000 | 80,000 |

शुद्ध कार्यशील पूंजी में परिवर्तन होगा:

A. 35,000 रु. से बढ़ेगी

B. 5,000 रु. बढ़ेगी

C. 50,000 रु. से कम होगी

D. 35,000 रु. से कम होगी

**40.** दिया गया है:

| | 19()99 | 2000 |
| --- | --- | --- |
| | (रु.) | (रु.) |
| स्थायी सम्पत्तियां | 1,00,000 | 1,50,000 |
| मूल्य ह्रास आयोजन | 30,000 | 35,000 |
| लाभ-हानि खाता | 50,000 | 70,000 |

कोषों का उपयोग होगा:

A. 50,000 रु.          B. 55,000 रु.

C. 85,000 रु.          D. 80,000 रु.

**41.** शुद्ध कार्यशील पूंजी से तात्पर्य है:

A. स्थायी सम्पत्तियां–स्थायी दायित्व

B. चालू सम्पत्तियां–चालू दायित्व

C. कुल सम्पत्तियां

D. कुल चालू सम्पत्तियां

**42.** चालू दायित्वों में वृद्धि का क्या परिणाम होगा?

A. कार्यशील पूंजी में वृद्धि

B. कार्यशील पूंजी में कमी

C. व्यापार को हानि

D. लाभों में वृद्धि

**43.** देनदारों से 5,000 रु. वसूल हुए, परिणाम होगा:

A. कार्यशील पूंजी बढ़ेगी

B. कार्यशील पूंजी में कमी होगी

C. कार्यशील पूंजी अप्रभावित

D. नगद शेष बढ़ेगा

**44.** लेनदारों को 2,000 रु. का नगद भुगतान किया। कार्यशील पूंजी पर प्रभाव होगा:

A. अप्रभावित          B. वृद्धि

C. कमी          D. प्रश्न गलत है

**45.** निम्नलिखित में चालू सम्पत्ति है:

A. विनियोग          B. मशीनरी

C. पूर्वदत्त व्यय          D. अदत्त व्यय

**46.** निम्नलिखित में चालू सम्पत्ति नहीं है:

A. ख्याति          B. इन्वेन्ट्री

C. उपार्जित आय          D. देनदार

**47.** 'न मांगा गया लाभांश' है:

A. आयोजन          B. चालू दायित्व

C. चालू सम्पत्ति          D. संदिग्ध दायित्व

**48.** ''चालू दायित्वों में कमी'' का प्रभाव होगा:

A. कार्यशील पूंजी में वृद्धि

B. कार्यशील पूंजी में कमी

C. चालू सम्पत्तियों में कमी

D. कोई प्रभाव नहीं

**49.** निम्नलिखित में गैर चालू सम्पत्ति है:

A. अल्पकालीन विनियोग     B. वाहन

C. देनदार          D. स्कन्ध

**50.** निम्नलिखित में गैर चालू दायित्व है:

A. बैंक अधिविकर्ष          B. देय बिल

C. अदत्त व्यय          D. पूंजीगत संचय

**51.** कोष प्रवाह का आशय है:

A. नकद में परिवर्तन

B. चालू सम्पत्तियों में परिवर्तन

C. चालू दायित्वों में परिवर्तन

D. शुद्ध कार्यशील पूंजी में परिवर्तन

**52.** प्रति धारित आय है:

A. गैर चालू दायित्व     B. चालू दायित्व

C. आयोजन     D. गैर चालू सम्पत्तियां

**53.** निम्नलिखित में गैर चालू सम्पत्ति है:

A. अदत्त व्यय     B. पूर्वदत्त व्यय

C. प्रारम्भिक व्यय     D. अनुपार्जित ब्याज

**54.** निम्नलिखित से कोष का प्रवाह होगा:

A. उधार माल खरीदा

B. सामान्य संचय निर्मित किया

C. ख्याति अपलिखित की

D. भवन उधार बेचा

**55.** 5,000 रु. स्थायी सम्पत्तियों पर ह्रास अपलिखित किया:

A. कोष का स्रोत है     B. कोष का उपयोग है

C. गैर कोष मद है     D. उपर्युक्त में से कोई नहीं

**56.** डूबत ऋण आयोजन एक मद है:

A. चालू     B. गैर चालू

C. हानि की मद     D. लाभ की मद

**57.** मशीनरी खरीदी 1,10,000 रु., भुगतान में 10,000 अंश 10 रु. वाले 11 रु. प्रति अंश की दर से दिए। कोष का उपयोग होगा:

A. 1,10,000 रु.     B. 1,00,000 रु.

C. उपयोग नहीं होगा     D. अन्य लेखा होगा

**58.** नकद बिक्री का प्रभाव होगा:

A. कोष का साधन है

B. कोष का उपयोग है

C. देनदारों पर प्रभाव होगा

D. उपर्युक्त में से कोई नहीं

**59.** बोनस अंश निर्गमित करने का कोष पर प्रभाव होगा:

A. कोष का स्रोत है     B. कोष का उपयोग है

C. आयोजन है     D. न स्रोत, न उपयोग

**60.** निम्नलिखित में कोष का स्रोत है:

A. पूंजी में कमी     B. दायित्वों में कमी

C. दायित्वों में वृद्धि     D. सम्पत्तियों में वृद्धि

**61.** निम्नलिखित में कोष का स्रोत नहीं है:

A. पूंजी में वृद्धि     B. सम्पत्तियों में कमी

C. दायित्वों में वृद्धि     D. सम्पत्तियों में वृद्धि

**62.** निम्नलिखित में से किसके द्वारा कोष प्रवाह नहीं होगा:

A. देनदारों से वसूली     B. लेनदारों को भुगतान

C. प्राप्य बिलों से वसूली     D. उपर्युक्त सभी

**63.** अधिमान अंशों के शोधन का प्रभाव होगा:

A. कोष बहिर्वाह     B. कोष अन्तर्वाह

C. पूंजी वृद्धि     D. न अन्तवार्ह न वहिर्बाह

**64.** लेनदारों को देय विपत्र से भुगतान किया–प्रभावित मदें होंगी:

A. दोनों चालू

B. दोनों गैर चालू

C. एक चालू, एक गैर चालू

D. कोई भिन्न मद

**65.** लेनदारों को भुगतान में ऋणपत्र दिए–प्रभावित मदें होंगी:

A. एक चालू, दूसरी गैर चालू

B. दोनों गैर चालू

C. दोनों चालू

D. एक ऋण पूंजी, दूसरा गैर चालू

**66.** कौन-सी मद कोष का स्रोत नहीं है ?

A. वर्ष में बेची गई सम्पत्ति

B. समता अंशों का निर्गमन

C. बैंक ऋण लिया

D. मशीनरी खरीदी

**67.** कौन-सी मद कोष का उपयोग नहीं है ?

A. कर भुगतान

B. लाभांश भुगतान

C. मुकदमें में क्षति पूर्ति मिली

D. ऋण चुकाया

**68.** स्कन्ध पर हानि हेतु आयोजन एक मद है:

A. चालू     B. गैर चालू

C. अंशतः चालू     D. उपर्युक्त में से कोई नहीं

**69.** कौन-सी मद कोष का उपयोग है ?

A. भवन का नकद क्रय किया

B. बैंक ऋण चुकाया

C. लाभांश भुगतान किया

D. उपर्युक्त सभी

**70.** दिया गया है: नकद शेष 5,000 रु., देनदार 40,000 रु., डूबत ऋण आयोजन 500 रु., स्टॉक 10,000 रु., देय बिल 1,000 रु., तो शुद्ध कार्यशील पूंजी होगी:

A. 55,000     B. 54,000

C. 53,500     D. 45,000

## उत्तरमाला

| 1 | 2 | 3 | 4 | 5 | 6 | 7 | 8 | 9 | 10 |
|---|---|---|---|---|---|---|---|---|---|
| C | D | B | D | A | C | D | C | A | C |
| **11** | **12** | **13** | **14** | **15** | **16** | **17** | **18** | **19** | **20** |
| D | A | C | B | D | A | D | C | D | A |
| **21** | **22** | **23** | **24** | **25** | **26** | **27** | **28** | **29** | **30** |
| B | C | B | C | C | A | C | C | B | B |
| **31** | **32** | **33** | **34** | **35** | **36** | **37** | **38** | **39** | **40** |
| C | B | C | A | B | A | C | D | C | A |
| **41** | **42** | **43** | **44** | **45** | **46** | **47** | **48** | **49** | **50** |
| B | B | C | A | C | A | B | A | B | D |
| **51** | **52** | **53** | **54** | **55** | **56** | **57** | **58** | **59** | **60** |
| D | A | C | D | C | A | C | A | D | C |
| **61** | **62** | **63** | **64** | **65** | **66** | **67** | **68** | **69** | **70** |
| D | D | A | A | A | D | C | A | D | C |

# 9. माल भण्डार का मूल्यांकन एवं नियन्त्रण
## (INVENTORY VALUATION AND CONTROL)

1. कच्ची सामग्री का आशय है:
   A. उत्पादन में प्रयुक्त प्रत्यक्ष वस्तु
   B. बाजार में उपलब्ध सामग्री
   C. जंगलों से लायी गयी सामग्री
   D. उपर्युक्त में से कोई नहीं

2. माल भण्डार में शामिल है:
   A. कार्यालय का फर्नीचर
   B. फैक्टरी की मशीन
   C. उत्पादन की कच्ची सामग्री
   D. शो केस

3. उत्पाद की मात्रा निर्धारण एवं गणना की विधि है:
   A. अन्तिम आगमन प्रथम निर्गमन विधि
   B. कालान्तर विधि
   C. अ, ब, स, विश्लेषण विधि
   D. भारित औसत विधि

4. निम्नलिखित में माल भण्डार नहीं है:
   A. अर्द्धनिर्मित माल
   B. फिक्चर्स
   C. स्टोर्स
   D. फुटकर औजार

5. कालान्तर विधि में माल की गणना की जाती है:
   A. एक निश्चित अवधि के पश्चात्
   B. प्रतिदिन
   C. प्रतिवर्ष
   D. प्रत्येक निर्गमन पर

6. निरन्तर सूची विधि का आशय है:
   A. माल का मूल्यांकन करने की विधि
   B. माल का निर्गमन विधि
   C. प्रत्येक निर्गमन पर माल भण्डार का स्टॉक ज्ञात करने की विधि
   D. स्टॉक आवर्त विधि

7. अर्द्ध निर्मित माल है:
   A. निर्गमित कच्ची सामग्री
   B. सामग्री की लागत एवं श्रम

C. तैयार माल जो टूट गया है
D. माल जिस पर उत्पादन कार्य प्रारम्भ हो चुका है

8. कच्ची सामग्री के मूल्यांकन की उचित विधि है:
   A. लागत मूल्य
   B. बाजार मूल्य
   C. प्रतिस्थापन मूल्य
   D. उपर्युक्त में से कोई नहीं

9. निम्नलिखित में स्टोर्स है:
   A. लकड़ी
   B. फुटकर औजार
   C. कीलें व सरेस
   D. ट्यूबलाइट एवं पंखे

10. कच्ची सामग्री के मूल्यों में गिरावट आने पर, इसका मूल्यांकन करना चाहिए:
    A. लागत मूल्य पर
    B. बाजार मूल्य पर
    C. अपलिखित मूल्य पर
    D. वसूली मूल्य पर

11. कम मूल्य का माल जो उत्पादन में अप्रत्यक्ष रूप में सहयोग करता है, कहलाता है:
    A. कच्ची सामग्री
    B. स्पेयर पार्ट्स
    C. स्टोर्स
    D. अर्द्ध निर्मित माल

12. निम्नलिखित में निर्मित माल है:
    A. डिलीवरी हेतु रखा माल
    B. कारखाने में रखा माल
    C. प्रक्रियांकन का माल
    D. निर्माण का माल

13. माल भण्डार के मूल्यांकन से सम्बन्धित लेखा मानक है:
    A. लेखा मानक–3
    B. लेखा मानक–2
    C. लेखा मानक–17
    D. लेखा मानक–5

14. माल भण्डार के मूल्यांकन से सम्बन्धित लेखा मानक के अनुसार माल भण्डार का मूल्यांकन करना चाहिए:
    A. ऐतिहासिक लागत पर
    B. प्राप्य मूल्य पर
    C. ऐतिहासिक लागत एवं प्राप्य मूल्य में जो कम है, पर
    D. वसूली मूल्य पर

15. प्रमाणित मूल्य विधि में निर्गमन मूल्य होता है:
    A. बाजार मूल्य
    B. लागत मूल्य
    C. दोनों का औसत
    D. दोनों से भिन्न मूल्य

**16.** बढ़ते हुए कीमत स्तर में निर्गमन के शेष रहे स्टॉक का मूल्य तुलनात्मक रूप से लीफो विधि में होगा:

A. अधिकतम      B. न्यूनतम

C. मध्यम      D. तुलनात्मक परिवर्तित

**17.** उत्पादन विभागों को निर्गमन के पश्चात् शेष रहे स्टॉक का मूल्य बढ़ते हुए कीमत स्तर के समय सर्वाधिक होता है:

A. फीफो विधि से      B. लीफो विधि से

C. स्फीति विधि से      D. भारित औसत विधि से

**18.** दिया गया है:

| **प्राप्तियां** | **निर्गमन** |
|---|---|
| 1 फरवरी 250 इकाइयां @ | |
| 5 रु. प्रति इकाई | 4 फरवरी 200 इकाइयां |
| 3 फरवरी 300 इकाइयां @ | |
| 8 रु. प्रति इकाई | 7 फरवरी 300 इकाइयां |
| 5 फरवरी 200 इकाइयां @ | |
| 10 रु. प्रति इकाई | |

4 फरवरी को निर्गमित सामग्री का मूल्य साधारण औसत लागत विधि से होगा:

A. 1,600 रु.      B. 1,300 रु.

C. 1,000 रु.      D. 1,328 रु.

**19.** सामग्री निर्गमन के मूल्यांकन की किस विधि में कालान्तर एवं निरन्तर विधि से ज्ञात स्टॉक का मूल्य समान रहता है ?

A. फीफो विधि      B. लीफो विधि

C. भारित औसत विधि      D. प्रतिस्थापन विधि

**20.** कीमतें बढ़ने की स्थिति में उत्पाद लागत में वृद्धि होती है, संकल्पना है:

A. फीफो विधि      B. लीफो विधि

C. स्फीति विधि      D. भारित औसत

**21.** दिया गया है प्राप्तियां :

1 जनवरी 500 इकाइयां 10 रु. प्रति

2 जनवरी 300 इकाइयां 12 रु. प्रति

5 जनवरी 200 इकाइयां 11 रु. प्रति

निर्गमन:    3 जनवरी 400 इकाइयां

7 जनवरी 300 इकाइयां

फीफो विधि से 3 जनवरी के निर्गमन का मूल्य होगा:

A. 4,000 रु.      B. 4,800 रु.

C. 3,300 रु.      D. उपर्युक्त में से कोई नहीं

**22.** न्यूनतम स्टॉक विधि में न्यूनतम मात्रा का मूल्यांकन किया जाता है:

A. स्थायी सम्पत्तियों की भांति लागत मूल्य पर

B. चालू सम्पत्तियों की भांति बाजार मूल्य पर

C. लागत मूल्य व बाजार मूल्य में जो कम है

D. उपर्युक्त में से कोई नहीं

**23.** न्यूनतम स्टॉक विधि में न्यूनतम सीमा से अधिक सामग्री का निर्गमन किस मूल्य पर किया जाता है ?

A. चालू सम्पत्तियों पर लागू नियम से

B. बाजार मूल्य से

C. प्रतिस्थापन मूल्य से

D. स्थायी सम्पत्तियों पर लागू नियम से

**24.** बाजार में कीमतें अधिक है लेकिन उत्पाद की लागत कम आ रही है । सामग्री का निर्गमन किया गया होगा:

A. भारित औसत विधि से

B. फीफो विधि से

C. आधार स्टॉक विधि से

D. लीफो विधि से

**25.** फीफो विधि में चिट्ठे की स्थिति होती है:

A. विश्वसनीय      B. भ्रामक

C. मिथ्या      D. उपर्युक्त में से कोई नहीं

**26.** लीफो विधि में चिट्ठा प्रकट करता है:

A. सही आर्थिक स्थिति    B. बढ़ी हुई आर्थिक स्थिति

C. बाजार मूल्य के निकट   D. त्रुटि पूर्ण आर्थिक स्थिति

**27.** फीफो विधि में चिट्ठे में प्रकट सामग्री होती है:

A. लागत मूल्य पर

B. बाजार मूल्य पर

C. नवीनतम लागत मूल्य पर

D. प्रतिस्थापन मूल्य पर

**28.** स्फीति विधि में निर्गमन मूल्य ज्ञात किया जायेगा:

A. $\dfrac{\text{कुल लागत}}{\text{शुद्ध सामग्री}}$

B. $\dfrac{\text{कुल लागत}}{\text{कुल सामग्री}}$

C. $\dfrac{\text{कुल लागत}}{\text{शुद्ध कुल सामग्री} - \text{शुद्ध सामग्री}}$

D. उपर्युक्त में से कोई नहीं

**29.** प्राप्त सामग्री 200 किग्रा., लागत 19,500 रु., क्षय 2.5%, स्फीति विधि में निर्गमन मूल्य प्रति इकाई होगा:

A. 97.5 रु.      B. 95.2 रु.

C. 100 रु.      D. 101 रु.

**30.** निर्गमन की विभिन्न विधियों में बढ़ते हुए मूल्यों की स्थिति में सर्वोचित विधि है:

A. फीफो विधि  B. लीफो विधि
C. स्फीति विधि  D. सामान्य औसत विधि

**31.** उत्पादन विभाग द्वारा भण्डार विभाग को लौटाई गयी सामग्री का मूल्यांकन किया जाता है:

A. लीफो विधि से
B. फीफो विधि से
C. मूल्य जिस पर निर्गमन किया गया था
D. प्रारंभिक मूल्य पर

**32.** व्यापारी द्वारा पूर्तिकर्त्ता को सामग्री लौटाने पर फीफो मान्यता के अनुसार मूल्यांकन होना चाहिए:

A. लौटाने की तिथि को सब से पुराना मूल्य
B. सबसे बाद में प्राप्त सामग्री का मूल्य
C. मूल्यों के औसत के आधार पर
D. उपर्युक्त में से कोई नहीं

**33.** सामग्री के सामान्य क्षय हेतु उत्तरदायी कारण है:

A. भण्डारी का स्वभाव  B. सामग्री का स्वभाव
C. प्रकृति का प्रकोप  D. लेखापाल द्वारा गड़बड़ी

**34.** तैयार माल का मूल्यांकन किया जाता है:

A. प्रतिस्थापन मूल्य पर
B. बाजार मूल्य पर
C. बाजार मूल्य और लागत मूल्य में जो कम है
D. लागत मूल्य पर

**35.** निम्नलिखित में निर्मित माल का हिस्सा है:

A. पसन्द वापसी की शर्त का माल
B. चालानी पर माल
C. मार्ग में माल
D. उपर्युक्त सभी

**36.** निर्मित माल में शामिल किया जाता है:

A. बेचा गया माल
B. बेचा गया किन्तु गोदाम में रखा माल
C. बेचा गया किन्तु सुपुर्द न किया गया माल
D. चालानी पर माल

**37.** मूल लागत में शामिल है:

A. प्रयुक्त कच्ची सामग्री
B. प्रयुक्त कच्ची सामग्री + श्रम
C. प्रयुक्त कच्ची + प्रत्यक्ष श्रम + प्रत्यक्ष व्यय
D. कच्ची सामग्री + प्रत्यक्ष व्यय

**38.** कारखाना लागत का आशय है:

A. मूल लागत + कारखाना उपरिव्यय
B. कारखाना उपरिव्यय
C. (मूल लागत + कारखाना उपरिव्यय) ÷ 2
D. कारखाना उपरिव्यय + कार्यालय उपरिव्यय

**39.** अर्द्ध निर्मित मात्र के मूल्यांकन की सर्वोचित विधि है:

A. मूल लागत के आधार पर
B. कारखाना लागत के आधार पर
C. (मूल लागत + कारखाना लागत) ÷ 2
D. उपर्युक्त में से कोई नहीं

**40.** सामान्य क्षय के लेखांकन की दो विधियां है: प्रथम, उपरिव्यय मानकर द्वितीय:

A. स्फीति विधि
B. मूल लागत विधि
C. कारखाना लागत विधि
D. असामान्य क्षय की भांति

**41.** असामान्य क्षय का लेखा किया जाता है:

A. सामग्री की मात्रा में से घटाया जाता है
B. लागत लाभ-हानि खाते में ले जाया जाता है
C. लागत पुस्तकों में लेखा नहीं किया जाता है
D. उपर्युक्त में से कोई नहीं

**42.** विभिन्न विधियों से स्टॉक का मूल्यांकन निम्नांकित प्रकार से है:

फीफो विधि 5,000 रु.  लीफो विधि 9,000 रु.
भारित औसत 7,500 रु.  सरल औसत विधि 6,950 रु.
किस विधि को परम्परागत सतर्क विधि कहा जा सकता है ?

A. लिफो विधि  B. फीफो विधि
C. भारित औसत विधि  D. सरल औसत विधि

**43.** वार्षिक उपभोग 30,000 इकाइयां, प्रति इकाई लागत 60 रु., प्रति आदेश लागत 200 रु., भण्डारण लागत 20% मितव्ययी आदेश मात्रा होगी:

A. 1,100 इकाइयां  B. 1,000 इकाइयां
C. 1,050 इकाइयां  D. 2,000 इकाइयां

**44.** दिया गया है–प्रारम्भिक स्टॉक 12,000 रु., क्रय 50,000 रु., अन्तिम स्टॉक 8,000 रु., स्टॉक आवर्त अनुपात होगा:

A. 5–4 बार  B. 6 बार
C. 4–4 बार  D. 7 बार

**45.** वर्ष के अन्त में स्टॉक का मूल्यांकन लागत से 5,000 रु.कम कर लिया गया, लाभ प्रभावित होंगे:

   A.  5,000 रु. से कम होंगे

   B.  5,000 रु. से अधिक होंगे

   C.  10,000 रु. से कम होंगे

   D.  लाभ अप्रभावित

**46.** दिया गया है:

| वस्तुएं | इकाइयां (स्टॉक में) | लागत प्रति इकाई | बाजार मूल्य प्रति इकाई |
|---|---|---|---|
| A | 050 | 30 | 35 |
| B | 150 | 15 | 14 |
| C | 250 | 9 | 10 |
| D. | 200 | 10 | 9 |

सामूहिक विधि से स्टॉक का मूल्य होगा:

   A.  3,000 रु.     B.  8,150 रु.

   C.  7,900 रु.     D.  8,100 रु.

**47.** प्राप्तियों का विवरण इस प्रकार है:

1 जनवरी क्रय 300 इकाइयां @ Rs. 7 प्रति इकाई

8 जनवरी क्रय 2000 इकाइयां @ Rs. 8 प्रति इकाई

20 जनवरी क्रय 800 इकाइयां @ Rs. 9 प्रति इकाई

25 जनवरी क्रय 800 इकाइयां @ Rs. 10 प्रति इकाई

31 जनवरी को अन्तिम स्टॉक 1,800 इकाइयां

कालान्तर विधि से फीफो विधि द्वारा मूल्य होगा:

   A.  16,800 रु.     B.  15,500 रु.

   C.  16,600 रु.     D.  15,700 रु.

**48.** तुल्य उत्पादन का आशय है:

   A.  विभिन्न उत्पादों का बराबर उत्पादन

   B.  अर्द्ध निर्मित इकाइयों का निर्मित इकाइयों में परिवर्तन से

   C.  विभिन्न प्रक्रियाओं में उत्पादन समानता

   D.  उपर्युक्त में से कोई नहीं

**49.** फुटकर औजारों का मूल्यांकन किया जाता है :

   A.  विक्रय मूल्य पर     B.  लागत मूल्य पर

   C.  पुनर्मूल्यांकन मूल्य पर  D.  स्फीति मूल्यों पर

**50.** सामग्री आवर्त का सूत्र है :

   A.  $\dfrac{\text{Material Consumed}}{\text{Average stock}}$

   B.  $\dfrac{\text{Average Stock}}{\text{Material Consumed}}$

   C.  $\dfrac{\text{Material Consumed}}{\text{Closing Stock}}$

   D.  उपर्युक्त में से कोई नहीं

**51.** कम आवर्त वाली सामग्री स्टोर में होनी चाहिए :

   A.  न्यूनतम स्तर पर     B.  अधिकतम स्तर पर

   C.  पुन: आदेश स्तर पर   D.  प्रबन्धकों की इच्छा से

**52.** स्टॉक आवर्त का आशय है :

   A.  सामग्री का क्रय एवं विक्रय

   B.  सामग्री का उत्पादन में प्रयोग

   C.  निश्चित अवधि में प्रयुक्त सामग्री का औसत सामग्री से अनुपात

   D.  सामग्री एवं कार्यशील पूंजी का सम्बन्ध

**53.** ''वेड विश्लेषण'' तकनीक का प्रयोग वांछनीय है :

   A.  मर्केन्डाइज इन्डस्ट्री में

   B.  मेन्युफेक्चरिंग इन्डस्ट्री में

   C.  स्पेयर पार्ट्स इन्डस्ट्री में

   D.  पैट्रोलियम इन्डस्ट्री में

**54.** स्टॉक के महत्व पर आधारित स्टॉक नियन्त्रण तकनीक है:

   A.  अ, ब, स विश्लेषण

   B.  वेड विश्लेषण

   C.  स्तर विश्लेषण

   D.  स्टॉक महत्व विश्लेषण विधि

**55.** अ, ब, स विश्लेषण में 'अ' वर्ग में रखी जाने वाली सामग्री है :

   A.  सर्वाधिक मूल्य वाली सामग्री

   B.  सामान्य मूल्य वाली सामग्री

   C.  न्यूनतम मूल्य वाली सामग्री

   D.  दुर्लभ सामग्री

**56.** सामग्री नियन्त्रण की मूल्य पर आधारित तकनीक है :

   A.  स्तर निर्धारण

   B.  मितव्ययी आदेश मात्रा

   C.  अ, ब, स विश्लेषण

   D.  स्टॉक आवर्त

**57.** 'बिन' का आशय है :

   A.  स्थान जहां सामग्री रखी जाती है

   B.  गोदाम जहां तैयार माल रखा जाता है

   C.  शोरुम

   D.  रैक, अलमारी जहां क्षय हुई सामग्री रखी जाती है

**58.** क्रय मांग पत्र तैयार किया जाता है :
  A. क्रय विभाग द्वारा
  B. भण्डारण विभाग द्वारा
  C. उत्पादन विभाग द्वारा
  D. विक्रय विभाग द्वारा

**59.** दिया गया है: कुल लागत 40,413 रु., लाभ विक्रय मूल्य का 20% तो विक्रय मूल्य होगा :
  A. 10,130 रु.
  B. 50,516 रु.
  C. 48,496 रु.
  D. उपर्युक्त में से कोई नहीं

**60.** यदि विक्रय मूल्य 14,68,550 रु. हो, लाभ की दर लागत पर 15% हो, तो लाभ की राशि होगी :
  A. 1,91,550 रु.
  B. 2,20,282 रु.
  C. 2,93,710 रु.
  D. उपर्युक्त में से कोई नहीं

**61.** सामग्री बजट आधारित है :
  A. पूंजी की उपलब्धता
  B. भण्डारण सुविधा
  C. मौसमी उपलब्धि एवं मांग
  D. उपर्युक्त सभी

**62.** स्टॉक नियन्त्रण अनिवार्य है :
  A. कच्ची सामग्री का प्रवाह निरन्तर बनाये रखना
  B. क्रय लागतों में न्यूनता लाना
  C. कार्यशील पूंजी के प्रभावकारी उपयोग हेतु
  D. उपर्युक्त सभी

**63.** दिया गया है: वार्षिक उपभोग 800 इकाइयां, प्रति आदेश लागत 50 रु., एक इकाई के भण्डार व्यय 8 रु., आर्थिक आदेश मात्रा होगी :
  A. 100 इकाइयां
  B. 1,000 इकाइयां
  C. 10,000 इकाइयां
  D. 280 इकाइयां

**64.** माल भण्डार नियन्त्रण का उद्देश्य है :
  A. क्षय-छीजत को रोकना
  B. विक्रय में वृद्धि करना
  C. लाभों का अर्जन
  D. अनावश्यक क्रय रोकना एवं उत्पादन हेतु निरन्तर सामग्री उपलब्धि

**65.** निम्नलिखित में भण्डारण लागत का उदाहरण है :
  A. आदेश देने की लागत
  B. पूंजी का ब्याज
  C. सामग्री भण्डार में लाने के व्यय
  D. उपर्युक्त में से कोई नहीं

**66.** आर्थिक आदेश मात्रा का आशय है :
  A. उत्पादन लागतें न्यूनतम हों
  B. सामग्री क्रय लागत में मितव्ययता हो
  C. सामग्री संधारण लागत में मितव्ययता हो
  D. सामग्री क्रय एवं संधारण लागतों में मितव्ययता हो

**67.** सामग्री क्रय की त्वरित कार्यवाही अनिवार्य हो जाती है यदि सामग्री मात्रा स्तर पर पहुंच जाए :
  A. न्यूनतम
  B. अधिकतम
  C. संकट
  D. पुनः आदेश

**68.** यदि सामान्य उपभोग दर 50 से 60 इकाइयां प्रतिदिन हों तथा सामग्री प्राप्ति में 6 से 10 दिन लगते हों तो पुनः आदेश स्तर होगा :
  A. 360 इकाइयां
  B. 600 इकाइयां
  C. 500 इकाइयां
  D. 300 इकाइयां

**69.** 31 दिसम्बर 2000 को स्टॉक का मूल्यांकन न करके 20 जनवरी को हुआ। 1 जनवरी से 20 जनवरी तक कुल क्रय 50,000 रु. के थे। जिसमें निम्नलिखित शामिल हैं :
दिसम्बर 2,000 को माल प्राप्त हुआ 6,000 रु.
22 जनवरी को प्राप्त माल 7,000 रु.
1 जनवरी से 20 जनवरी तक के क्रय होंगे :
  A. 43,000 रु.
  B. 63,000 रु.
  C. 37,000 रु.
  D. 44,000 रु.

**70.** पुस्तकें बन्द करने की तिथि 30 जून, 2000 से 7 जुलाई 2000 को स्टॉक का मूल्य 21,000 रु.
1 जुलाई से 7 जुलाई, 2000 तक के क्रय 1,000 रु.
1 जुलाई से 7 जुलाई तक विक्रय 3,000 रु. पसन्द वापसी की शर्त पर बेचा गया माल 2,100 रु.
10 जुलाई को माल खरीदा 550 रु. सकल लाभ बिक्री पर $33\frac{1}{3}\%$ 30 जून को स्टॉक मूल्य होगा :
  A. 22,000 रु.
  B. 20,000 रु.
  C. 23,400 रु.
  D. 23,950 रु.

## उत्तरमाला

| 1 | 2 | 3 | 4 | 5 | 6 | 7 | 8 | 9 | 10 |
|---|---|---|---|---|---|---|---|---|---|
| A | C | B | B | A | C | D | A | C | B |

| 11 | 12 | 13 | 14 | 15 | 16 | 17 | 18 | 19 | 20 |
|---|---|---|---|---|---|---|---|---|---|
| C | A | B | C | D | B | A | B | A | B |

| 21 | 22 | 23 | 24 | 25 | 26 | 27 | 28 | 29 | 30 |
|---|---|---|---|---|---|---|---|---|---|
| A | A | A | D | A | D | C | A | C | C |

| 31 | 32 | 33 | 34 | 35 | 36 | 37 | 38 | 39 | 40 |
|---|---|---|---|---|---|---|---|---|---|
| C | A | B | C | D | D | C | A | B | A |

| 41 | 42 | 43 | 44 | 45 | 46 | 47 | 48 | 49 | 50 |
|---|---|---|---|---|---|---|---|---|---|
| B | B | B | A | A | A | A | B | C | A |

| 51 | 52 | 53 | 54 | 55 | 56 | 57 | 58 | 59 | 60 |
|---|---|---|---|---|---|---|---|---|---|
| A | C | C | B | A | C | A | B | B | A |

| 61 | 62 | 63 | 64 | 65 | 66 | 67 | 68 | 69 | 70 |
|---|---|---|---|---|---|---|---|---|---|
| D | D | A | D | B | D | C | B | C | C |

# 10. लागत लेखांकन
## (COST ACCOUNTING)

**1.** विनियोगों पर प्राप्त ब्याज के मद हैं :
A. वित्तीय      B. लागत
C. प्रबन्धकीय      D. उपरिव्यय

**2.** 'कारखाना लागत' का आशय है :
A. अप्रत्यक्ष सामग्री + अप्रत्यक्ष श्रम + अप्रत्यक्ष व्यय
B. प्रत्यक्ष सामग्री + प्रत्यक्ष श्रम + प्रत्यक्ष व्यय
C. मूल लागत + कारखाना उपरिव्यय
D. कारखाना उपरिव्यय

**3.** ''उत्पादन लागत'' का आशय है :
A. कारखाना लागत + कार्यालय उपरिव्यय
B. मूल लागत + कार्यालय उपरिव्यय
C. कारखाना उपरिव्यय + कार्यालय उपरिव्यय
D. अप्रत्यक्ष सामग्री + श्रम + व्यय

**4.** नक्शा विभाग के व्यय (Drawing Office Expenses) उदाहरण है :
A. कार्यालय उपरिव्यय
B. कारखाना के अप्रत्यक्ष व्यय
C. विक्रय उपरिव्यय
D. प्रत्यक्ष व्यय

**5.** निम्नलिखित में सकल लाभ का सूत्र है :
A. विक्रय – मूल लागत
B. विक्रय – कुल लागत
C. विक्रय – बिक्री की लागत
D. विक्रय – मूल एवं कारखाना उपरिव्यय

**6.** चालू कार्य का मूल्यांकन की सर्वसम्मत अवधारणा है :
A. मूल लागत + प्रारम्भिक चालू कार्य – अन्तिम चालू कार्य
B. मूल लागत + कारखाना उपरिव्यय + प्रारम्भिक चालू कार्य – अन्तिम चालू कार्य
C. उत्पादन लागत + प्रारम्भिक चालू कार्य – अन्तिम चालू कार्य
D. उपर्युक्त में से कोई नहीं

**7.** लागत पत्र बनाया जाता है :
A. कुल लागत एवं प्रति इकाई लागत ज्ञात करने के लिए
B. निविदा मूल्य ज्ञात करने के लिए
C. उत्पादन लागत एवं बिक्री लागत ज्ञात करने के लिए
D. सकल एवं शुद्ध लाभ ज्ञात करने के लिए

**8.** दिया गया है : प्रारम्भिक कच्ची सामग्री 30,000 रु., अन्तिम कच्ची सामग्री 4,000 रु., कच्ची सामग्री का क्रय 52,000 रु., प्राथमिक पैकिंग सामग्री 1,500 रु., तेल ग्रीस 500 रु., प्रत्यक्ष श्रम 2,000 रु., प्रयुक्त कच्ची सामग्री ज्ञात कीजिए:
A. 78,000 रु.      B. 79,500 रु.
C. 78,500 रु.      D. 80,500 रु.

**9.** उत्पादन लागत 50,260 रु., निर्मित माल का प्रारम्भिक स्टॉक 15,600 रु., अन्तिम स्टॉक 14,500 रु., विक्रय 72,500, रु. विक्रय एवं वितरण उपरिव्यय 4,600 रु., हो, तो सकल लाभ होगा :
A. 22,240 रु.      B. 17,040 रु.
C. 20,140 रु.      D. 21,140 रु.

**10.** विक्रय एवं वितरण उपरिव्यय क्या होंगे ?
बाजार शोध व्यय 500 रु., सुपुर्दगी वाहनों के व्यय 1,000 रु., कानूनी व्यय 900 रु., नक्शा विभाग के व्यय 2,000 रु., मुफ्त नमूनों की लागत 350 रु., गोदाम मजदूरी 240 रु. ।
A. 4,990 रु.      B. 4,090 रु.
C. 2,090 रु.      D. 2,440 रु.

**11.** निम्नलिखित सूचनाओं से कारखाना उपरिव्यय छांटिए :
उत्पादन मजदूरी 15,000 रु.,अनुत्पादक मजदूरी 2,000 रु., सामग्री की हानि 250 रु., संस्थापन व्यय 7,000 रु., परीक्षण व्यय 1,500 रु., बैंक शुल्क 700 रु., दान 250 रु., आयकर 1,200 रु. ।
A. 10,750 रु.      B. 18,750 रु.
C. 5,200 रु.      D. 3,750 रु.

**12.** प्रयुक्त सामग्री ज्ञात कीजिए :
कच्ची सामग्री : प्रारम्भिक स्टॉक 20,000 रु., अन्तिम

स्टॉक 25,000 रु., क्रय 70,000 रु., आवक गाड़ी भाड़ा 1,200 रु., चुंगी 500 रु., आग से सामग्री की हानि 500 रु., दूषित सामग्री लौटाई 2,200 रु., सामग्री क्रय हेतु उधार राशि का ब्याज 2,000 रु. :

    A.  64,000 रु.        B.  89,000 रु.

    C.  66,000 रु.        D.  91,000 रु.

**13.** निम्नलिखित में प्रत्यक्ष व्यय ज्ञात कीजिए :

शक्ति एवं ईंधन 200 रु., प्लान्ट मशीन का किराया 400 रु., विशिष्ट कार्य की डिजाइन 150 रु., शिल्पकार की फीस 500 रु., कार्य विशेष के यात्रा व्यय 1,500 रु., फैक्टरी का किराया 2,000 रु. :

    A.  2,550 रु.        B.  4,150 रु.

    C.  2,750 रु.        D.  2,150 रु.

**14.** निम्नलिखित में अप्रत्यक्ष सामग्री है :

    A.  फर्नीचर उद्योग में लकड़ी

    B.  पुस्तक प्रकाशन में कागज

    C.  कीलें एवं लेही

    D.  भवन निर्माण में पत्थर

**15.** प्रत्यक्ष श्रम का आशय है :

    A.  केन्द्र या इकाई पर आवंटित किया गया श्रम

    B.  सम्पूर्ण उत्पादन की श्रम लागत

    C.  अनुभाजन योग्य श्रम

    D.  उपर्युक्त में से कोई नहीं

**16.** निम्नलिखित में अप्रत्यक्ष श्रम लागत का अंग है :

    A.  मेज बनाने वाले बढ़ई की मजदूरी

    B.  मशीन पर कार्यरत श्रमिक

    C.  मशीनों के फोरमेन या सुपरवाइजर की मजदूरी

    D.  उपकार्य पर आवंटित श्रम लागत

**17.** निम्नलिखित में प्रत्यक्ष व्यय है :

    A.  चौकीदार का वेतन

    B.  फोरमेन का वेतन

    C.  विशेष उपकार्य की डिजाइन

    D.  कारखाने के प्लान्ट का किराया

**18.** निम्नलिखित में अप्रत्यक्ष व्यय का उदाहरण है :

    A.  सांचा बनाने के व्यय

    B.  उपठे की लागत

    C.  एक नक्शे से बने एक मकान के सम्बन्ध में नक्शे के व्यय

    D.  नक्शा बनाने के व्यय जिस पर एक से अधिक मकान बनाए गए

**19.** अप्रत्यक्ष लागत का आशय है :

    A.  सामग्री + श्रम + व्यय

    B.  मूल लागत + कारखाना उपरिव्यय

    C.  अप्रत्यक्ष सामग्री + अप्रत्यक्ष श्रम + अप्रत्यक्ष व्यय

    D.  मूल लागत + उपरिव्यय

**20.** ''कार्यहीन समय की लागत'' वर्गीकृत की जाएगी :

    A.  कारखाना उपरिव्यय    B.  कार्यालय उपरिव्यय

    C.  विक्रय उपरिव्यय      D.  अप्रत्यक्ष व्यय

**21.** ''श्रम कल्याण व्यय'' सम्मिलित किए जाते हैं :

    A.  प्रशासनिक उपरिव्ययों में

    B.  कारखाना उपरिव्ययों में

    C.  विक्रय उपरिव्ययों में

    D.  मूल लागत में

**22.** 'टैण्डर बनाने के व्यय' उदाहरण हैं :

    A.  कार्यालय उपरिव्ययों का

    B.  कारखाना उपरिव्ययों का

    C.  विक्रय उपरिव्ययों का

    D.  वितरण उपरिव्ययों का

**23.** ''मार्ग में माल की क्षति'' एक उपरिव्यय है :

    A.  विक्रय          B.  कारखाना

    C.  कार्यालय       D.  वितरण

**24.** ''मूल्य पत्र और नमूनों की लागत'' एक व्यय सम्मिलित किया जाता है:

    A.  विक्रय उपरिव्ययों में

    B.  वितरण उपरिव्ययों में

    C.  कार्यालय उपरिव्ययों में

    D.  असामान्य व्यय

**25.** लागत लेखों में सम्मिलित न होने वाली मद है :

    A.  अनुसन्धान व्यय    B.  स्टोर की हानि

    C.  कर्मचारी बोनस     D.  शोरुम के व्यय

**26.** निम्नलिखित में लागत लेखों में सम्मिलित होने वाली मद है :

    A.  संचयों में हस्तान्तरण

    B.  असामान्य दूषित उत्पादन

    C.  हस्तान्तरण शुल्क

    D.  बैंक व अंकेक्षण के व्यय

**27.** अलग-अलग वस्तुओं का निर्माण करके उनका संयोजन करके लागत लेखांकन विधि है :

    A.  समूह लागत विधि

B. बहुसंख्यक लागत लेखांकन विधि
C. लागत योग विधि
D. प्रक्रिया लागत विधि

**28.** लक्ष्य लागत विधि में लागतें :
A. कार्य होने के बाद निर्धारित की जाती है
B. कार्य के दौरान निर्धारित की जाती है
C. कार्य प्रारम्भ से पूर्व ही निर्धारित की जाती है
D. विचारणीय नहीं होती है

**29.** टाईपराइटर उद्योग हेतु लागत लेखांकन की उचित विधि है :
A. प्रक्रिया लागत लेखांकन
B. बहुसंख्यक लागत लेखांकन
C. लागत योग विधि
D. उपकार्य लागत

**30.** लागत योग विधि में लागत निर्धारित की जाती है :
A. कार्य पूर्ण होने के बाद वास्तविक व्यय
B. कार्य पूर्ण होने से पहले अनुमानित लागत व लाभ
C. कार्य पूर्ण होने के बाद वास्तविक व्यय एवं निश्चित लाभ
D. कार्य के बीच में लागतों का अनुमान एवं लाभ

**31.** लागत लेखांकन की सहायता से :
A. लाभ-हानि खाता बनाने में आसानी रहती है
B. लाभांश घोषणा संभव होती है
C. निविदा मूल्य निर्धारित किया जाता है
D. पूंजी लागत पर नियन्त्रण रहता है

**32.** अवशोषण लागत का आशय है :
A. परिवर्तनशील लागत
B. प्रत्यक्ष व्यय
C. स्थायी लागत
D. परिवर्तनशील एवं स्थिर व्यय

**33.** एक रूप लागत लेखांकन का आशय है :
A. संस्था के प्रारम्भ से अन्त तक एक लागत विधि
B. विभिन्न संस्थाओं द्वारा लागत विधि एवं सिद्धांत अपनाना
C. उपकार्य में केवल एक लागत प्रभारित करना
D. उपर्युक्त में से कोई नहीं

**34.** प्रत्यक्ष लागत लेखांकन में लागतें सम्मिलित की जाती हैं:
A. परिवर्तनशील
B. मूल लागत

C. प्रत्यक्ष लागतें एवं परिस्थितिजन्य स्थिर लागत
D. सामान्य लागतें

**35.** सीमान्त लागत का आशय है :
A. एक सीमा के अन्त की लागत
B. उत्पादन के वर्तमान स्तर में एक इकाई का परिवर्तन करने पर कुल लागत में हुई वृद्धि या कमी
C. उत्पादन वृद्धि से लागत में परिवर्तन
D. परिवर्तनशील एवं अपरिवर्तनशील व्यय

**36.** परिवर्तनशील लागतें कहलाती हैं :
A. सीमान्त लागत        B. प्रमाप लागत
C. समाप्त लागत         D. सामान्य लागत

**37.** सीमान्त लागत लेखांकन है :
A. लागत लेखांकन प्रणाली
B. निर्णयन तकनीक
C. लागत निर्धारण विधि
D. लागत न्यूनतम करने की विधि

**38.** लागत के तत्व हैं :
A. केवल सामग्री        B. केवल श्रम
C. सामग्री एवं श्रम      D. सामग्री, श्रम एवं व्यय

**39.** निम्नलिखित में प्रत्यक्ष सामग्री है :
A. कीलें               B. धागा
C. लेही               D. लकड़ी

**40.** प्रत्यक्ष सामग्री का आशय है :
A. सम्पूर्ण इकाइयों से सम्बन्धित सामग्री
B. निश्चित लागत केन्द्र या इकाई से सम्बन्धित सामग्री
C. स्टोर में रखी सामग्री
D. निर्माण में प्रयुक्त समस्त इकाइयां

**41.** 'दवाई उद्योग में लागत लेखांकन' की उचित विधि है :
A. समूह लागत विधि     B. बहुसंख्यक लागत विधि
C. उपकार्य लागत विधि   D. लक्ष्य लागत विधि

**42.** परिचालन लागत लेखांकन उपयोगी है :
A. जहां उत्पादन प्रक्रिया में गुजरता है
B. संस्थाएं जो सेवाएं प्रदान करने का कार्य करती हों
C. उत्पादन कार्य समूहों में विभाजित हो
D. कार्य छोटा हो एवं पूर्ण हो

**43.** तेल उद्योग में लागत लेखांकन की निम्नलिखित विधि का प्रयोग होगा :
A. प्रक्रिया लागत       B. ठेका लागत
C. लागत–लाभ विधि     D. समूह लागत विधि

**44.** जहां कार्य ग्राहक के आदेश पर कारखाने या घर में किया जाए तथा उत्पादन पूर्व निर्मित इकाइयों में मापनीय हो, लागत लेखांकन की उपर्युक्त विधि है :
 A. प्रक्रिया लागत
 B. उपकार्य लागत
 C. ठेका लागत
 D. सीमान्त लागत

**45.** पेंटिंग कार्य या उद्योग हेतु उपर्युक्त लागत लेखांकन विधि है :
 A. उपकार्य लागत
 B. ठेका लागत
 C. समूह लागत
 D. लक्ष्य लागत

**46.** 'ईंट का भट्टा' उद्योग में विधि का प्रयोग होगा :
 A. ठेका लागत
 B. प्रक्रिया लागत
 C. इकाई लागत
 D. उपकार्य लागत

**47.** निम्नलिखित में लागत निर्धारण विधि है :
 A. अवशोषण लागत विधि
 B. समूह लागत निर्धारण विधि
 C. सीमान्त लागत लेखांकन
 D. प्रमाप लागत लेखांकन

**48.** लागत निर्धारण विधियों का उद्देश्य है :
 A. अनुमानित लागत ज्ञात करना
 B. लागत नियन्त्रण करना
 C. प्रति इकाई लागत ज्ञात करना
 D. भावी अनुमान लगाना

**49.** प्रमाप लागत का आशय है :
 A. वास्तविक लागत
 B. अनुमानित लागत
 C. वैज्ञानिक आधार पर पूर्व निर्धारित लागत
 D. अनुमानों पर पूर्व निर्धारित लागत

**50.** ऐतिहासिक लागत लेखांकन विधि में :
 A. वास्तविक व्यय होने के बाद लागत निर्धारित की जाती है
 B. वास्तविक व्यय होने से पहले लागत ज्ञात की जाती है
 C. अनुमानित लागत ज्ञात की जाती है
 D. विचरण ज्ञात किए जाते हैं

**51.** लागत लेखांकन प्रणाली का उद्देश्य होता है :
 A. लागत निर्धारण
 B. लागत नियन्त्रण एवं न्यूनतम स्तर पर रखना
 C. लागतों का लेखा करना
 D. भावी अनुमान

**52.** ऐतिहासिक लागत लेखांकन है :
 A. एक प्रणाली
 B. एक विधि
 C. एक प्रविधि
 D. एक तकनीक

**53.** लागत लेखांकन का उद्देश्य नहीं है :
 A. भावी नीति निर्धारण
 B. प्रबन्धकों को निर्णयन में सहयोग
 C. निश्चित तिथि पर आर्थिक स्थिति ज्ञात करना
 D. उत्पादन एवं विक्रय निर्णय लेना

**54.** निम्नलिखित में लागत नियन्त्रण तकनीक है :
 A. प्रक्रिया लागत लेखांकन
 B. प्रमाप लागत लेखांकन
 C. परिचालन लागत लेखांकन
 D. परिशोध लागत लेखांकन

**55.** बजटरी नियन्त्रण है :
 A. लागत निर्धारण विधि
 B. लागत लेखांकन विधि
 C. लागत नियन्त्रण तकनीक
 D. लागत न्यूनकरण प्रविधि

**56.** लागत लेखाशास्त्र एक विज्ञान है क्योंकि :
 A. इसके निश्चित सिद्धांत हैं
 B. लेखापाल इसके सिद्धांतों का उपयोग करता है
 C. इसमें लागत सम्बन्धी व्यवस्थित प्रयास किए जाते हैं
 D. यह व्यवस्थित ज्ञान का अंग है एवं सिद्धांत पर आधारित है

**57.** लागत लेखांकन एवं वित्तीय लेखांकन विधियों की प्रमुख समानता है :
 A. समान आधार प्रमाणक एवं दोहरा लेखा प्रणाली पर आधारित
 B. स्टॉक एवं ह्रास लेखांकन में समानता
 C. लाभ-हानि ज्ञात करने में
 D. विक्रय मूल्य निर्धारण में

**58.** लागत लेखांकन वित्तीय लेखांकन से भिन्न है क्योंकि :
 A. लागत लेखांकन अनुमानित लाभ प्रकट करता है, वित्तीय लेखांकन शुद्ध लाभ
 B. लागत लेखांकन पृथक्-पृथक् लागत प्रकट करता है वित्तीय लेखांकन कुल सामूहिक लागत
 C. लागत लेखांकन का क्षेत्र व्यापक है
 D. वित्तीय लेखांकन सामान्य सूचनाएं देता है जब कि लागत लेखांकन नियोजन एवं निर्णयन हेतु सूचनाएं प्रदान करता है

**59.** निम्नलिखित में सत्य है :

   A. लागत लेखांकन उत्पादन, निर्माण, क्रय-विक्रय सभी गतिविधियों में उपयोगी है

   B. वित्तीय लेखांकन में पूर्वानुमान लगाए जाते हैं

   C. लागत लेखों में समस्त मौद्रिक-अमौद्रिक लेन देनों को लिखा जाता है

   D. ह्रास लागत एवं स्टॉक मूल्यांकन हेतु दोनों विधियों में भिन्न-भिन्न प्रक्रिया है

**60.** निम्नलिखित में लागत लेखों में लिखी जाने वाली मद है:

   A. ह्रास        B. प्रारम्भिक व्यय

   C. दान          D. छूट

**61.** निम्नलिखित में कौन-सी मद लागत लेखों में नहीं लिखी जाएगी ?

   A. विक्रय व्यय       B. जनरल मैनेजर का वेतन

   C. श्रम कल्याण व्यय    D. सम्पत्ति विक्रय पर हानि

**62.** लागत लेखांकन का प्रमुख लाभ है :

   A. यह आर्थिक स्थिति का विवेचन करता है

   B. सामग्री का कुशल उपयोग एवं श्रम पर नियन्त्रण

   C. सभी व्यावसायिक गतिविधियों में अनिवार्य है

   D. तुलनात्मक अध्ययन सम्भव नहीं है

**63.** लागत लेखांकन का उद्देश्य है :

   A. लागत निर्धारण     B. लागत नियन्त्रण

   C. विक्रय मूल्य निर्धारण   D. उपर्युक्त सभी

**64.** **I वाक्य :** लागत लेखांकन विधि वित्तीय लेखांकन से श्रेष्ठ है क्योंकि यह प्रबन्ध को निर्णयन में सहयोग देती है

   **II वाक्य :** दोनों एक-दूसरे से भिन्न हैं पूरक नहीं

   A. प्रथम वाक्य सही है, द्वितीय वाक्य सार गर्भित है

   B. प्रथम वाक्य आंशिक सत्य है, द्वितीय गलत

   C. दोनों सही है

   D. दोनों गलत है

**65.** इन्स्टीट्यूट ऑफ कॉस्ट एण्ड वर्क्स एकाउण्टेण्ट्स का पंजीयन हुआ :

   A. सन् 1943       B. सन् 1944

   C. सन् 1945       D. सन् 1940

**66.** कॉस्ट एण्ड वर्क्स एकाउण्टेण्ट्स अधिनियम लागू हुआ :

   A. सन् 1944       B. सन् 1965

   C. सन् 1959       D. सन् 1960

**67.** लागत का आशय है :

   A. उत्पादन की सामग्री का मूल्य

   B. उत्पादन की श्रम लागत

   C. वस्तु के व्यय

   D. वस्तु सेवा या लाभ प्राप्ति के व्यय

**68.** समाप्त लागतों का आशय है :

   A. उत्पादन या सुविधा प्राप्ति के बाद परिकलित लागतें

   B. लाभ या वस्तु प्राप्ति से पूर्व परिकलित लागतें

   C. सामग्री श्रम, व्यय की सम्पूर्ण राशि

   D. उपर्युक्त में से कोई नहीं

**69.** लागतें जो व्यय होने के बाद किन्तु लाभ प्राप्ति से पूर्व पुस्तकों में लिख दी जाती हैं – कहलाती हैं :

   A. कुल लागत       B. प्रमापित लागत

   C. असमाप्त लागत     D. अनुमानित लागत

**70.** निम्नलिखित में असमाप्त लागत है :

   A. सामग्री खरीदी     B. मजदूरी चुकायी

   C. फर्नीचर खरीदा     D. जनरल मैनेजर का वेतन

**71.** लागत निर्धारण रीति का आशय है :

   A. लागत ज्ञात करने की तकनीक एवं प्रक्रिया

   B. लागतों का लेखा रखने की विधि

   C. सामग्री श्रम के व्यय का रिकॉर्ड

   D. लागत नियन्त्रण तकनीक

**72.** **प्रथम वाक्य :** लागत के लिए लेखा रखने की प्रक्रिया लागत लेखांकन है।

   **द्वितीय वाक्य :** लागत लेखांकन लागत निर्धारण का आधार है और लागतें ज्ञात करने की कार्य प्रणाली है।

   A. प्रथम वाक्य सही है, दूसरा वाक्य का तर्क उचित है

   B. प्रथम वाक्य गलत है, दूसरा सही

   C. प्रथम वाक्य सही है, दूसरा सही व्याख्या नहीं करता है

   D. दोनों गलत है

**73.** लागत लेखाशास्त्र में शामिल है :

   A. लागत लेखांकन एवं निर्धारण

   B. लागत नियन्त्रण एवं बजट कन्ट्रोल

   C. लागत निर्धारण एवं अंकेक्षण

   D. लागत नियन्त्रण एवं लाभप्रदता निर्धारण का विज्ञान– कला एवं व्यवहार

**74.** परिवर्तनशील लागत में वृद्धि का प्रभाव होगा :

   A. अंशदान में वृद्धि

   B. अंशदान में कमी

   C. अंशदान अनुपात में वृद्धि

   D. लाभ वृद्धि

**75.** सुरक्षा सीमा में सुधार सम्भव है :
   A. बिक्री में कमी करके
   B. परिवर्तनशील लागत में वृद्धि द्वारा
   C. स्थायी लागतों में कमी द्वारा
   D. परिवर्तनशील लागतों में स्थिरता द्वारा

**76.** सुरक्षा सीमा में वृद्धि का तरीका है :
   A. बिक्री मूल्य में वृद्धि
   B. स्थायी लागतों में वृद्धि
   C. परिवर्तनशील लागतों में वृद्धि
   D. उपर्युक्त में से कोई नहीं

**77.** मूल घटक का आशय है :
   A. विशेष साधन की उपलब्धि
   B. लाभ की अधिकता
   C. साधनों का उपयोग
   D. साधन विशेष की सीमित उपलब्धि

**78.** विक्रय मूल्य में कमी का प्रभाव होगा :
   A. समविच्छेद बिन्दु का बढ़ना
   B. अंशदान अनुपात कम होना
   C. सुरक्षा सीमा में कमी
   D. उपर्युक्त सभी

**79.** लाभ मात्रा अनुपात में कमी होने पर :
   A. परिवर्तनशील लागतों को बढ़ाना चाहिए
   B. स्थायी व्यय बढ़ाने चाहिए
   C. परिवर्तनशील लागतों में कमी वांछनीय है
   D. समविच्छेद बिन्दु पर ध्यान देना चाहिए

**80.** विक्रय मात्रा में परिवर्तन का प्रभाव पड़ेगा :
   A. अंशदान अनुपात पर
   B. समविच्छेद बिन्दु पर
   C. सुरक्षा सीमा पर
   D. अंशदान पर

**81.** विक्रय मूल्यों में परिवर्तन का प्रभाव पड़ता है :
   A. अंशदान अनुपात पर
   B. लाभ-अलाभ बिन्दु पर
   C. सुरक्षा सीमा पर
   D. उपर्युक्त सभी पर

**82.** स्थायी लागत में कमी या वृद्धि से प्रभावित होता है :
   A. अंशदान अनुपात
   B. अंशदान

   C. लाभ-अलाभ बिन्दु एवं सुरक्षा सीमा
   D. उपर्युक्त सभी

**83.** यदि परिवर्तनशील लागत अनुपात 70 प्रतिशत हो, समविच्छेद बिन्दु 80 प्रतिशत हो, स्थायी लागतें 3,00,000 रु. हो तो समविच्छेद बिक्री क्या होगी ?
   A. 24,000 रु.              B. 10,00,000 रु.
   C. 9,00,000 रु.            D. 4,30,000 रु.

**84.** यदि लाभ मात्रा अनुपात 40% हो तथा परिवर्तनशील लागत 480 रु. हो तो प्रति इकाई विक्रय मूल्य क्या होगा ?
   A. 800 रु.                 B. 1,200 रु.
   C. 700 रु.                 D. 1,100 रु.

**85.** दिया गया है : समविच्छेद बिन्दु 4,000 इकाइयां, स्थायी व्यय 30,000 रु., अंशदान 9 रु. प्रति इकाई, यदि विक्रय मात्रा समविच्छेद मात्रा से 10% अधिक हो तो लाभ होगा:
   A. 39,600 रु.             B. 6,000 रु.
   C. 9,600 रु.              D. 38,000 रु.

**86.** यदि कम्पनी 6,000 रु. लाभ अर्जित करना चाहे तो नीचे दिए गए प्रश्न (14) की सूचनाओं से कितनी इकाइयों का विक्रय करना चाहिए ?
   A. 3,000 इकाइयां          B. 4,000 इकाइयां
   C. 6,000 इकाइयां          D. 4,500 इकाइयां

**87.** दिया गया है : विक्रय मूल्य 10 रु. प्रति इकाई, परिवर्तनशील व्यय 6 रु. प्रति इकाई, स्थायी उपरिव्यय 500 रु. प्रतिमाह, विक्रय मूल्य में 10 रु. कमी करने पर, लाभ मात्रा अनुपात क्या होगा ?
   A. 33.33%                 B. 40%
   C. 35%                    D. 30%

**88.** यदि लाभ 50,000 रु. तथा अंशदान अनुपात 25% हो तो सुरक्षा सीमा क्या होगी ?
   A. 2,00,000 रु.           B. 1,25,000 रु.
   C. 12,500 रु.            D. 1,50,000 रु.

**89.** दिया गया है :

| Year | Sales | Profit/Loss |
|---|---|---|
| 1999 | 1,50,000 रु. | 20,000 (Loss) |
| 2000 | 3,50,000 रु. | 60,000 (Profit) |

अंशदान अनुपात ज्ञात कीजिए :
   A. 25%                    B. 50%
   C. 40%                    D. –20%

**90.** समविच्छेद चार्ट पर विक्रय रेखा कुल लागत रेखा को जिस बिन्दु पर काटती है, वह है :
   A. सुरक्षा सीमा बिन्दु    B. समविच्छेद बिन्दु
   C. लाभ मात्रा अनुपात    D. स्थायी-व्यय बिन्दु

**91.** कुल लागत एवं विक्रय रेखा के सन्धि स्थल पर बना कोण कहलाता है :
   A. प्रभाव कोण    B. समकोण
   C. सुरक्षा कोण    D. समविच्छेद कोण

**92.** चौड़ा प्रभाव कोण प्रकट करता है :
   A. ऊंची लाभ-दर    B. नीची लाभ दर
   C. व्यय अधिक    D. स्थायी लागतें अत्यधिक

**93.** समविच्छेद बिन्दु रेखाचित्र के दाहिनी ओर स्थित हो तो प्रतीक है :
   A. उच्च समविच्छेद बिन्दु
   B. सीमा सुरक्षा एवं लाभ कम
   C. सीमा सुरक्षा एवं लाभ की अधिकता
   D. अंशदान की अधिकता

**94.** समविच्छेद बिन्दु यदि बायीं ओर स्थित हो तो प्रकट करेगा :
   A. व्यवसाय की प्रगति में अवरोध
   B. सुरक्षा सीमा व लाभों में कमी
   C. भावी लाभों की सम्भावना
   D. सुदृढ़ आर्थिक स्थिति

**95.** दिया गया है : विक्रय मूल्य 400 रु. प्रति इकाई, सीमान्त लागत 280 रु. प्रति इकाई स्थिर लागत 9,000 रु., लाभ मात्रा अनुपात होगा :
   A. 30%    B. 40%
   C. 25%    D. 35%

**96.** सीमान्त लागत लेखांकन प्रविधि पर आक्षेप है :
   A. यह केवल निर्णयन तकनीक है
   B. लागत, प्रति इकाई लागत ज्ञात नहीं कराती
   C. प्रबन्धकों के लिए मार्ग दर्शक है
   D. स्थायी व्ययों का प्रयोग न करने के कारण भ्रामक निष्कर्ष

**97.** दिया गया है : विक्रय मूल्य 400 रु. प्रति इकाई, सीमान्त लागत 280 रु. प्रति इकाई, स्थिर लागत 9,000 रु., लाभ मात्रा अनुपात होगा :
   A. 30%    B. 40%
   C. 25%    D. 35%

**98.** निम्नलिखित में सुरक्षा सीमा का सूत्र होगा :
   A. Sales – Fixed Cost
   B. $\dfrac{\text{Fixed Cost}}{\text{Sales}} \times 100$
   C. $\dfrac{\text{Profit}}{\text{P / V Ratio}}$
   D. 1 – P/V Ratio

**99.** सुरक्षा सीमा का आशय है :
   A. विक्रय का समविच्छेद बिन्दु पर आधिक्य
   B. विक्रय का स्थायी व्ययों पर आधिक्य
   C. समविच्छेद बिन्दु का विक्रय पर आधिक्य
   D. समविच्छेद बिन्दु का परिवर्तनशील व्ययों पर आधिक्य

**100.** समविच्छेद बिन्दु में परिवर्तन होगा :
   A. विक्रय मूल्य में परिवर्तन होने पर
   B. स्थायी व्ययों में परिवर्तन होने पर
   C. परिवर्तनशील व्ययों में परिवर्तन होने पर
   D. उपर्युक्त सभी

**101.** समविच्छेद बिन्दु का सूत्र है :
   A. $\dfrac{\text{Contribution}}{\text{P / V Ratio}}$
   B. $\dfrac{\text{P / V Ratio}}{\text{Fixed Cost}}$
   C. $\dfrac{\text{Fixed Cost}}{\text{P / V Ratio}}$
   D. $\dfrac{\text{F + P}}{\text{P / V Ratio}}$

**102.** समविच्छेद बिन्दु पर विक्रय के सम्बन्ध में सत्य है :
   A. समविच्छेद बिन्दु से अधिक विक्रय करने पर संस्था को लाभ होता है
   B. समविच्छेद बिन्दु से अधिक विक्रय पर हानि होती है
   C. समविच्छेद बिन्दु विक्रय का अन्तिम बिन्दु है
   D. इस बिन्दु पर विक्रय करने की स्थिति में लागतों में कमी होती है

**103.** समविच्छेद बिन्दु का आशय है :
   A. अधिकतम लाभ बिन्दु
   B. न्यूनतम लाभ बिन्दु
   C. न लाभ न हानि बिन्दु
   D. न्यूनतम हानि बिन्दु

**104.** दिया गया है : Sales 2,50,000 रु., Variable Cost 2,00,000 रु., Fixed Cost 3,00,000 रु., अंशदान होगा:

A. 50,000 रु.   B. 2,20,000 रु.
C. 1,70,000 रु.   D. 2,30,000 रु.

**105.** अंशदान अनुपात उपयोगी है :

A. व्यवसाय के विकास में
B. लाभ वृद्धि में
C. लाभकारिता के मापन में
D. लागतें कम करने में

**106.** अंश अनुपात का सूत्र है :

A. $\dfrac{S - V}{S} \times 100$   B. $\dfrac{BEP}{S} \times 100$

C. $\dfrac{Profit}{P/V\ Ratio}$   D. $\dfrac{F \times DB}{Sales} \times 100$

**107.** अंशदान अनुपात का आशय है :

A. विक्रय का अंशदान से अनुपात
B. अंशदान का विक्रय से अनुपात
C. परिवर्तनशील लागतों का विक्रय से अनुपात
D. स्थायी व्ययों एवं परिवर्तन लागतों का विक्रय से अनुपात

**108.** निम्नलिखित में अंशदान ज्ञात करने का सूत्र है :

A. Fixed Cost + Profit
B. Sales + Fixed Cost
C. Sales + Profit
D. Variable Cost + Fixed Cost

**109.** अंशदान की राशि बराबर होती है :

A. लाभों के
B. स्थायी व्ययों के
C. उपरिव्ययों के
D. स्थायी लागतों एवं लाभों के

**110.** सीमान्त लागत का आशय है :

A. कुल लागत में परिवर्तन ÷ कुल मात्रा में परिवर्तन
B. स्थायी व्यय
C. परिवर्तनशील व्यय + स्थायी व्यय
D. कुल मात्रा में परिवर्तन ÷ कुल लागत में परिवर्तन

**111.** सीमान्त लागत में सम्मिलित होती है :

A. अवधि लागतें
B. परिवर्तनशील व्यय
C. अवशोषण लागत
D. परिवर्तन + अर्द्धपरिवर्तनशील व्यय

**112.** सीमान्त लागत है :

A. नियन्त्रण तकनीक   B. न्यूनतम तकनीक
C. निर्णयन तकनीक   D. नियोजन तकनीक

**113.** अंशदान का आशय है :

A. विक्रय – परिवर्तनशील लागत
B. विक्रय – कुल लागत
C. परिवर्तनशील लागत + स्थायी लागत
D. विक्रय – स्थायी लागत

**114.** सीमान्त एवं अवशोषण लागत में मुख्य अंतर है :

A. सीमान्त लागत अवशोषण लागत से कम होती है
B. सीमान्त लागत का आशय कुल लागत से है, जबकि अवशोषण लागत का आशय परिवर्तनशील लागत से है
C. सीमान्त लागत परिवर्तनशील लागत है जबकि अवशोषण लागत में परिवर्तनशील एवं स्थायी दोनों व्यय शामिल किए जाते हैं
D. उपर्युक्त में से कोई नहीं

### उत्तरमाला

| 1 | 2 | 3 | 4 | 5 | 6 | 7 | 8 | 9 | 10 |
|---|---|---|---|---|---|---|---|---|----|
| A | C | A | B | C | B | A | B | D | C |
| **11** | **12** | **13** | **14** | **15** | **16** | **17** | **18** | **19** | **20** |
| D | A | D | C | A | C | C | D | C | A |
| **21** | **22** | **23** | **24** | **25** | **26** | **27** | **28** | **29** | **30** |
| B | C | D | A | C | D | B | C | B | C |
| **31** | **32** | **33** | **34** | **35** | **36** | **37** | **38** | **39** | **40** |
| C | D | B | C | B | A | B | D | D | B |

| 41 | 42 | 43 | 44 | 45 | 46 | 47 | 48 | 49 | 50 |
|----|----|----|----|----|----|----|----|----|-----|
| A | B | A | B | A | C | B | C | C | A |
| 51 | 52 | 53 | 54 | 55 | 56 | 57 | 58 | 59 | 60 |
| B | A | C | B | C | D | A | D | D | A |
| 61 | 62 | 63 | 64 | 65 | 66 | 67 | 68 | 69 | 70 |
| D | B | D | B | B | C | D | A | C | C |
| 71 | 72 | 73 | 74 | 75 | 76 | 77 | 78 | 79 | 80 |
| A | A | D | B | C | A | D | D | C | D |
| 81 | 82 | 83 | 84 | 85 | 86 | 87 | 88 | 89 | 90 |
| D | C | B | A | C | B | A | A | C | B |
| 91 | 92 | 93 | 94 | 95 | 96 | 97 | 98 | 99 | 100 |
| A | A | B | C | A | D | A | C | A | D |
| 101 | 102 | 103 | 104 | 105 | 106 | 107 | 108 | 109 | 110 |
| C | A | C | A | C | A | B | A | D | A |
| 111 | 112 | 113 | 114 | | | | | | |
| B | C | A | D | | | | | | |

———

# 11. अंकेक्षण
# (AUDITING)

**1.** अंकेक्षण तब शुरू होता है जब ........... खत्म होता है :
A. विक्रय
B. लेखांकन
C. व्यवसाय
D. स्कन्ध मूल्यांकन

**2.** वर्तमान में अंकेक्षण का मुख्य उद्देश्य है :
A. त्रुटियों एवं छलकपटों का पता लगाना
B. वित्तीय विवरणों का मूल्यांकन
C. गणितीय शुद्धता की जांच करना
D. उक्त में से कोई नहीं

**3.** ''अंकेक्षक एक बीमाकर्त्ता नहीं है और उससे केवल यह अपेक्षा की जाती है कि वह कार्य में उचित सावधानी एवं कुशलता का उपयोग करें।'' यह निर्णय निम्न में से किस वाद में दिया गया है ?
A. ऐलेन, क्रेग एण्ड कम्पनी
B. किंग्सटन कॉटन मिल्स कम्पनी
C. लन्दन एण्ड जनरल बैंक
D. वेस्टमिन्सटर रोड कन्स्ट्रक्शन एण्ड इंजीनियरिंग कं. लिमिटेड

**4.** निम्न में से कौन-सा कथन सत्य है ?
A. अंकेक्षण सभी व्यावसायिक संस्थानों के लिए आवश्यक है
B. अंकेक्षण खातों की पूर्ण सत्यता के प्रति आश्वस्त करता है
C. अंकेक्षण खातों की सत्यता की गारण्टी देता है
D. अंकेक्षण खातों की सत्यता की गारण्टी नहीं देता है

**5.** जब कोई लेखा प्रारम्भिक लेखे की पुस्तकों में पूर्ण या आंशिक रूप से नहीं लिखा जाता है तो ऐसी अशुद्धि कहलाती है :
A. भूल की
B. सैद्धान्तिक
C. क्षतिपूरक
D. लेखे की

**6.** लेखा विधि के आधारभूत सिद्धांतों की अवहेलना से उत्पन्न अशुद्धियां कहलाती हैं :
A. भूल की अशुद्धियां
B. सैद्धान्तिक अशुद्धियां
C. क्षतिपूरक अशुद्धियां
D. लेखे की अशुद्धियां

**7.** दो या अधिक अशुद्धियां एक-दूसरे को तलपट पर प्रकट होने से छिपा देती हैं, ऐसी अशुद्धियां कहलाती हैं :
A. भूल की अशुद्धियां
B. सैद्धान्तिक अशुद्धियां
C. क्षतिपूरक अशुद्धियां
D. लेखे की अशुद्धियां

**8.** जब कोई सौदा आंशिक या पूर्ण रूप से गलत लिख दिया जाए, तो ऐसी अशुद्धि कहलाती है :
A. भूल की अशुद्धि
B. सैद्धांतिक अशुद्धि
C. क्षतिपूरक अशुद्धि
D. लेखे की अशुद्धि

**9.** श्याम को 300 रु. का उधार माल बेचा, लेकिन इसे विक्रय पुस्तक में तो लिख दिया गया किन्तु श्याम के खाते में नहीं खताया गया तो यह अशुद्धि होगी :
A. भूल की अशुद्धि
B. सैद्धान्तिक अशुद्धि
C. क्षतिपूरक अशुद्धि
D. लेखे की अशुद्धि

**10.** 4,100 रु. के व्यवहार को पुस्तकों में 1,400 रु. से खताया गया तो यह अशुद्धि होगी :
A. भूल की अशुद्धि
B. सैद्धान्तिक अशुद्धि
C. क्षतिपूरक अशुद्धि
D. लेखे की अशुद्धि

**11.** यदि किसी खाते के नाम पक्ष में 100 रु. की त्रुटि हो जाए और फिर इसी प्रकार की त्रुटि दुबारा 100 रु. से जमा पक्ष में हो जाए तो यह अशुद्धि होगी :
A. भूल की अशुद्धि
B. सैद्धान्तिक अशुद्धि
C. क्षतिपूरक अशुद्धि
D. लेखे की अशुद्धि

**12.** एक अंकेक्षक होता है :
A. चौकसी करने वाला कुत्ता
B. शिकारी कुत्ता
C. क्रोधी कुत्ता
D. लालची

**13.** अंकेक्षक तीसरे पक्ष के प्रति उत्तरदायी है :
A. लापरवाही के लिए
B. कर्त्तव्य भंग के लिए
C. कपट के लिए
D. मिथ्या कथन के लिए

**14.** ''अंकेक्षक एक रखवाली करने वाले कुत्ते के समान है, शिकारी कुत्ते के समान नहीं'', इस वाक्यांश का सम्बन्ध है :

A. किंगसटन कॉटन मिल केस से
B. लन्दन एण्ड जनरल बैंक केस से
C. आरमीटेज बनाम ब्रिवर एण्ड नाट केस से
D. लन्दन ऑयल स्टोरेज कम्पनी बनाम सीयर हैजलक एण्ड कम्पनी केस से

**15.** कम्पनी अंकेक्षक का कर्त्तव्य है कि वह अपना प्रतिवेदन दे :
A. कम्पनी के संचालकों को
B. केन्द्रीय सरकार को
C. कम्पनी के सदस्यों को
D. ऋणपत्र धारियों को

**16.** अंकेक्षण का प्रमुख उद्देश्य है :
A. गलतियां और गबन को रोकना
B. गलतियों और गबन को पकड़ना
C. अन्तिम खातों पर अंकेक्षण द्वारा राय प्रकट करना
D. अंकेक्षण द्वारा प्रबन्धकों को सलाह देना

**17.** कम्पनी अधिनियम 1956 की धारा– 209(1) (द) व धारा–233 के अन्तर्गत किस प्रकार के अंकेक्षण का वर्णन है ?
A. सरकारी अंकेक्षण     B. सामाजिक अंकेक्षण
C. प्रबन्ध अंकेक्षण     D. लागत अंकेक्षण

**18.** चार्टर्ड एकाउण्टेण्ट्स एक्ट पारित हुआ था :
A. 1949 में     B. 1859 में
C. 1960 में     D. 1965 में

**19.** विश्व में अंकेक्षण को कब कम्पनी विधान के तहत मान्यता प्रदान की गयी ?
A. 1843 में     B. 1844 में
C. 1845 में     D. 1846 में

**20.** अंकेक्षण को सर्वप्रथम किस देश ने कम्पनी विधान के तहत मान्यता प्रदान की ?
A. अमेरिका     B. रूस
C. भारत     D. इंग्लैंड

**21.** ''अंकेक्षण का सम्बन्ध बही खातों के विवरणों एवं रिपोर्ट की सत्यता एवं विश्वसनीयता मालूम करने हेतु बही-खातों के आंकड़ों के सत्यापन से है।'' यह कथन किस विद्वान का है ?
A. आर.के. मौझ     B. आर.जी. विलियम्स
C. ए.डब्ल्यू. हैन्सन     D. जे.आर. बॉटलीबॉय

**22.** ''सम्पूर्ण लेखों की ऐसी जांच को अंकेक्षण कहते हैं जिससे कि उन पर तथा उनके द्वारा बनाए हुए विवरणों पर विश्वास किया जा सके'', यह कथन किसका है ?
A. आर.जी. विलियम्स     B. ए.डब्ल्यू. हैन्सन
C. डब्ल्यू.डब्ल्यू. विग     D. जे.आर. बॉटली बॉय

**23.** ''अंकेक्षण को उपक्रम के आंकड़ों, अभिलेखों, क्रियाओं और निष्पादनों के स्वतन्त्र प्रणाली व परीक्षण की जांच के रूप में परिभाषित किया जाता है।'' यह परिभाषा दी है :
A. डिक्सी ने     B. बॉटली बॉय ने
C. ICAI ने     D. ए.डब्ल्यू. हैन्सन ने

**24.** अंकेक्षण का मुख्य दोष है :
A. अंकेक्षण शत-प्रतिशत शुद्धता की गारण्टी नहीं है
B. अंकेक्षण द्वारा सभी गबन आवश्यक रूप से प्रकट हों, यह जरूरी नहीं है
C. अंकेक्षण व्यवहारों के व्यापारिक औचित्य को प्रमाणित नहीं करता है
D. अंकेक्षण को व्यावहारिक स्वतन्त्रता की कमी होती है

**25.** किसी ग्राहक से प्राप्त धन राशि को गायब करके, दूसरे ग्राहक से प्राप्त राशि को पहले ग्राहक के खाते में जमा कर दिया जाता है तथा यह क्रम निरन्तर चलता रहता है, तो इसे कहते है :
A. त्रुटि
B. अशुद्धि
C. पालते रहना दूसरों पर लादना
D. उपर्युक्त में से कोई नहीं

**26.** इरादे पूर्ण तरीके से किया जाने वाला गबन कहलाता है :
A. त्रुटि     B. कपट
C. भूल की अशुद्धि     D. लेपिंग

**27.** लेखा लिखने वाले व्यक्तियों की अनभिज्ञता अथवा असावधानी से होने वाली भूलें कहलाती हैं :
A. त्रुटि     B. कपट
C. भलू की अशुद्धि     D. लेपिंग

**28.** हिसाब-किताब में गड़बड़ी सम्बन्धी कपट किया जाता है:
A. संचालक की सहमति से
B. प्रबन्धक की सहमति से
C. अंकेक्षण की सहमति से
D. स्वामी की सहमति से

**29.** अंकेक्षण का मुख्य उद्देश्य है :
A. लेखा अपराधों का पता लगाकर अपराधी को दण्ड देना

B. प्रबन्धकों को यह सलाह देना कि लाभ कैसे बढ़ाए
जा सकते हैं

C. अंशधारियों को अधिक लाभांश दिलवाने की अनुशंसा
करना

D. व्यापार की वित्तीय स्थिति को प्रमाणित करना

**30.** एक अंकेक्षक का दीवानी दायित्व किसलिए होता है ?

A. लापरवाही के लिए

B. प्रविवरण में असत्य कथन के लिए

C. झूठे प्रमाण पत्र पर जान बूझकर किए गए हस्ताक्षर
के लिए

D. केवल A और B के लिए

**31.** अंकेक्षण है :

A. विज्ञान

B. कला

C. विज्ञान व कला दोनों

D. इनमें से कोई नहीं

**32.** दोहरा लेखा पद्धति के जन्मदाता थे :

A. स्टीवैन्सन

B. विल्सन

C. ल्यूकस पैसियोली

D. चर्चिल

**33.** अंकेक्षण को किस रूप में परिभाषित किया जाता है ?

A. लेखा-पुस्तकों का तैयार किया जाना

B. लेखा पुस्तकों का परीक्षण

C. लेखा-सम्बन्धी मामलों में प्रबन्ध वर्ग को विशेषज्ञ
सेवाएं प्रदान करना

D. उक्त सभी

**34.** किसी विशेष उद्देश्य हेतु वित्तीय लेखों की विस्तृत जांच
करना कहलाता है :

A. अंकेक्षण

B. अनुसन्धान

C. लेखांकन

D. A और B दोनों

**35.** आयकर व अन्य कर बचाना किस प्रयोजन से किया जाता
है ?

A. कपट

B. त्रुटि

C. A और B

D. उक्त में से किसी प्रयोजन से नहीं

**36.** लेखाकर्म तब प्रारंभ होता है जब ...... जब खत्म होता है:

A. विक्रय

B. पुस्तपालन

C. अंकेक्षण

D. स्कन्ध मूल्यांकन

**37.** अंकेक्षण का उद्गम भारत में हुआ :

A. 1912 के बाद

B. 1913 के बाद

C. 1914 के बाद

D. 1915 के बाद

**38.** अंकेक्षण में प्रयोग आने वाली प्रविधि है :

A. भौतिक परीक्षण

B. पुष्टिकरण

C. चैकिंग

D. A और B दोनों

**39.** अंकेक्षण को विलासिता माना गया है क्योंकि :

A. धन का दुरुपयोग होता है

B. कर्मचारियों की कार्यक्षमता का ह्रास होता है

C. समय, धन व शक्ति का दुरुपयोग होता है

D. B और C दोनों

**40.** लेखाकर्म व अंकेक्षण को किसके लिए विलासिता माना
गया है ?

A. अत्यन्त छोटे व्यासाय के लिए

B. साझेदारी के लिए

C. थोक-व्यापार के लिए

D. संयुक्त पूंजी वाली कम्पनी के लिए

**41.** त्रुटि का उदाहरण नहीं है :

A. तथ्यों की नजर अन्दाजगी

B. लेखांकन नीतियों का गलत प्रयोग

C. अन्तर्निहित अभिलेखों में गणितीय अशुद्धियां

D. प्रेषण पर भेजे माल को बिक्री मानकर रिकार्ड करना

**42.** रोकड़ के गबन का तरीका निम्न में से है :

A. नकद भुगतान को ज्यादा करके दिखाना

B. नकद प्राप्ति को कम करके दिखाना

C. रोकड़ बही का गलत जोड़ लगाना

D. उक्त सभी

**43.** व्यवसाय के स्वामी की सहमति से किया जाने वाला गबन
है :

A. हिसाब-किताब में गड़बड़ी सम्बन्धी कपट

B. रोकड़ का गबन

C. माल का गबन

D. उक्त सभी

**44.** कपट का उदाहरण नहीं है :

A. रोकड़ विक्रय को पूरी तरह से पुस्तकों में न
लिखना

B. बिके माल को विक्रय की तरह रिकार्ड न करके स्टॉक
में शामिल कर लेना

C. अन्तर्निहित अभिलेखों में गणितीय अथवा लिपिकीय
अशुद्धियां

D. प्रेषण के आधार पर भेजे गए माल को विक्रय की
तरह रिकार्ड करना

**45.** वे समस्त कार्य जो कि ऑडिट के दौरान किए जाते हैं, कहलाते हैं :

A. अंकेक्षण प्रक्रिया   B. अंकेक्षण प्रविधि
C. आन्तरिक निरीक्षण   D. चालू अंकेक्षण

**46.** 100 रु. कारखाने में मशीन को स्थापित करने के व्यय हैं तथा ऐसे व्यय को मजदूरी खाते में Dr. कर दिया गया तो यह अशुद्धि होगी :

A. भूल की अशुद्धि   B. सैद्धान्तिक अशुद्धि
C. क्षतिपूरक अशुद्धि   D. लेखे की अशुद्धि

**47.** अशुद्धियों का पता लगाने के लिए निम्नलिखित में से क्या उपाय किया जाता है ?

A. अन्तर की रकम ज्ञात करना
B. गत वर्ष के तलपट से मिलान
C. संदिग्ध एवं कटी हुई राशियों की जांच
D. उपर्युक्त सभी

**48.** आधारभूत सत्य जो कि ऑडिट उद्देश्यों तथा उस विधि का ज्ञान कराते हैं जिनके द्वारा उनकी पूर्ति की जाती है, कहलाते हैं :

A. अंकेक्षण प्रक्रिया   B. ऑडिट के सिद्धांत
C. ऑडिट प्रविधि   D. आन्तरिक निरीक्षण

**49.** लेखा-व्यवहारों की शुद्धता की जांच ऑडिटर द्वारा गवाही और प्रमाणकों की सहायता से करना किसके अन्तर्गत आता है ?

A. अंकेक्षण प्रक्रिया   B. अंकेक्षण प्रविधि
C. आन्तरिक निरीक्षण   D. चालू अंकेक्षण

**50.** लाभ को वास्तविकता से अधिक दर्शाने का उद्देश्य निम्नलिखित में से है :

A. अपनी कुशलता को बढ़ा-चढ़ा कर बताने के लिए
B. संस्था के प्रति सरकारी विश्वास पैदा करने के लिए
C. काले धन को सफेद धन में बदलने के लिए
D. उक्त सभी के लिए

**51.** लाभ को वास्तविकता से कम दिखाने का उद्देश्य निम्न में से है:

A. प्रतिद्वन्द्वियों को व्यापार की सही स्थिति से गुमराह करने के लिए
B. जनहित के नाम पर सरकार से अनुदान व लाभ प्राप्त करने के लिए
C. लाभांश घोषित न करने का औचित्य बनाने के लिए
D. उपर्युक्त सभी के लिए

**52.** लाभ को वास्तविकता से अधिक दर्शाने का उद्देश्य नहीं है:

A. अपनी कुशलता को बढ़ा-चढ़ा कर बताने के लिए
B. संस्था के प्रति सरकारी विश्वास पैदा करने के लिए
C. काले धन को सफेद धन में बदलने के लिए
D. जनहित के नाम पर सरकार से अनुदान व लाभ प्राप्त करने के लिए

**53.** लाभ को वास्तविकता से कम दर्शाने का उद्देश्य नहीं है :

A. लाभांश न घोषित करने का औचित्य बनाने के लिए
B. जनहित के नाम पर सरकार से अनुदान प्राप्त करने के लिए
C. संस्था के प्रति सरकारी विश्वास पैदा करने के लिए
D. प्रतिद्वन्द्वियों को गुमराह करने के लिए

**54.** आधुनिक समय में लाभ को वास्तविक से अधिक दर्शाने का सर्वाधिक महत्त्वपूर्ण उद्देश्य है :

A. अपनी कुशलता को बढ़ा-चढ़ाकर कर बताने के लिए
B. संस्था के प्रति सरकारी विश्वास पैदा करने के लिए
C. काले धन को सफेद धन में बदलने के लिए
D. प्रतिद्वन्द्वियों को परास्त करने के लिए

**55.** अंकेक्षण की जांच अनुसन्धान की श्रेणी में आती है जब :

A. एक वित्तीय वर्ष के किसी मद विशेष की पूर्णतया जांच करना
B. किसी विशेष उद्देश्य से किसी वित्तीय वर्ष के खातों की जांच करना
C. जांच एक से अधिक वित्तीय वर्षों के लिए होती है
D. उपर्युक्त में से कोई नहीं

**56.** निरन्तर अंकेक्षण अधिक उपयोगी है :

A. एक बैंक के लिए   B. एकल व्यापारी के लिए
C. एक क्लब के लिए   D. एक स्कूल के लिए

**57.** किसी साझेदारी फर्म के खातों के अंकेक्षण का मुख्य उद्देश्य :

A. सांविधिक औपचारिकताएं पूरी करना है
B. लाभों में वृद्धि करना है
C. साख में वृद्धि करना है
D. अशुद्धियों तथा कपटों को खोजना है

**58.** चालू अंकेक्षण :

A. अन्तरिम अंकेक्षण है
B. वर्ष की समाप्ति पर अंकेक्षण है
C. आन्तरिक अंकेक्षण है
D. नियमित अंकेक्षण है

**59.** कम्पनी के वैधानिक अंकेक्षण के क्षेत्र का निर्धारण किसके द्वारा होता है ?

   A. प्रबन्ध           B. शासन

   C. विधान           D. अंकेक्षक स्वयं के द्वारा

**60.** कानूनी अंकेक्षण किसके लिए आवश्यक है ?

   A. एकल व्यापारी      B. लोक सीमित कम्पनी

   C. साझेदारी           D. HUF

**61.** अंकेक्षण जिसे अन्तिम लेखा तैयार होने के पश्चात् किया जाता है, कहलाता है :

   A. सामयिक अंकेक्षण    B. सतत् अंकेक्षण

   C. अन्तरिम अंकेक्षण    D. अनियमित अंकेक्षण

**62.** किसके लिए अंकेक्षण ऐच्छिक है ?

   A. संयुक्त स्कन्ध कम्पनी   B. धर्मार्थ ट्रस्ट

   C. सहकारी समिति      D. साझेदारी फर्म

**63.** लेन-देनों की विस्तृत व गहरी जांच किस अंकेक्षण में सम्भव है ?

   A. चालू अंकेक्षण      B. अन्तिम अंकेक्षण

   C. निपुणता अंकेक्षण    D. अन्तरिम अंकेक्षण

**64.** नियन्त्रक एवं महालेखा परीक्षक की नियुक्ति किसके द्वारा की जाती है ?

   A. प्रधानमन्त्री द्वारा     B. न्यायालय द्वारा

   C. राष्ट्रपति द्वारा      D. कानून द्वारा

**65.** निश्चित अथवा अनिश्चित समयान्तरों पर वित्तीय काल के मध्य में आकर उस दिन तक के हिसाब-किताब की जांच किस अंकेक्षण के अन्तर्गत की जाती है ?

   A. अन्तिम अंकेक्षण    B. अन्तरिम अंकेक्षण

   C. पूर्ण अंकेक्षण       D. निष्पत्ति अंकेक्षण

**66.** वर्ष के मध्य में कराया गया अंकेक्षण कहलाता है :

   A. अन्तिम अंकेक्षण    B. निष्पत्ति अंकेक्षण

   C. अन्तरिम अंकेक्षण    D. आंशिक अंकेक्षण

**67.** लागत अंकेक्षण का अर्थ कम्पनी अधिनियम की कौन-सी धारा में परिभाषित है ?

   A. धारा –233 ($i$)     B. धारा –233($ii$)

   C. धारा –233 ($iii$)    D. धारा –233 ($iv$)

**68.** किसी संस्थान के हिसाब-किताब की सम्पूर्ण जांच किस अंकेक्षण के अन्तर्गत की जाती है ?

   A. निरन्तर अंकेक्षण    B. निष्पत्ति अंकेक्षण

   C. पूर्ण अंकेक्षण       D. अन्तरिम अंकेक्षण

**69.** किसी संस्थान के लेखों के किसी एक भाग की जांच किस अंकेक्षण के अन्तर्गत की जाती है ?

   A. निष्पत्ति अंकेक्षण    B. निपुणता अंकेक्षण

   C. प्रबन्ध अंकेक्षण     D. आंशिक अंकेक्षण

**70.** पूर्व-निर्धारित योजना की सफलता व उसमें सुधार का आंकलन करने के लिए किस प्रकार अंकेक्षण अपनाया जाता है ?

   A. निष्पत्ति अंकेक्षण    B. निपुणता अंकेक्षण

   C. औचित्य अंकेक्षण    D. प्रबन्ध अंकेक्षण

**71.** लागत अंकेक्षण किसके आदेश पर किया जाता है ?

   A. केन्द्रीय सरकार के

   B. राष्ट्रपति के

   C. न्यायालय के

   D. नियन्त्रण व महालेखा परीक्षक के

**72.** प्रबन्धकीय निर्णयों की बुद्धिमानी निष्ठा व मितव्ययिता के आधार पर जांच अंकेक्षण के अन्तर्गत की जाती है :

   A. प्रबन्ध           B. निष्पत्ति

   C. औचित्य          D. चिट्ठा

**73.** कार्य सम्पादन की लक्ष्यानुसार एवं मानकानुसार जांच किसके अन्तर्गत की जाती है ?

   A. निपुणता अंकेक्षण    B. निष्पत्ति अंकेक्षण

   C. औचित्य अंकेक्षण    D. प्रबन्ध अंकेक्षण

**74.** निष्पत्ति अंकेक्षण दो .... के विस्तार के अन्तर्गत आता है:

   A. निष्पत्ति अंकेक्षण    B. आंशिक अंकेक्षण

   C. औचित्य अंकेक्षण    D. आन्तरिक नियन्त्रण

**75.** अन्तरिम अंकेक्षण दो .... अंकेक्षणों के मध्य किया जाता है :

   A. निष्पत्ति अंकेक्षणों    B. आंशिक अंकेक्षणों

   C. औचित्य अंकेक्षणों    D. अन्तिम अंकेक्षणों

**76.** लागत अंकेक्षण से आशय है :

   A. लागत लेखापाल द्वारा अंकेक्षण

   B. उत्पादित माल की लागत का अंकेक्षण

   C. लागत खातों का अंकेक्षण

   D. उक्त सभी से है

**77.** सरकारी अंकेक्षण से अभिप्राय है :

   A. विधान के नियमों के अन्तर्गत अंकेक्षण

   B. सरकारी व्यक्तियों द्वारा कम्पनियों का अंकेक्षण

   C. सरकारी विभाग के खातों का अंकेक्षण

   D. इनमें से कोई नहीं

**78.** प्रबन्धकीय वर्ग के विविध क्रियाकलापों की जांच किस अंकेक्षण के अन्तर्गत की जाती है :
A. प्रबन्ध अंकेक्षण
B. निष्पत्ति अंकेक्षण
C. निपुणता अंकेक्षण
D. औचित्य अंकेक्षण

**79.** आन्तरिक अंकेक्षण किस उद्देश्य से किया जाता है ?
A. संचालकीय आवश्यकताओं की पूर्ति हेतु
B. वैधानिक औपचारिकताओं की पूर्ति हेतु
C. प्रबन्धकीय वर्ग की व्यवसाय को सुचारू आवश्यकताओं की पूर्ति हेतु
D. इनमें से कोई नहीं

**80.** चालू अंकेक्षण की हानियों से बचने का उपाय नहीं है ?
A. विशेष जोड़ो व बाकियों को डायरी में नोट करना
B. महत्वपूर्ण स्पष्टीकरणों को नोट करना
C. व्यक्तिगत खातों की वर्ष के मध्य में जांच करना
D. व्यक्तिगत खातों की वर्ष के अन्त में जांच करना

**81.** सामयिक अंकेक्षण की उपयोगिता तब नहीं होती है जब :
A. आन्तरिक निरीक्षण सन्तोषजनक हो
B. संस्थाएं बड़ी हों
C. अन्तरिम खाते न बनाए जाते हों
D. जब स्वामी स्वयं लेखापाल का कार्य करें

**82.** औचित्य अंकेक्षण के अन्तर्गत अंकेक्षक जांच करता है कि :
A. व्यय आवश्यकता से अधिक नहीं है
B. प्रबन्धक ने एक आम व्यक्ति की भांति व्यय का निर्णय लिया है
C. व्यय व्यवसाय के लिए आवश्यक था
D. उक्त सभी

**83.** एक बैंक के लिए कौन-सी अंकेक्षण प्रणाली उपयुक्त है:
A. निष्पत्ति अंकेक्षण
B. अन्तिम अंकेक्षण
C. अन्तरिम अंकेक्षण
D. चालू अंकेक्षण

**84.** चालू अंकेक्षण का लाभ नहीं है :
A. अन्तरिम खाते तैयार करने में सुविधा
B. अन्तिम खाते शीघ्र तैयार
C. कार्य यन्त्रवत् रहने से लापरवाही व शिथिलता
D. भावी योजनाएं शीघ्र बन जाती हैं

**85.** चालू अंकेक्षण की हानि है :
A. अशुद्धि व गबन शीघ्र पकड़ में
B. खर्चीली
C. उचित सलाह समय-समय पर देना सम्भव
D. उक्त में से कोई नहीं

**86.** चिट्ठे की प्रत्येक मद की विस्तृत जांच किस अंकेक्षण के अन्तर्गत की जाती है ?
A. निपुणता अंकेक्षण
B. चिट्टा अंकेक्षण
C. औचित्य अंकेक्षण
D. पूर्ण अंकेक्षण

**87.** एक सुव्यवस्थित व्यवसाय में अंकेक्षण के लिए सर्वोत्तम प्रविधि है ?
A. भौतिक गणना
B. नैत्यक जांच
C. परीक्षण जांच
D. इनमें से कोई नहीं

**88.** आर्थिक चिट्ठा अंकेक्षण कहां अधिक कुशल साबित होता है ?
A. जहां लेन देन की मात्रा बहुत ही अधिक है
B. जहां आन्तरिक नियन्त्रण की कुशल व्यवस्था लागू हो
C. जहां अर्हता प्राप्त लेखापालक रखे गए हों
D. उक्त सभी

**89.** किसी विधान के अन्तर्गत लेखा-पुस्तकों का अनिवार्य अंकेक्षण कहलाता है :
A. वैधानिक अंकेक्षण
B. ऐच्छिक अंकेक्षण
C. निपुणता अंकेक्षण
D. पूर्ण अंकेक्षण

**90.** किसके लिए अंकेक्षण अनिवार्य है ?
A. संयुक्त स्कन्ध कम्पनी
B. धर्मार्थ ट्रस्ट
C. सहकारी समिति
D. इन सभी के लिए

**91.** किस परिस्थिति में निरन्तर अंकेक्षण अधिक उपयोगी होता है ?
A. जब विस्तृत जांच करनी हो
B. जब वित्तीय अवधि समाप्त होते ही अन्तिम खातों और चिट्ठे की आवश्यकता हो
C. जब आन्तरिक नियन्त्रण की कोई अन्य समुचित व्यवस्था न हो
D. उक्त सभी

**92.** निम्नलिखित व्यवसाय के लिए वैधानिक अंकेक्षण आवश्यक है :
A. एकल व्यापारी
B. एक सहकारी समिति
C. एक HUF
D. एक साझेदारी फर्म

**93.** परीक्षण जांच का आधार है :
A. सामान्य परिस्थितियों में प्रत्येक समग्र के कुछ मदों के आधार पर सम्पूर्ण समग्र का आकलन करना
B. असामान्य परिस्थितियों में प्रत्येक समग्र के कुछ मदों के आधार पर सम्पूर्ण समग्र का आकलन करना

C. समय की बचत करना

D. अधिक परिश्रम न करना

**94.** परीक्षण जांच प्रणाली तब लाभ प्रद है जब :

A. किसी व्यवसाय में सौदों की संख्या कम हो

B. आन्तरिक निरीक्षण प्रणाली सन्तोषप्रद है

C. अंकेक्षण कार्य शीघ्र समाप्त न करना हो

D. उक्त में से कोई नहीं

**95.** लेखा-पुस्तकों के प्रत्येक व्यवहार की जांच न करके कुछ प्रतिनिधि व्यवहारों की जांच के आधार पर सम्पूर्ण व्यवहारों के लिए निष्कर्ष निकालना, कहलाता है :

A. नैत्यक जांच     B. भौतिक जांच

C. परीक्षण जांच     D. गहन जांच

**96.** ''परीक्षण जांच का अर्थ बड़े पैमाने की समान मदों में से प्रतिनिधि स्वरूप नमूने का चयन एवं परीक्षण है।'' यह परिभाषा किस विद्वान ने दी है ?

A. डब्ल्यू.डब्ल्यू.विग     B. आर्थर डब्ल्यू. होम्स

C. होवार्ड स्टेटलर     D. प्रो. मीन

**97.** परीक्षण जांच का मुख्य उद्देश्य है :

A. समय, धन व श्रम की बचत करना

B. जल्दी रिपोर्ट तैयार करना

C. अंकेक्षक के समय व श्रम में बचत कर उसका ध्यान महत्वपूर्ण कार्यों की ओर आकर्षित करना जिससे कि वह अपने व्यवसाय में अभिवृद्धि कर सके

D. उक्त सभी उद्देश्य

**98.** अंकेक्षण कार्यक्रम का मुख्य उद्देश्य है :

A. समय की दृष्टि से कर्मचारियों में कार्य विभाजन करना

B. श्रम की बचत करना

C. संस्था के लिए मितव्ययता प्राप्त करना

D. कार्यों का अपने सहयोगियों के बीच उनकी योग्यता के अनुसार इस प्रकार विभाजन कि कोई कार्य छूट न जाए

**99.** ''जांच की एक लोचदार योजनाबद्ध रीति ही अंकेक्षण कार्यक्रम कहलाती है।'' यह कथन किस विद्वान का है ?

A. डब्ल्यू.डब्ल्यू. विग का

B. होवार्ड स्टेटलर का

C. आर्थर डब्ल्यू. होम्स का

D. प्रो. हैने का

**100.** ''नियोक्ता के वित्तीय विवरणों के विषय में राय बनाने हेतु पालन की जाने वाली समस्त क्रियाओं की रूप रेखा को

ऑडिट प्रोग्राम कहते हैं।'' यह किस विद्वान का कथन है ?

A. डब्ल्यू.डब्ल्यू विग का

B. होवार्ड स्टेटलर का

C. आर्थर डब्ल्यू. होम्स का

D. प्रो. हैने का

**101.** कार्य करने की एक सम्पूर्ण विधि एवं क्रमबद्ध योजना, जिसके अनुसार अंकेक्षक अपने कार्य को सम्पादित करता है, कहलाती है :

A. ऑडिट प्रोग्राम     B. आन्तरिक निरीक्षण

C. आन्तरिक नियन्त्रण     D. आन्तरिक अंकेक्षण

**102.** परीक्षण जांच कम कर देती है :

A. अंकेक्षण का कार्य

B. अंकेक्षण का दायित्व

C. अंकेक्षण का कार्य एवं दायित्व

D. उपर्युक्त में से कुछ नहीं

**103.** परीक्षण जांच में निहित है :

A. केवल कुछ ही मदों की विस्तृत जांच

B. केवल मद की जांच

C. मदों के आदर्श नमूनों की जांच

D. उक्त सभी

**104.** लेखा-पुस्तकों की नित्य प्रति जांच कहलाती है :

A. परीक्षण जांच     B. गहन जांच

C. नैत्यक जांच     D. इनमें से कोई नहीं

**105.** नैत्यक जांच के अन्तर्गत कौन-सा कार्य आता है ?

A. प्रारंभिक पुस्तकों की जांच व त्रुटियों को सुधारना

B. खतौनी की जांच

C. तलपट की जांच

D. उपर्युक्त सभी कार्य

**106.** नैत्यक जांच का प्रमुख उद्देश्य है :

A. प्रारम्भिक लेखा-पुस्तकों की गणितीय शुद्धता की जांच करना

B. खतौनी एवं शेषों की जांच करना

C. विशेष चिह्नों का प्रयोग करके गबन रोकने का प्रयास

D. उक्त सभी

**107.** निम्न में से किसके भौतिक सत्यापन की आवश्यकता नहीं होती ?

A. रहतिया     B. प्लान्ट

C. फुटकर औजार     D. ख्याति

**108.** एक लिखित योजना जिसमें किसी अंकेक्षण से सम्बन्धित विस्तृत विवरण रहता है, कहलाता है :
 A. अंकेक्षण कार्यक्रम  B. अंकेक्षण स्मरण-पत्र
 C. अंकेक्षण पुस्तिका  D. इनमें से कोई नहीं

**109.** अंकेक्षण कार्यक्रम होना चाहिए :
 A. लोचदार  B. यान्त्रिक
 C. कठोर  D. कठोर और यान्त्रिक

**110.** खातों का अंकेक्षण करने के लिए निम्न में से कौन-सा उपयोगी है ?
 A. नैत्यक जांच  B. अंकेक्षण कार्यक्रम
 C. प्रमाणन  D. इनमें से कोई नहीं

**111.** परीक्षण जांच के लिए लेखों का चयन किया जाता है :
 A. योजनानुसार  B. परम्परा के आधार पर
 C. अनायास  D. भावी रणनीति के सहारे

**112.** अंकेक्षण आरम्भ करने से पूर्व अंकेक्षण सर्वप्रथम निम्न की जांच करता है :
 A. आन्तरिक अंकेक्षण  B. आन्तरिक निरीक्षण
 C. खाता बही  D. वैधानिक पुस्तकें

**113.** एक सुव्यवस्थित व्यवसाय में अंकेक्षण के लिए सर्वोत्तम प्रविधि है :
 A. भौतिक गणना  B. नैत्यक जांच
 C. परीक्षण जांच  D. इनमें से कोई नहीं

**114.** अंकेक्षण में परीक्षण जांच के लिए ऐसी मदों का चयन करना चाहिए, जो हो :
 A. किसी क्षेत्र की विस्तृत सूचना
 B. एक क्षेत्र की विशेष मदें
 C. सम्पूर्ण व्यावसायिक इकाई की प्रतिनिधि
 D. साख मदे केवल

**115.** परीक्षण जांच के कारण तीसरे पक्ष को हानि होने पर :
 A. अंकेक्षक उत्तरदायी होगा
 B. अंकेक्षक उत्तरदायी नहीं होगा
 C. लेखापाल उत्तरदायी होगा
 D. स्वामी उत्तरदायी होगा

**116.** परीक्षण जांच के लिए कौन-सी मद उपयुक्त है ?
 A. आवृतक प्रकृति के लेन देन
 B. बैंक समाधान विवरण
 C. चिट्ठा मदें
 D. ऐसे लेन देन जिनकी संख्या कम है लेकिन वे महत्वपूर्ण व साखान है

**117.** अंकेक्षण नोट बुक की विषयवस्तु में शामिल नहीं है :
 A. अंकेक्षण पूछताछ जिन्हें तुरन्त निपटाया गया है
 B. भावी सन्दर्भ हेतु महत्वपूर्ण विषय
 C. महत्वपूर्ण सूचनाएं जो खातों से प्रकट नहीं होती हैं
 D. अंकेक्षण के दौरान देखी गयी गलतियां तथा अनियमितताएं

**118.** ''अंकेक्षण नोट बुक एक ऐसी हस्तलिखित व सजिल्द पुस्तिका है जिसमें ऐसे महत्वपूर्ण तथ्य और सूचनाएं लिखी जाती हैं जो अंकेक्षण कार्य के नियोजन और संचालन में सहायक होती हैं।'' यह कथन किसका है ?
 A. डब्ल्यू.डब्ल्यू. विग  B. ए.डब्ल्यू. जॉनसन
 C. आर्थर डब्ल्यू. होम्स  D. होवार्ड स्टेटलर

**119.** चालु अंकेक्षण फाइल के कार्यपत्रों का उदाहरण नहीं है :
 A. नियोक्ता से प्राप्त पत्र
 B. लेनदेनों तथा शेषों की समीक्षा
 C. अंकेक्षक की नियोजन प्रक्रिया तथा अंकेक्षण कार्यक्रम का साक्ष्य
 D. अंकेक्षक द्वारा जारी प्रबन्धकीय पत्रों की प्रतियां

**120.** स्थायी अंकेक्षण फाइल के कार्यपत्रों का उदाहरण नहीं है:
 A. महत्वपूर्ण अनुपातों तथा प्रवृतियों की समीक्षा
 B. महत्वपूर्ण लेखांकन नीतियों के बारे में टिप्पणियां
 C. लेनदेनों तथा शेषों की समीक्षा
 D. उपक्रम की वैधानिक तथा संगठनात्मक सरंचना से सम्बन्धित सूचनाएं

**121.** निरन्तर महत्ता वाली महत्वपूर्ण सूचनाओं का समावेश किस फाइल में होता है ?
 A. स्थायी अंकेक्षण फाइल
 B. चालु अंकेक्षण फाइल
 C. कार्यगत प्रपत्र फाइल में
 D. उक्त में से कोई नहीं

**122.** अंकेक्षण कार्य सम्बन्धी प्रपत्र पर स्वामित्व होता है :
 A. अंकेक्षक का
 B. नियोक्ता का
 C. A और B दोनों संयुक्त रूप से
 D. लेखापाल का

**123.** ''यद्यपि परीक्षण जांच एक मान्य प्रणाली है किन्तु इसका प्रयोग प्रत्येक मामले के लेनदेनों की संख्या व तथ्यों की संख्या एवं आकार के आधार पर किया जाना चाहिए।'' ऐसा किस वाद में स्पष्ट किया गया है ?

A. कॉउन्सिल ऑफ चार्टर्ड एकाउन्टेन्ट ऑफ इण्डिया बनाम के. महेन्द्र सिंह C.A.

B. कॉउन्सिल ऑफ चार्टर्ड एकाउन्टेन्ट ऑफ इण्डिया बनाम के. राजेन्द्र सिंह C.A.

C. कॉउन्सिल ऑफ चार्टर्ड एकाउन्टेन्ट ऑफ इण्डिया बनाम के. महिपाल सिंह C.A.

D. कॉउन्सिल ऑफ चार्टर्ड एकाउन्टेन्ट ऑफ इण्डिया बनाम के. नरेन्द्र सिंह C.A.

**124.** एकाकी अवधि के अंकेक्षण की सूचनाओं का प्राथमिक तौर पर समावेश किस फाइल में होता है ?

A. स्थायी अंकेक्षण फाइल

B. चालू अंकेक्षण फाइल

C. कार्यगत प्रपत्र फाइल में

D. उपर्युक्त में से किसी फाइल में नहीं

**125.** ऑडिट के दौरान लेखा-पुस्तकों की सत्यता व शुद्धता को प्रमाणित करना कहलाता है :

A. Cast      B. Cross cast

C. Tally      D. Verification

**126.** किन्हीं दो या दो से अधिक अंकों या उनके समूहों का मिलान करना कहलाता है :

A. Cast      B. Cross cast

C. Tally      D. Verification

**127.** आड़े योगों की जांच को कहते हैं :

A. Cast      B. Cross cast

C. Tally      D. Verification

**128.** योगों तथा उपयोगों की जांच कहलाती है :

A. Cast      B. Cross cast

C. Tally      D. Verification

**129.** ऑडिट वर्किंग पेपर बनाए जाने का उद्देश्य है :

A. काम को सरलतापूर्वक किया जाना

B. रिपोर्ट की सत्यता को प्रमाणित करना

C. भविष्य में अंकेक्षण हेतु उपयोगी होना

D. B और C दोनों

**130.** कम्पनी विधान की धारा 209 के तहत लेखा-पुस्तकें व अंकेक्षण फाइल कितने वर्ष तक सुरक्षित रखा जाना श्रेयस्कर है ?

A. 5 वर्ष      B. 6 वर्ष

C. 7 वर्ष      D. 8 वर्ष

**131.** कम्पनी विधान की किस धारा के तहत लेखा-पुस्तकों व अंकेक्षण फाइल 8 वर्ष तक सुरक्षित रखा जाना श्रेयस्कर है ?

A. धारा–206      B. धारा–207

C. धारा–208      D. धारा–209

**132.** ''इपस्विच मिल्स बनाम डिल्लन'' के विवाद में यह निर्णय दिया गया था कि :

A. अंकेक्षक का कार्यपत्रों पर स्वामित्व होगा जबकि कार्यपत्र अंकेक्षक ने तैयार किए हों

B. अंकेक्षक का कार्यपत्रों पर स्वामित्व होगा जब कि कार्यपत्र नियोक्ता से प्राप्त किए हों

C. कार्यपत्रों पर अंकेक्षक का ही स्वामित्व होगा चाहे कार्यपत्र अंकेक्षक स्वयं ने तैयार किए हों अथवा नियोक्ता से प्राप्त किए हों

D. कार्यपत्रों पर अंकेक्षक का स्वामित्व नहीं होगा

**133.** अंकेक्षण प्रारम्भ करने से पूर्व निम्नलिखित में से किस बात का ध्यान रखा जाना चाहिए ?

A. अंकेक्षण की आवश्यकता

B. संस्था से सम्बन्धित जानकारी

C. नियोक्ता को आवश्यक निर्देश देना

D. उक्त सभी बातें

**134.** नैत्यक जांच का दोष है :

A. गणितीय शुद्धता का पता लगना

B. कार्य यन्त्रवत् होना

C. शीघ्रता व लापरवाही से कार्य की किस्म में गिरावट

D. त्रुटि की सम्भावना अधिक

**135.** नैत्यक जांच का लाभ है :

A. गणितीय शुद्धता का पता लगना

B. अंक परिवर्तन का भय कम

C. सैद्धान्तिक अशुद्धियों का पता न लगना

D. अन्तिम खातों की जांच में सहायक

**136.** एक प्रभावपूर्ण ऑडिट-प्रोग्राम होना चाहिए :

A. लिखित, सरल व स्पष्ट

B. सरल, स्पष्ट व मितव्ययी

C. सरल, स्पष्ट, लिखित, मितव्ययी व लोचशील

D. पूर्व निर्धारित स्पष्ट उद्देश्य

**137.** अन्तर्राष्ट्रीय अंकेक्षण व्यवहार समिति के द्वारा निर्दिष्ट ऑडिट प्रोग्राम का उद्देश्य नहीं है :

A. लेखा प्रणाली नीतियों व आन्तरिक नियन्त्रण प्रविधियों से सम्बन्धित जानकारी प्राप्त करना

B. सहयोगियों में योग्यतानुसार कार्य-विभाजन

C. अपनायी जाने वाली ऑडिट प्रविधियों की प्रकृति, समय व सीमा को निर्धारित करना

D. सम्पूर्ण कार्य को समन्वित करना

 

**138.** लोचपूर्ण अंकेक्षण कार्यक्रम का लाभ है :

A. सहयोगी स्वतन्त्र निर्णय ले सकेंगे

B. कार्य अरुचिपूर्ण व यन्त्रवत् नहीं रहेगा

C. रचनात्मक चिन्तन का अवसर मिलेगा

D. कर्मचारी अपनी अकुशलता छिपा सकेंगे

**139.** कार्यपत्र तैयार करते समय उसमें किस बात का समावेश होना चाहिए ?

A. तैयार करने वाले व्यक्ति के हस्ताक्षर

B. प्रयोग किए गए चिह्न

C. पत्रों को बनाने की तिथि

D. उक्त सभी बातें

**140.** अंकेक्षण प्रारम्भ करने से पूर्व ऑडिटर द्वारा नियोक्ता को निर्देश देना चाहिए :

A. प्रबन्धकों के नाम व पतों की सूची तैयार करने का

B. समस्त लेन देनों से सम्बन्धित प्रमाणक व्यवस्थित करने का

C. विनियोगों की लागत, पुस्तक व अंकित मूल्य सहित सूची बनाने का

D. उक्त सभी

**141.** ''अंकेक्षण कार्यपत्र लिखित निजी सामग्री है। इन्हें ऑडिटर प्रत्येक ऑडिट में तैयार करता है। इनमें नियोक्ता से प्राप्त आवश्यक सूचनाओं, जांच के तरीकों तथा आर्थिक विवरणों का उल्लेख होता है।'' यह कथन किस विद्वान का है ?

A. डब्ल्यू.डब्ल्यू. विग    B. ए.डब्ल्यू. जॉनसन

C. आर्थर डब्ल्यू. होम्स    D. होवार्ड स्टेटलर

**142.** खड़े योगों की जांच को कहते हैं :

A. Cast    B. Cross-Cast

C. Tally    D. Verification

**उत्तरमाला**

| 1 | 2 | 3 | 4 | 5 | 6 | 7 | 8 | 9 | 10 |
|---|---|---|---|---|---|---|---|---|---|
| B | A | C | D | A | B | C | D | A | D |
| **11** | **12** | **13** | **14** | **15** | **16** | **17** | **18** | **19** | **20** |
| C | A | B | A | A | A | D | A | B | D |
| **21** | **22** | **23** | **24** | **25** | **26** | **27** | **28** | **29** | **30** |
| A | B | C | A | C | B | A | D | D | A |
| **31** | **32** | **33** | **34** | **35** | **36** | **37** | **38** | **39** | **40** |
| C | C | B | B | A | B | B | D | D | A |
| **41** | **42** | **43** | **44** | **45** | **46** | **47** | **48** | **49** | **50** |
| D | D | A | C | A | B | D | B | B | D |
| **51** | **52** | **53** | **54** | **55** | **56** | **57** | **58** | **59** | **60** |
| D | D | C | C | C | A | D | D | C | B |
| **61** | **62** | **63** | **64** | **65** | **66** | **67** | **68** | **69** | **70** |
| A | D | A | C | B | C | B | C | D | B |
| **71** | **72** | **73** | **74** | **75** | **76** | **77** | **78** | **79** | **80** |
| A | C | B | C | D | C | C | A | C | C |
| **81** | **82** | **83** | **84** | **85** | **86** | **87** | **88** | **89** | **90** |
| B | D | D | C | B | B | C | B | A | D |
| **91** | **92** | **93** | **94** | **95** | **96** | **97** | **98** | **99** | **100** |
| D | B | A | B | C | D | C | D | C | B |
| **101** | **102** | **103** | **104** | **105** | **106** | **107** | **108** | **109** | **110** |
| A | A | C | C | D | D | D | A | A | B |
| **111** | **112** | **113** | **114** | **115** | **116** | **117** | **118** | **119** | **120** |
| A | B | C | C | A | A | A | D | D | C |
| **121** | **122** | **123** | **124** | **125** | **126** | **127** | **128** | **129** | **130** |
| A | C | B | B | D | C | B | A | D | **D** |
| **131** | **132** | **133** | **134** | **135** | **136** | **137** | **138** | **139** | **140** |
| D | C | D | A | C | C | C | D | D | D |
| **141** | **142** | | | | | | | | |
| B | A | | | | | | | | |

# 12. आन्तरिक निरीक्षण व्यवस्था
## (INTERNAL INSPECTION SYSTEM)

**1.** आन्तरिक नियन्त्रण का व्यावहारिक अर्थ क्या है ?
   A. आन्तरिक निरीक्षण
   B. एक सतत् आन्तरिक निरीक्षण
   C. वैधानिक अंकेक्षण
   D. वार्षिक अंकेक्षण

**2.** आंतरिक जांच से रोकड़ व्यवहारों की अनियमितताएं रुक सकती है :
   A. पूर्ण रूप से
   B. छोटी राशि की
   C. कुछ सीमा तक
   D. बिल्कुल नहीं

**3.** वैधानिक अंकेक्षण और आन्तरिक अंकेक्षण एक दूसरे के :
   A. विरोधी हैं
   B. सहायक हैं
   C. प्रतिस्थापक हैं
   D. मित्र हैं

**4.** वैधानिक अंकेक्षक की रिपोर्ट का महत्व किसके लिए अधिक है ?
   A. संस्था
   B. प्रबन्धकों
   C. बाहर के व्यक्तियों
   D. कर्मचारियों

**5.** वैधानिक अंकेक्षक :
   A. स्वतन्त्र रूप से कार्य कर सकता है
   B. बिना भय के अपनी रिपोर्ट दे सकता है
   C. प्रबन्धकों के निर्देशानुसार काम कर सकता है
   D. A एवं B दोनों

**6.** त्रुटियों का पता लगाना तथा उन्हें रोकना मुख्य उद्देश्य है :
   A. आन्तरिक अंकेक्षण का
   B. लेखांकन का
   C. पुस्तपालन का
   D. इनमें से कोई नहीं

**7.** ''आन्तरिक अंकेक्षण रक्षात्मक उत्तरदायित्व हेतु व्यावसायिक संस्था के लेखों व क्रियाओं का पुनर्निरीक्षण है जो इस कार्य हेतु निर्धारित कर्मचारियों द्वारा निरन्तर किया जाता है।'' यह कथन किसका है ?
   A. हैन्सन
   B. हॉम्स
   C. आयरिश
   D. डिक्सी

**8.** संस्था से बाहर भेजे जाने वाले माल का लेखा किया जाना चाहिए :
   A. रोकड़ बही में
   B. विक्रय पुस्तक में
   C. माल-प्रेषण पुस्तिका में
   D. इनमें से कोई नहीं

**9.** मूल रूप में आन्तरिक निरीक्षण को कितने वर्गों में बांटा जा सकता है ?
   A. 2
   B. 3
   C. 4
   D. 5

**10.** भौतिक निरीक्षण के अन्तर्गत आता है :
   A. कम्पनी की सुरक्षा हेतु प्रत्येक कार्य के लिए दोहरी व्यवस्था निर्धारित करना
   B. सामग्री की जांच करना
   C. लेखा-पुस्तकों की जांच करना
   D. उपस्थित कर्मचारियों की जांच करना

**11.** प्रत्येक चैक पर दो व्यक्तियों के हस्ताक्षर/प्रत्येक ताले की चाबी दो अलग-अलग व्यक्तियों को देना किस निरीक्षण के अन्तर्गत आता है ?
   A. मानसिक निरीक्षण
   B. यान्त्रिक निरीक्षण
   C. सीमित प्रक्रिया निरीक्षण
   D. भौतिक निरीक्षण

**12.** बही खातों एवं लेखों की जांच हेतु यान्त्रिक उपकरणों एवं मशीनों का उपयोग करना किस निरीक्षण के अन्तर्गत आता है ?
   A. भौतिक
   B. यान्त्रिक
   C. मानसिक
   D. सीमित प्रक्रिया

**13.** श्रमिक सूचियां तैयार करना तथा मजदूरी का अलग-अलग व्यक्तियों द्वारा भुगतान करना किस निरीक्षण के अन्तर्गत आता है ?
   A. भौतिक
   B. यान्त्रिक
   C. मानसिक
   D. सीमित प्रक्रिया

**14.** सीमित प्रक्रिया द्वारा निरीक्षण के अन्तर्गत नहीं आता है :
   A. उधार की अवधि निश्चित करना

B. चैक रेखांकित करना

C. A और B दोनों

D. श्रमिक सूचियां तैयार करना

**15.** व्यवसाय के कार्यों को कर्मचारियों में योग्यतानुसार बांटने की प्रक्रिया कहलाती है :

A. आन्तरिक अंकेक्षण
B. आन्तरिक निरीक्षण

C. आन्तरिक नियन्त्रण
D. इनमें से कोई नहीं

**16.** आन्तरिक निरीक्षण प्रणाली के दृष्टिकोण से भुगतान का सर्वोत्तम माध्यम है :

A. नकद
B. चैक

C. बिल
D. इनमें से कोई नहीं

**17.** निम्न में से कौन-सी पद्धति मजदूरी के लेखे के लिए उपयुक्त है :

A. मजदूरी रजिस्टर
B. मजदूरी तालिका

C. मजदूरी कार्ड
D. इनमें से कोई नहीं

**18.** क्रय का सर्वमान्य सिद्धांत क्या है ?

A. सबसे अच्छा माल
B. सबसे सस्ता माल

C. सबसे अच्छा व सस्ता
D. इनमें से कोई नहीं

**19.** अंकेक्षण आरम्भ करने से पूर्व अंकेक्षक सर्वप्रथम निम्न की जांच करता है :

A. आन्तरिक अंकेक्षण
B. आन्तरिक निरीक्षण

C. खाता बही
D. वैधानिक पुस्तकें

**20.** खातों के अंकेक्षण करने के लिए क्या उपयोगी है ?

A. नैत्यक जांच
B. अंकेक्षण कार्यक्रम

C. प्रमाणन
D. इनमें से कोई नहीं

**21.** सभाओं की कार्यवाही नोट करने के लिए कौन-सी पुस्तक प्रयोग की जाती है ?

A. अंकेक्षण फाइल
B. अंकेक्षण नोट बुक

C. सूक्ष्म-पुस्तिका
D. इनमें से कोई नहीं

**22.** व्यवसाय में आने वाले माल का लेखा करना चाहिए :

A. क्रय पुस्तक में
B. रोजनामचे में

C. कच्ची रोकड़ में
D. माल आवक पुस्तिका में

**23.** एक व्यक्ति द्वारा किए कार्य के परिणाम की जांच दूसरे के कार्य-परिणाम से करना, आधारभूत सिद्धांत है :

A. आन्तरिक नियन्त्रण का

B. आन्तरिक निरीक्षण का

C. आन्तरिक अंकेक्षण का

D. इनमें से कोई नहीं

**24.** प्रशासनिक नियन्त्रण में शामिल नहीं है :

A. विक्रय खाते
B. लागत नियन्त्रण

C. वित्त नियन्त्रण
D. बजट नियन्त्रण

**25.** लेखा कर्म नियन्त्रण में शामिल नहीं है :

A. बजट नियन्त्रण

B. लेखाकर्म नियन्त्रण

C. प्रमाप-लागत नियन्त्रण

D. सेविवर्गीय नियन्त्रण

**26.** संस्था के अधिकारियों एवं कर्मचारियों के अधिकारों, कर्त्तव्यों एवं उत्तरदायित्वों को ज्ञात कर अंकेक्षण की रूप रेखा बनाना, कहलाता है :

A. संगठनात्मक नियन्त्रण
B. लेखाकर्म नियन्त्रण

C. प्रबन्धकीय नियन्त्रण
D. प्रशासनिक नियन्त्रण

**27.** आन्तरिक नियन्त्रण का स्वरूप नहीं है :

A. संगठनात्मक नियन्त्रण
B. लेखाकर्म नियन्त्रण

C. प्रबन्धकीय नियन्त्रण
D. प्रशासनिक नियन्त्रण

**28.** ''आन्तरिक अंकेक्षण सम्पूर्ण आन्तरिक नियन्त्रण का एक भाग है परन्तु आन्तरिक निरीक्षण का नहीं ....''। यह कथन है :

A. किम्बाल एवं किम्बाल
B. थियो हैमेन

C. स्पाईसर एवं पैगलर
D. हेनरी फेयोल

**29.** आधुनिक परम्परानुसार प्रबन्धकों के कार्य एवं बड़ी धन राशि के कार्यों की कौन-सी जांच आवश्यक है ?

A. परीक्षण जांच
B. सामान्य जांच

C. आंशिक जांच
D. गहन जांच

**30.** वैधानिक अंकेक्षक का कार्य क्षेत्र एवं सीमाएं किस पर निर्भर करती है ?

A. आन्तरिक अंकेक्षण

B. आन्तरिक नियन्त्रण

C. आन्तरिक निरीक्षण प्रणाली की दृढ़ता

D. लेखापाल की योग्यता

**31.** आन्तरिक निरीक्षण प्रणाली की जांच के लिए वैधानिक अंकेक्षक करता है :

A. परीक्षात्मक जांच
B. पूछताछ

C. भौतिक परीक्षण
D. उक्त सभी

**32.** किसके द्वारा की गई गड़बड़ी का पता लगाना कठिन है ?

A. रोकड़िए

B. प्रबन्धक

C. लेखापाल

D. रोकड़िए एवं लेखापाल द्वारा

**33.** किसी भी कर्मचारी को भुगतान किया जाना चाहिए :
   A. प्राप्ति रसीद लेकर      B. नकद
   C. सुपरवाइजर द्वारा      D. इनमें से कोई नहीं

**34.** मजदूरी के लिए आन्तरिक जांच व्यवस्था के अन्तर्गत आता है :
   A. समय-लेखन घड़ी      B. कैश-रजिस्टर
   C. जांच कार्ड      D. उपस्थिति रजिस्टर

**35.** आन्तरिक निरीक्षण के अन्तर्गत नकद प्राप्तियों के लिए निम्न कदम उठाए जाने चाहिए :
   A. दैनिक प्राप्तियों को तत्काल बैंक में जमा करवाना
   B. नकद प्राप्तियों की रसीद देना
   C. व्यवसाय की डाक किसी भी व्यक्ति द्वारा खोलना
   D. रोकड़ बही व खाता बही अलग-अलग व्यक्तियों द्वारा रखना

**36.** व्यवसाय में प्रबन्धकों की ओर से स्थापित नियन्त्रण कहलाता है :
   A. आन्तरिक नियन्त्रण      B. वित्त नियन्त्रण
   C. आन्तरिक निरीक्षण      D. आन्तरिक अंकेक्षण

**37.** आन्तरिक जांच निम्नलिखित में से किस पूर्ण प्रणाली का भाग है ?
   A. आन्तरिक अंकेक्षण      B. आन्तरिक नियन्त्रण
   C. सामयिक अंकेक्षण      D. चालू अंकेक्षण

**38.** उस व्यवस्था को, जिसमें प्रत्येक व्यक्ति द्वारा किया जा रहा लेखा कार्य दूसरों द्वारा स्वतन्त्र रूप से जांचा जाता है, कहा जाता है :
   A. आन्तरिक अंकेक्षण      B. बाह्य अंकेक्षण
   C. आन्तरिक जांच      D. अनुसन्धान

**39.** एक कम्पनी में आन्तरिक अंकेक्षक की नियुक्ति की जाती है :
   A. कम्पनी प्रबन्धकों द्वारा   B. कम्पनी सचिव द्वारा
   C. अंशधारियों द्वारा      D. केन्द्रीय सरकार द्वारा

**40.** आन्तरिक अंकेक्षण के अधिकार और कर्त्तव्य :
   A. कम्पनी अधिनियम द्वारा निर्धारित किए जाते हैं
   B. कम्पनी प्रबन्ध द्वारा निर्धारित किए जाते हैं
   C. भारत के नियन्त्रक एवं महालेखा परीक्षक द्वारा निर्धारित किए जाते हैं
   D. अंशधारियों द्वारा निर्धारित किए जाते हैं

**41.** आन्तरिक जांच की जाती है :
   A. कपटों को रोकने के लिए

**B.** कपटों को खोजने के लिए
   C. गहन अंकेक्षण में सहायता करने के लिए
   D. उक्त सभी के लिए

**42.** आन्तरिक जांच :
   A. पर्याप्त सीमा तक अंकेक्षक के कार्य को कम करती है
   B. पर्याप्त सीमा तक अंकेक्षक के दायित्व को कम करती है
   C. अंकेक्षक के कार्य व दायित्व में से किसी को कम नहीं करती
   D. अंकेक्षक के कार्य व दायित्व दोनों को पर्याप्त सीमा तक कम करती है

**43.** आन्तरिक अंकेक्षण का प्रयोजन है :
   A. संचालकीय आवश्यकताओं की पूर्ति
   B. अंशधारियों की आवश्यकताओं की पूर्ति
   C. प्रबन्ध वर्ग की व्यवसाय को सुचारू आवश्यकताओं की पूर्ति
   D. वैधानिकताएं पूरी करने हेतु

**44.** ''आन्तरिक निरीक्षण व्यवहार में चालू आन्तरिक अंकेक्षण है जो कर्मचारियों द्वारा स्वत: ही किया जाता है ताकि प्रत्येक व्यक्ति का कार्य स्वतन्त्र रूप से दूसरों के द्वारा जांचा जा सके।'' यह कथन किस विद्वान का है ?
   A. डी. पौला      B. स्पाइसर एवं पैगलर
   C. डी.आर. डावर      D. डिक्सी

**45.** आन्तरिक निरीक्षण में सामयिक जांच आवश्यक है क्योंकि:
   A. स्वचालित प्रक्रिया है
   B. स्वचालित प्रक्रिया नहीं है
   C. कम्प्यूटरीकृत प्रक्रिया है
   D. उक्त में से कोई नहीं

**46.** एक प्रभावशाली आन्तरिक निरीक्षण में निम्न में से कौन-सी विशेषता होनी चाहिए ?
   A. सभी क्लर्कों के बीच उनकी योग्यता व क्षमता के अनुसार समस्त कार्य का उचित बंटवारा
   B. किसी लेन देन की सम्पूर्ण कार्यवाही एक ही व्यक्ति द्वारा नियन्त्रित न हो
   C. एक व्यक्ति के कार्य की जांच दूसरे व्यक्ति द्वारा स्वत: ही हो जाए
   D. उपर्युक्त सभी विशेषताएं

**47.** आन्तरिक जांच का मुख्य उद्देश्य है :

A. छल-कपट तथा अशुद्धियों को रोकना तथा व्यवहारों का सही लेखा करना

B. अन्तिम खाते बनाने में सुगमता करना

C. कर्मचारियों की कार्यकुशलता में वृद्धि करना

D. कर्मचारियों के कर्तव्यों व दायित्वों की सीमा निर्धारित करना

**उत्तरमाला**

| 1 | 2 | 3 | 4 | 5 | 6 | 7 | 8 | 9 | 10 |
|---|---|---|---|---|---|---|---|---|---|
| B | C | B | C | D | A | D | C | C | A |

| 11 | 12 | 13 | 14 | 15 | 16 | 17 | 18 | 19 | 20 |
|---|---|---|---|---|---|---|---|---|---|
| D | B | C | D | B | B | C | C | A | C |

| 21 | 22 | 23 | 24 | 25 | 26 | 27 | 28 | 29 | 30 |
|---|---|---|---|---|---|---|---|---|---|
| C | D | A | D | D | A | C | C | D | C |

| 31 | 32 | 33 | 34 | 35 | 36 | 37 | 38 | 39 | 40 |
|---|---|---|---|---|---|---|---|---|---|
| D | D | A | B | C | A | B | C | A | B |

| 41 | 42 | 43 | 44 | 45 | 46 | 47 |
|---|---|---|---|---|---|---|
| A | A | C | A | B | D | D |

---

**1.** सम्पत्तियों पर मूल्य ह्रास की जांच करते समय अंकेक्षक को विशेष ध्यान रखना चाहिए :
   A. मूल्य ह्रास की दर का
   B. मूल्य ह्रास की गणना का
   C. मूल्य ह्रास की विधि का
   D. उपरोक्त सभी का

**2.** सम्पत्तियों के मूल्य में वृद्धि या कमी की जा सकती है :
   A. उन्हें खरीद कर
   B. उन्हें बेच कर
   C. मूल्य को कम या ज्यादा दिखाकर
   D. इनमें से कोई नहीं

**3.** वह आय जो वास्तव में प्राप्त हो गयी है, किन्तु अभी तक कमाई नहीं गई है, कहलाती है :
   A. उपार्जित आय       B. अनुपार्जित आय
   C. सकल आय       D. शुद्ध आय

**4.** उपार्जित आय कहलाती है :
   A. जिसे कमा तो लिया है किन्तु वास्तव में प्राप्त नहीं हुई है
   B. जो वास्तव में प्राप्त हुई है
   C. जो पूर्व में प्राप्त हो गई है
   D. उपरोक्त में से कोई नहीं

**5.** पूर्वदत्त व्यय कहलाता है जिसका :
   A. भुगतान करना बाकी है
   B. भुगतान पहले से ही कर दिया गया है
   C. भुगतान करना बाकी नहीं है
   D. इनमें से कोई नहीं

**6.** चिट्ठा अंकेक्षण से आशय है :
   A. चिट्ठे की सम्पत्तियों का सत्यापन
   B. चिट्ठे के दायित्वों का सत्यापन
   C. चिट्ठे की सम्पत्तियों एवं दायित्वों का प्रमाणकों, प्रपत्रों एवं पुस्तकों के आधार पर सत्यापन
   D. इनमें से कोई नहीं

**7.** उत्पादन संस्थाएं व्यापार खाते को कितने भागों में बांटती है ?
   A. 2       B. 3
   C. 4       D. इनमें से कोई नहीं

**8.** व्यापार खाता बनाने का उद्देश्य है :
   A. विक्रय मूल्य ज्ञात करना
   B. लागत मूल्य ज्ञात करना
   C. बिके माल के लागत मूल्य एवं विक्रय मूल्य में अन्तर ज्ञात करना
   D. व्यापार की स्थिति का पता लगाना

**9.** गैर व्यापारिक संस्थाएं लाभ-हानि खाते के स्थान पर बनाती हैं :
   A. लाभ-हानि समायोजन खाता
   B. आय-व्यय खाता
   C. व्यापार एवं लाभ-हानि खाता
   D. इनमें से कोई नहीं

**10.** लाभ-हानि खाते को कितने भागों में बांटते हैं ?
   A. 2       B. 3
   C. 4       D. इनमें से कोई नहीं

**11.** उत्पादन खाते का अंकेक्षण करते समय जांच की जानी चाहिए :
   A. लागत की सही राशि की
   B. आन्तरिक निरीक्षण प्रणाली की
   C. खतौनी की प्रत्येक प्रविष्टि की
   D. उपरोक्त सभी की

**12.** व्यापार खाते का अंकेक्षण करते समय जांच की जानी चाहिए :
   A. विभिन्न बहियों के शेष हस्तान्तरण की
   B. प्रत्येक खाते की
   C. स्टॉक के मूल्यांकन की
   D. उपरोक्त सभी

**13.** व्यापार खाते में अत्यधिक गड़बड़ी की संभावना रहती है:
   A. बहियों के शेष हस्तान्तरण में
   B. खातों के योगों में

                                     

C. स्टॉक के मूल्यांकन में
D. इनमें से कोई नहीं

**14.** लाभ-हानि खाते का अंकेक्षण करते समय जांच की जानी चाहिए :
A. खातों को बंद करके विभिन्न शीर्षकों में दर्शायी रकम की
B. लेखाकर्म के सिद्धांतों के सही पालन की
C. विभिन्न समायोजनों की
D. उपरोक्त सभी की

**15.** समायोजनों सम्बन्धी लेखों, प्रविष्टियों एवं खतौनी की गहन जांच की जानी चाहिए :
A. व्यापार खाते के अंकेक्षण में
B. लाभ-हानि खाते के अंकेक्षण में
C. चिट्टे के अंकेक्षण में
D. उपरोक्त सभी में

**16.** शुद्ध लाभ की मात्रा के कम या अधिक करने के लिए सहारा लिया जाता है :
A. खातों के शेषों का      B. समायोजनों का
C. खतौनी का              D. सभी का

**17.** लाभ-हानि खाते का अन्तिम भाग क्या कहलाता है ?
A. लाभ-हानि नियोजन खाता
B. चिट्टा
C. समायोजित तलपट
D. इनमें से कोई नहीं

**18.** संचालकों द्वारा लाभ का वितरण उचित प्रकार से अधिकृत रूप से एवं नियमानुसार किया गया है, इस हेतु किया जाता है :
A. लाभ-हानि खाते का अंकेक्षण
B. लाभ-हानि समायोजन खाते का अंकेक्षण
C. अन्तिम खातों का अंकेक्षण
D. चिट्टे का अंकेक्षण

**19.** लाभ-हानि नियोजन या लाभ-हानि समायोजन खाते की जांच करते समय सत्यापन किया जाएगा :
A. संचालकों की सभा की कार्यवाही पुस्तिका का
B. पार्षद अन्तर्नियमों का
C. वार्षिक साधारण सभा की कार्यवाही का
D. उपरोक्त सभी का

**20.** अदत्त व्यय से आशय है :
A. जिन व्ययों का भुगतान करना बाकी है
B. जिन व्ययों का भुगतान करना बाकी नहीं है
C. जिन व्ययों का भुगतान पूर्व में कर दिया गया हो
D. इनमे से कोई नहीं

**उत्तरमाला**

| 1 | 2 | 3 | 4 | 5 | 6 | 7 | 8 | 9 | 10 |
|---|---|---|---|---|---|---|---|---|---|
| D | C | B | A | B | C | B | C | B | B |

| 11 | 12 | 13 | 14 | 15 | 16 | 17 | 18 | 19 | 20 |
|---|---|---|---|---|---|---|---|---|---|
| D | D | C | D | B | B | A | B | D | A |

# 14. प्रमाणन
# (VOUCHING)

1. ''प्रविष्टियों के समर्थन में प्रपत्रिक सबूतों की जांच को प्रायः प्रमाणन कहते हैं'', यह कथन किस विद्वान का है ?
   A. आर.बी. बोस
   B. बॉटली बॉय
   C. आर.के. मौक्ष
   D. आर.जी. विलियम्स

2. ''लेखा-पुस्तकों में लिखे हुए लेखों की शुद्धता एवं अधिकार का सत्यापन प्रमाणन कहलाता है'', यह कथन किस विद्वान का है ?
   A. आर.बी. बोस
   B. बॉटली बॉय
   C. आर.के. मौक्ष
   D. आर.जी. विलियम्स

3. ''प्रारम्भिक लेखे की पुस्तकों में लिखी जाने वाली मदों की सत्यता को जांचना ही प्रमाणन कहलाता है'', यह परिभाषा किस विद्वान ने दी है ?
   A. आर.बी. बोस
   B. बॉटली बॉय
   C. आर.के. मौक्ष
   D. आर.जी. विलियम्स

4. ''प्रमाणन अंकेक्षण की रीढ़ की हड्डी है'', यह कथन किस मुकदमें से सम्बन्धित है ?
   A. मैकसन एण्ड रॉबिन्स इनकॉर्पोरेटेड, मेरीलैण्ड, 1939
   B. हैडले बायरने एण्ड कम्पनी लिमि. का वाद, 1963
   C. लन्दन एण्ड जनरल बैंक विवाद, 1895
   D. आर्मिटेज बनाम ब्रेबर एण्ड नॉट, 1932

5. कौन-सी जांच प्रमाणन का अंग है ?
   A. नैत्यक जांच
   B. भौतिक जांच
   C. परीक्षण जांच
   D. गहन जांच

6. ''प्रमाणन उन प्रमाणों की जांच एवं सत्यापन है जो कि एक लेन-देन की शुद्धता का समर्थन करते हैं तथा सत्यापन योगों की अगले पृष्ठों पर ले जाई गई रकमों की, खतौनी की तथा सम्पत्तियों की विद्यमानता एवं स्वामित्व की शुद्धता का प्रमाण है।'' यह अन्तर किस विद्वान ने किया है ?
   A. डब्ल्यू. डब्ल्यू. विग
   B. आर्थर डब्ल्यू. होम्स
   C. आर.जी. विलियम्स
   D. आर.बी. बोस

7. ''सौदे की सत्यता के प्रमाण में आने वाला कोई भी पत्र प्रमाणक कहलाता है'' यह कथन किस विद्वान का है ?
   A. डब्ल्यू. विग
   B. आर.जी. विलियम्स

C. आर्थर डब्ल्यू. होम्स
D. आर.बी. बोस

8. हिसाब-किताब के लेखों से सम्बन्धित वास्तविक अथवा भौतिक लिखित प्रमाणक कहलाते हैं :
   A. मूल प्रमाणक
   B. गौण प्रमाणक
   C. A और B दोनों
   D. इनमें से कोई नहीं

9. प्रमाणन का सम्बन्ध है :
   A. नकद प्राप्तियों से
   B. रोकड़ नकद भुगतान से
   C. उधार सव्यवहार से
   D. इनमें से सभी

10. गौण प्रमाणक से आशय है :
    A. हिसाब-किताब के लेखों से सम्बन्धित वास्तविक अथवा भौतिक लिखित प्रमाणक
    B. मूल प्रमाणक के खो जाने पर अंकेक्षक द्वारा पत्र-व्यवहार से प्राप्त प्रमाणक
    C. मूल प्रमाणक के खराब हो जाने पर अंकेक्षक द्वारा पत्र व्यवहार से प्राप्त प्रमाणक
    D. B और C तथा मूल प्रमाणक पर संदेह की स्थिति में अंकेक्षक द्वारा पत्र-व्यवहार से प्राप्त प्रमाणक

11. प्रमाणक का आशय है :
    A. खाते की पुस्तकों में की गई प्रविष्टि के समर्थन में दस्तावेज
    B. सप्लायरों से प्राप्त बीजक
    C. ग्राहकों से प्राप्त की गई रोकड़ की एवज में निर्गमित रसीद
    D. इनमें से सभी

12. कितने रूपए से अधिक मूल्य के प्रमाणकों पर स्टॉम्प लगा होना चाहिए ?
    A. 20
    B. 30
    C. 40
    D. 50

13. एक प्रमाणक की जांच करते समय अंकेक्षक को ध्यान रखना चाहिए कि :
    A. प्रमाणक व्यापार से सम्बन्धित हों
    B. प्रमाणक छपे हुए प्रयोग में लाए जाएं
    C. राशि प्राप्तकर्त्ता के हस्ताक्षर स्पष्ट हों

D. 20 रु. से अधिक भुगतान वाले प्रमाणक पर स्टॉम्प लगा हुआ हो

**14.** विक्रेताओं के सारांश पत्र, रोकड़ का विवरण पत्र, कैशमीमों की मीमों आदि प्रमाणक किससे सम्बन्धित है ?

   A. नकद बिक्री       B. उधार बिक्री

   C. देनदारों       D. लेनदारों

**15.** प्रमाणक हो सकता है :

   A. मौखिक       B. लिखित

   C. संकेत मूलक       D. इनमें से कोई नहीं

**16.** प्रमाणक का मुख्य उद्देश्य कौन-सा है ?

   A. तलपट बनाना

   B. नैत्यक जांच करना

   C. लेखों की शुद्धता, सत्यता व अधिकारपूर्णता प्रमाणित करना

   D. प्रमाणकों की जांच करना

**17.** प्रमाणन है :

   A. सम्पत्तियों की जांच    B. सम्पत्तियों का मूल्यांकन

   C. प्रविष्टियों की जांच    D. इनमें से कोई नहीं

**18.** प्राप्त रोकड़ रसीद का प्रतिरूप, बिल बट्टा बही, पास बुक आदि किसके प्रमाणन में काम में लाए जाते हैं ?

   A. नकद बिक्री       B. प्राप्य बिल

   C. देय बिल       D. नकद क्रय

**19.** संचालकों की फीस के प्रमाणन में उपोग में लाए जाने वाले प्रमाणक हैं ?

   A. अन्तर्नियम व कार्यवाही पुस्तिका

   B. उपस्थिति रजिस्टर

   C. अंशधारियों के प्रस्ताव व रसीदें

   D. उक्त सभी

**20.** चालान फार्म, माल प्राप्ति विवरण आदि किसके प्रमाणन में काम आते हैं ?

   A. क्रय बही       B. विक्रय बही

   C. विक्रय वापसी बही    D. क्रय वापसी बही

**21.** बीजकों की नकलें, आदेश प्राप्ति बही, माल प्रेषण पुस्तिका आदि किसके प्रमाणन में काम आती है ?

   A. क्रय बही       B. विक्रय बही

   C. विक्रय वापसी बही    D. क्रय वापसी बही

**22.** जमा-पत्र की प्रतिलिपि, ग्राहक के नाम पत्र, माल आवक पुस्तक आदि किसके प्रमाणन में काम आती है ?

   A. क्रय बही       B. विक्रय बही

   C. विक्रय वापसी बही    D. क्रय-वापसी बही

**23.** ऐसा एकाधिकार क्या कहलाता है जो किसी वस्तु की प्रति प्रस्तुत करने हेतु प्रयोग में लाया जाता है ?

   A. ट्रेडमार्क       B. कॉपीराइट

   C. पेटेण्ट       D. उक्त में से कोई नहीं

**24.** उपस्थिति कार्य व जॉब कार्ड प्रमाणक किसके प्रमाणन हेतु उपयोग में लाया जाता है ?

   A. मजूदरी के प्रमाणन में

   B. संचालकों की फीस के प्रमाणन में

   C. क्रय-बही के प्रमाणन में

   D. स्थायी सम्पत्तियों की बिक्री के प्रमाणन में

**25.** ''ऋण व बैंक जमा पर ब्याज'' के प्रमाणन हेतु उपयोग में लाए जाने वाले प्रमाणक हैं :

   A. ऋण प्रसंविदे, रसीदों के प्रतिपर्ण

   B. ऋण खाते, बैंक विवरण

   C. बैंक पास बुक

   D. A, B, C तीनों

**26.** विनियोगों से आय से सम्बन्धित प्रमाणक हैं :

   A. विनियोग खाते    B. ब्याज प्राप्ति की रसीदें

   C. लाभांश अधिपत्र    D. नीलाम कर्त्ता का विवरण

**27.** प्रमाणन का उद्देश्य नहीं है :

   A. लेखों की सत्यता व शुद्धता प्रमाणित करना

   B. लेखों के अधिकृत होने का ज्ञान कराना

   C. क्रय की गई सम्पत्तियों का समय पर भुगतान कराना

   D. व्यापार से जुड़े लेखों का ज्ञान कराना

**28.** ''प्रमाणन वास्तव में अंकेक्षण की आत्मा है इसके अभाव में अंकेक्षण की कल्पना करना बुद्धिमानी नहीं है,'' कथन है :

   A. आर.बी. बोस       B. बॉटली बॉय

   C. आर.जी. विलियम्स    D. डी. पौला

**29.** कार्यालय किराए के प्रमाणन में यदि संशय हो जाए तो भुगतान की वास्तविकता जांची जाएगी :

   A. रोकड़िए से पूछकर    B. प्रमाणकों को देखकर

   C. पत्र-व्यवहार करके    D. इनमें से कोई नहीं

**30.** यात्रा व्ययों का भुगतान वास्तव में किया गया है इसकी जांच हेतु आवश्यक है, यह देखना कि :

   A. व्यय का भुगतान नियमानुसार हुआ है

   B. प्राप्तकर्त्ता से रसीद प्राप्त कर ली गई है

   C. भुगतान व्यापारिक कार्यों के लिए ही किया गया है

D. संबंधित पक्षों से आवश्यक पत्र-व्यवहार कर वास्तविकता जानना

**31.** वेतन भुगतान अधिकृत है, उसकी जांच के लिए यह देखना आवश्यक है कि :
A. वेतन भुगतान वेतन पुस्तक में लिखा गया है
B. वेतन भुगतान कार्यालय समय में हुआ है
C. वेतन पुस्तक पर उत्तरदायी अधिकारी के हस्ताक्षर हैं
D. इनमें से कोई नहीं

**32.** जर्नल का प्रमाणन करते समय उसमें उल्लेखित लेखों को कितने वर्गों में बांटा जा सकता है ?
A. 2   B. 4
C. 6   D. 8

**33.** प्रमाणन के सम्बन्ध में एक अंकेक्षक को निम्न बात ध्यान में नहीं रखनी चाहिए :
A. प्रमाणक उचित फाइल हो
B. प्रमाण-पत्रों का लेखों से मिलान हो
C. पुस्तकों के योगों एवं लेखों की खतौनी की जांच हो
D. सभी प्रमाणक कम्प्यूटराइज्ड हों

**34.** निम्न में से किस पुस्तक में भूल-सुधार के लेखे किए जाते हैं :
A. क्रय-पुस्तक   B. प्राप्य बिल पुस्तक
C. विक्रय पुस्तक   D. जर्नल

**35.** किसी फर्म के द्वारा बड़े भुगतान का सर्वोत्तम उपाय निम्न में से कौन-सा है ?
A. नकदी के द्वारा   B. साधारण चैक के द्वारा
C. रेखांकित चैक के द्वारा D. विनिमय पत्र के द्वारा

## उत्तरमाला

| 1 | 2 | 3 | 4 | 5 | 6 | 7 | 8 | 9 | 10 |
|---|---|---|---|---|---|---|---|---|---|
| C | A | B | D | A | B | C | A | D | D |
| **11** | **12** | **13** | **14** | **15** | **16** | **17** | **18** | **19** | **20** |
| A | A | D | A | B | D | C | B | D | A |
| **21** | **22** | **23** | **24** | **25** | **26** | **27** | **28** | **29** | **30** |
| B | C | B | A | D | D | C | D | C | C |
| **31** | **32** | **33** | **34** | **35** | | | | | |
| C | D | D | D | C | | | | | |

# 15. मूल्य ह्रास, आयोजन एवं संचय
## (DEPRECIATION, PROVISION AND RESERVE)

**1.** किस वाद में यह निर्णय दिया गया कि पार्षद अन्तर्नियम में व्यवस्था न होने पर नाशवान सम्पत्तियों पर ह्रास काटना आवश्यक नहीं है ?
   A. ली बनाम न्यूशैटेल कम्पनी लि., 1989
   B. कैब्ट्री थोमस बनाम कैब्ट्री, 1912
   C. विल्मर बनाम मैकनमारा एण्ड कम्पनी लि., 1895
   D. बॉण्ड बनाम बैरो हेमेटाइट कम्पनी लि., 1902

**2.** किस धारा के अनुसार कम्पनी ह्रास की व्यवस्था किए बिना लाभांश घोषित नहीं कर सकती है ?
   A. धारा 203       B. धारा 204
   C. धारा 205       D. धारा 206

**3.** ज्ञात हानि तथा दायित्व की व्यवस्था के लिए किया गया प्रावधान कहलाता है :
   A. आयोजन          B. संचय
   C. लाभगत संचय     D. पूंजीगत संचय

**4.** आयोजन का उदाहरण है :
   A. डूबत तथा संदिग्ध ऋण के लिए आयोजन
   B. देनदारों पर छूट के लिए आयोजन
   C. मरम्मत एवं नवीनीकरण हेतु आयोजन
   D. उक्त सभी

**5.** अज्ञात हानि की पूर्ति करने, कार्यशील पूंजी को बढ़ाने या आर्थिक स्थिति की सुदृढ़ता हेतु किया गया राशि प्रावधान कहलाता है :
   A. संचय           B. गुप्त संचय
   C. पूंजीगत संचय    D. लाभगत संचय

**6.** वे राशियां जो लाभांश वितरण में काम नहीं आती हैं, कहलाती है ?
   A. संचय           B. गुप्त संचय
   C. पूंजीगत संचय    D. लाभगत संचय

**7.** किसका प्रावधान करना अनिवार्य है ?
   A. आयोजन          B. संचय
   C. लाभगत संचय     D. पूंजीगत संचय

**8.** Capital Redemption Reserve उदाहरण है :
   A. संचय का        B. गुप्त संचय का
   C. पूंजीगत संचय का    D. लाभगत संचय का

**9.** किसका उपयोग पूंजीगत हानियों को अपलिखित करने व बोनस अंश को निर्गमित करने में किया जाता है ?
   A. संचय का        B. पूंजीगत संचय का
   C. गुप्त संचय का   D. लाभगत संचय का

**10.** लाभों में से एक हिस्सा किसी विशेष कार्य के लिए बचाकर किस संचय में हस्तान्तरित किया जाता है ?
   A. संचय कोष       B. लाभगत संचय
   C. विशेष संचय     D. पूंजीगत संचय

**11.** किस प्रकार के लाभगत संचय का उपयोग लाभांश वितरण में नहीं किया जा सकता है ?
   A. गुप्त संचय      B. सामान्य संचय
   C. विशेष संचय      D. पूंजीगत संचय

**12.** ''लाभांश समानीकरण संचय'' किस संचय का उदाहरण है ?
   A. पूंजीगत संचय    B. विशेष संचय
   C. लाभगत संचय      D. गुप्त संचय

**13.** यदि कम्पनी आयगत लाभों का आयोजन सम्पत्ति प्रतिस्थापन के साथ क्रेडिट करती है साथ ही उसका उद्देश्य पूंजीगत उद्देश्यों के लिए होता है तो ऐसा संचय कहलाता है :
   A. पूंजीगत संचय    B. विशेष संचय
   C. लाभगत संचय      D. गुप्त संचय

**14.** चिट्ठे में प्रदर्शित नहीं किया गया संचय कहलाता है :
   A. गुप्त संचय      B. विशेष संचय
   C. लाभगत संचय      D. संचय कोष

**15.** लाभ तथा लाभांशों में सन्तुलन बनाए रखने के लिए किस प्रकार की कम्पनी के लिए गुप्त संचय बनाया जाना अनिवार्य है ?
   A. सीमेण्ट कम्पनी      B. इस्पात उद्योग

C.  ग्वार–गम उद्योग        D.  बैंकिंग कम्पनी

**16.** गुप्त संचय किस उद्देश्य से बनाया जाता है ?
A.  लाभों तथा लाभांशों में सन्तुलन बनाए रखने के लिए
B.  व्यवसाय की आन्तरिक स्थिति मजबूत करने के लिए
C.  प्रबन्धकों की कमजोरी को छिपाने के लिए
D.  उक्त सभी के लिए

**17.** कौन–सा संचय उन लाभों को व्यक्त करता है जो अंशधारियों के वितरण हेतु उपल्ब्ध रहते हैं ?
A.  लाभगत संचय          B.  पूंजीगत संचय
C.  विशेष संचय           D.  गुप्त संचय

**18.** गुप्त संचय बनाने की विधि नहीं है :
A.  अन्तिम स्टॉक का कम मूल्यांकन
B.  अन्तिम स्टॉक का अधिक मूल्यांकन
C.  पूंजीगत खर्चों को लाभगत मानकर
D.  विनियोगों को वास्तविक मूल्य से कम पर दिखाना

**19.** ''गुप्त संचय के निर्माण की सूचना अंशधारियों को देना अंकेक्षक का दायित्व है'', ऐसा निर्णय किस वाद में दिया गया ?
A.  न्यूटन बनाम बर्मिंघम, 1906
B.  शुभदासनी बनाम पोचकनवाला, 1927
C.  रॉयल मेल स्टीम पैकेट कं. लि., 1931
D.  ली बनाम न्यूशैटल कम्पनी लि., 1989

**20.** ''गुप्त संचय को चिट्ठे में दर्शाया जाना चाहिए'' ऐसा निर्णय किस वाद में लिया गया ?
A.  न्यूटन बनाम बर्मिंघम, 1906
B.  शुभदासनी बनाम पोचकनवाला, 1927
C.  रॉयल मेल स्टीम पैकेट कं. लि., 1931
D.  ली बनाम न्यूशैटल कम्पनी लि., 1989

**21.** किन कम्पनियों को गुप्त संचय बनाने की वैधानिक मान्यता प्राप्त है ?
A.  बैंकिंग कम्पनी         B.  बीमा कम्पनी
C.  विद्युत कम्पनी         D.  उक्त सभी

**22.** '' अंकेक्षक को कभी भी गुप्त संचय में से लाभांश बांटने की अनुमति नहीं देनी चाहिए। यदि कोई कम्पनी ऐसा करे तो वह रिपोर्ट में उल्लेख करें'', ऐसा निर्णय किस वाद में लिया गया ?
A.  न्यूटन बनाम बर्मिंघम, 1906
B.  शुभदासनी बनाम पोचकनवाला, 1927

C.  रॉयल मेल स्टीम पैकेट कं. लि., 1931
D.  ली बनाम न्यू शैटल कं. लि., 1989

**23.** बैंकिंग, बीमा व विद्युत कम्पनी को छोड़कर अन्य कम्पनियां गुप्त संचय का निर्माण कैसे कर सकती है ?
A.  ख्याति की अपलिखित करके
B.  स्थायी सम्पत्तियों का बाजार मूल्य उनके पुस्तक मूल्य से बढ़ जाने पर
C.  A और B दोनों
D.  अन्तिम स्टॉक का कम मूल्यांकन

**24.** गुप्त संचय का लाभ नहीं है :
A.  अंशों का बाजार मूल्य कम हो जाता है
B.  प्रतिद्वन्द्वियों को धोखा दिया जा सकता है
C.  आकस्मिक हानियों की पूर्ति कर संस्था की साख को बचाए रखा जा सकता है
D.  कार्यशील पूंजी मे बढ़ोत्तरी होती है

**25.** गुप्त संचय से हानि नहीं है :
A.  संचालक द्वारा अनुचित लाभ उठाया जाता है
B.  दुर्घटना की स्थिति में बीमा कम्पनी से कम राशि की प्राप्ति होती है
C.  लाभांश की दर प्रतिवर्ष समान रहती है
D.  लाभ कम होने से लाभांश की दर न्यून रहती है

**26.** 5000 या इससे कम मूल्य की मदों पर शत प्रतिशत ह्रास की व्यवस्था कम्पनी अधिनियम की किस अनुसूची में है ?
A.  12                   B.  13
C.  14                   D.  15

**27.** पशुधन पर ह्रास लगाने के लिए कौन–सी पद्धति उपयुक्त मानी जाती है ?
A.  पुनर्मूल्यांकन पद्धति    B.  प्रयोग पद्धति
C.  बीमा पॉलिसी विधि      D.  वार्षिक वृत्ति विधि

**28.** किस पद्धति के अन्तर्गत एक निश्चित राशि मूल्य ह्रास के रूप में P & L A/C संचय कोष खाते में जमा की जाती है :
A.  वार्षिक वृत्ति विधि     B.  संचय कोष विधि
C.  बीमा पॉलिसी विधि     D.  ह्रासित प्रभाग विधि

**29.** गुप्त संचय की रचना निम्नलिखित में से किसके द्वारा की जाती है ?
A.  दायित्वों का अधिमूल्यन
B.  सम्पत्तियों का कम मूल्यांकन

C. स्टॉक का अधिमूल्यन

D. A और B दोनों

**30.** ''ह्रास सम्पत्ति के मूल्य में प्रयोग के कारण होने वाली कमी है'' यह कथन किसका है ?

A. स्पाइसर एवं पैगलर    B. कार्टर

C. आर.जी. विलियम्स    D. बॉटली बॉय

**31.** ''ह्रास व्यापार में सम्पत्तियों के प्रयोग से घिसावट व क्षय के कारण होने वाली सम्पत्तियों के मूल्य में स्थायी कमी को बतलाता है'' यह परिभाषा किस विद्वान ने दी है ?

A. स्पाइसर एवं पैगलर    B. कार्टर

C. आर.जी. विलियम्स    D. बॉटली बॉय

**32.** प्रयोग में लाने से, समय बीतने से तथा प्राकृतिक प्रभावों के कारण सम्पत्ति के मूल्य में जो कमी आती है, उसे कहते हैं :

A. ह्रास    B. अप्रचलन

C. उच्चावचन    D. उक्त सभी

**33.** नये आविष्कारों के आने से सम्पत्ति के मूल्यों में होने वाली हानि कहलाती है :

A. ह्रास    B. अप्रचलन

C. उच्चावचन    D. उक्त सभी

**34.** सम्पत्तियों के मूल्य में परिवर्तन होने पर जो हानि होती है, उसे कहते हैं :

A. ह्रास    B. अप्रचलन

C. उच्चावचन    D. उक्त सभी

**35.** ह्रास का स्वभाव है :

A. सम्पत्ति के मूल्य में धीरे-धीरे क्रमिक गिरावट आना

B. सम्पत्ति के मूल्यों में तुरन्त कमी आ जाना

C. सम्पत्ति के मूल्यों में तुरन्त कमी व बढ़ोत्तरी आना

D. इनमें से कोई नहीं

**36.** अप्रचलन का स्वभाव है :

A. सम्पत्ति के मूल्य में धीरे-धीरे क्रमिक गिरावट आना

B. सम्पत्ति के मूल्यों में तुरन्त कमी आ जाना

C. सम्पत्ति के मूल्यों में तुरन्त कमी व बढ़ोत्तरी आना

D. इनमें से कोई नहीं

**37.** उच्चावन का स्वभाव है :

A. सम्पत्ति के मूल्य में धीरे-धीरे क्रमिक गिरावट आना

B. सम्पत्ति के मूल्यों में तुरन्त कमी आ जाना

C. सम्पत्ति के मूल्यों में तुरन्त कमी व बढ़ोत्तरी आना

D. इनमें से कोई नहीं

**38.** निम्न में से लाभगत व्यय अथवा हानि है :

A. ह्रास

B. अप्रचलन के कारण होने वाली हानि

C. उच्चावचन के कारण चल सम्पत्तियों की हानि

D. A तथा B दोनों

**39.** निम्न में से पूंजीगत हानि है :

A. ह्रास

B. अप्रचलन के कारण होने वाली हानि

C. उच्चावचन के कारण चल सम्पत्तियों की हानि

D. उच्चावचन में स्थायी सम्पत्तियों की हानि

**40.** मूल्य ह्रास का कारण है :

A. सम्पत्तियों का प्रयोग

B. बाजार मूल्य में स्थायी कमी हो जाने पर

C. अप्रचलन

D. उक्त सभी

**41.** मूल्य ह्रास आयोजन की आवश्यकता किस कारण से है ?

A. लाभांश का पूंजी में से वितरण रोकने के लिए

B. उत्पादन व्ययों का सही लेखा करने के लिए

C. सम्पत्ति का प्रतिस्थापन करने के लिए

D. उक्त सभी कारण से

**42.** ह्रास की रकम निर्धारित करते समय ध्यान रखा जाना चाहिए :

A. सम्पत्ति का लागत मूल्य

B. सम्पत्ति की कार्यविधि व अवशिष्ट मूल्य

C. वैधानिक नियम

D. नये आविष्कार की सम्भावना का ध्यान न रखा जाना

**43.** सम्पत्ति के सम्बन्ध में एक निश्चित राशि प्रति वर्ष किस विधि के अन्तर्गत ह्रास के रूप में अपलिखित की जाती है ?

A. स्थायी किस्त पद्धति

B. क्रमागत ह्रास पद्धति

C. वर्षों के अंकों की योग विधि

D. ह्रास कोष विधि

**44.** स्थायी किस्त पद्धति में किस बात का ध्यान रखा जाता है ?

A. सम्पत्ति का लागत मूल्य

B. सम्पत्ति का उपयोगी जीवन काल

C.  सम्पत्ति का अवशिष्ट मूल्य

D.  उक्त सभी

**45.** किस विधि के अन्तर्गत सम्पत्ति के घटे हुए मूल्य पर एक निश्चित दर से ह्रास काटा जाता है ?

A.  ह्रास कोष विधि

B.  ह्रासित प्रभाव विधि

C.  वार्षिक वृत्ति विधि

D.  प्रयोग विधि

**46.** किस विधि के अन्तर्गत सम्पत्ति के लागत मूल्य के साथ उस पर एक निश्चित दर से ब्याज भी अपलिखित किया जाता है :

A.  ह्रास कोष विधि

B.  वार्षिक वृत्ति विधि

C.  बीमा पॉलिसी विधि

D.  ह्रासित प्रभाग विधि

**47.** किस विधि के अन्तर्गत सम्पत्ति के पूर्णत: बेकार हो जाने पर इतनी रोकड़ एकत्रित कर ली जाती है ताकि नई सम्पत्ति का क्रय किया जा सके :

A.  ह्रास कोष विधि

B.  वार्षिक वृत्ति विधि

C.  बीमा पॉलिसी विधि

D.  ह्रासित प्रभाग विधि

**48.** वर्ष के आरम्भ में तथा अन्त में सम्पत्तियों का मूल्य आंककर,

उनका अन्तर किस विधि के अन्तर्गत ह्रास माना जाता है:

A.  ह्रास कोष विधि

B.  ह्रासित प्रभाग विधि

C.  पुनर्मूल्यांकन विधि

D.  वार्षिक वृत्ति विधि

**49.** छोटे औजारों पर ह्रास लगाने की कौन-सी विधि उपयुक्त मानी जाती है ?

A.  ह्रास कोष विधि

B.  पुनर्मूल्यांकन विधि

C.  वार्षिक वृत्ति विधि

D.  प्रयोग विधि

**50.** क्षयशील सम्पत्तियों के लिए ह्रास की कौन सी विधि उपयुक्त मानी जाती है ?

A.  प्रयोग विधि

B.  पुनर्मूल्यांकन विधि

C.  रिक्त इकाई विधि

D.  बीमा पॉलिसी विधि

**51.** मूल्य ह्रास के सम्बन्ध में अंकेक्षक को किस बात का ध्यान रखना चाहिए ?

A.  प्रबन्धकों के कार्यों की जांच

B.  मूल्य ह्रास पद्धति के औचित्य की जांच

C.  कम्पनी अधिनियम व अन्तर्नियम की जांच

D.  उक्त सभी

**उत्तरमाला**

| 1 | 2 | 3 | 4 | 5 | 6 | 7 | 8 | 9 | 10 |
|---|---|---|---|---|---|---|---|---|---|
| A | C | A | D | A | C | A | C | B | C |
| **11** | **12** | **13** | **14** | **15** | **16** | **17** | **18** | **19** | **20** |
| C | B | A | A | D | D | A | B | A | B |
| **21** | **22** | **23** | **24** | **25** | **26** | **27** | **28** | **29** | **30** |
| D | C | C | A | C | C | A | B | D | A |
| **31** | **32** | **33** | **34** | **35** | **36** | **37** | **38** | **39** | **40** |
| D | A | B | C | A | B | C | D | B | D |
| **41** | **42** | **43** | **44** | **45** | **46** | **47** | **48** | **49** | **50** |
| D | D | A | D | B | B | A | C | B | C |
| **51** | | | | | | | | | |
| D | | | | | | | | | |

# 16. सम्पत्तियों एवं दायित्वों का सत्यापन एवं मूल्यांकन (VERIFICATION AND VALUATION OF ASSETS AND LIABILITIES)

**1.** इनमें से संदिग्ध दायित्व की श्रेणी में नहीं आता है :
   A. भुनाए गए अपरिपक्व बिल
   B. संचयी पूर्वाधिकार अंशों पर लाभांश बकाया
   C. दूसरों की ओर से दी गई जमानत
   D. चुकाया गया किराया

**2.** ऐसे दायित्व जिनके देय होने या न होने के बारे में कोई अनुमान नहीं लगाया जा सकता, कहलाते हैं :
   A. पूर्ण दायित्व          B. संदिग्ध दायित्व
   C. सीमित दायित्व         D. असीमित दायित्व

**3.** निर्माणी संस्थाओं द्वारा निर्मित वस्तुओं के छोटे स्वरूप या आलेख कहलाते हैं :
   A. परिपत्र               B. सूचीपत्र
   C. मूल्य सूचियां          D. नमूने

**4.** 'नवीनीकरण की वार्षिक फीस' खर्चा है :
   A. पूंजीगत               B. आयगत
   C. स्थगित आयगत          D. इनमें से कोई नहीं

**5.** क्रय-शुदा पेटेन्ट की जांच के लिए अवलोकन करना चाहिए :
   A. सरकार से प्राप्त प्रमाण-पत्र का
   B. प्रबन्धकों से प्राप्त प्रमाण-पत्र का
   C. पंजीकृत समझौते का
   D. इनमें से कोई नहीं

**6.** स्वामित्व स्वत्व अधिकार की जांच का आधार होता है :
   A. सरकार से प्राप्त प्रमाण-पत्र
   B. प्रबन्धकों का प्रमाण-पत्र
   C. सचिव का प्रमाण-पत्र
   D. इनमें से कोई नहीं

**7.** सामान्यतः पेटेन्ट अधिकार कितने वर्षों के लिए होता है ?
   A. 5                     B. 10
   C. 15                    D. 16

**8.** किसी व्यक्ति द्वारा आविष्कृत वस्तु को उसके स्वयं के द्वारा विक्रय करने या उसके अधिकार को बेचने का अधिकार कहलाता है :
   A. पेटेन्ट               B. कॉपी राइट
   C. ट्रेडमार्क            D. इनमें से कोई नहीं

**9.** फुटकर औजारों का मूल्यांकन किया जाता है :
   A. पुनर्मूल्यांकन विधि से   B. लागत मूल्य पर
   C. बाजार मूल्य पर        D. इनमें से कोई नहीं

**10.** 'रोकड़ राशि मार्ग' में किससे सत्यापन किया जाता है ?
   A. रोकड़ बही से
   B. बैंक पास बुक से
   C. पोस्ट ऑफिस से
   D. शाखाओं द्वारा प्रेषित विवरण से

**11.** उत्पादित वस्तु के किसी नाम या चिह्न का सरकार से रजिस्ट्रेशन करवाना कहलाता है :
   A. पेटेन्ट               B. ट्रेडमार्क
   C. कॉपी राइट            D. पंजीयन

**12.** ट्रेडमार्क को चिट्ठे में दिखाया जाता है :
   A. सम्पत्ति पक्ष में      B. दायित्व पक्ष में
   C. दोनों पक्षों में        D. नहीं दिखाया जाता

**13.** पशुओं के मूल्य के सम्बन्ध में अंकेक्षक को प्रमाण पत्र लेना चाहिए :
   A. प्रबन्धकों से          B. विशेषज्ञों से
   C. सचिव से              D. इनमें से कोई नहीं

**14.** पशुओं की आयु का मूल्यांकन करना चाहिए :
   A. अनुमानित आयु विधि   B. औसत आयु विधि
   C. पुनर्मूल्यांकन विधि     D. इनमें से कोई नहीं

**15.** क्षयी सम्पत्तियों से तात्पर्य है :
   A. जिनके मूल्य में कमी आती है
   B. निरंतर प्रयोग के कारण जिनके मूल्य में कमी आती है
   C. बाजार मूल्य जिनका कम हो जाता है
   D. इनमें से कोई नहीं

**16.** क्षय के लिए आयोजन को चिट्टे के किस पक्ष में दिखाया जाता है ?
   A. सम्पत्ति पक्ष में     B. दायित्व पक्ष में
   C. लेखा नहीं किया जाता D. इनमें से कोई नहीं

**17.** सभी सम्पत्तियों को पुस्तकों में दिखाना चाहिए :
   A. लागत मूल्य पर     B. बाजार मूल्य पर
   C. विक्रय मूल्य पर    D. इनमें से कोई नहीं

**18.** स्टॉक का मूल्यांकन प्रभावित करता है :
   A. लाभ-हानि खाते को
   B. व्यापार एवं लाभ-हानि खाते को
   C. लाभ-हानि खाते एवं चिट्टे को
   D. इनमें से कोई नहीं

**19.** ''स्टॉक अधिकतर लागत मूल्य या बाजार मूल्य जो भी दोनों में कम हों, पर मूल्यांकित किया जाता है।'' यह कथन है :
   A. डी. पाल     B. हेनरी फेयोल
   C. पीगू     D. हेन्स

**20.** कच्चे माल का मूल्यांकन किस मूल्य पर होता है ?
   A. लागत मूल्य पर     B. क्रय मूल्य पर
   C. बाजार मूल्य पर    D. इनमें से कोई नहीं

**21.** नकद गल्ले की जांच में दोषी पाए जाने पर लापरवाही का दोषी माना जाएगा :
   A. रोकड़िया     B. पेटी रोकड़िया
   C. अंकेक्षक     D. सचिव

**22.** बैंक समाधान विवरण बनाने का उद्देश्य है :
   A. खातों की जांच करना
   B. बैंक खाते की जांच करना
   C. कैश बुक एवं पास बुक के शेषों के परस्पर मिलान हेतु
   D. इनमें से कोई नहीं

**23.** सत्यापन का कार्य किया जाता है :
   A. अंकेक्षक द्वारा     B. सचिव द्वारा
   C. संस्था प्रबन्धक द्वारा   D. इनमें से कोई नहीं

**24.** मूल्यांकन का कार्य किया जाता है :
   A. सचिव द्वारा     B. अंकेक्षक द्वारा
   C. प्रबन्ध द्वारा     D. कर्मचारी द्वारा

**25.** सत्यापन हेतु संस्था में विद्यमान रहते हैं :
   A. कर्मचारी     B. प्रबन्धक
   C. आवश्यक प्रमाण    D. सचिव

**26.** मूल्यांकन हेतु निर्भर रहना पड़ता है :
   A. अंकेक्षक पर     B. प्रबन्धकों पर
   C. कर्मचारियों पर    D. लेखा-पुस्तकों पर

**27.** मूल्यांकन है :
   A. सत्यापन का ही एक तत्व
   B. सत्यापन का ही एक तत्व एवं आवश्यक भाग
   C. सत्यापन का विकल्प
   D. सत्यापन ही मूल्यांकन का एक भाग है

**28.** जब सम्पत्तियों के अस्तित्व की जांच हेतु भौतिक परीक्षण संभव नहीं होता है तो अंकेक्षक को लेना पड़ता है :
   A. सचिव से प्रमाण पत्र
   B. प्रबन्धक से प्रमाण पत्र
   C. वरिष्ठ कर्मचारी से प्रमाण-पत्र
   D. कुछ भी नहीं

**29.** अंकेक्षक के कर्तव्यों में सम्मिलित नहीं है:
   A. खातों की जांच करना
   B. सम्पत्तियों का सत्यापन करना
   C. दायित्वों का सत्यापन करना
   D. संस्था के कर्मचारी से कार्य कराना

**30.** अंकेक्षक नहीं है :
   A. अंकेक्षणकर्त्ता     B. मूल्यांकनकर्त्ता
   C. जांचकर्त्ता     D. इनमें से कोई नहीं

**31.** पूर्ण जांच करने के बाद भी यदि अंकेक्षक को मूल्यांकन के सम्बन्ध में कोई संदेह रहता है तो उसे इसका उल्लेख करना चाहिए :
   A. सचिव से     B. प्रबन्धक से
   C. अपनी रिपोर्ट में    D. उनमें से कोई नहीं

**32.** कोई व्यवसाय खरीदने पर क्रय की गई ख्याति का मूल्यांकन किया जाना चाहिए :
   A. क्रय प्रसंविदे के आधार पर
   B. बाजार मूल्य पर
   C. प्रबन्धकों के निर्देशों पर
   D. इनमें से कोई नहीं

**33.** सम्पत्तियों एवं दायित्वों की विद्यमानता, स्वामित्व एवं मूल्य की जांच कहलाती है :
   A. सत्यापन     B. मूल्यांकन
   C. अंकेक्षण     D. इनमें से कोई नहीं

**34.** चिट्ठे में प्रदर्शित सम्पत्तियों एवं दायित्वों की उचित जांच कहलाती है :

    A. सत्यापन        B. मूल्यांकन

    C. अंकेक्षण      D. इनमें से कोई नहीं

**35.** सत्यापन की पूर्णता हेतु आवश्यक होता है :

    A. मूल्यांकन करना     B. प्रमाणन करना

    C. अंकेक्षण करना     D. इनमें से कोई नहीं

**36.** ''सम्पत्तियों के उपयोगिता काल में उनके प्रारम्भिक मूल्यों को समान रूप में बांटना ही मूल्यांकन कहलाता है।'' यह कथन है :

    A. विलियम्स का     B. हैन्सन का

    C. बॉटली बॉय का    D. डब्ल्यू. विग का

**37.** सत्यापन का उद्देश्य नहीं होता है :

    A. सम्पत्तियों के अस्तित्व, स्वत्वाधिकार एवं अधिग्रहण की जांच करना

    B. सम्पत्तियों पर प्रभार की जांच करना

    C. सम्पत्तियों का उचित मूल्यांकन करना

    D. सम्पत्तियों को कार्यालय प्रयोग में लेना

**38.** सामान्यतया सम्पत्तियों को कितने भागों में बांटते हैं ?

    A. 2            B. 3

    C. 4            D. 5

**39.** सम्पत्तियों के सत्यापन से आशय है :

    A. सम्पत्तियों का मूल्यांकन

    B. सम्पत्तियों के स्वामित्व

    C. सम्पत्तियों के स्वत्व, विद्यमानता एवं अधिग्रहण

    D. उपरोक्त सभी

**40.** एक अंकेक्षक दायित्वों की जांच में देखता है कि :

    A. सभी दायित्व स्पष्ट रूप से चिट्ठे में दिखाए गए हैं

    B. सभी दायित्व संस्था से सम्बन्धित हैं

    C. सभी दायित्व सही एवं अधिकृत हैं

    D. उपरोक्त सभी

### उत्तरमाला

| 1 | 2 | 3 | 4 | 5 | 6 | 7 | 8 | 9 | 10 |
|---|---|---|---|---|---|---|---|---|---|
| D | B | D | B | C | A | D | A | A | D |

| 11 | 12 | 13 | 14 | 15 | 16 | 17 | 18 | 19 | 20 |
|---|---|---|---|---|---|---|---|---|---|
| B | A | B | C | B | B | A | C | A | A |

| 21 | 22 | 23 | 24 | 25 | 26 | 27 | 28 | 29 | 30 |
|---|---|---|---|---|---|---|---|---|---|
| C | C | A | C | C | B | B | B | D | B |

| 31 | 32 | 33 | 34 | 35 | 36 | 37 | 38 | 39 | 40 |
|---|---|---|---|---|---|---|---|---|---|
| C | A | A | B | A | B | D | D | D | D |

# 17. निजी संस्थाओं एवं साझेदारी फर्मो के लेखों का अंकेक्षण (AUDIT OF SOLE TRADE AND PARTNERSHIP FIRMS)

**1.** अवकाश ग्रहण करने वाले साझेदार द्वारा अंकेक्षण करवाने पर किस बात का ध्यान रखा जाता है ?

A. सम्पत्तियों व दायित्वों के पुनर्मूल्यांकन का

B. अवकाश ग्रहण पर संलेख के प्रावधानों का

C. अवग्रहण ग्रहण की तिथि के लाभ–हानि का

D. उक्त सभी का

**2.** निष्क्रिय साझेदारों के हितों के लिए अंकेक्षक किस बात का ध्यान रखता है ?

A. पूंजीगत व आयगत व्ययों में अन्तर का

B. संचय व आयोजन में हस्तान्तरित राशि के औचित्य का

C. सक्रिय साझेदार के वेतन, कमीशन आदि का

D. उक्त सभी का

**3.** व्यवसाय के स्वामी द्वारा अनुबन्ध के अन्तर्गत लेखों की शुद्धता की जांच हेतु किया जाने वाला ऐच्छिक अंकेक्षण कहलाता है :

A. अनुबन्ध अंकेक्षण    B. वैधानिक अंकेक्षण

C. पूर्ण अंकेक्षण    D. निष्पत्ति अंकेक्षण

**4.** निजी सीमित कम्पनी का वैधानिक अंकेक्षक अपनी रिपोर्ट प्रस्तुत करने को कर्तव्य बाध्य है :

A. वित्तीय संस्थाओं को

B. कम्पनी रजिस्ट्रार के माध्यम से सरकार को

C. प्रबन्ध संचालक को

D. अंशधारियों को

**5.** साझेदारी का पंजीयन :

A. ऐच्छिक है

B. साझेदारी अधिनियम के अन्तर्गत अनिवार्य है

C. भारतीय आयकर अधिनियम के अन्तर्गत अनिवार्य है

D. समितियों के पंजीयन अधिनियम के अन्तर्गत अनिवार्य है

**6.** साझेदारी संस्था के लेखों का अंकेक्षण निम्नलिखित द्वारा

निर्धारित किया गया है :

A. भारतीय साझेदारी अधिनियम

B. कम्पनी अधिनियम

C. C.A. Act

D. उक्त में से कोई नहीं

**7.** एक साझेदारी फर्म के अंकेक्षक के कर्तव्यों का निर्धारण होता है :

A. भारतीय साझेदारी अधिनियम, 1932 द्वारा

B. C.A. Act, 1949 द्वारा

C. भारतीय आयकर अधिनियम, 1961 द्वारा

D. अंकेक्षक एवं फर्म के मध्य प्रसंविदा द्वारा

**8.** अपने कर्तव्यों का पालन न करने पर (नियुक्ति स्वीकार करने से पूर्व) अंकेक्षक दोषी होगा :

A. फर्म का

B. व्यावसायिक दुराचरण का

C. लेखा-पुस्तकों की जांच का

D. उक्त में से कोई नहीं

**9.** सम्बन्धित पक्षों से अंकेक्षक द्वारा सूचना एवं स्पष्टीकरण मांगने पर यदि वे प्राप्त नहीं होते हैं तो अंकेक्षक को इसका उल्लेख करना चाहिए :

A. लेखा-पुस्तकों में    B. सचिव को

C. प्रबन्धकों को    D. अपनी रिर्पोट में

**10.** निजी अंकेक्षक को निम्न में से अधिकार नहीं है :

A. सभी लेखा पुस्तकों की जांच करना

B. फर्म की सम्पत्ति का उपयोग करना

C. पारिश्रमिक प्राप्त करना

D. स्पष्टीकरण एवं सूचनाएं उपलब्ध न करने पर

**11.** एकाकी स्वामित्व वाली संस्था का अंकेक्षण कहलाता है :

A. अनिवार्य अंकेक्षण    B. ऐच्छिक अंकेक्षण

C. निष्पत्ति अंकेक्षण    D. पूर्ण अंकेक्षण

**12.** निजी अंकेक्षण में अंकेक्षण के अधिकार व कर्त्तव्य निर्धारित

होते हैं :

A. समझौते द्वारा      B. न्यायालय द्वारा

C. विधान द्वारा      D. उक्त सभी द्वारा

**13.** निजी कम्पनी का अंकेक्षक है :

A. चार्टर्ड लेखापाल होना आवश्यक नहीं है

B. चार्टर्ड लेखापाल होना चाहिए

C. चार्टर्ड लेखापाल अथवा कॉस्ट एकाउण्टेण्ट होना चाहिए

D. व्यवसाय प्रशासन में स्नातकोत्तर होना चाहिए

**14.** किसी साझेदारी फर्म के खातों के अंकेक्षण का मुख्य उद्देश्य :

A. संविधिक औपचारिकताएं पूरी करना है

B. लाभों में वृद्धि करना है

C. साख में वृद्धि करना है

D. अशुद्धियों तथा कपटों को खोजना चाहिए

**15.** समझौते के अभाव में साझेदारी में पूंजी पर ब्याज कितना होता है ?

A. कुछ नहीं होता है

B. न्यायालय के निर्णयानुसार होता है

C. 6% होता है

D. रजिस्ट्रार के निर्देशानुसार होता है

**16.** समझौते के अभाव में साझेदारी में किसी साझेदार द्वारा ऋण पर ब्याज होता है :

A. कुछ नहीं होता है

B. न्यायालय के निर्णयानुसार होता है

C. 6% होता है

D. रजिस्ट्रार के निर्देशानुसार होता है

**17.** फर्म में एक अंकेक्षक की नियुक्ति की जाती है :

A. वरिष्ठतम साझेदार के निर्णयानुसार

B. समस्त साझेदारों की सहमति से

C. साझेदारी संलेख की व्यवस्थानुसार

D. B या C के अनुसार

**18.** एकाकी स्वामित्व वाली संस्था के स्वामी द्वारा अपने व्यवसाय की किसी निष्पक्ष व्यक्ति से कराई गई जांच को कहते हैं :

A. साझेदारी अंकेक्षण      B. पूर्ण अंकेक्षण

C. निष्पत्ति अंकेक्षण      D. निजी अंकेक्षण

**19.** समझौते के अभाव में साझेदारी में लाभ-विभाजन होता है:

A. पंच-निर्णय के निर्देशानुसार

B. बराबर-बराबर होता है

C. पूंजी अनुपात में होता है

D. न्यायालय के निर्णयानुसार होता है

**20.** विदेशी साझेदार द्वारा किए जाने वाले अंकेक्षण में किस बात का ध्यान रखा जाता है ?

A. साझेदारों ने सट्टे के सौदे तो नहीं किए हैं

B. आयगत पूंजीगत व्ययों में उचित प्रकार से अन्तर किया गया है अथवा नहीं

C. सम्पत्तियों पर मूल्य ह्रास की उचित व्यवस्था की गई है अथवा नहीं

D. उक्त सभी

**21.** एक साझेदारी फर्म का अंकेक्षण कार्य प्रारम्भ करने से पूर्व अंकेक्षक को निम्न बातों पर ध्यान देना चाहिए :

A. साझेदारी संलेख का अध्ययन

B. गत वर्ष की अंकेक्षण रिपोर्ट

C. अपनी नियुक्ति व कार्यक्षेत्र का निर्धारण

D. साझेदारों से उनके परिवार के विषय में जानकारी

**22.** ''हानि के बिना लापरवाही के सिद्ध होने पर अंकेक्षक उत्तरदायी नहीं होता है और ऐसी ही लापरवाही सिद्ध हुए बिना हानि होने पर अंकेक्षक का कोई दायित्व नहीं हैं,'' ऐसा महत्वपूर्ण निर्णय किस वाद में दिया गया ?

A. लिवर पूल बनाम वैगन सप्लाई ऐसोसिएशन लि.

B. फैब्री थोमस बनाम फैक्ट्री

C. ली बनाम न्यूशैटल कम्पनी लि.

D. लन्दन ऑयल स्टोरेज कम्पनी बनाम शियर हैसलाक एण्ड कम्पनी

**23.** ''संचालकों ने हानि के लिए पर्याप्त आयोजन किए बिना लाभांश बांट दिए जो कि वास्तव में पूंजी में से दिए गए,'' यह मुकदमा किससे सम्बन्धित है :

A. लापरवाही के लिए दायित्व

B. कर्त्तव्य-भंग के लिए दायित्व

C. सापराध कार्यों के लिए दायित्व

D. इनमें से कोई नहीं

**24.** निम्न में से सापराध दायित्व नहीं है :

A. जान बूझकर कपट करके रिपोर्ट देना

B. हिसाब-किताब को नकली बनाने में सहायता देना

C. पर्याप्त आयोजन किए बिना लाभांश बंटवाना

D. लेखों में किए गए कपट को छिपाना

**25.** ''कर्त्तव्यों का पालन करते समय रिश्वत लेना,'' कौन-से दायित्व के अन्तर्गत आता है :

A. लापरवाही      B. कर्त्तव्य-भंग

C. सापराध कार्य      D. कोई नहीं

**26.** दायित्वों के परिप्रेक्ष्य में अंकेक्षक अपने नियोक्ता के लिए होता है :

A. सचिव      B. एजेण्ट

C. सहायक      D. नौकर

**27.** एक निजी अंकेक्षक के कर्त्तव्यों में सम्मिलित नहीं है :

A. निष्पक्ष रूप से लेखा-पुस्तकों की जांच करना

B. अंकेक्षण सम्बन्धी तथ्य बाहरी व्यक्तियों को न बताना

C. अंकेक्षण रिपोर्ट देना

D. संस्था के कर्मचारी को अपनी सहायता के लिए कार्य करवाना

**28.** साझेदारी फर्म के अंकेक्षक का पारिश्रमिक एवं कार्य निर्धारित किया जाता है :

A. कम्पनी विधान द्वारा

B. पारस्परिक समझौते द्वारा

C. साझेदारी अधिनियम द्वारा

D. प्रबन्धकों द्वारा

**29.** फर्म के अंकेक्षक द्वारा लापरवाही बरतने पर उसे किसके द्वारा क्षति पूर्ति के लिए दोषी ठहराया जाएगा :

A. लिखित समझौते के अन्तर्गत

B. कम्पनी अधिनियम के अन्तर्गत

C. साझेदारी अधिनियम के अन्तर्गत

D. पंच निर्णय समझौते द्वारा

**30.** एक निजी संस्था के अंकेक्षण कार्यक्रम में सम्मिलित नहीं है :

A. संस्था में उपयुक्त लेखा-प्रणाली की जांच

B. सम्पत्तियों एवं दायित्वों के विवरण मांगना

C. संस्था की आन्तरिक निरीक्षण प्रणाली की जांच करना

D. लाभांश की घोषणा करना

**उत्तरमाला**

| 1 | 2 | 3 | 4 | 5 | 6 | 7 | 8 | 9 | 10 |
|---|---|---|---|---|---|---|---|---|----|
| D | D | A | D | A | D | D | B | D | B |
| **11** | **12** | **13** | **14** | **15** | **16** | **17** | **18** | **19** | **20** |
| B | A | B | D | A | C | D | D | B | D |
| **21** | **22** | **23** | **24** | **25** | **26** | **27** | **28** | **29** | **30** |
| D | A | B | C | C | B | D | B | A | D |

# 18. कम्पनी अंकेक्षण
# (COMPANY AUDIT)

**1.** प्रबन्ध संचालक को दिया जाने वाला पारिश्रमिक बढ़ाया जा सकता है :
   A. केन्द्र सरकार की अनुमति से
   B. संचालकों की अनुमति से
   C. सचिव की अनुमति से
   D. रजिस्ट्रार की अनुमति से

**2.** एक प्रबन्धक का पारिश्रमिक शुद्ध लाभों के कितने प्रतिशत से अधिक नहीं हो सकता ?
   A. 01%     B. 05%
   C. 10%     D. 11%

**3.** प्रबन्धक के पारिश्रमिक का अंकेक्षण करते समय अंकेक्षक को जांचना चाहिए :
   A. प्रबन्धक की नियुक्ति नियमानुसार है
   B. पारिश्रमिक की सीमा
   C. भुगतान के लेखों एवं शुद्ध लाभों की गणना
   D. उपरोक्त सभी

**4.** वैधानिक सभा से कितने दिन पूर्व संचालक कम्पनी के सम्बन्ध में एक रिपोर्ट सभी सदस्यों को प्रेषित करते हैं :
   A. 7 दिन     B. 14 दिन
   C. 21 दिन    D. 30 दिन

**5.** वैधानिक रिपोर्ट में शामिल की जाने वाली मुख्य बातें हैं :
   A. आबंटित अंशों की संख्या एवं प्राप्त राशि
   B. संचालकों एवं अंकेक्षकों के नाम, पते
   C. सभा में पारित कराए जाने वाले प्रस्ताव, प्रसंविदे, अंशों पर देय कमीशन
   D. उपरोक्त सभी

**6.** वैधानिक रिपोर्ट प्रमाणित होनी चाहिए :
   A. कम से कम दो संचालकों द्वारा
   B. कम से कम एक संचालक एवं सचिव द्वारा
   C. कम से कम दो संचालकों जिसमें एक प्रबन्ध संचालक हो
   D. सचिव द्वारा

**7.** एक अंकेक्षक को वैधानिक रिपोर्ट के अंकेक्षण में विशेष जांच करनी चाहिए :
   A. कम्पनी द्वारा आबंटित अंशों से सम्बन्धित कार्यों की जांच
   B. अंशों पर प्राप्त रोकड़ की जांच
   C. कम्पनी का प्राप्ति एवं भुगतान सारांश
   D. उपरोक्त सभी

**8.** भारतीय कम्पनी अधिनियम के अनुसार प्रत्येक कम्पनी को कुछ पुस्तकें अनिवार्य रूप से रखनी पड़ती है, जिन्हें कहते हैं :
   A. सूक्ष्म पुस्तकें     B. लेखा पुस्तकें
   C. वैधानिक पुस्तकें    D. इनमें से कोई नहीं

**9.** 'सदस्यों का रजिस्टर' अधिनियम की किस धारा के अनुसार रखना चाहिए ?
   A. धारा 150    B. धारा 143
   C. धारा 303    D. धारा 307

**10.** 'संचालकों एवं प्रबन्धकों का रजिस्टर' किस धारा के तहत् रखना चाहिए ?
   A. धारा 143    B. धारा 303
   C. धारा 307    D. धारा 301

**11.** 'संचालकों का अंशग्रहण रजिस्टर' किस धारा के तहत् रखा जाता है ?
   A. धारा 303    B. धारा 307
   C. धारा 301    D. धारा 193

**12.** 'अनुबन्धों का रजिस्टर' किस धारा के तहत् रखा जाता है ?
   A. धारा 303    B. धारा 307
   C. धारा 301    D. धारा 193

**13.** 'ऋणपत्रधारियों का रजिस्टर' किस धारा के तहत् रखा जाता है ?
   A. धारा 303    B. धारा 307
   C. धारा 301    D. धारा 153

**14.** 'कार्यवाही विवरण पुस्तिका' किस धारा के अन्तर्गत रखी जाती है ?

A. धारा 193       B. धारा 301

C. धारा 303       D. धारा 307

**15.** कम्पनी अधिनियम की धारा 210 के अनुसार कम्पनी के संचालक वर्षान्त बनाए गए अन्तिम खाते किस सभा में प्रस्तुत करते हैं ?

A. वार्षिक साधारण सभा    B. वैधानिक सभा

C. असाधारण सभा      D. संचालकों की सभा

**16.** दो वार्षिक खातों में कितने माह से अधिक का अन्तर नहीं होना चाहिए ?

A. 12 माह       B. 15 माह

C. 18 माह       D. इनमें से कोई नहीं

**17.** लाभ-हानि खाता बनाने एवं साधारण वार्षिक सभा की तारीखों के बीच कितने माह से अधिक का अन्तर नहीं होना चाहिए ?

A. 3 माह       B. 6 माह

C. 9 माह       D. 12 माह

**18.** कम्पनी के वार्षिक खातों से कम्पनी की स्थिति प्रकट होनी चाहिए :

A. सही       B. उचित

C. सही एवं उचित      D. दिखावटी

**19.** वार्षिक खातों की अनुसूची में निम्न शामिल होता है :

A. चिट्ठे का स्वरूप

B. लाभ-हानि खाते सम्बन्धी सूचना

C. कुछ शब्दों का स्पष्टीकरण

D. उपरोक्त सभी

**20.** किस धारा के तहत् लाभ-हानि खाते एवं चिट्ठे पर कम से कम एक प्रबन्ध संचालक एवं कम्पनी के प्रबंधक के हस्ताक्षर होने चाहिए :

A. धारा 301       B. धारा 193

C. धारा 217       D. धारा 215

**21.** किस धारा के अनुसार संचालक अपने कार्य के सम्बन्ध में एक रिपोर्ट तैयार करते हैं जिसमें लाभांश एवं संचयों के हस्तान्तरण की सिफारिश की जाती है ?

A. धारा 193       B. धारा 215

C. धारा 217       D. धारा 220

**22.** किस धारा के अनुसार अंकेक्षक द्वारा रजिस्ट्रार के पास वार्षिक खाते एवं अन्य प्रलेख फाइल किए जाते हैं ?

A. धारा 193       B. धारा 215

C. धारा 217       D. धारा 220

**23.** धारा 143 के अन्तर्गत कौन-सा रजिस्टर रखना होता है ?

A. सदस्यों का रजिस्टर    B. बन्धक रजिस्टर

C. संचालकों का रजिस्टर D. इनमें से कोई नहीं

**24.** बन्धक रजिस्टर के अंकेक्षण हेतु अंकेक्षण को जांच नहीं करनी चाहिए :

A. रजिस्टर में प्रविष्टियों की सत्यता की

B. प्रविष्टियों का चिट्ठे की मदों से मिलान

C. बन्धक रजिस्टर की प्रविष्टियों का रक्षित रजिस्टर की प्रविष्टियों से मिलान

D. निजी कम्पनी की दशा में 50 से अधिक तो सदस्य नहीं है, की जांच

**25.** रोकड़ के अतिरिक्त अन्य किसी प्रतिफल के बदले निर्गमित अंशों के अंकेक्षण हेतु अपनाई जाने वाली विधि में सम्मिलित है :

A. ऐसे अनुबन्धों की जांच करना और देखना कि उसकी प्रतिलिपि रजिस्ट्रार को भेज दी गई है

B. सदस्यों के रजिस्टर की जांच करके लेखा पुस्तकों की शुद्धता की जांच करना

C. चिट्ठे में इन अंशों के प्रदर्शन तथा कार्यवाही पुस्तिका की जांच करना

D. उक्त सभी

**26.** वैधानिक रिपोर्ट के अंकेक्षण के लिए कौन-कौन सी मदों की जांच आवश्यक है :

A. कम्पनी द्वारा आबंटित अंश

B. अंशों पर प्राप्त रोकड़

C. कम्पनी का प्राप्ति एवं भुगतान सारांश

D. उक्त सभी

**27.** वैधानिक रिपोर्ट की विभिन्न मदों की जांच करने के बाद उनके सत्य होने के सम्बन्ध में अंकेक्षक को देना होता है:

A. सत्यता प्रमाण पत्र

B. वैधानिक रिपोर्ट में हवाला

C. अपनी रिपोर्ट में उल्लेख

D. कोई नहीं

**28.** वैधानिक रिपोर्ट का प्रमाणन निम्न द्वारा किया जाएगा :

A. किसी संचालक

B. दो संचालकों

C. कम से कम दो संचालकों जिसमें एक प्रबन्ध संचालक हो

D. कम्पनी सचिव

**29.** कम्पनी अधिनियम की किन धाराओं के अनुसार एक अंकेक्षक की नियुक्ति होनी चाहिए ?

A. धारा 224      B. धारा 225

C. धारा 224 व 225      D. इनमें से कोई नहीं

**30.** एक अंकेक्षक को अंकेक्षण प्रारम्भ करने से पूर्व ध्यान नहीं देना चाहिए :

A. स्वयं की नियुक्ति व योग्यता की जांच

B. व्यवसाय की प्रकृति एवं विशेषताओं की जांच

C. कम्पनी द्वारा रखी जा रही पुस्तकों की सूची

D. अन्तिम खाते

**31.** अंकेक्षक को कम्पनी द्वारा रखी जा रही पुस्तकों की सूची में कौन सी पुस्तकें देखनी चाहिए :

A. लेखा पुस्तकें      B. वैधानिक पुस्तकें

C. स्मरणार्थ पुस्तकें      D. उक्त सभी

**32.** अंशधारियों व संचालकों की सभा में पारित प्रस्तावों का विवरण किस पुस्तक में रखा जाता है ?

A. सूक्ष्म पुस्तिका

B. कार्यवाही विवरण पुस्तिका

C. अंश आबंटन पुस्तिका

D. कार्य विवरण पुस्तिका

**33.** किस धारा के अनुसार कार्यवाही विवरण पुस्तिका को रखना अवाश्यक है ?

A. धारा 193      B. धारा 224

C. धारा 225      D. धारा 237

**34.** 'कार्यवाही विवरण पुस्तिका' की जांच के दौरान अंकेक्षक देखे कि क्या :

A. धारा 193 का पालन किया गया है

B. प्रत्येक पृष्ठ पर अध्यक्ष के हस्ताक्षर हैं

C. संचालन समिति की कार्यवाहियां लिखी गई हैं

D. उपरोक्त सभी

**35.** 'कार्यवाही विवरण पुस्तिका' की जांच में शामिल नहीं किया जाता है :

A. संचालकों की कार्यवाही पुस्तिका की जांच

B. संचालकों की सभा की कार्यवाही पुस्तिका अलग से रखी गई हैं, की जांच

C. संचालकों की आर्थिक स्थिति की जांच

D. संचालकों की नियुक्ति नियमानुसार है, की जांच

**36.** प्रबन्धकीय व्यक्तियों को पारिश्रमिक के उद्देय से कितने वर्गों में बांटा गया है ?

A. 2      B. 3

C. 4      D. 5

**37.** पारिश्रमिक की दृष्टि से बांटे गए प्रबन्धकीय व्यक्तियों के वर्गों में सम्मिलित नहीं हैं ?

A. सचिव      B. संचालक

C. प्रबन्ध संचालक      D. प्रबन्धक

**38.** कम्पनी अधिनियम की धारा 198 के अनुसार प्रबन्धकीय पारिश्रमिक शुद्ध लाभों के कितने प्रतिशत होना चाहिए ?

A. 11%      B. 11.5%

C. 12%      D. कोई प्रतिबन्ध नहीं

**39.** धारा 198 के अन्तर्गत प्रबन्धकीय पारिश्रमिक ( शुद्ध लाभों का 11% से अधिक नहीं ) में शामिल नहीं है :

A. संचालकों की सभा में भाग लेने हेतु देय शुल्क

B. तकनीकी परामर्श हेतु दिया गया शुल्क

C. संचालकों की सभा में भाग लेने हेतु दिया गया यात्रा शुल्क

D. उपरोक्त सभी

**40.** संचालक को पारिश्रमिक दिया जाना चाहिए :

A. शुद्ध लाभों के 5% के बराबर अधिकतम

B. शुद्ध लाभों के 6% के बराबर अधिकतम

C. शुद्ध लाभों के 7% के बराबर अधिकतम

D. शुद्ध लाभों के 11% के बराबर अधिकतम

**41.** एक से अधिक संचालक होने पर यह सीमा हो सकती है:

A. 10% तक      B. 11% तक

C. 12% तक      D. कोई प्रतिबन्ध नहीं है

**42.** यदि पारिश्रमिक की इस सीमा ( 10% तक ) को बढ़ाना हो तो अनुमति लेनी आवश्यक होती है :

A. संचालक मण्डल की    B. केन्द्र सरकार की

C. प्रबन्धकों की      D. रजिस्ट्रार की

**43.** संचालक के पारिश्रमिक की जांच में अंकेक्षक को देखना चाहिए कि क्या :

A. संचालक को नियमानुसार पारिश्रमिक दिया गया है

B. यदि पारिश्रमिक बढ़ाया गया है तो क्या केन्द्र सरकार की अनुमति ली गई है

C. शुद्ध लाभ धारा 349 एवं 350 के अनुसार ज्ञात किए गए हैं

D. उपरोक्त सभी

**44.** सामान्यतया प्रबन्ध संचालक का पारिश्रमिक शुद्ध लाभ के :

A.  01% से अधिक नहीं हो सकता

B.  02% से अधिक नहीं हो सकता

C.  05% से अधिक नहीं हो सकता

D.  इनमें से कोई नहीं

**45.** वह प्रलेख जो कम्पनी का उद्देश्य व अधिकार क्षेत्र निर्धारित करता है, कहलाता है :

A.  पार्षद सीमा नियम   B.  पार्षद अन्तर्नियम

C.  गर्भित   D.  उक्त सभी

**46.** सीमा नियम के अधीन कम्पनी की आन्तरिक व्यवस्था को नियन्त्रित करने के उद्देश्य से तैयार किया गया नियमों व उपनियमों का समूह कहलाता है :

A.  प्रविवरण   B.  पार्षद अन्तर्नियम

C.  गर्भित प्रविवरण   D.  इनमें से कोई नहीं

**47.** वह विवरण-पत्र जिसके द्वारा कम्पनी जनता को अंश व ऋण पत्र क्रय करने हेतु आमन्त्रित करती है, कहलाता है:

A.  पार्षद सीमा नियम   B.  पार्षद अन्तर्नियम

C.  प्रविवरण   D.  उक्त सभी

**48.** एक कम्पनी अंकेक्षक को वैधानिक रिपोर्ट में यह प्रमाणित करना होता है कि :

A.  उसमें बताई गई आबंटित अंशों की संख्या, उन पर प्राप्त राशि तथा प्राप्ति और भुगतान सही है

B.  सभा की स्वीकृति के लिए प्रस्तुत किए जाने वाले अनुबन्ध सही हैं

C.  अभिगोपन प्रसंविदा जिस सीमा तक पूरा हुआ बताया गया है, वह सही है

D.  उपर्युक्त सभी सही है

**49.** 'अधिमान अंशों के शोधन' का अध्ययन करते समय अंकेक्षक को ध्यान रखना चाहिए :

A.  धारा 78   B.  धारा 79

C.  धारा 80   D.  धारा 81

**50.** अन्तर्नियमों के अभाव में अंकेक्षक को किसका अध्ययन करना चाहिए ?

A.  प्रविवरण   B.  सारणी 'अ'

C.  पार्षद सीमा नियम   D.  वैधानिक घोषणा

**51.** कम्पनी के आन्तरिक कार्य प्रणाली सम्बन्धी नियमों को जानने के लिए अंकेक्षक को निम्नलिखित प्रपत्र देखना चाहिए :

A.  कम्पनी का प्रविवरण

B.  कम्पनी का पार्षद सीमा नियम

C.  वार्षिक प्रतिवेदन

D.  कम्पनी के अन्तर्नियम

**52.** कम्पनी अंकेक्षक द्वारा वैधानिक रिपोर्ट का निम्नलिखित भाग प्रमाणित किया जाता है :

A.  सभा की स्वीकृति के लिए प्रस्तुत किए जाने वाले अनुबन्ध

B.  अभिगोपन प्रसंविदा जिस सीमा तक पूर्ण नहीं हो सकता है

C.  किसी संचालक के अंशों पर दिया गया या दिया जाने वाला कमीशन

D.  बण्टित अंशों की संख्या, उन पर प्राप्त धनराशि तथा प्राप्ति एवं भुगतान का सारांश

**53.** कम्पनी के वैधानिक अंकेक्षण के क्षेत्र का निर्धारण किसके द्वारा होता है ?

A.  प्रबन्ध   B.  शासन

C.  विधान   D.  अंकेक्षक स्वयं के द्वारा

**54.** कम्पनी का कार्य क्षेत्र कौन-सा प्रलेख निर्धारित करता है ?

A.  पार्षद सीमा नियम   B.  पार्षद अन्तर्नियम

C.  प्रविवरण   D.  वैधानिक घोषणा

**55.** 'सीमा नियम में किए गए परिवर्तन' का अवलोकन करते समय अंकेक्षक को किस धारा का ध्यान रखना चाहिए ?

A.  धारा 17   B.  धारा 18

C.  धारा 19   D.  धारा 24

**56.** पार्षद सीमा नियम का अध्ययन प्रारम्भ करते समय अंकेक्षक को सर्वप्रथम क्या करना चाहिए ?

A.  पंजीकृत होने की जांच

B.  उद्देश्य वाक्य की जांच

C.  पंजीकृत होने की जांच व इसका अध्ययन

D.  सभी वाक्यों की जांच

**57.** ''अन्तर्नियम में परिवर्तन'' का अवलोकन करते समय अंकेक्षक को किस बात का ध्यान रखना चाहिए ?

A.  विशेष प्रस्ताव पारित किया गया है

B.  धारा 31 के प्रावधानों का पालन किया गया है

C.  A और B दोनों

D.  साधारण प्रस्ताव पारित किया गया है और (B)

**58.** अधिमान अंशों का शोधन विभाजन योग्य लाभों में से किए जाने पर, उसके बराबर राशि हस्तान्तरित की जाती है :

A. पूंजी शोधन संचय खाते में
B. पूंजी संचय में
C. अंश हरण खाते में
D. इनमें से कोई नहीं

**59.** अंशों के शोधन की सूचना रजिस्ट्रार को दी जानी चाहिए:
A. शोधन के 15 दिन के भीतर
B. शोधन के 1 माह के भीतर
C. शोधन के 2 माह के भीतर
D. शोधन के 3 माह के भीतर

**60.** अंशों के बट्टे पर निर्गमन के सम्बन्ध में अंकेक्षक को अपने कर्त्तव्य निर्वाह हेतु किस धारा का ध्यान रखना चाहिए?
A. धारा 78    B. धारा 79
C. धारा 80    D. धारा 81

**61.** धारा 79 के अनुसार बट्टे की अधिकतम दर है :
A. रजिस्ट्रार की अनुमति से निर्धारित दर
B. विशेष प्रस्ताव द्वारा पारित निर्धारित दर
C. 10% से अधिक न हो
D. 20% से अधिक न हो

**62.** कम्पनी की स्थापना के समय होने वाले व्ययों को कहा जाता है :
A. आयगत व्यय    B. प्रारम्भिक व्यय
C. पूंजीगत व्यय    D. उक्त सभी

**63.** बट्टे पर अंशों का निर्गमन किया जा सकता है :
A. व्यापार प्रारम्भ करने के बाद
B. समामेलन के बाद
C. व्यापार प्रारम्भ करने के 1 वर्ष बाद
D. समामेलन के 1 वर्ष बाद

**64.** अंश बट्टे खाते को चिट्ठे में दिखाया गया है :
A. विविध व्यय शीर्षक के अन्तर्गत
B. संचय व आधिक्य शीर्षक के अन्तर्गत
C. चालू सम्पत्ति शीर्षक के अन्तर्गत
D. पूंजी शीर्षक के अन्तर्गत

**65.** अंशों के प्रीमियम पर निर्गमन के सम्बन्ध में अंकेक्षक को अपने कर्त्तव्य निर्वाह हेतु किस धारा को ध्यान में रखना चाहिए?
A. धारा 78    B. धारा 79
C. धरा 80    D. धारा 81

**66.** अंश प्रीमियम खाते की राशि का उपयोग किया जाना

चाहिए :
A. पूंजीगत हानियों को अपलिखित करने में
B. लाभगत हानियों को अपलिखित करने में
C. पूंजीगत व लाभगत हानियों को अपलिखित करने में
D. उक्त में से कोई नहीं

**67.** अंश प्रीमियम खाते की राशि का उपयोग किया जाना चाहिए :
A. बोनस अंश निर्गमित करने में
B. प्रारम्भिक व्ययों को अपलिखित करने में
C. ऋणपत्रों व अधिमान अंशों के शोधन पर देय प्रीमियम के लिए
D. उक्त सभी

**68.** अग्रिम प्राप्त मांग राशि के सम्बन्ध में कम्पनी अधिकतम कितना ब्याज दे सकती है ?
A. 6%    B. 7%
C. 8%    D. 9%

**69.** अग्रिम प्राप्त मांग राशि के सम्बन्ध में अंकेक्षक को अपने कर्त्तव्य-निर्वाह हेतु किस बात का ध्यान रखना चाहिए ?
A. न लांभाश दिया गया हो
B. न मताधिकार दिया गया हो
C. समापन पर पूंजी वापसी से पूर्व भुगतान किया गया हो
D. उक्त सभी

**70.** प्रलेख छपवाने व रजिस्ट्रेशन के व्यय कैसे व्यय कहलाते हैं :
A. आयगत व्यय    B. पूंजीगत व्यय
C. प्रारम्भिक व्यय    D. उक्त सभी

**71.** प्रारम्भिक व्यय का उदाहरण नहीं है :
A. प्रविवरण के विज्ञापन का व्यय
B. विज्ञापन व्यय
C. प्रलेख छपवाने के व्यय
D. रजिस्ट्रेशन व्यय

**72.** प्रारम्भिक व्ययों को :
A. प्रारम्भ में अपलिखित किया जाना चाहिए
B. अपलिखित न किए जाने तक चिट्ठे के सम्पत्ति पक्ष में दिखाए जाएं
C. अपलिखित न किए जाने तक चिट्ठे के दायित्व पक्ष में दिखाए जाएं
D. उक्त में से कोई नहीं

**73.** प्रारम्भिक व्ययों को अपलिखित किया जाना चाहिए :
   A. पूंजीगत लाभों में से
   B. आयगत लाभों में से
   C. आयगत या पूंजीगत लाभों में से
   D. पूंजीगत हानियों से

**74.** सार्वजनिक कम्पनी व उसकी सहायक निजी कम्पनी द्वारा ऋणपत्र निर्गमन में अंकेक्षक को किस धारा का ध्यान रखना पड़ता है :
   A. धारा 293          B. धारा 294
   C. धारा 295          D. धारा 296

**75.** समामेलन या व्यापार प्रारम्भ करने का प्रमाण पत्र लिए बिना ही, कुछ कम्पनियां अपने निर्माण से पूर्व लाभोपार्जन करती है, यह लाभ कहलाता है :
   A. आयगत लाभ
   B. पूंजीगत लाभ
   C. समामेलन के पूर्व का लाभ
   D. समामेलन के बाद का लाभ

**76.** ''समामेलन से पूर्व लाभ'' का उपयोग नहीं किया जा सकता है :
   A. विक्रेताओं से प्राप्त ख्याति को अपलिखित करने में
   B. विक्रेताओं को देय राशि पर ब्याज के भुगतान के लिए
   C. विक्रेताओं को देय राशि पर समामेलन की तिथि तक देय ब्याज के भुगतान के लिए
   D. स्थायी सम्पत्तियों की कमी के पूर्वोपाय के लिए

**77.** कौन-सी कम्पनी के संचालकगण साधारण सभा की सहमति के बिना, कम्पनी की दत्त पूंजी और उसके मुक्त कोषों से अधिक धन उधार नहीं ले सकते हैं ?
   A. सार्वजनिक कम्पनी
   B. सहायक निजी कम्पनी
   C. निजी कम्पनी
   D. सार्वजनिक व उसकी सहायक निजी कम्पनी

**78.** अंकेक्षक को ऋणपत्रों के अंकेक्षण में मुख्यतया किस बात का ध्यान रखना चाहिए ?
   A. SEBI की गाइड लाइनों का
   B. व्यापार की स्थिति का
   C. धारा 250 का
   D. धारा 294 का

**79.** साधारण सभा की सहमति के बिना सार्वजनिक व उसकी सहायक निजी कम्पनी में संचालक गण किससे अधिक धन उधार नहीं ले सकते हैं ?
   A. दत्त पूंजी
   B. मुक्त कोषों
   C. दत्त पूंजी या मुक्त कोषों जो भी दोनों में से कम हो
   D. दत्त पूंजी व मुक्त कोषों के योग

**80.** सदस्यों के रजिस्टर का अंकेक्षण करते समय अंकेक्षक को जांच करनी चाहिए :
   A. समस्त प्रविष्टियों की
   B. अंशों की राशि का मिलान कुल निर्गमित पूंजी से
   C. निजी कम्पनी की दशा में सदस्यों की संख्या 50 से अधिक तो नहीं है, की जांच
   D. उक्त सभी

**81.** अंकेक्षण अनिवार्य है :
   A. एकल व्यवसाय के लिए
   B. साझेदारी के लिए
   C. संयुक्त पूंजी वाली कम्पनी के लिए
   D. उक्त सभी के लिए

**82.** योग्यता प्राप्त C.A. द्वारा किसका अंकेक्षण किया जाना कानूनी रूप से अनिवार्य है :
   A. संयुक्त पूंजी वाली कम्पनी का
   B. एकल व्यवसाय का
   C. साझेदारी का
   D. उक्त सभी का

**83.** निम्न में से कौन कम्पनी अंकेक्षक नियुक्त नहीं किया जा सकता ?
   A. वह जो कम्पनी का कर्मचारी है
   B. वह जो कम्पनी का 1000 रु. से अधिक का ऋणी है
   C. वह जो कम्पनी कर्मचारी का साझेदार अथवा कर्मचारी है
   D. उपर्युक्त सभी

**84.** निम्नलिखित में से कौन-सा कम्पनी अंकेक्षक का अधिकार नहीं है :
   A. कम्पनी पुस्तकों तक पहुंचने का अधिकार
   B. अंकेक्षण के लिए आवश्यक जानकारी मांगने का अधिकार
   C. कम्पनी पुस्तकों को पारिश्रमिक के चुकाने के लिए रोके रखने का अधिकार
   D. साधारण सभा की सूचना प्राप्त करने का अधिकार

**85.** अपनी नियुक्ति के कितने दिनों के भीतर अंकेक्षक को इसकी स्वीकृति की सूचना रजिस्ट्रार को देनी चाहिए :

A. 7 दिन  
B. 15 दिन  
C. 20 दिन  
D. 30 दिन

**86.** कम्पनी अंकेक्षण भारत में अनिवार्य किया गया :

A. 1 अप्रैल, 1914 से  
B. 1 अप्रैल, 1956 से  
C. 1 जुलाई, 1949 से  
D. 1 अप्रैल, 1965 से

**87.** कम्पनी के प्रथम अंकेक्षक की नियुक्ति :

A. संचालक मण्डल द्वारा की जाती है  
B. अंशधारियों द्वारा की जाती है  
C. केन्द्र सरकार द्वारा की जाती है  
D. कम्पनी प्रवर्तकों द्वारा की जाती है

**88.** एक कम्पनी अंकेक्षक व्यक्ति होने पर, किसी एक समय में निम्नलिखित से अधिक कम्पनियों का अंकेक्षक नहीं हो सकता है :

A. 2  
B. 5  
C. 10  
D. 20

**89.** निम्नलिखित को कम्पनी अंकेक्षक नियुक्त किया जा सकता है :

A. कम्पनी का कोई अधिकारी अथवा कर्मचारी  
B. समामेलित संस्था  
C. फर्म जिसमें सभी साझेदार C.A. है  
D. A और B दोनों

**90.** एक कम्पनी अंकेक्षक को वैधानिक रिपोर्ट में यह प्रमाणित करना होता है कि :

A. उसमें बताई गई आबंटित अंशों की संख्या, उन पर प्राप्त राशि तथा प्राप्ति और भुगतान सही हैं  
B. सभा की स्वीकृति के लिए प्रस्तुत किए जाने वाले अनुबन्ध सही हैं  
C. अभिगोपन प्रसंविदा जिस सीमा तक पूरा हुआ बताया गया है, वह सही है  
D. उपर्युक्त सभी सही है

**91.** कम्पनी के आन्तरिक कार्यप्रणाली सम्बन्धी नियमों को जानने के लिए अंकेक्षक को निम्नांकित प्रपत्र देखना चाहिए:

A. कम्पनी का प्रविवरण  
B. कम्पनी का पार्षद सीमा नियम  
C. वार्षिक प्रतिवेदन  
D. अन्तर्नियम

**92.** निम्नलिखित व्यक्ति को कम्पनी का वैधानिक अंकेक्षक नियुक्त किया जाता है :

A. कम्पनी के किसी संचालक के साझेदार को  
B. कम्पनी के किसी संचालक के कर्मचारी को  
C. कम्पनी के कर्मचारी के साझेदार को  
D. कम्पनी से असम्बन्धित व्यक्ति को

**93.** संयुक्त पूंजी कम्पनियों का अंकेक्षण किस प्रयोजन से किया जाता है ?

A. लाभों में वृद्धि करने के लिए  
B. साख में वृद्धि करने के लिए  
C. सांविधिक औपचारिकताओं की पूर्ति के लिए  
D. A और B दोनों के लिए

**94.** यदि किसी वार्षिक साधारण सभा में किसी अंकेक्षक की नियुक्ति या पुनर्नियुक्ति नहीं की जाती तो इस रिक्त स्थान की पूर्ति :

A. कम्पनी के अध्यक्ष द्वारा की जाती है  
B. कम्पनी के संचालक मण्डल द्वारा की जा सकती है  
C. केन्द्रीय सरकार द्वारा की जा सकती है  
D. कम्पनी के प्रबन्ध संचालक द्वारा की जा सकती है

**95.** अंकेक्षक को सूचना व स्पष्टीकरण मांगने का अधिकार है:

A. कम्पनी के अंशधारियों से  
B. कम्पनी के पिछले अंकेक्षकों से  
C. कम्पनी के कर्मचारियों से  
D. कम्पनी के अधिकारियों से

**96.** कम्पनी अंकेक्षक द्वारा वैधानिक रिपोर्ट का निम्नलिखित भाग प्रमाणित किया जाता है :

A. सभा की स्वीकृति के लिए प्रस्तुत किए जाने वाले अनुबन्ध  
B. अभिगोपन प्रसंविदा जिस सीमा तक पूर्ण हुआ है  
C. किसी संचालक के अंशों पर दिया गया या दिया जाने वाला कमीशन  
D. बंटित अंशों की संख्या, उन पर प्राप्त धन राशि तथा प्राप्ति एवं भुगतान का सारांश

**97.** एक कम्पनी अंकेक्षक को हटाया जा सकता है :

A. प्रबन्ध संचालक द्वारा  
B. आम सभा द्वारा  
C. किसी एक संचालक द्वारा  
D. संचालक मण्डल द्वारा

**98.** कम्पनी अंकेक्षक का निम्न में से किस बात के लिए सिविल दायित्व होता है :

A. जान बूझकर झूठा विवरण देना

B. लापरवाही

C. प्रविवरण में मिथ्या वर्णन

D. उपरोक्त सभी

**99.** कम्पनी के अंकेक्षक को :

A. अंशधारियों की प्रत्येक सामान्य बैठक में शामिल होने का अधिकार है

B. केवल ऐसी बैठक में ही शामिल होने का अधिकार है, जहां खातों के सम्बन्ध में विचार-विमर्श किया जाता है

C. कम्पनी की केवल वार्षिक सामान्य बैठक में ही शामिल होने का अधिकार है

D. केवल ऐसी वार्षिक साधारण सभाओं में ही शामिल होने का अधिकार है जिसमें संचालक मण्डल उसे नियन्त्रित करने का निर्णय ले

**100.** कम्पनी के अंकेक्षक का दायित्व हो सकता है :

A. केवल दीवानी       B. केवल फौजदारी

C. दीवानी और फौजदारी   D. दीवानी अथवा फौजदारी

**101.** कम्पनी के अंकेक्षक के पारिश्रमिक का निर्धारण कैसे होता है ?

A. कम्पनी के प्रबन्धक द्वारा

B. सभा में अंशधारियों द्वारा

C. नियुक्ति करने वाले अधिकारी द्वारा

D. इंस्टीट्यूट ऑफ चार्टर्ड एकाउण्टेण्ट्स द्वारा

**102.** निम्नलिखित में से कौन-सा कथन सत्य है ?

A. कम्पनी का प्रथम अंकेक्षक कम्पनी की रजिस्ट्री होने के 1 माह के भीतर नियुक्त हो जाना चाहिए

B. यदि कम्पनी की वार्षिक सामान्य सभा में किसी अंकेक्षक की नियुक्ति की गई है तो इसकी सूचना केन्द्र सरकार को 15 दिन के भीतर देनी चाहिए

C. एक निगमित संस्था को कम्पनी का अंकेक्षक नियुक्त नहीं किया जाना चाहिए

D. अंकेक्षक अंशधारियों का एजेण्ट होता है

**103.** कम्पनी के संचालक मण्डल द्वारा नियुक्त प्रथम अंकेक्षक कार्य करता है :

A. प्रथम वार्षिक साधारण सभा के प्रारम्भ होने तक

B. अपनी नियुक्ति की तिथि से एक वर्ष तक

C. प्रथम वार्षिक साधारण सभा के समाप्त होने तक

D. साधारण सभा द्वारा पारित प्रस्ताव पर

**104.** त्याग-पत्र के अतिरिक्त अन्य किसी कारण से अंकेक्षक का पद रिक्त होने पर नए अंकेक्षक की नियुक्ति किसके द्वारा की जाती है ?

A. कम्पनी के संचालकों द्वारा

B. साधारण सभा द्वारा

C. केन्द्र सरकार द्वारा

D. उक्त सभी द्वारा

**105.** त्याग पत्र के कारण अंकेक्षक का पद रिक्त होने पर नए अंकेक्षक की नियुक्ति किसके द्वारा की जाती है ?

A. कम्पनी के संचालकों द्वारा

B. साधारण सभा द्वारा

C. केन्द्र सरकार द्वारा

D. उक्त सभी द्वारा

**106.** संचालक मण्डल द्वारा प्रथम अंकेक्षक की नियुक्ति किए जाने पर उसकी नियुक्ति कौन करता है :

A. साधारण सभा

B. केन्द्र सरकार

C. साधारण सभा और केन्द्र सरकार द्वारा संयुक्त रूप से

D. साधारण सभा या केन्द्र सरकार

**107.** कम्पनी अंकेक्षक की नियुक्ति के कितने दिन के भीतर उसकी सूचना प्रत्येक अंकेक्षक को देनी होती है ?

A. 30 दिन          B. 20 दिन

C. 10 दिन          D. 7 दिन

**108.** वार्षिक साधारण सभा द्वारा अंकेक्षक नियुक्त न करने पर उसकी सूचना केन्द्र सरकार को कितने दिन के भीतर देनी पड़ती है :

A. 30 दिन          B. 20 दिन

C. 7 दिन           D. 10 दिन

**109.** वार्षिक साधारण सभा द्वारा अंकेक्षक नियुक्त न करने पर उसकी सूचना केन्द्र सरकार को न देने पर जुर्माना कितने रुपये तक हो सकता है ?

A. 200 रु. तक       B. 200 रु. तक

C. 400 रु. तक       D. 500 रु. तक

**110.** अंकेक्षक की नियुक्ति सम्बन्धित बातें कम्पनी विधान की किस धारा के तहत दी गई है ?

A. धारा 224        B. धारा 224 (1)

C. धारा 224 (2)     D. धारा 224 (3)

**111.** अनिवार्य पुनर्नियुक्ति से सम्बन्धित प्रावधान किस धारा के तहत दिए गए हैं ?

A. धारा 224     B. धारा 224 (1)
C. धारा 224 (2)     D. धारा 224 (3)

**112.** किस परिस्थिति में अंकेक्षक को पुनः नियुक्त नहीं किया जा सकता है ?

A. पुनर्नियुक्ति के योग्य न हो

B. अपनी अनिच्छा लिखित रूप में न दी हो

C. अपनी अनिच्छा लिखित रूप में दे दी हो

D. नए अंकेक्षक की नियुक्ति करने की सूचना दी जा चुकी हो किन्तु प्रस्तावित अंकेक्षक की मृत्यु, अयोग्यता आदि के प्रस्ताव पर विचार न किया गया हो

**113.** विशेष प्रस्ताव द्वारा अंकेक्षक नियुक्ति से सम्बन्धित प्रावधान कम्पनी विधान की किस धारा के तहत दिए गए हैं ?

A. धारा 224     B. धारा 224 (2)
C. धारा 224 (A)     D. धारा 224 (B)

**114.** केन्द्र सरकार, राज्य सरकार, सरकारी कम्पनी या सार्वजनिक वित्तीय संस्था विशेष प्रस्ताव द्वारा अंकेक्षक की नियुक्ति कब कर सकती है ?

A. जब इसके पास पृथक् रूप से प्रार्थित पूंजी का 25% भाग हो

B. जब उनके पास संयुक्त रूप से प्रार्थित पूंजी का 25% भाग हो

C. A या B

D. जब उनके पास पृथक् या संयुक्त रूप से प्रार्थित पूंजी का 30% भाग हो

**115.** कम्पनी अंकेक्षक का दायित्व निम्न में से किसके द्वारा निर्धारित किया जाता है ?

A. अधिनियम     B. न्यायालयों के निर्णय
C. C.A. Act     D. उपरोक्त सभी

**116.** सापराध कार्यों के लिए अंकेक्षक का दायित्व निम्न में से कौन-सा हो सकता है ?

A. लापरवाही दिखलाना

B. कर्त्तव्य भंग करना

C. अवैधानिक कार्य करना

D. इनमें से कोई नहीं

**117.** कम्पनी अंकेक्षक का स्पष्ट दायित्व होता है :

A. संचालकों के प्रति     B. अंशधारियों के प्रति
C. लेनदारों के प्रति     D. अन्य व्यक्तियों के प्रति

**118.** किस धारा के तहत किसी कम्पनी की सहायक या सूत्रधार कम्पनी या उसी सूत्रधारी कम्पनी की किसी अन्य सहायक कम्पनी की सहायक कम्पनी का अंकेक्षक बनने के लिए अयोग्य होने पर उसकी नियुक्ति नहीं की जा सकती है ?

A. धारा 224     B. धारा 224 (2)
C. धारा 224 (A)     D. धारा 226

**119.** प्रथम अंकेक्षक के अतिरिक्त अन्य अंकेक्षक को किसकी अनुमति से समय से पूर्व साधारण सभा में हटाया जा सकता है ?

A. रजिस्ट्रार की अनुमति से

B. न्यायालय की अनुमति से

C. केन्द्र सरकार की अनुमति से

D. संचालक मण्डल की अनुमति से

**120.** अंकेक्षक को उसकी अवधि बीतने पर हटाने की प्रक्रिया किस धारा के तहत दी गई है ?

A. धारा 224     B. धारा 225
C. धारा 226     D. धारा 224 (2)

**121.** किस धारा के तहत अंकेक्षक को अनुचित रूप से हटाने पर उसे प्रत्युत्तर देने का अधिकार होता है ?

A. धारा 225     B. धारा 225 (1)
C. धारा 225 (2)     D. धारा 225 (3)

**122.** एक अंकेक्षक वर्ष में अधिक से अधिक 20 कम्पनियों का अंकेक्षण कर सकता है जिसमें कम से कम 10 छोटी कम्पनियां ऐसी होनी चाहिए जिनकी चुकता अंश पूंजी :

A. 30 लाख से कम हो

B. 25 लाख से अधिक हो

C. 30 लाख से अधिक हो

D. 25 लाख से कम हो

**123.** किस वाद के अन्तर्गत यह निर्णय दिया गया था कि कोई भी नियम जो अंकेक्षक को ऐसी किसी भी सूचना को उपलब्ध कराने से वंचित करे जिसे पाने का उसका कम्पनी अधिनियम के अन्तर्गत पूरा अधिकार है तो ऐसा अधिनियम के प्रावधानों के अन्तर्गत असंगत होगा :

A. न्यूटन बनाम बर्मिंघम स्मॉल आर्म्स कं.

B. बॉण्ड बनाम बैरो हेमेटाइट कं. लि.

C. ली बनाम न्यूशैटेल कं. लि.

D. कैब्री थोमस बनाम कैब्री

**124.** ''अंकेक्षक सत्यता की गारण्टी नहीं देता और न ही वह बीमक है'' ऐसा निर्णय किस वाद में दिया गया ?

A. किंग्सटन कॉटन मिल केस

B. लन्दन एण्ड जनरल बैंक केस

C. न्यूटन बनाम बर्मिंघम स्मॉल आर्मस कं.

D. ली बनाम न्यूशैटेल कं. लि.

**125.** ''एक अंकेक्षक रखवाली करने वाले कुत्ते के समान है, शिकारी कुत्ते के समान नहीं'' ऐसा निर्णय किस वाद में दिया गया :

A. लन्दन एण्ड जनरल बैंक केस

B. कैब्री थोमस बनाम कैब्री

C. किंग्सटन कॉटन मिल केस

D. ली बनाम न्यूशैटेल कं. लि.

**126.** कुछ विशिष्ट मामलों के अलावा, सेवा निवृत्त अंकेक्षक स्वत: ही :

A. पुन: नियुक्त हो जाता है

B. बर्खास्त हो जाता है

C. अयोग्य हो जाता है

D. निलम्बित हो जाता है

**127.** चार्टर्ड एकाउण्टेण्ट्स एक्ट के अनुसार अंकेक्षक का कर्त्तव्य है :

A. वह संस्थान द्वारा स्वीकृत कार्यों के अतिरिक्त अन्य कार्य न करे

B. नियोक्ता व्यवसाय से सम्बन्धित सभी सूचनाओं को गुप्त रखना चाहिए

C. बिना लापरवाही व कर्त्तव्य परायणता से कार्य करे

D. उक्त सभी कार्य

**128.** किस धारा के तहत अंकेक्षक का यह कर्त्तव्य है कि वह अंकेक्षण रिपोर्ट पर हस्ताक्षर करे तथा अंकेक्षक द्वारा हस्ताक्षरित या अधिकृत करने वाले सन्नियम में आवश्यक किसी भी प्रपत्र पर विधिवत् हस्ताक्षर करे या अधिकृत करें :

A. धारा 224	B. धारा 224 (A)

C. धारा 226	D. धारा 229

**129.** किस धारा के तहत अंकेक्षक को साधारण सभा में भाग लेने व बोलने का अधिकार होता है :

A. धारा 231	B. धारा 229

C. धारा 226	D. धारा 224

**130.** निम्न में से सापराध कार्य के दायित्व की श्रेणी में नहीं आता है :

A. नियोक्ता की सम्पत्ति को क्षति पहुंचाना

B. प्रमाण पत्र पर जान बूझकर झूठा कथन देना

C. झूठे लेखों को जान बूझकर सत्य प्रमाणित करना

D. कम्पनी के किसी प्रलेख पर हस्ताक्षर करना

**131.** निम्नलिखित में से कौन-सा एक कम्पनी अंकेक्षक का कर्त्तव्य नहीं है ?

A. अपने द्वारा जांच किए गए लेखों पर कम्पनी के सदस्यों को प्रतिवेदन प्रस्तुत करना

B. यदि कम्पनी ने सुरक्षा के आधार पर ऋण तथा अग्रिम दिए हैं तो यह जांच करना कि वे ऋण तथा अग्रिम समुचित रूप से सुरक्षित किए गए हैं या नहीं

C. यदि कम्पनी की पुस्तकों में यह बताया गया है कि अंशों का नकद के आधार पर आबंटन किया गया है तो यह जांच करना कि आबंटित अंशों के लिए नकदी वास्तव में प्राप्त की गई हैं या नहीं

D. वर्ष के अन्त में स्टॉक के मूल्य का भौतिक सत्यापन

**132.** निम्न में से कौन-सा कथन सत्य है ?

A. अंकेक्षण सभी व्यावसायिक संस्थानों के लिए आवश्यक है

B. अंकेक्षण खातों की पूर्ण सत्यता के प्रति आश्वस्त करता है

C. अंकेक्षण खातों की सत्यता की गारण्टी नहीं देता है

D. अंकेक्षण खातों की सत्यता की गारण्टी देता है

**उत्तरमाला**

| 1 | 2 | 3 | 4 | 5 | 6 | 7 | 8 | 9 | 10 |
|---|---|---|---|---|---|---|---|---|---|
| A | B | D | C | D | C | D | C | A | B |
| **11** | **12** | **13** | **14** | **15** | **16** | **17** | **18** | **19** | **20** |
| B | C | D | A | A | B | C | C | D | D |
| **21** | **22** | **23** | **24** | **25** | **26** | **27** | **28** | **29** | **30** |
| C | D | B | D | D | D | A | C | C | D |
| **31** | **32** | **33** | **34** | **35** | **36** | **37** | **38** | **39** | **40** |
| D | B | A | D | C | B | A | A | D | A |

| 41 | 42 | 43 | 44 | 45 | 46 | 47 | 48 | 49 | 50 |
|---|---|---|---|---|---|---|---|---|---|
| A | B | D | A | A | B | C | D | C | B |
| 51 | 52 | 53 | 54 | 55 | 56 | 57 | 58 | 59 | 60 |
| D | D | C | A | A | D | C | A | B | B |
| 61 | 62 | 63 | 64 | 65 | 66 | 67 | 68 | 69 | 70 |
| C | B | D | A | A | A | D | A | D | C |
| 71 | 72 | 73 | 74 | 75 | 76 | 77 | 78 | 79 | 80 |
| B | B | A | A | C | B | D | A | D | D |
| 81 | 82 | 83 | 84 | 85 | 86 | 87 | 88 | 89 | 90 |
| C | A | D | C | D | C | A | D | C | D |
| 91 | 92 | 93 | 94 | 95 | 96 | 97 | 98 | 99 | 100 |
| D | D | C | C | D | D | B | B | A | C |
| 101 | 102 | 103 | 104 | 105 | 106 | 107 | 108 | 109 | 110 |
| B | A | C | A | B | A | D | C | D | A |
| 111 | 112 | 113 | 114 | 115 | 116 | 117 | 118 | 119 | 120 |
| C | B | C | C | A | C | A | D | C | B |
| 121 | 122 | 123 | 124 | 125 | 126 | 127 | 128 | 129 | 130 |
| D | D | AA | B | C | A | D | D | A | **D** |
| 131 | 132 | | | | | | | | |
| D | C | | | | | | | | |

———

# 19. विभाजन योग्य लाभ
## (DIVISIBLE PROFIT)

**1.** किसी तिथि के पश्चात् वित्तीय वर्षों में हानि होने पर हानि की राशि या ह्रास की राशि, जो भी दोनों में से कम हो, समायोजन आवश्यक है :
A. 27 दिसम्बर, 1960  B. 1 फरवरी, 1975
C. 27 दिसम्बर, 1970  D. 27 दिसम्बर, 1975

**2.** ह्रास गणना की विधियां कम्पनी अधिनियम की किस धारा में वर्णित है ?
A. धारा 205 (1)  B. धारा 208
C. धारा 350  D. धारा 351

**3.** किस वाद के निर्णयानुसार सम्पत्तियों के पुनर्मूल्यांकन के बाद भी लाभ बचने पर उसे लाभांश के रूप में बांटा जा सकता है :
A. फोस्टर बनाम दी न्यू त्रिनिडाड एसफालटे कम्पनी लिमिटेड
B. लुम्बक बनाम ब्रिटिश बैंक आफ साउथ अमेरिका
C. वोल्टन बनाम नाटल एण्ड कोलोनाइजेशन कं. लि.
D. वाल बनाम दि लन्दन एण्ड प्रोविंसियल ट्रस्ट कं. लि.

**4.** किस दृष्टिकोण के अनुसार कार्यशील पूंजी कम होने पर तथा व्यवसाय के विस्तार के समय पूंजीगत लाभों में लाभांश का वितरण उचित नहीं है :
A. न्यायिक दृष्टिकोण
B. संचालकीय दृष्टिकोण
C. व्यावसायिक दृष्टिकोण
D. ICAI का दृष्टिकोण

**5.** किस दृष्टि कोण के अनुसार अन्तर्नियम में प्रतिबन्धन होने पर व पूंजीगत लाभ नकद में प्राप्त होने पर वह वितरण योग्य होता है :
A. न्यायिक दृष्टिकोण
B. संचालकीय दृष्टिकोण
C. व्यावसायिक दृष्टिकोण
D. ICAI का दृष्टिकोण

**6.** किस दृष्टिकोण के अनुसार पूंजीगत लाभों में से लाभांश वितरित किया जा सकता है यदि संचालकों को विश्वास हो कि अंश पूंजी व लाभांश वितरण के पश्चात् बचे हुए शेष कोषों की राशियों के योग से कम्पनी की सम्पत्तियां कम नहीं होगी:
A. न्यायिक दृष्टिकोण
B. संचालकीय दृष्टिकोण
C. व्यावसायिक दृष्टिकोण
D. ICAI का दृष्टिकोण

**7.** किस वाद के निर्णयानुसार वर्तमान लाभ को लाभांश के रूप में वितरण करने से पहले पूंजीगत हानि को पूरा करना आवश्यक नहीं है :
A. फोस्टर बनाम दी न्यू त्रिनिडाड एसफालटे कम्पनी लिमिटेड
B. लुम्बक बनाम ब्रिटिश बैंक ऑफ साउथ अमेरिका
C. बोल्टन बनाम नाटल एण्ड कोलोनाइजेशन कं. लि.
D. वाल बनाम दि लन्दन एण्ड प्रोविंसियल ट्रस्ट कं. लि.

**8.** किस वाद के निर्णयानुसार कोई भी कम्पनी अपने ऋण पत्रों से होने वाले लाभ को लाभांश के रूप में नहीं बांट सकती है :
A. फोस्टर बनाम दी न्यू त्रिनिडाड एसफालटे कम्पनी लिमिटेड
B. लुम्बक बनाम ब्रिटिश बैंक ऑफ साउथ अमेरिका
C. बोल्टन बनाम नाटल एण्ड कोलोनाइजेशन कं. लि.
D. बाल बनाम दि लन्दन एण्ड प्रोविंसियल ट्रस्ट कं. लि.

**9.** कम्पनी अधिनियम की किस धारा के अनुसार चालू वर्ष के लाभ, गत वर्षों के लाभ तथा सरकार द्वारा इस उद्देश्य हेतु दी गई गारण्टी की राशि में से ही लाभांश वितरित किया जा सकता है ?
A. धारा 205 (1)  B. धारा 205 (A)
C. धारा 205 (2)  D. धारा 205 (B)

**10.** किस धारा के अनुसार कोई कम्पनी अपने चालू लाभों का एक निश्चित भाग संचयों में हस्तान्तरित किए बिना लाभांश वितरित नहीं कर सकती है ?
A. धारा 205 (*i*)  B. धारा 205 (A)
C. धारा 205 (2)  D. धारा 205 (B)

**11.** धारा 205 (A) कब लागू हुई जिसके अनुसार कोई कम्पनी लाभ का एक भाग संचय में हस्तान्तरित किए बिना लाभांश वितरित नहीं कर सकती है ?

A. 1 फरवरी, 1975    B. 1 फरवरी, 1976
C. 1 फरवरी, 1977    D. 1 फरवरी, 1978

**12.** चालू वर्ष का अधिकतम कितना भाग संचय में हस्तान्तरित किया जा सकता है ?

A. 9%    B. 10%
C. 11%    D. 12%

**13.** किस धारा के अनुसार पूंजी में से ब्याज का भुगतान करना संभव है ?

A. धारा 205 (1)    B. धारा 205 (A)
C. धारा 208    D. धारा 209 (1)

**14.** धारा 208 के अनुसार ब्याज की अधिकतम दर क्या है ?

A. 4%    B. 5%
C. 8%    D. 10%

**15.** धारा 208 किस पर लागू नहीं होती है ?

A. रेलवे अधिनियम, 1895 के अन्तर्गत आने वाली कम्पनियों पर
B. ट्राम्बे अधिनियम, 1902 के अन्तर्गत आने वाली कम्पनियों पर
C. बैंकिंग नियमन अधिनियम के अन्तर्गत आने वाली कम्पनियों पर
D. A और B दोनों

**16.** धारा 205 (1) के अनुसार चालू ह्रास की गणना के लिए मूल लागत का कितना प्रतिशत स्थायी किश्त पद्धति या अन्य पद्धति से अपलिखित करना अनिवार्य है ?

A. 90%    B. 95%
C. 98%    D. 100%

**17.** किस तिथि के पश्चात् वित्तीय वर्ष के लाभों में लाभांश घोषित करने के लिए वर्षों की बकाया ह्रास को अपलिखित करना आवश्यक है जबकि बाद के वर्षों के लिए आवश्यक नहीं है :

A. 1 फरवरी, 1975    B. 10 फरवरी, 1975
C. 27 दिसम्बर, 1960   D. 27 दिसम्बर, 1970

**18.** बोनस अंश निर्गमन के लिए आवश्यक है :

A. अन्तर्नियमों में व्यवस्था होना
B. केन्द्र सरकार की पूर्व अनुमति
C. न्यायालय की अनुमति
D. A और B दोनों

**19.** संचयी अधिमान अंशों पर बकाया लाभांश की राशि दिखायी जाती है :

A. पूंजी शीर्षक के अन्तर्गत
B. चालू दायित्व एवं आयोजन शीर्षक के अन्तर्गत
C. संदिग्ध दायित्व शीर्षक के अन्तर्गत
D. संचय व आधिक्य शीर्षक के अन्तर्गत

**20.** लाभांश घोषणा के कितने दिन के भीतर लाभांश का भुगतान किया जाना चाहिए ?

A. 7 दिन    B. 30 दिन
C. 42 दिन    D. 45 दिन

**21.** किसी कम्पनी द्वारा लाभांश की घोषणा व भुगतान के लिए पालन करना चाहिए :

A. अन्तर्नियम की व्यवस्थाओं का
B. धारा 205 का
C. Table 'A' का
D. उक्त सभी का

**22.** लाभांश दिया जाता है :

A. सभी अंशधारियों को
B. रजिस्टर्ड अंशधारियों को
C. केवल पुराने अंशधारियों को
D. इनमें से किसी को नहीं

**23.** अनिवार्य संचय बनाए जाने चाहिए :

A. कम्पनी अधिनियम 1956 के अन्तर्गत
B. कम्पनी अधिनियम 1960 के अन्तर्गत
C. कम्पनी अधिनियम 1974 के अन्तर्गत
D. इनमें से किसी के अनुसार नहीं

**24.** पिछले वर्षों की हानि लाभांश बांटने के पूर्व आयोजित की जानी चाहिए :

A. मुकदमों के निर्णयों के अनुसार
B. कम्पनी अधिनियम के अन्तर्गत
C. लेखाकर्म के सिद्धांतों के अन्तर्गत
D. किसी से भी नहीं

**25.** भारत में स्थायी सम्पत्तियों पर ह्रास का आयोजन लाभांश बांटने से पूर्व अनिवार्य हो गया है :

A. धारा 205 के अन्तर्गत
B. धारा 350 के अन्तर्गत
C. धारा 208 के अन्तर्गत
D. धारा 210 के अन्तर्गत

**26.** लाभांश दिया जाता है :

A. 1 वर्ष के लाभ में से   B. 6 माह के लाभ में से
C. 2 वर्ष के लाभ में से   D. उक्त में से कोई नहीं

**27.** पूंजी में से लाभांश बांटे जाने पर संचालकों को कितने प्रतिशत ब्याज सहित राशि लौटानी होती है ?

A. 5%
B. 6%
C. 9%
D. 10%

**28.** किस वाद के निर्णयानुसार कोई कम्पनी अस्थायी सम्पत्तियों पर ह्रास की व्यवस्था किए बिना लाभांश घोषित नहीं कर सकती है :

A. वर्नर बनाम जनरल एण्ड कॉमर्शियल इन्वेस्टमेन्ट ट्रस्ट लिमिटेड
B. विल्मर बनाम मैकनमारा एण्ड कं. लि.
C. रडवर्ड बनाम साउनटन होटल कं. लि.
D. गिनीज बनाम लैंड कॉर्पोरेशन ऑफ ऑयरलैण्ड

**29.** किस वाद के निर्णयानुसार कोई कम्पनी स्थायी सम्पत्तियों पर ह्रास की व्यवस्था किए बिना ही लाभांश वितरित कर सकती है ?

A. बर्नर बनाम जनरल एण्ड कॉमर्शियल इन्वेस्टमेन्ट ट्रस्ट लि.
B. विल्मर बनाम मैकनमारा एण्ड कम्पनी लि.
C. एडवर्ड बनाम साउनटन होटल कं. लि.
D. गिनीज बनाम लैण्ड कॉर्पोरेशन ऑफ ऑयरलैण्ड

**30.** वर्ष के मध्य में संचालकों द्वारा भावी लाभों की आशा में घोषित किए जाने वाले लाभांश को कहते हैं :

A. अन्तिम लाभांश
B. अन्तरिम लाभांश
C. पूंजीगत लाभांश
D. आयगत लाभांश

**31.** किस धारा के अनुसार वास्तविक लाभ से अधिक लाभ दर्शाने पर पूंजी में से लाभांश का वितरण होता है जो कि अवैधानिक है ?

A. धारा 98
B. धारा 99
C. धारा 100
D. धारा 101

**32.** किसकी अनुमति से कोई कम्पनी जनहित में ह्रास काटे बिना भी लाभांश की घोषणा कर सकती है :

A. केन्द्र सरकार की अनुमति से
B. रजिस्ट्रार की अनुमति से
C. न्यायालय की अनुमति से
D. आयकर-कमिश्नर की अनुमति से

**33.** पूंजीगत लाभ का उदाहरण है :

A. ऋणपत्रों के शोधन पर बट्टे की राशि
B. स्थायी सम्पत्तियों के विक्रय से लाभ
C. ऋणपत्रों के निर्गमन पर प्राप्त प्रीमियम
D. उक्त सभी

**34.** समामेलन से पूर्व लाभ का उपयोग नहीं किया जा सकता है :

A. ख्याति के अपलेखन में
B. बोनस अंश निर्गमित करने में
C. प्रारंभिक व्ययों के अपलेखन में
D. लाभांश वितरण में

**35.** निम्न में से किस पूंजीगत लाभ को लाभांश के रूप में वितरित किया जा सकता है ?

A. अंशनिर्गमन के प्रीमियम
B. ऋणपत्रों के शोधन पर बट्टे की राशि
C. अंशहरण खाते का शेष
D. समामेलन से पूर्व का लाभ

**36.** किस वाद के निर्णयानुसार कोई कम्पनी अपने लाभों के निर्धारण से पूर्व आयकर की राशि नहीं काट सकती है, किन्तु वह अधिलाभ कर की राशि को लाभ निर्धारण से पूर्व काट सकती है :

A. बोल्टन बनाम नाटल एण्ड कोलोनाइजेशन कं. लि.
B. वाल बनाम दि लन्दन एण्ड प्रोविंसियल ट्रस्ट कं. लि.
C. एडवर्ड बनाम साउनटन होटल कं. लि.
D. गिनीज बनाम लैण्ड कार्पोरेशन ऑफ ऑयरलैण्ड

**उत्तरमाला**

| 1 | 2 | 3 | 4 | 5 | 6 | 7 | 8 | 9 | 10 |
|---|---|---|---|---|---|---|---|---|----|
| A | C | A | C | A | D | C | D | A | B |
| **11** | **12** | **13** | **14** | **15** | **16** | **17** | **18** | **19** | **20** |
| A | B | C | A | D | B | C | D | C | C |
| **21** | **22** | **23** | **24** | **25** | **26** | **27** | **28** | **29** | **30** |
| D | B | C | B | A | A | A | A | B | B |
| **31** | **32** | **33** | **34** | **35** | **36** | | | | |
| C | A | D | D | B | C | | | | |

# 20. सहकारी अंकेक्षण
# (CO–OPERATIVE AUDIT)

**1.** सहकारी अंकेक्षक किस पुस्तक से अंकेक्षण कार्य प्रारम्भ करता है :

A. खाता बही से       B. भुगतान बही से

C. रोकड़ बही से       D. प्राप्ति बही से

**2.** कालातीत ऋण कितने प्रकार के हैं ?

A. 2       B. 3

C. 4       D. 5

**3.** कालातीत ऋण नहीं है:

A. निश्चल ऋण       B. डूबत ऋण

C. अनिश्चल ऋण       D. सन्देहात्मक ऋण

**4.** लम्बे समय से कालातीत ऋणों की गहरी जांच हेतु अंकेक्षक को कौन-सा कार्य करना चाहिए ?

A. समिति द्वारा ऋण वसूली की कार्यवाही सन्तोष जनक है

B. कालातीत अवधि, राशि आदि की सूची बनाना

C. कानूनी कार्यवाही (ऋण वसूली के लिए) न किए जाने के कारणों का पता लगाना

D. उक्त सभी

**5.** किस अंकेक्षण के अन्तर्गत सहकारी अंकेक्षक को समिति के नियमानुसार संचालन, सहकारिता सिद्धांतों का पालन तथा सेवा-उद्देश्यों पर आधारित क्रिया कलापों को देखना पड़ता है :

A. औचित्य अंकेक्षण       B. प्रशासनिक अंकेक्षण

C. आर्थिक अंकेक्षण       D. कुशलता अंकेक्षण

**6.** प्रशासनिक अंकेक्षण के दौरान अंकेक्षक को किस बात का केन्द्र-बिन्दु मानते हुए उसे ध्यान में रखना चाहिए :

A. नियमानुसार संचालन को

B. सहकारिता सिद्धांतों के पालन को

C. सेवा-उद्देश्यों पर आधारित क्रिया कलापों की

D. उक्त सभी को

**7.** सहकारी उपभोक्ता भण्डार के अंकेक्षण हेतु ऑडिटर को सर्वप्रथम किसका अध्ययन करना चाहिए ?

A. नियमों व उपनियमों का

B. आन्तरिक नियन्त्रण प्रणाली का

C. आन्तरिक जांच का

D. आन्तरिक अंकेक्षण का

**8.** केन्द्रीय सहकारी बैंक के अंकेक्षक का सर्वप्रथम किसकी जांच करनी चाहिए ?

A. रोकड़ बही शेष की

B. प्रतिभूतियों की

C. आन्तरिक नियन्त्रण प्रणाली की

D. A एवं B दोनों की

**9.** समिति द्वारा चुकाए गए लाभांश का प्रमाणन करने के लिए अंकेक्षक किसका अवलोकन करता है ?

A. सहकारी अधिनियम व नियम का

B. विभाग के आदेशों का

C. लाभांश पुस्तिकाओं एवं अंश रजिस्टर का

D. उक्त सभी का

**10.** ऋणों की जांच हेतु अंकेक्षक किसका अवलोकन करता है ?

A. प्रबन्ध कार्यकारिणी की स्वीकृति का

B. अधिकतम ऋण सीमा का

C. बन्धक-पत्रों का

D. उक्त सभी का

**11.** सदस्यों से प्राप्त प्रवेश-शुल्क की जांच हेतु अंकेक्षक निरीक्षण करता है :

A. सदस्यों के रजिस्टर का

B. रसीद की प्रतिलिपि का

C. उपनियमों का

D. उक्त सभी का

**12.** अंश वापसी की जांच हेतु-अंकेक्षक अवलोकन करता है:

A. सदस्यों के प्रार्थना-पत्र का

B. प्रबन्धकारिणी द्वारा पारित प्रस्तावों का

C. सदस्यों द्वारा लौटाए गए अंश प्रमाण-पत्रों का

D. उक्त सभी का

**13.** सहकारी अंकेक्षण के कार्यक्षेत्र में नहीं आता है :

A. समितियों के वर्गीकरण की जांच

B. कालातीत देय राशि की जांच

C. पूंजी एवं दायित्वों का सत्यापन करना

D. समितियों के लेखे तैयार करना

**14.** सहकारी अंकेक्षण एक कुशल अंकेक्षण भी है क्योंकि :

A. वह सदस्यों को आवश्यक मार्गदर्शन भी देता है

B. वह सदस्यों के हितों की रक्षा करता है

C. वह संस्था के लाभ-हानि पर नजर रखता है

D. इनमें से कोई नहीं

**15.** कालातीत ऋणों के प्रकार में शामिल नहीं है :

A. निश्चल ऋण      B. सन्देहात्मक ऋण

C. डूबत ऋण      D. अधिविकर्ष

**16.** सहकारी अंकेक्षक प्राप्तियों एवं भुगतान के प्रमाणन हेतु अपना कार्य किस बही की जांच के साथ प्रारम्भ करता है ?

A. रोकड़ बही      B. नकल बही

C. खाता बही      D. इनमें से कोई नहीं

**17.** सहकारी अंकेक्षण :

A. आर्थिक अंकेक्षण है

B. प्रशासनिक अंकेक्षण है

C. आर्थिक व प्रशासनिक अंकेक्षण है

D. निष्पत्ति अंकेक्षण है

**18.** सहकारी अंकेक्षक नियुक्त किया जा सकता है :

A. विभागीय कर्मचारी को

B. C.A. को

C. गैर-सरकारी एजेन्सी को

D. उक्त में से किसी को

**19.** सहकारी अंकेक्षण का उद्देश्य नहीं है :

A. सदस्यों के आर्थिक एवं नैतिक विकास में समिति की सफलता की जांच न करना

B. नीतियों की जांच करना

C. सहकारिता के सिद्धान्तों के आधार पर जांच करना

D. कमियां दूर करने के लिए आवश्यक सुझाव देना

**20.** सहकारी अंकेक्षक का अधिकार नहीं है :

A. प्रतिभूतियों व सम्पत्तियों की जांच का अधिकार

B. समिति के लेखे समय पर तैयार करने का अधिकार

C. असाधारण सभा का नोटिस प्राप्त करने का अधिकार

D. वार्षिक साधारण सभा का नोटिस प्राप्त करने का अधिकार

**21.** सहकारी अंकेक्षक द्वारा यह देखना कि समिति का प्रशासन सहकारिता सिद्धान्तों के आधार पर चल रहा है, किस अंकेक्षण के अन्तर्गत आता है ?

A. प्रशासनिक अंकेक्षण     B. कुशलता अंकेक्षण

C. औचित्य अंकेक्षण     D. निष्पत्ति अंकेक्षण

**22.** सहकारी अंकेक्षक का कर्त्तव्य नहीं है :

A. जांच कि लाभ-हानि खाता तथा चिट्ठा सही व उचित है

B. असाधारण सभा की विशेष रिपोर्ट तैयार करना

C. कालातीत ऋणों की जांच करना

D. देखाना कि समिति का कार्य सहकारिता के सिद्धांतों के आधार पर चल रहा है अथवा नहीं

**23.** एक सहकारी समिति और कम्पनी में निम्नलिखित समानता है :

A. अंकेक्षक वैधानिक आवश्यकता है

B. अंकेक्षक का C.A. होना आवश्यक है

C. सभी सदस्यों को केवल एक वोट देने का अधिकार होता है

D. अंकेक्षक की नियुक्ति अंशधारियों द्वारा की जाती है

**24.** सहकारी अंकेक्षण के कार्यक्षेत्र में आता है :

A. समितियों की आय-व्यय की जांच करना

B. कालातीत देय राशि की जांच करना

C. समितियों के वर्गीकरण की जांच करना

D. उक्त सभी

**25.** सहकारी अंकेक्षण का वास्तविक उद्देश्य है :

A. विश्वास दिलाना कि समिति के लेखों को लेखानियमों के अनुसार तैयार किया गया है अथवा नहीं

B. जांच करना कि समिति सहकारिता के सिद्धांतों पर चल रही है

C. सहकारी समिति और उसके सदस्यों के हित में कार्य करना

D. विश्वास दिलाना कि समिति सहकारी अधिनियम, नियम एवं उपनियमों के अनुसार चल रही है अथवा नहीं

**उत्तरमाला**

| 1 | 2 | 3 | 4 | 5 | 6 | 7 | 8 | 9 | 10 |
|---|---|---|---|---|---|---|---|---|---|
| C | B | C | D | B | D | B | D | D | D |
| **11** | **12** | **13** | **14** | **15** | **16** | **17** | **18** | **19** | **20** |
| D | D | D | A | D | A | C | D | A | C |
| **21** | **22** | **23** | **24** | **25** | | | | | |
| B | B | A | D | **C** | | | | | |

# 21. अंकेक्षण रिपोर्ट एवं प्रमाण-पत्र
# (AUDITOR'S REPORT AND CERTIFICATE)

**1.** अंकेक्षण रिपोर्ट से अंशधारियों को लाभ है :
   A. कर्मचारियों की ईमानदारी का ज्ञान होता है
   B. उनका धन सुरक्षित रहता है
   C. कर निर्धारण में मदद मिलती है
   D. संचालकों की कार्यक्षमता एवं कम्पनी की आर्थिक स्थिति की जानकारी प्राप्त होना

**2.** अंकेक्षण रिपोर्ट से संचालकों को ज्ञान होता है :
   A. कर्मचारियों की ईमानदारी का ज्ञान होना
   B. उनका धन सुरक्षित रहता है
   C. कर निर्धारण में मदद मिलती है
   D. इनमें से कोई नहीं

**3.** अंकेक्षण रिपोर्ट से विनियोजकों को ज्ञान होता है :
   A. कर्मचारियों की ईमानदारी का
   B. कर-निर्धारण का
   C. लाभांश-प्राप्ति, धन सुरक्षा एवं निरंतरता का
   D. संचालकों की कार्यक्षमता का

**4.** अंकेक्षण रिपोर्ट से तात्पर्य उस प्रतिवेदन से है जिसमें एक अंकेक्षक :
   A. हिसाब-किताब की जांच करता है
   B. अन्तिम खातों की जांच करता है
   C. अन्य संलग्न प्रलेखों की जांच करता है
   D. उपरोक्त सभी की जांच कर प्रतिवेदन प्रस्तुत करता है

**5.** अंकेक्षण रिपोर्ट प्रस्तुत की जाती है :
   A. सचिव को
   B. प्रबन्धकों को
   C. कम्पनी की साधारण सभा में
   D. रजिस्ट्रार को

**6.** ''रिपोर्ट एकत्रित किए तथा जांचे हुए तथ्यों की एक सूची है जो इस प्रकार लिखी जाती है कि उन लोगों को जिनके पास इस विषय में पूर्ण तथ्य नहीं होते हैं, स्पष्ट एवं सही सूचना दे सकें।'' यह परिभाषा दी :

   A. लंकास्टर          B. हैन्सन
   C. स्पाईसर          D. कोई नहीं

**7.** अंकेक्षण रिपोर्ट सरकार के लिए लाभदायक है :
   A. कर्मचारियों की ईमानदारी का ज्ञान
   B. धन सुरक्षा
   C. संचालकों की कार्यक्षमता का ज्ञान
   D. कर निर्धारण में सहायक

**8.** अंकेक्षण रिपोर्ट के प्रकार होते हैं :
   A. 2          B. 4
   C. 5          D. 6

**9.** अंकेक्षक के असन्तुष्ट होने पर वह रिपोर्ट देता है :
   A. स्वच्छ रिपोर्ट          B. मर्यादित रिपोर्ट
   C. अंकेक्षण रिपोर्ट          D. इनमें से कोई नहीं

**10.** मर्यादित रिपोर्ट देने का कारण नहीं है :
   A. लेखों में सिद्धांतों की अवहेलना
   B. लेखा कर्म के सिद्धांतों को बार-बार बदलना
   C. आवश्यक प्रमाणकों का अभाव
   D. जब रिपोर्ट कम्प्यूटराज्ड नहीं हो

**11.** अंकेक्षण प्रमाण-पत्र के सम्बन्ध में अंकेक्षक का दायित्व होता है :
   A. सीमित          B. असीमित
   C. विशिष्ट          D. कुछ नहीं

**12.** अंकेक्षण रिपोर्ट है एक :
   A. विशिष्ट प्रमाण-पत्र          B. औपचारिक पत्र
   C. समझौता पत्र          D. इनमें से कोई नहीं

**13.** अंकेक्षक द्वारा विशेषज्ञ के रूप में तथ्यों की विद्यमानता को चित्रित करते हुए दिया गया प्रमाण पत्र कहलाता है :
   A. अंकेक्षण रिपोर्ट
   B. अंकेक्षण प्रमाण-पत्र
   C. व्यापार आरम्भ करने का प्रमाण-पत्र
   D. इनमें से कोई नहीं

**14.** एक अच्छी रिपोर्ट के आवश्यक तत्व हैं :
   A. सरल एवं नम्र भाषा

B. अनुच्छेदों में विभाजित विषय-वस्तु

C. महत्वपूर्ण बिन्दुओं का समावेश

D. उपरोक्त सभी

**15.** वैधानिक रिपोर्ट के सम्बन्ध में दिये जाने वाले प्रमाण-पत्र का प्रारूप किस धारा के अनुसार होना चाहिए?

A. धारा 165　　　　　B. धारा 165 (2)

C. धारा 165 (4)　　　D. धारा 165 (5)

**16.** मर्यादित रिपोर्ट पर हस्ताक्षर होते हैं :

A. अंकेक्षक के　　　　B. चार्टर्ड एकाउण्टेन्ट के

C. कम्पनी सचिव के　　D. प्रबन्धक के

**17.** लाभ-हानि खाते एवं स्थिति विवरण के सम्बन्ध में अंकेक्षक अपनी रिपोर्ट में केवल :

A. राय व्यक्त करता है

B. सत्यापन करता है

C. अंकेक्षण प्रमाण-पत्र देता है

D. कोई नहीं

**18.** अंकेक्षक अपनी रिपोर्ट किसको सम्बोधित कर बनाता है?

A. सचिव　　　　　　B. संचालक

C. सदस्यगण　　　　 D. रजिस्ट्रार

**19.** अंकेक्षण कार्य के दौरान अंकेक्षक को कोई सन्देह हो तो वह :

A. संचालकों को सूचना देता है

B. सचिव से पूछता है

C. अंशधारियों को कहता है

D. अपनी रिपोर्ट में उल्लेख करता है

**20.** अंकेक्षण प्रमाण-पत्र में नहीं होता है :

A. अंकेक्षक का विशिष्ट दायित्व

B. निश्चित सूचनाओं एवं तथ्यों का समावेश

C. राय प्रकट करना

D. विषय-विशेष का सत्यापन

### उत्तरमाला

| 1 | 2 | 3 | 4 | 5 | 6 | 7 | 8 | 9 | 10 |
|---|---|---|---|---|---|---|---|---|---|
| D | A | C | D | C | A | D | A | B | D |
| **11** | **12** | **13** | **14** | **15** | **16** | **17** | **18** | **19** | **20** |
| C | B | B | D | C | B | A | C | D | **C** |

# 22. लागत अंकेक्षण
## (COST AUDIT)

**1.** बाह्य लागत अंकेक्षण कराने का उद्देश्य होता है :
   A. बाहरी हस्तक्षेप का पता लगाना
   B. सार्वजनिक हितों की सुरक्षा
   C. कर्मचारियों पर अंकुश लगाना
   D. प्रबन्धकों पर दबाव डालना

**2.** कम्पनी अधिनियम की व्यवस्थाओं के अनुसार कराए जाने वाले अंकेक्षण को कहते हैं :
   A. आन्तरिक लागत अंकेक्षण
   B. बाह्य लागत अंकेक्षण
   C. वैधानिक लागत अंकेक्षण
   D. पूरक लागत अंकेक्षण

**3.** लागत अंकेक्षक की नियुक्ति की जा सकती है :
   A. कम्पनी की संचालक समिति द्वारा
   B. सरकार द्वारा
   C. कम्पनी संचालक समिति द्वारा सरकार की पूर्वानुमति से
   D. इनमें से कोई नहीं

**4.** लागत अंकेक्षक को अपनी रिपोर्ट देनी होती है :
   A. एक निश्चित अवधि में
   B. एक निर्धारित प्रारूप में
   C. केन्द्र सरकार को
   D. उपरोक्त सभी

**5.** लागत अंकेक्षण में शामिल है :
   A. सामग्री श्रम, व्यय का अंकेक्षण
   B. अपूर्ण अनुबन्ध, चालू माल का अंकेक्षण
   C. स्टोर्स एवं अतिरिक्त पुर्जो का अंकेक्षण
   D. उपरोक्त सभी

**6.** लागत अंकेक्षक के रूप में वही नियुक्त हो सकता है जो:
   A. I.C.W.A. का सदस्य हो
   B. C.A. की निर्धारित योग्यता रखता हो
   C. C.A. की योग्यता रखता हो तथा लागत लेखों का अंकेक्षण कर सकता हो
   D. उपरोक्त सभी

**7.** लागत अंकेक्षण रिपोर्ट की प्रमुख व्यवस्थाएं हैं :
   A. अंकेक्षण रिपोर्ट मिलने के 30 दिन के भीतर केन्द्र सरकार को समस्त सूचनाएं भेजना
   B. केन्द्र सरकार द्वारा स्पष्टीकरण मांगने पर जवाब देना
   C. केन्द्र सरकार के निर्देशानुसार रिपोर्ट की प्रतियां सदस्यों में बांटना
   D. उपरोक्त सभी

**8.** सामग्री के लेखे का अंकेक्षण करते समय अंकेक्षक को ध्यान देना चाहिए कि क्या :
   A. संस्था के सभी क्रय अधिकृत हैं
   B. सामग्री मूल्यांकन विधि एवं स्टॉक मूल्यांकन प्रक्रिया उचित एवं सही हैं
   C. शेष बचे माल की शीघ्र वापसी तथा सामग्री की हानि पर उचित नियन्त्रण है या नहीं
   D. उपरोक्त सभी

**9.** लागत अंकेक्षक द्वारा श्रम का अंकेक्षण करते समय विशेष ध्यान देना चाहिए कि :
   A. श्रमिकों की भर्ती हेतु अधिकृत कौन है तथा चयन प्रक्रिया सही है
   B. श्रमिकों की उपस्थिति के आवश्यक प्रलेख मौजूद हैं
   C. कार्यानुसार मजूदरी के लेखे सही रखे गए हैं
   D. उपरोक्त सभी

**10.** लागत खातों के सही होने और लागत लेखा योजना के अनुसरण का सत्यापन कहलाता है :
   A. अंकेक्षण          B. लागत अंकेक्षण
   C. कम्पनी अंकेक्षण          D. इनमें से कोई नहीं

**11.** लागत अंकेक्षण का उद्देश्य नहीं है :
   A. लागत लेखाकर्म सम्बन्धित प्रविष्टियों की शुद्धता की जांच करना
   B. लागत खाते लागत लेखाकर्म के सिद्धांतों के अनुसार है, की जांच
   C. छल-कपट का पता लगाना
   D. लाभ-हानि का पता लगाना

**12.** कम्पनी अधिनियम की धारा 209 (1) (डी) के अनुसार तथा केन्द्र सरकार के आदेशानुसार अंकेक्षक उन कम्पनियों के लागत लेखों का अंकेक्षण करता है जो :

A. उत्पादन कार्य में लगी है

B. प्रविधि कार्य में लगी है

C. निर्माण एवं खदान कार्य में लगी है

D. उपरोक्त सभी

**13.** लागत अंकेक्षण का प्रमुख उद्देश्य है :

A. उत्पादित इकाइयों की प्रति इकाई के लागत मूल्य को सही-सही ज्ञात करना

B. प्रविष्टियों की सत्यता की जांच

C. त्रुटियों का पता लगाना

D. लेखे सिद्धांतों के अनुसार किए गए हैं, जांचना

**14.** लागत अंकेक्षण का लाभ नहीं है :

A. अनार्थिक उत्पाद इकाइयों पर प्रतिबन्ध लगाना

B. लागत नियन्त्रण कर उपभोक्ताओं को लाभ पहुंचाना

C. उचित विक्रय मूल्य का निर्धारण कर सकना

D. विक्रय क्षेत्र बढ़ाना

**15.** लागत अंकेक्षण का प्रकार नहीं है :

A. आन्तरिक लागत अंकेक्षण

B. बाह्य लागत अंकेक्षण

C. वैधानिक लागत अंकेक्षण

D. पूरक लागत अंकेक्षण

**16.** संस्था के स्थायी कर्मचारियों द्वारा नियमित रूप से किया जाने वाला अंकेक्षण कहलाता है :

A. आन्तरिक लागत अंकेक्षण

B. बाह्य लागत अंकेक्षण

C. वैधानिक लागत अंकेक्षण

D. पूरक लागत अंकेक्षण

**17.** आन्तरिक लागत अंकेक्षण का उद्देश्य होता है :

A. प्रबन्धकों को दैनिक कार्यप्रणाली सम्बन्धी परामर्श देना

B. कर्मचारियों पर नियन्त्रण रखना

C. उत्पादन पर नियन्त्रण रखना

D. इनमें से कोई नहीं

**18.** बाहरी व्यक्तियों या संस्थाओं द्वारा सार्वजनिक हित में किया जाने वाला अंकेक्षण कहलाता है :

A. आन्तरिक लागत अंकेक्षण

B. बाह्य लागत अंकेक्षण

C. वैधानिक लागत अंकेक्षण

D. पूरक लागत अंकेक्षण

**19.** स्टोर्स तथा अतिरिक्त पुर्जो के अंकेक्षण करते समय कौन-सा कार्य अंकेक्षक नहीं करता है ?

A. शेषों का 'स्टोर्स स्टॉक पुस्तक से मिलान करना'

B. माल की हानि को पृथक से दर्शाना

C. अन्तिम खातों की सत्यता की जांच करना

D. अप्रचलित मद को अपलिखित करना

**20.** अर्द्धनिर्मित माल का मूल्यांकन एवं अंकेक्षण करने हेतु अंकेक्षक को ध्यान नहीं रखना चाहिए :

A. चालू कार्य के मूल्यांकन आधार को जांचना

B. अप्रचलित मद को अपलिखित करना

C. चालू माल तथा तैयार माल के मूल्यों का मूल्यांकन एवं तुलनात्मक अध्ययन करना

D. चालू कार्य में प्रत्यक्ष एवं अप्रत्यक्ष व्ययों का कितना भाग जोड़ा गया है, की जांच करना

**21.** लागत अंकेक्षण कार्यक्रम में सावधानी पूर्वक की जाने वाली जांच में सम्मिलित नहीं है :

A. सम्बन्धित व्यापार एवं उद्योग की लेखा पद्धति की जांच

B. मजदूरों की मजदूरी, उपस्थिति, कार्य विवरण की जांच

C. उत्पादन व्ययों में वृद्धि करने वाले कारणों की जांच

D. चिट्ठे की जांच

**22.** उत्पादन व्ययों में वृद्धि करने वाले प्रमुख कारण हैं :

A. कच्चे माल का निरर्थक व्यय

B. श्रम की बरबादी

C. संयन्त्रों की क्षमता का पूर्ण उपयोग न कर पाना

D. उपरोक्त सभी

**23.** कम्पनी अधिनियम के प्रावधानों के अनुसार, व्यक्तिगत लेखा परीक्षकों को अनिवार्य रूप से प्रत्येक _____ वर्ष को बदल दिया जाना चाहिए।

A. 5

B. 10

C. 3

D. 2

**24.** वित्तीय अंकेक्षण हेतु अंकेक्षक की नियुक्ति की जाती है:

A. प्रबन्धकों द्वारा

B. सरकार द्वारा

C. कम्पनी रजिस्ट्रार द्वारा

D. वार्षिक साधारण सभा द्वारा

**25.** निम्न में से कौन-सा अंकेक्षण ऐतिहासिक लागतों पर आधारित होता है :

A. लागत अंकेक्षण

B. सरकारी अंकेक्षण

C. वित्तीय अंकेक्षण

D. इनमें से कोई नहीं

## उत्तरमाला

| 1 | 2 | 3 | 4 | 5 | 6 | 7 | 8 | 9 | 10 |
|---|---|---|---|---|---|---|---|---|----|
| B | C | C | D | D | D | D | D | D | B |
| **11** | **12** | **13** | **14** | **15** | **16** | **17** | **18** | **19** | **20** |
| D | D | A | D | D | A | A | B | C | B |
| **21** | **22** | **23** | **24** | **25** | | | | | |
| D | D | A | D | C | | | | | |

# 23. संयुक्त पूंजी कम्पनी/संयुक्त स्कन्ध कम्पनी
## (JOINT STOCK COMPANY)

**1.** एक सार्वजनिक कम्पनी का विघटन हो जाता है, यदि उसके सदस्यों की संख्या :

A. 2 से कम हो जाती है    B. 7 से कम हो जाती है

C. 10 से कम हो जाती है   D. 20 से कम हो जाती है

**2.** एक सार्वजनिक कम्पनी में सदस्यों की न्यूनतम संख्या होती है :

A. 2                 B. 3

C. 5                 D. 7

**3.** एक निजी कम्पनी में न्यूनतम सदस्य संख्या होती है :

A. 2                 B. 3

C. 7                 D. 5

**4.** सार्वजनिक एवं निजी कम्पनी में संचालकों की न्यूनतम संख्या क्रमशः क्या होती है ?

A. 3 - 2             B. 2 - 3

C. 3 - 5             D. 5 - 3

**5.** किसी सार्वजनिक कम्पनी में अंशधारियों का दायित्व होता है :

A. असीमित

B. सीमित

C. उनकी इच्छा पर

D. कभी सीमित व कभी असीमित

**6.** कम्पनी अधिनियम की 3 (1) (iii) के अन्तर्गत किस कम्पनी को विशेषधिकार प्राप्त है ?

A. निजी कम्पनी          B. सार्वजनिक कम्पनी

C. सरकारी कम्पनी        D. इनमें से कोई नहीं

**7.** कम्पनी का कौन–सा प्रारूप वर्तमान में प्रचलित नहीं है :

A. शाही कम्पनी          B. वैधानिक कम्पनी

C. सूत्रधारी कम्पनी      D. सहायक कम्पनी

**8.** कम्पनी अधिनियम की सेक्शन ______ कॉर्पोरेट सामाजिक दायित्व के साथ काम करती है:

A. 135               B. 136

C. 137               D. 138

**9.** संयुक्त पूंजी वाली कम्पनी का पंजीयन कराना :

A. ऐच्छिक है

B. अनिवार्य है

C. ऐच्छिक नहीं है

D. सार्वजनिक कम्पनियों के लिए अनिवार्य है परंतु निजी कम्पनियों के लिए ऐच्छिक है

**10.** कम्पनी को हानि की स्थिति में भी :

A. ऋणपत्रों पर ब्याज देना होगा

B. संचयी पूर्वाधिकार अंशों पर लाभांश देना होगा

C. असंचयी पूर्वाधिकार अंशों पर लाभांश देना होगा

D. इक्विटी अंशोपर लाभांश देना होगा

**11.** कम्पनी अधिनियम 2013 के अनुसार शेयरों के डिस्काउंट पर इश्यू होने के संबंध में निम्न में से कौन-सा कथन सही है:

A. स्वीट शेयर के अलावा अन्य शेयर छूट पर इश्यू नहीं किए जा सकते हैं

B. सेक्शन 79 के अनुसार, कुछ शर्तों के साथ शेयर डिस्काउंट पर इश्यू किए जा सकते हैं

C. 25% से अधिक के शेयर डिस्काउंट पर इश्यू नहीं किए जा सकते हैं

D. इनमें से कोई नहीं

**12.** गारण्टी द्वारा सीमित दायित्व वाली कम्पनी का उद्देश्य :

A. पूंजी विनियोग को प्रोत्साहन

B. सदस्यों के लाभार्थ

C. कला, विज्ञान, धर्म अथवा धर्मार्थ उद्देश्यों को प्रोत्साहन देना

D. राजनैतिक व आर्थिक स्वार्थो को पूरा करना

**13.** एक निजी कम्पनी के लिए सदस्यों की न्यूनतम व अधिकतम संख्या होती है :

A. 2 -50

B. 2 -20

C. 2 -10

D. 2 - असीमित

 

**14.** व्यावसायिक संगठन के अन्तर्गत संयुक्त पूंजी वाली कम्पनी का सर्वाधिक महत्वपूर्ण गुण है :
A. सदस्यों का दायित्व सीमित
B. अंशों का हस्तान्तरण सदस्यों द्वारा सुविधा जनक
C. इसके विस्तार का क्षेत्र अनन्त है
D. इसके वित्तीय स्रोत अन्य संगठनों की तुलना में अत्यधिक व्यापक होते है

**15.** सार्वजनिक सीमित कम्पनी के लिए निम्नलिखित में से किस दस्तावेज का तैयार किया जाना तथा रजिस्ट्रार ऑफ कम्पनीज के समक्ष पंजीकृत कराया जाना आवश्यक नहीं:
A. पार्षद सीमानियम
B. पार्षद अन्तर्नियम
C. वैधानिक घोषणा
D. योग्यता अंशों के लिए जाने का तथा भुगतान किए जाने के लिए संचालक की वचन वद्धता

**16.** कोई कम्पनी निम्न में से किसका क्रय कर सकती है ?
A. अपने साधारण अंशों का
B. पूर्वाधिकार अंशो का
C. अपने ऋणपत्रों का
D. इनमें से सभी का

**17.** कम्पनी निर्माण के पश्चात प्रवर्तक दायित्व :
A. बढ़ जाता है     B. घट जाता है
C. कुछ नहीं रहता है     D. इनमें से कोई नहीं

**18.** निम्न में से वित्त प्राप्त करने का कौन–सा स्रोत है जो कम्पनी की वित्तीय व्यवस्था पर भार नहीं बनता ?
A. जन–निक्षेप
B. ऋणपत्र
C. वित्तीय संस्थाओं से ऋण
D. प्रतिधारित आय

**19.** सहकारी समिति के पंजीकरण के लिए सदस्यों की न्यूनतम संख्या होनी चाहिए :
A. 2     B. 7
C. 10     D. 20

**20.** निम्न विशेषताओं में से कौन–सी विशेषता एक कम्पनी की नहीं है :
A. सीमित दायित्व
B. अविच्छिन्न उत्तराधिकार
C. मालिकों का सीधा नियन्त्रण
D. स्वतन्त्र वैधानिक अस्तित्व

**21.** कम्पनी के आन्तरिक कार्य प्रणाली सम्बन्धी नियमों को जानने के लिए अंकेक्षण को निम्नलिखित प्रपत्र देखना चाहिए :
A. कम्पनी का प्रविवरण    B. पार्षद सीमानियम
C. वार्षिक प्रतिवेदन    D. कम्पनी के अन्तर्नियम

**22** C.A. Act कब पारित हुआ ?
A. 1949     B. 1959
C. 1960     D. 1969

**23.** एक व्यक्ति एक साथ अधिकतम कितनी कम्पनियों का संचालक हो सकता है ?
A. 5     B. 10
C. 15     D. 20

**24.** एक सार्वजनिक कम्पनी में संचालकों की अधिकतम संख्या होती है:
A. 3     B. 7
C. 20     D. कोई सीमा नहीं

**25.** एक सार्वजनिक सीमित कम्पनी में संचालकों की न्यूनतम संख्या है :
A. 2     B. 3
C. 7     D. 5

**26.** एक प्राइवेट लिमिटेड कम्पनी में संचालकों की न्यूनतम संख्या होती है :
A. 2     B. 3
C. 7     D. 10

**27.** ''सारणी A'' जो कि अन्तर्नियमों का कार्य करती है, में कितने नियमों का समावेश है ?
A. 90     B. 99
C. 199     D. 190

**28.** निजी सीमित कम्पनी के लिए कौन–सा प्रलेख रजिस्ट्रार के पास फाइल करना अनिवार्य है ?
A. प्रविवरण     B. पार्षद सीमानियम
C. अन्तर्नियम     D. A और B

**29.** एक कम्पनी के लेनदार को परिचित होना चाहिए :
A. कम्पनी के पार्षद सीमा नियम से
B. कम्पनी के अन्तर्नियम से
C. उपरोक्त दोनों प्रलेखों से
D. कम्पनी के प्रविवरण से

**30.** समामेलन का प्रमाण–पत्र प्राप्त करते ही कौन–सी कम्पनी अपना व्यापार प्रारम्भ कर सकती है ?
A. निजी कम्पनी     B. सार्वजनिक कम्पनी
C. सहकारी संगठन     D. कोई नहीं

**31.** वैधानिक सभा किस कम्पनी को नहीं बुलानी पड़ती है ?

A. सार्वजनिक कम्पनी

B. संयुक्त पूंजी वाली कम्पनी

C. निजी कम्पनी

D. इनमें से कोई नहीं

**32.** योग्यता अंश लेने की शर्त किस कम्पनी के संचालकों पर लागू नहीं होती है ?

A. सार्वजनिक कम्पनी

B. निजी कम्पनी

C. संयुक्त पूंजी वाली कम्पनी

D. इनमें से कोई नहीं

**33.** निजी कम्पनी, साझेदारी फर्म और एकल व्यापारी को ऋण दे सकता है :

A. भारत का औद्योगिक वित्त निगम

B. राज्य वित्त निगम

C. भारत का औद्योगिक विकास निगम

D. UTI

**34.** निम्न में से कौन-सी कम्पनी व्यापार आरम्भ करने का प्रमाण-पत्र प्राप्त किए बिना व्यापार आरम्भ नहीं कर सकती है

A. निजी कम्पनी

B. स्वतन्त्र निजी कम्पनी

C. सार्वजनिक निजी कम्पनी जिसके पास अंश पूंजी नहीं है

D. एक सार्वजनिक कम्पनी जिसने प्रविवरण जारी कर जनता को अंश खरीदने के लिए आमन्त्रित किया हो

**35.** कम्पनी अधिनियम, 2013 के मुताबिक, इनमें से किसी एक को कम्पनियों के शेयर वापस खरीदने की अनुमति नहीं है:

A. इसके विरूद्ध आरक्षित निधियाँ

B. प्रतिभूति प्रीमियम खाता

C. विशिष्ट प्रतिभूतियां जैसे कि कर्मचारियों की स्टॉक विकल्प की प्रक्रिया

D. उसी प्रकार के शेयरों के लिए पहले इश्यू में अपनाई गई प्रक्रिया

**36.** एक कम्पनी के पार्षद सीमानियम में संशोधन के लिए आवश्यक प्रस्ताव की प्रकृति होती है :

A. साधारण प्रस्ताव

B. विशेष प्रस्ताव

C. विशेष सूचना की आवश्यकता वाला प्रस्ताव

D. प्रबन्ध द्वारा निर्णय तथा प्रस्ताव नहीं

**37.** एक कम्पनी को कृत्रिम व्यक्ति कहा जाता है, क्योंकि :

A. इसका आकार प्राकृतिक व्यक्ति से भिन्न है

B. इसका न्यायालम में उपयोग नहीं किया जा सकता

C. यह अदृश्य है

D. इसका केवल वैधानिक अस्तित्व होता है

**38.** कम्पनी के नाम को बदलने के लिए आवश्यक है :

A. एक साधारण प्रस्ताव

B. एक विशेष प्रस्ताव

C. रजिस्ट्रार की अनुमति

D. विशेष प्रस्ताव एवं केन्द्रीय सरकार की स्वीकृति

**39.** निम्न में कौन-सा प्रलेख कम्पनी के कार्यक्षेत्र की व्याख्या करता है ?

A. पार्षद सीमानियम          B. पार्षद अन्तर्नियम

C. प्रविवरण                 D. वैधानिक घोषणा

**40.** निम्न में से कौन-सा प्रपत्र कम्पनी का बाह्य जगत से सम्बन्ध परिभाषित करता है :

A. पार्षद सीमानियम          B. पार्षद अन्तर्नियम

C. प्रविवरण                 D. वैधानिक घोषण

**41.** निम्न में से कौन-सा प्रलेख कम्पनी के आन्तरिक सम्बन्ध को परिभाषित करता है ?

A. पार्षद सीमानियम          B. पार्षद अन्तर्नियम

C. प्रविवरण                 D. वैधानिक घोषणा

**42.** निजी कम्पनियों को अच्छा माना जाता है, क्योंकि :

A. वे पूंजी का संग्रह जनता को अंश बेचकर कर सकती है

B. उन्हें संचालक नियुक्त करने की आवश्यकता नहीं रहती है

C. उनका नियन्त्रण कुछ व्यक्तियों के हाथों में होता है

D. उनके निर्माण में कोई वैधानिक औपचारिकता नहीं है

**43.** प्रलेख जिसमें कम्पनी के आन्तरिक प्रबन्ध सम्बन्धी नियम दिए होते हैं, कहलाता है :

A. सीमा नियम

B. अन्तर्नियम

C. प्रविवरण

D. प्रविवरण के स्थान पर प्रपत्र

**44.** एक निजी कम्पनी :

A. को अपने पार्षद अन्तर्नियम पंजीकृत कराना आवश्यक होता है

B. अपने पार्षद अन्तर्नियम पंजीकृत नहीं करा सकती है

C. के कोई पार्षद अन्तर्नियम नहीं होते हैं

D. के पार्षद अन्तर्नियम हो भी सकते हैं और नहीं भी

**45.** कम्पनी के पंजीकृत कार्यालय को एक राज्य से दूसरे राज्य में ले जाने के लिए कम्पनी विधानमण्डल के पुष्टि-करण के अतिरिक्त यह आवश्यक होगा कि कम्पनी पारित करें :

A. विशेष सूचना प्रस्ताव

B. साधारण प्रस्ताव

C. विशेष प्रस्ताव

D. संचालक–मण्डल का प्रस्ताव

**46.** रजिस्ट्रार के यहां प्रस्तुत कोई भी प्रलेख उन सभी के द्वारा जो कम्पनी से व्यहार करते है, पढ़ा हुआ एवं समझा हुआ माना जाता है। इसका सिद्धान्त है :

A. रचनात्मक सूचना का सिद्धान्त

B. आन्तरिक प्रबन्ध का सिद्धान्त

C. सार्वजनिक सूचना का सिद्धान्त

D. शक्ति से परे का सिद्धात

**47.** ''एक कम्पनी विधान द्वारा निर्मित कृत्रिम व्यक्ति है जिसका पृथक् अस्तित्व होता है, अविच्छिन्न उत्तराधिकारी होता है एवं जिसकी सार्वमुद्रा होती है।'' यह कथन किसका है:

A. लार्ड लिन्डले          B. लार्ड किंग्स

C. न्यायमूर्ति जेक्स       D. हैने

**48.** एक कम्पनी पंजीकृत हुई मानी जाती है जब :

A. वह कम्पनी के रजिस्ट्रार के पास पार्षद सीमानियम एवं पार्षद अन्तर्नियम प्रस्तुत करती है

B. वह समामेलन प्रमाण–पत्र प्राप्त करती है

C. वह व्यापार प्रारम्भ करने का प्रमाण–पत्र प्राप्त करती है

D. वह वास्तव में अपना व्यापार प्रारम्भ करती है

**49.** सालोमन बनाम सालोमन एण्ड क.लिमि. के विवाद में दिए गए निर्णय में किस सिद्धान्त का प्रतिपादन किया गया ?

A. सहअस्तित्व          B. पृथक् अस्तित्व

C. संयुक्त अस्तित्व       D. इनमें से कोई नहीं

**50.** एक सार्वजनिक कम्पनी अपना व्यवसाय अरम्भ कर सकती है :

A. रजिस्ट्रार के पास आवश्यक प्रलेख फाइल जमा कराने के बाद

B. प्रविवरण निर्गमन करने के बाद

C. व्यापार आरंभ करने का प्रमाण-पत्र प्राप्ति के बाद

D. समामेलन का प्रभाण पत्र प्राप्त करने के बाद

**51.** जब एक कम्पनी के कम से कम 51% अंश पूंजी सरकार द्वारा प्राप्त कर ली जाती है, कम्पनी कहलती है :

A. सार्वजनिक कम्पनी     B. सार्वजनिक उद्योग

C. सार्वजनिक निगम       D. सरकारी कम्पनी

**52.** विदेशी कम्पनी से तात्पर्य है :

A. भारत के अन्दर समामेलित कम्पनी

B. भारत के बाहर समामेलित कम्पनी

C. भारत के बाहर स्थापित व्यवसाय-स्थल

D. भारत के बाहर समामेलित कम्पनी व भारत के अन्दर स्थापित व्यावसायिक स्थल

**53.** पार्षद सीमा–नियम के उदेश्य वाक्य में परिवर्तन हो सकता है :

A. साधारण प्रस्ताव द्वारा

B. विशेष प्रस्ताव द्वारा

C. विशेष प्रस्ताव तथा कम्पनी रजिस्ट्रार स्वीकृति द्वारा

D. विशेष प्रस्ताव तथा कम्पनी लॉ बोर्ड की स्वीकृति द्वारा

**54.** कम्पनी अधिनियम की ''तालिका अ'' कार्य करती है :

A. पार्षद सीमानियम का नमूना

B. पार्षद अन्तर्नियम का नमूना

C. प्रविवरण का नमूना

D. उपर्युक्त में से किसी का नहीं

**55.** यह सिद्धान्त कि जहां तक कम्पनी के आन्तरिक कार्य प्रणाली का सम्बन्ध है, एक अजनबी व्यक्ति जो कम्पनी के साथ व्यवहार कर रहा है, यह मान सकता है कि सब कुछ नियमित ढंग से किया गया है, यह निम्न में से किस सिद्धान्त के द्वारा निर्धारित होता है :

A. आन्तरिक प्रबन्ध का सिद्धान्त

B. प्रलक्षित सूचना का सिद्धान्त

C. अपवाद द्वारा प्रबन्ध का सिद्धान्त

D. उपर्युक्त सभी

**56.** ''एक व्यक्ति कम्पनियाँ अवैधनिक नहीं होती है'', यह निर्णय किस मुकदमें से सम्बन्धित है ?

A. सालोमन बनाम सालोमन एण्ड कं. लिमि.

B. टरक्वांड का वाद

C. ऐशबरी रेलवे कैरेज कं. का वाद

D. मर्केण्टाइल इण्डिया लिमि. का वाद

**57.** एक कम्पनी को विशेष प्रस्ताव पारित करना होता है :

A. अंश पूंजी को कम करने के लिए

B. अन्तर्नियमों को परिवर्तित करने के लिए

C. अंशों को बटटे पर निर्गमित करने के लिए

D. A और B दोनों के लिए

**58.** निम्नलिखित संस्थाओं में से किसके अंशों का शेयर बाजार में क्रय–विक्रय किया जाता है ?

A. सहकारी कम्पनी     B. निजी कम्पनी

C. सार्वजनिक कम्पनी     D. इनमें से कोई नहीं

**59.** एक सार्वजनिक कम्पनी का विघटन हो जाता है, यदि उसके सदस्यों की संख्या:

A. 2 से कम हो जाती है

B. 7 से कम हो जाती है

C. 10 से कम हो जाती है

D. 20 से कम हो जाती है

**60.** आन्तरिक प्रबन्ध का सिद्धान्त निम्नलिखित परिस्थितियों में लागू नहीं होता है :

A. जब बाहरी व्यक्ति को आन्तरिक अनियमितता का ज्ञान हो

B. जब बाहरी व्यक्ति को अन्तर्नियमों का ज्ञान न हो

C. जब बाहरी व्यक्ति का छानबीन करने का दायित्व बनता

D. उपर्युक्त सभी परिस्थितियों में

**61.** ''ऐसे कार्य जो न अवैधानिक हैं और न ही लोक नीति के विरूद्ध हैं, किन्तु कम्पनी अधिनियम अथवा सीमानियम अथवा अन्तर्नियम के वैधानिक अधिकारों से बाहर है।'' कहलाते हैं :

A. अधिकारों के बाहर     B. प्रबन्धन के बाहर

C. व्यापार के बाहर     D. कोई नहीं

**62.** प्रविवरण की विषय–वस्तु में किन बातों का उल्लेख होना चाहिए :

A. कम्पनी विधान की अनुसूची II के भाग I एवं II का

B. कम्पनी विधान की अनुसूची II के भाग I एवं II का

C. कम्पनी विधान की अनुसूची III के भाग I एवं II का

D. उपरोक्त सभी का

**63.** वह कौन–सा प्रलेख है जिसका प्रयोग अंश पूंजी हेतु जनता को आमन्त्रण देने के लिए किया जाता है :

A. पार्षद सीमानियम     B. पार्षद अन्तर्नियम

C. प्रविवरण     D. A और B दोनों

**64.** स्थानापन्न प्रविवरण रजिस्ट्रार के पास फाइल करना आवश्यक है :

A. प्रथम आबंटन के 3 दिन के भीतर

B. प्रथम आबंटन के कम से कम 3 दिन पूर्व

C. प्रथम आबंटन के 3 दिन पश्चात्

D. 3 दिन के भीतर

**65.** स्थानापन्न प्रविवरण को क्यों फाइल किया जाता है ?

A. पार्षद सीमानियम प्रस्तुत न करने पर

B. पार्षद अन्तर्नियम प्रस्तुत न करने पर

C. प्रविवरण प्रस्तुत न करने पर

D. A और B दोनों

**66.** यह तथ्य कि 'ऐसे बाह्य व्यक्ति को जो कम्पनी के साथ संव्यवहार करता है, कम्पनी के पार्षद सीमा नियम व पार्षद अन्तर्नियम के सम्बन्ध में जानकारी होती है, निम्न में से किस सिद्धान्त द्वारा निर्धारित है ?

A. उदेश्यों द्वारा प्रबन्ध सिद्धान्त

B. प्रलक्षित सूचना के सिद्धान्त द्वारा

C. अंतरंग प्रबन्ध के सिद्धान्त द्वारा

D. अपवाद द्वारा प्रबन्ध सिद्धान्त द्वारा

**67.** धारा 21के अनुसार नाम वाक्य में परिवर्तन के लिए आवश्यक है :

A. विशेष प्रस्ताव

B. केन्द्रीय सरकार की अनुमति

C. विशेष प्रस्ताव तथा केन्द्र सरकार की अनुमति

D. रजिस्ट्रार की अनुमति

**68.** कम्पनी के पंजीकृत कार्यालय एक ही नगर में एक स्थान से दूसरे स्थान को परिवर्तित करने के लिए आवश्यक है :

A. साधारण प्रस्ताव

B. विशेष प्रस्ताव

C. संचालक मण्डल द्वारा पारित प्रस्ताव

D. केन्द्रीय सरकार द्वारा अनुमति

**69.** कम्पनी के प्रथम संचालक की नियुक्ति किसके द्वारा की जाती है ?

A. अंशधारियों द्वारा     B. रजिस्ट्रार द्वारा

C. प्रवर्तकों द्वारा     D. सरकार द्वारा

**70.** वह व्यक्ति जो 20 से अधिक कम्पनियों में पद–स्थापित है, अर्थ दण्ड का भागी होगा :

A. प्रथम 20 कम्पनियों के बाद हर एक कम्पनी के लिए 1,000 रुपए

B. प्रथम 20 कम्पनियों के बाद हर एक कम्पनी के लिए 2,000 रुपए

C. प्रथम 20 कम्पनियों के बाद हर एक कम्पनी के लिए 5,000 रुपए

D. रजिस्ट्रार द्वारा निर्धारित अर्थ दण्ड से

**71.** अन्तर्नियमों के तहत संचालक-मण्डल अनुपस्थित रहने वाले संचालक के स्थान पर कितने समय के लिए वैकल्पिक संचालक की नियुक्ति कर सकता है ?

A. 3 माह के लिए     B. 6 माह के लिए

C. 9 माह के लिए     D. 1 साल के लिए

**72.** तृतीय पक्षकार द्वारा नियुक्त संचालकों की संख्या संचालक-मण्डल की कुल संख्या के :

A. 1/4 से अधिक नहीं होनी चाहिए

B. 1/3 से अधिक नहीं होनी चाहिए

C. 1/2 से अधिक नहीं होनी चाहिए

D. 1 से अधिक नहीं होनी चाहिए

**73.** एक कम्पनी अल्पसंख्यक सदस्यों के हितों की रक्षार्थ संचालक-मण्डल में आनुपातिक प्रतिनिधित्व प्रणाली के अनुसार कितने संचालक नियुक्त कर सकती है :

A. 1/3            B. 2/3

C. 1/2            D. 1/4

**74.** केन्द्रीय सरकार द्वारा संचालक की नियुक्ति की जाती है :

A. संचालको पर नियन्त्रण रखने के लिए

B. कुप्रबन्ध को रोकने के लिए

C. प्रबन्ध संचालन में भाग लेने के लिए

D. उपभोक्ता हितों की रक्षा के लिए

**75.** सामान्यतया एक संचालक को अपनी नियुक्ति के कितने समय के भीतर योग्यता अंश ले-लेने चाहिए :

A. 2 माह के भीतर     B. 3 माह के भीतर

C. 4 माह के भीतर     D. 1 वर्ष के भीतर

**76.** निम्न में से किस पर योग्यता अंश लेने सम्बन्धी प्रावधान लागू होता है ?

A. तकनीकी संचालक

B. केन्द्रीय सरकार द्वारा नियुक्त संचालक

C. स्वतन्त्र निजी कम्पनी का संचालक

D. सामान्य संचालक

**77.** वह व्यक्ति जो संचालक की नियुक्ति के योग्य है :

A. पागल

B. दिवालिया

C. न्यायालय द्वारा आयोग्य घोषित

D. सामान्य व्यक्ति जिसके पास योग्यता अंश हो

**78.** संचालक-मण्डल की कितनी सभाओं में लगातार अनुपस्थित रहने पर संचालक का पद स्वत: रिक्त माना जाता है ?

A. 3            B. 4

C. 5            D. 6

**79.** अंशधारी साधारण सभा में कौन-सा प्रस्ताव पारित करके किसी भी संचालक को अवधि से पूर्व हटा सकते है ?

A. साधारण प्रस्ताव     B. विशेष प्रस्ताव

C. पूर्व सूचना प्रस्ताव     D. इनमें से कोई नहीं

**80.** कोई व्यक्ति एक समय में अधिकतम कितनी कम्पनियों का प्रबन्ध संचालक बन सकता है ?

A. 2            B. 5

C. 10           D. 20

**81.** एक प्रबन्धक को एक समय में अधिकतम कितनी अवधि के लिए प्रबन्ध संचालक नियुक्त किया जा सकता है ?

A. 2 वर्ष        B. 5 वर्ष

C. 7 वर्ष        D. 10 वर्ष

**82.** एक पूर्णकालिक प्रबन्धक का अधिकतम पारिश्रमिक कितना होता है :

A. वार्षिक शुद्ध लाभ का 3%

B. वार्षिक शुद्ध लाभ का 5%

C. वार्षिक शुद्ध लाभ का 7%

D. वार्षिक शुद्ध लाभ का 11%

**83.** एक प्रबन्धक, प्रबन्ध संचालक या संचालकों की कुल भुगतान योग्य अधिकतम पारिश्रमिक राशि होती है :

A. शुद्ध लाभ का 5%     B. शुद्ध लाभ का 8%

C. शुद्ध लाभ का 10%     D. शुद्ध लाभ का 11%

**84.** प्रबन्ध संचालक की नियुक्ति नहीं की जा सकती है :

A. पार्षद सीमानियम या अन्तर्नियमों द्वारा

B. कम्पनी के साथ समझौते द्वारा

C. संचालक-मण्डल के प्रस्ताव द्वारा

D. रजिस्ट्रार द्वारा

**85.** निम्नलिखित में से किस स्थिति में संयुक्त स्कन्ध कम्पनी का अस्तित्व समाप्त हो जाता है :

A. अंशधारियों की मृत्यु द्वारा

B. संचालकों की मृत्यु द्वारा

C. अंशों के हस्तान्तरण द्वारा

D. इनमें से कोई नहीं

**86.** कम्पनी के नाम को बदलने ( नाम – वाक्य में परिवर्तन) के लिए आवश्यक है :

A. एक साधारण प्रस्ताव

B. एक विशेष प्रस्ताव

C.  केन्द्र सरकार की स्वीकृति

D.  B और C दोनों

**87.** निम्नलिखित में से कौन–सा प्रलेख कम्पनी के कार्य क्षेत्र की व्याख्या करता है :

A.  पार्षद सीमा नियम     B.  पार्षद अन्तर्नियम

C.  प्रविवरण     D.  वैधानिक घोषणा

**88.** निम्नलिखित में से किसके लिए न्यायालय की अनुमति आवश्यक है ?

A.  नाम–वाक्य

B.  पंजीकृत कार्यालय के स्थानान्तरण के लिए

C.  दायित्व वाक्य

D.  शेयर पूंजी में कमी

**89.** रचनात्मक सूचना सिद्धान्त से आशय है :

A.  पार्षद सीमानियम की सूचना से है

B.  पार्षद अन्तर्नियम की सूचना से है

C.  पार्षद सीमानियम व अन्तर्नियम की सूचना से है

D.  पार्षद सीमानियम, अन्तर्नियम व अन्य सार्वजनिक प्रलेखों की सूचना से है

**90.** पार्षद सीमानियम का अन्तिम वाक्य है :

A.  पूंजीवाक्य     B.  संघीय वाक्य

C.  दायित्व वाक्य     D.  उद्देश्य वाक्य

**91.** सीमानियम पर हस्ताक्षरकर्ताओं को घोषणा किस वाक्य के अन्तर्गत करनी पड़ती है ?

A.  पूंजी वाक्य     B.  दायित्व वाक्य

C.  संघीय वाक्य     D.  उद्देश्य वाक्य

**92.** किस वाक्य में परिवर्तन को मानने के लिए सदस्यों को बाध्य नहीं किया जा सकता है ?

A.  नाम वाक्य     B.  स्थान वाक्य

C.  दायित्व वाक्य     D.  पूंजी वाक्य

**93.** पूंजी वाक्य के अन्तर्गत जिस पूंजी का उल्लेख किया जाता है, कहलाती है :

A.  अधिकृत पूंजी     B.  प्रार्थित पूंजी

C.  निर्गमित पूंजी     D.  अभिदत्त पूंजी

**94.** पार्षद सीमानियम का तीसरा व महत्वपूर्ण वाक्य है :

A.  उद्देश्य वाक्य     B.  पूंजी वाक्य

C.  स्थान वाक्य     D.  दायित्व वाक्य

**95.** हैण्डरसन बनाम लेकॉन के विवाद निर्णय देते हुए ''स्वर्णिम नियम'' बतलाया था :

A.  न्यायाधीश पेजवुड

B.  न्यायाधीश वी.सी. किंडरसले

C.  न्यायाधीश लार्ड मेक गॉटन

D.  न्यायधीश विलियम्स

**96.** ''आन्तरिक खेल के सिद्धान्त'' का उदय किस वाद से हुआ ?

A.  विलियम्स का वाद

B.  मर्कण्टाइल बैंक ऑफ इण्डिया लिमि. के बाद

C.  रॉयल ब्रिटिश बैंक लिमि. बनाम टरक्वांड का वाद

D.  ऐशबरी रेलवे कैरेज कं. का वाद

**97.** ''अधिकारों के बाहर का सिद्धान्त''का उदय किस वाद में हुआ ?

A.  टरक्वांड का वाद

B.  रॉयल ब्रिटिश बैंक लिमि. का वाद

C.  मर्कण्टाइल बैंक ऑफ इण्डिया लिमि. का वाद

D.  ऐशबरी रेलवे कैरेज कं. का वाद

**98.** ''सदभावनापूर्वक व्यवहार करने वाले व्यक्ति को यह मान लेने का अधिकार है कि कम्पनी की आन्तरिक क्रियाएं उसके अन्तर्नियमों के अनुसार चल रही है।'' ऐसा निर्णय सर्वप्रथम किस वाद में हुआ ?

A.  विलियम्स का वाद

B.  रॉयल ब्रिटिश बैंक लिमि. बनाम टरक्वांड का वाद

C.  मर्कण्टाइल बैंक ऑफ इण्डिया का वाद

D.  ऐशबरी रेलवे कैरेज कम्पनी का वाद

**99.** अन्तर्नियम में परिवर्तन के समय किस बात का ध्यान न रखने पर धारा 31 के अधीन परिवर्तन की अनुमति नहीं मिलती है ?

A.  परिवर्तन सदभाव से व कम्पनी के हित में

B.  परिवर्तन अवैधानिक न हो

C.  अल्पसंख्यक अंशधारियों के अनुचित लाभ के लिए हो

D.  अधिसंख्यक अंशधारियों के लाभ के लिए हो

**100.** किसके लिए अनतर्नियम बनाया जाना अनिवार्य है ?

A.  सिर्फ असिमित दायित्व वाली कम्पनी

B.  सिर्फ गारण्टी द्वारा सीमित कम्पनी

C.  असीमित दायित्व वाली कम्पनी व गारण्टी द्वारा सीमित कम्पनी

D.  असीमित दायित्व वाली कम्पनी, गारण्टी द्वारा सीमित कम्पनी तथा अंशों द्वारा सीमित निजी कम्पनी

**101.** कौन–सी कम्पनी अपने सीमानियम में दायित्व वाक्य को उल्लेखित नहीं करती है ?

A.  असीमित दायित्व वाली कम्पनी

B. सीमित दायित्व वाली कम्पनी
C. अंशों द्वारा सीमित कम्पनी
D. निजी कम्पनी

**102.** निम्न में से किस कम्पनी का दायित्व सीमित होता है ?
A. सिर्फ असीमित दायित्व वाली कम्पनी
B. सिर्फ गारण्टी द्वारा सीमित कम्पनी
C. सिर्फ अंशों द्वारा सीमित कम्पनी
D. गारण्टी व अंशों द्वारा सीमित कम्पनी

**103.** पंजीकृत कार्यालय का महत्व कब नहीं होता है ?
A. कम्पनी की स्थिति व राष्ट्रीय ज्ञात करने के लिए
B. मुकदमे में न्यायालय की स्थिति निर्धारण के लिए
C. विलेखों व पुस्तकों के निरीक्षण के लिए
D. अंश पूंजी के निर्धारण के लिए

**104.** धारा 246 के अनुसार कौन–सी तिथि के 30 दिन के भीतर कम्पनी को अपना पंजीकृत कार्यालय स्थापित करना पड़ता है ?
A. व्यापार प्रारम्भ करने की तिथि से
B. समामेलन की तिथि से
C. प्रबन्धक नियुक्ति की तिथि से
D. व्यापार प्रारम्भ करने अथवा समामेलन की तिथि से

**105.** धारा 17 (1) के अनुसार नाम व स्थान वाक्य को कब परिवर्तित नहीं किया जा सकता है ?
A. व्यवसाय को अधिक मितव्ययिता से चलाने के लिए
B. व्यवसाय संचालन के क्षेत्र को विस्तृत या परिवर्तित करने के लिए
C. किन्हीं अन्य उद्देश्यों या संस्था या व्यक्ति के साथ एकीकरण के लिए
D. कोई भी ऐसा व्यवसाय चलाने के लिए जो विद्यमान परिस्थितियों में कम्पनी के व्यवसाय के संचालन के लिए लाभदायक व सुविधाजनक ढंग से सम्मिलित न किया जा सके

**106.** अनेक कम्पनियां प्रत्यक्ष रूप से जनता को अंश अथवा ऋणपत्र निर्गमित न कर, किसी अन्य व्यक्ति अथवा संस्था को इस उद्देश्य से निर्गमित करती है । यह व्यक्ति अथवा संस्था जिस प्रपत्र द्वारा जनता को आमन्त्रित करती है, कहलाता है :
A प्रविवरण
B. स्थानापन्न प्रविवरण
C. गर्भित प्रविवरण
D. स्वर्णिम प्रपत्र

**उत्तरमाला**

| 1 | 2 | 3 | 4 | 5 | 6 | 7 | 8 | 9 | 10 |
|---|---|---|---|---|---|---|---|---|---|
| B | D | A | A | B | A | A | A | B | A |
| **11** | **12** | **13** | **14** | **15** | **16** | **17** | **18** | **19** | **20** |
| A | C | A | A | B | C | C | D | C | C |
| **21** | **22** | **23** | **24** | **25** | **26** | **27** | **28** | **29** | **30** |
| D | A | D | D | C | A | B | B | D | A |
| **31** | **32** | **33** | **34** | **35** | **36** | **37** | **38** | **39** | **40** |
| C | B | B | D | D | B | D | D | A | A |
| **41** | **42** | **43** | **44** | **45** | **46** | **47** | **48** | **49** | **50** |
| B | D | B | D | C | B | D | D | A | A |
| **51** | **52** | **53** | **54** | **55** | **56** | **57** | **58** | **59** | **60** |
| D | D | D | B | A | A | D | C | B | D |
| **61** | **62** | **63** | **64** | **65** | **66** | **67** | **68** | **69** | **70** |
| A | A | C | B | C | B | C | C | C | C |
| **71** | **72** | **73** | **74** | **75** | **76** | **77** | **78** | **79** | **80** |
| A | B | B | B | A | D | D | A | A | A |
| **81** | **82** | **83** | **84** | **85** | **86** | **87** | **88** | **89** | **90** |
| B | B | D | D | D | D | A | D | D | B |
| **91** | **92** | **93** | **94** | **95** | **96** | **97** | **98** | **99** | **100** |
| C | C | A | A | A | C | D | B | C | D |
| **101** | **102** | **103** | **104** | **105** | **106** | | | | |
| A | D | D | D | D | C | | | | |

# 24. कम्पनी सचिव एवं सचिवीय पद्धति
# (COMPANY SECRETARY AND SECRETARIAL PRACTICE)

**1.** केन्द्रीय सरकार किसी भी कम्पनी को सभा के समय, स्थान तथा तिथि के प्रावधानों के सम्बन्ध में छूट किस धारा के अन्तर्गत दे सकती है ?

A. धारा 167      B. धारा 157

C. धारा 171      D. धारा 171(1)

**2.** मतगणना के लिए संवीक्षक नियुक्त किए जाते है :

A. 1      B. 2

C. 3      D. 4

**3.** प्रति पुरुष को सभा से कितने घण्टे पूर्व प्रति पुरुष फार्म जम कराना होता है :

A. 48 घण्टे      B. 24 घण्टे

C. 12 घण्टे      D. 18 घण्टे

**4.** एक कम्पनी को संचालक मण्डल की कितनी सभाएं कम-से-कम एक वर्ष में अवश्य आयोजित करनी चाहिए:

A. 2      B. 4

C. 6      D. 8

**5.** ''सूक्ष्म पत्र से दूरलेख तथा कथनात्मक से संक्षिपिका के अधिक सदृश है।'' यह कथन है :

A. ई. मार्टिन      B. ई. लोन्स

C. ई. जेम्स      D. ई. विलियम्स

**6.** अधिनियम की धारा 143 के अनुसार कम्पनी को ''प्रभारों का रजिस्टर'' कहां रखना चाहिए :

A. सचिव के पास      B. संचालकों के पास

C. अंशधारियों के पास      D. पंजीकृत कार्यालय में

**7.** कम्पनी अधिनियम की किस धारा के अन्तर्गत प्रत्येक कम्पनी को अपने सदस्यों का एक रजिस्टर रखना आवश्यक होता है ?

A. धारा 148      B. धारा 150

C. धारा 152      D. धारा 155

**8.** धारा 303 के अन्तर्गत कम्पनी को अपने पंजीकृत कार्यालय में रजिस्टर रखना चाहिए :

A. संचालकों का      B. अंशधारियों का

C. ऋण पत्रधारियों का      D. कर्मचारियों का

**9.** ''इण्डियन कम्पनी लॉ'' महावीर पब्लिकेशन दिल्ली के लेखक हैं :

A. एम.सी. कुच्छल      B. डॉ. अवतार सिंह

C. एन.सी. चटर्जी      D. सी. आर. दत्ता

**10.** कम्पनी सचिव अधिनियम लागू हुआ :

A. 1956      B. 1980

C. 1988      D. 1990

**11.** ''सचिव कम्पनी का प्रधान प्रशासनिक अधिकारी है, इस सम्बन्ध में कोई सन्देह नहीं हो सकता।'' यह कथन है :

A. लार्ड ईशर      B. सालमन

C. लार्ड हेन्स      D. लार्ड डेनिंग

**12.** संचालक मण्डल की सभा हेतु नोटिस की अवधि कितनी होनी चाहिए ?

A. 10 दिन

B. 21 दिन

C. इस सम्बन्ध में कम्पनी अधिनियम में कोई प्रावधान नहीं है ?

D. 30 दिन

**13.** असाधारण सभा किसके द्वारा बुलाई जाती है ?

A. कम्पनी के संचालकों द्वारा

B. ऋणपत्रधारियों द्वारा

C. कम्पनी लॉ बोर्ड द्वारा

D. इनमें से कोई नहीं

**14.** व्यापार शुरू करने का प्रमाण-पत्र प्राप्त करने के बाद वैधानिक सभा आयोजित की जानी चाहिए :

A. 3 माह के अन्दर      B. 6 माह के अन्दर

C. 9 माह के अन्दर      D. 1 साल के अन्दर

**15.** साधारणतया एक पब्लिक लिमि. कम्पनी की साधारण

सभा की कार्यवाहन संख्या होती है :

A. 2 व्यक्ति          B. 3 व्यक्ति

C. 4 व्यक्ति          D. 5 व्यक्ति

**16.** अपने कार्यकाल की समाप्ति से पहले किसी संचालक को हटाने के लिए किस प्रकार के प्रस्ताव की आवश्यकता होती है ?

A. साधारण          B. विशेष

C. विशेष सूचना          D. उपर्युक्त में से कोई नहीं

**17.** सभा के सूक्ष्म पर हस्ताक्षर आवश्यक है :

A. सभा के अध्यक्ष के

B. कम्पनी सचिव के

C. अध्यक्ष और सचिव के

D. सभा में उपस्थित सभी संचालकों के

**18.** सूक्ष्म पुस्तक में सूक्ष्म कितने दिन के अन्दर अवश्य लिखना चाहिए :

A. सभा के 40 दिन के अन्दर

B. सभा के 60 दिन के अन्दर

C. सभा के 30 दिन के अन्दर

D. कोई समय सीमा नहीं

**19.** एक कम्पनी सचिव के कार्य होते है :

A. कार्यालय सम्बन्धी

B. प्रशासन सम्बन्धी

C. प्रबन्ध सम्बन्धी

D. कार्यालय तथा प्रशासन सम्बन्धी

**20.** एक कम्पनी एक पूर्ण कालिक सचिव नियुक्त कर सकती है जो :

A. विधि स्नातक हो

B. ICWA संस्थान का सदस्य हो

C. भारतीय सचिव संस्थान का सदस्य हो

D. भारतीय कम्पनी सचिव संस्थान का सदस्य हो

**21.** कम्पनी विधान की किस धारा के अन्तर्गत सचिव को एक अधिकारी कहा गया है :

A. धारा 2 (3)          B. धारा 2(30)

C. धारा 2 (45)          D. धारा 2(45-A)

**22.** वैधानिक सभा न बुलाए जाने पर कोई सदस्य उस तिथि से कितने दिन के भीतर कम्पनी के अनिवार्य समापन के लिए न्यायालय में याचिका दायर कर सकता है ?

A. 7 दिन          B. 14 दिन

C. 21 दिन          D. 30 दिन

**23.** एक कम्पनी द्वारा अपने वित्तीय वर्ष की समाप्ति से कितने माह की अवधि के भीतर वार्षिक साधारण सभा बुलानी चाहिए :

A. 3 माह          B. 6 माह

C. 9 माह          D. कभी भी

**24.** असाधारण सभा में पारित विशेष प्रस्ताव की प्रतिलिपियां सभा समाप्ति के कितने दिन के भीतर रजिस्ट्रार को भेजनी चाहिए ?

A. 3 दिन          B. 11 दिन

C. 15 दिन          D. 30 दिन

**25.** एक संचालक मण्डल की सभा के लिए आवश्यक है :

A. संचालकों की कुल संख्या का 1/3 भाग

B. दो संचालक

C. 1/4 भाग

D. A या B जो भी अधिक हो

**26.** एक वैध सभा के बुलाए जाने से सम्बन्धित प्रावधान निम्न में से किसमें वर्णित है ?

A. धारा 171 से 186 तक

B. धारा 186 से 192 तक

C. धारा 175 से 181 तक

D. इनमें से कोई नहीं

**27.** ''अध्यक्ष से अनुमति से अन्य कोई विषय'' किसके अन्त में लिखा होता है :

A. सूक्ष्म          B. कार्यावली

C. सूचना          D. प्रविवरण

**28.** भारतीय कम्पनी अधिनियम की धारा 193 से 196 तक में किस व्यवस्था का उल्लेख है ?

A. सभा को बुलाने की सूचना

B. सभा की कार्यावाली

C. स्थगन प्रस्ताव

D. सभा के सूक्ष्म

**29.** एक प्रति पुरुष किस दशा में किसी अन्य व्यक्ति को प्रति पुरुष नियुक्त कर सकता है ?

A. जब प्रति पुरुष को राज्यपाल ने नियुक्त किया हो

B. जब प्रति पुरुष को मुख्यमन्त्री ने नियुक्त किया हो

C. जब प्रति पुरुष को राज्यपाल या राष्ट्रपति ने नियुक्त किया हो

D. जब प्रति पुरुष को सामान्य सदस्य ने नियुक्त किया हो

**30.** ''कम्पनी सचिव केवल एक नौकर है, उसकी स्थिति यह है कि उसे वह करना है , जो उसे कहा जाय,'' यह कथन किस न्यायाधीश का है ?

A.  लार्ड ईशर  
B.  लार्ड डेनिंग  
C.  लार्ड सालमन  
D.  लार्ड हेन्स  

**31.** किस धारा के अन्तर्गत एक कम्पनी सामान्य सभा की कार्यवाही से सम्बन्धित विवरण या प्रतिवेदन को विज्ञापित एवं वितरित नहीं कर सकती है ?

A.  धारा 196  
B.  धारा 196(4)  
C.  धारा 197  
D.  धारा 198  

**32.** कम्पनी अधिनियम की धारा 190 के अन्तर्गत किस प्रस्ताव की व्यवस्था है ?

A.  साधारण प्रस्ताव  
B.  विशेष प्रस्ताव  
C.  साधारण सूचना प्रस्ताव  
D.  विशेष सूचना प्रस्ताव  

**33.** धारा 196 (2) के अनुसार यदि कोई सदस्य सशुल्क सूक्ष्म की प्रतिलिपि हेतु आवेदन करता है तो आवेदन की तिथि से कितने दिन के भीतर सचिव को प्रमाणित सूक्ष्म प्रतिलिपि उपलब्ध करानी चाहिए ?

A.  3 दिन  
B.  7 दिन  
C.  10 दिन  
D.  21 दिन  

**34.** प्रस्ताव, जिनके लिए विशेष सूचना की आवश्यकता नहीं है :

A.  अवकाश ग्रहण करने वाले अंकेक्षक को दुबारा नियुक्त नहीं किए जाने का प्रस्ताव  
B.  किसी संचालक को अवधि पूर्व हटाए जाने का प्रस्ताव  
C.  किसी प्रबन्धक के स्थान किसी अन्य व्यक्ति को प्रबन्धक नियुक्त किए जाने का प्रस्ताव  
D.  हटाए गए संचालक के स्थान पर किसी को नियुक्त करने का प्रस्ताव  

**35.** निजी कम्पनी की साधारण सभा में गणपूर्ति क्या है ?

A.  2 सदस्य  
B.  3 सदस्य  
C.  4 सदस्य  
D.  7 सदस्य  

**36.** यदि संचालक कम्पनी का मस्तिष्क है तो सचिव निम्न में से क्या है ?

A.  कान  
B.  आंख  
C.  हाथ  
D.  ये सभी  

**37.** एक असाधारण सभा बुलाने के लिए कितने दिन का नोटिस दिया जाना आवश्यक है ?

A.  30 दिन  
B.  21 दिन  
C.  14 दिन  
D.  7 दिन  

**38.** एक व्यक्ति 25 लाख रुपए या इससे अधिक चुकता अंश पूंजी वाली कितनी कम्पनियों का एक साथ सचिव बन सकता है ?

A.  1  
B.  5  
C.  8  
D.  10  

**39.** सचिव शब्द की उत्पत्ति हुई :

A.  सेक्रेटेरियस शब्द से  
B.  सेटेरियस शब्द से  
C.  लिटरेच्सर शब्द से  
D.  उपरोक्त में से कोई नहीं  

**40.** ''कम्पनी सचिव से आशय ऐसे व्यक्ति से है जो भारतीय कम्पनी सचिव संस्थान सदस्य है :

A.  धारा 2 (45) के अनुसार  
B.  धारा 2 (30) के अनुसार  
C.  धारा 2 (1) (v) के अनुसार  
D.  वैब्स्टर शब्दकोष के अनुसार  

**41.** पूर्णकालिक पेशेवर सचिव को कम्पनी (संशोधन) अधिनियम, 1988 की कौन-सी धारा में परिभाषित किया गया है ?

A.  धारा 2 (45) में  
B.  धारा 2 (30) में  
C.  धारा 2 (1) (C) में  
D.  धारा 2 (45-A ) में  

**42.** कम्पनी सचिव की नियुक्ति किसके द्वारा की जाती है ?

A.  प्रवर्तकों द्वारा  
B.  संचालक मण्डल द्वारा  
C.  ऋणपत्रधारियों द्वारा  
D.  सरकार द्वारा  

**43.** कम्पनी को वैधानिक सभा बुलाने के लिए सदस्यों को सूचना न्यूनतम कितने दिन पूर्व भेजनी चाहिए :

A.  सभा की तिथि से कम से कम 7 दिन पूर्व  
B.  सभा की तिथि से कम-से-कम 14 दिन पूर्व  
C.  सभा की तिथि से कम-से-कम 21 दिन पूर्व  
D.  सभा की तिथि से कम-से-कम 30 दिन पूर्व  

**44.** निम्न में किसको गणपूर्ति के लिए संगणना में शामिल नहीं किया जाता है ?

A.  प्रति पुरुष  
B.  भारत के राष्ट्रपति द्वारा मनोनीत व्यक्ति  
C.  राज्य के राज्यपाल द्वारा मनोनीत व्यक्ति  
D.  उपरोक्त सभी

 

**45.** कम्पनी का सचिव कौन-सी सभा स्वयं बुला सकता है ?

   A. संचालक मण्डल की सभा

   B. वार्षिक साधारण सभा

   C. लेनदारों की सभा

   D. असाधारण सभा

**46.** वार्षिक विवरण की प्रति रजिस्ट्रार के यहां कितने दिन में दाखिल हो जानी चाहिए :

   A. वार्षिक साधारण के 30 दिन के भीतर

   B. वार्षिक साधारण सभा के 42 दिन के भीतर

   C. वार्षिक साधारण सभा के 45 दिन के भीतर

   D. वार्षिक साधारण सभा के 60 दिन के भीतर

**47.** कम्पनी सचिव के पद पर किसे नियुक्त किया जा सकता है ?

   A. व्यक्ति         B. फर्म

   C. कम्पनी        D. इसमें से कोई भी

**48.** जब तक कि अन्तर्नियमों में अधिक संख्या नही हुई हो, एक पब्लिक लिमि. कम्पनी की साधारण सभा की कार्यवाहक संख्या होती है :

   A. व्यक्तिगत रूप से अथवा प्रोक्सी द्वारा उपस्थित 5 व्यक्ति

   B. व्यक्तिगत रूप से उपस्थित 5 व्यक्ति

   C. व्यक्तिगत रूप से उपस्थित 3 व्यक्ति

   D. व्यक्तिगत रूप से उपस्थित 1 व्यक्ति

**49.** एक कम्पनी को अपने वैधानिक प्रतिवेदन की प्रतिलिपि अपने सदस्यों को कम से कम कितने समय पहले भेजनी चाहिए ?

   A. 21 दिन       B. 15 दिन

   C. 30 दिन       D. 45 दिन

**50.** साधारण सभाओं के सूक्ष्मों का सूक्ष्म पुस्तकों में लेखा कर लेना चाहिए :

   A. सभा से 40 दिन के अन्दर

   B. सभा से 60 दिन के अन्दर

   C. सभा से 30 दिन के अन्दर

   D. बिना समय सीमा के

**51.** कम्पनी अंशधारियों की सभा का नोटिस निम्नलिखित को दिया जाना चाहिए :

   A. प्रत्येक सदस्य

   B. प्रत्येक वैधानिक प्रतिनिधि

   C. कम्पनी अंकेक्षक

   D. इनमें से सभी

**52.** कम्पनी की प्रथम वार्षिक साधारण सभा की जानी चाहिए:

   A. व्यवसाय प्रारम्भ करने के 18 माह के भीतर

   B. व्यवसाय प्रारम्भ करने के बाद 15 माह के भीतर

   C. वित्तीय वर्ष बन्द होने के बाद 15 माह के भीतर

   D. समामेलन के बाद 18 माह के भीतर

**53.** कम्पनी की वार्षिक साधारण सभा में किए गए निम्नलिखित कार्य 'साधारण कार्यवाही' कहलाते हैं :

   A. लाभांश की घोषणा

   B. संचालकों की नियुक्ति

   C. अंकेक्षक की रिपोर्ट पर विचार

   D. इनमें से सभी कार्य

**54.** एक संयुक्त पूंजी वाली कम्पनी ने एक विशेष प्रस्ताव पारित करने हेतु अंशधारियों की एक सभा बुलाई है। इसमें उपस्थित हुए अंशधारियों के कुल 300 मत हैं। इनमें से कुछ अंशधारी जिनके 60 मत हैं, मतदान में भाग नहीं ले सकते हैं। यह बताइए कि प्रस्ताव पारित करने के लिए कम-से-कम कितने मतों की आवश्यकता होगी ?

   A. 300        B. 240

   C. 180        D. 120

**55.** निम्नलिखित में से कौन-सा सही है ?

   A. गारण्टी द्वारा सीमित दायित्व वाली कम्पनी में संचालकों का दायित्व उनके द्वारा दी गई गारण्टी की राशि तक सीमित होता है

   B. प्रविवरण निर्गमन का उद्देश्य अंशों व ऋणों को खरीदने के लिए जनता से प्रस्ताव आमन्त्रित करना है :

   C. कम्पनी के दो संयुक्त अंशधारकों को पृथक्-पृथक् न गिना जाकर एक सदस्य गिना जाता है :

   D. B और C

**56.** साधारण सभा के नोटिस की सूचना किसे दी जानी चाहिए ?

   A. शहर की सभी जनता को

   B. कम्पनी के रजिस्ट्रार को

   C. सामग्री के आपूर्ति कर्त्ताओं को

   D. कम्पनी के अंकेक्षक या अंकेक्षकों को

**57.** कम्पनी सचिव का कर्त्तव्य आयकर अधिनियम के अनुसार क्या है ?

   A. अपनी व्यक्तिगत सूचना को दाखिल करना

   B. कम्पनी के आये का नक्शा दाखिल करना

   C. ऋणपत्रधारियों के रजिस्टर को रखना

   D. रजिस्ट्रार के पास विचित्र प्रलेखों को दाखिल करना

**58.** एक वार्षिक साधारण सभा बुलाने के लिए कितने दिन की सूचना आवश्यक है ?

A. 30 दिन     B. 14 दिन

C. 21 दिन     D. 7 दिन

**59.** संचालक मण्डल की सभा कम-से-कम एक बार अवश्य बुलानी चाहिए :

A. चार माह में     B. तीन माह में

C. दो माह में     D. एक माह में

**60.** एक सार्वजनिक सीमित कम्पनी की वार्षिक साधारण सभा की पहली बैठक होना आवश्यक है :

A. समामेलन की तिथि से 6 माह में

B. समामेलन की तिथि से 15 माह में

C. व्यापार प्रारम्भ करने का प्रमाण-पत्र लेने की तिथि से 18 माह में

D. समामेलन की तिथि से 18 माह में

**61.** कम्पनी की साधारण सभा की सूचना प्राप्त करने का अधिकार निम्नलिखित व्यक्तियों को है :

A. कम्पनी के वर्तमान कर्मचारियों को

B. कम्पनी के पूर्व एवं वर्तमान कर्मचारियों को

C. कम्पनी के पूर्व एवं वर्तमान सदस्यों को

D. कम्पनी के वर्तमान सदस्यों को

**62.** निम्नलिखित परिस्थिति में सचिव का पद रिक्त हो जाएगा:

A. सचिव की लम्बी बीमारी

B. कम्पनी का अनिवार्य समापन

C. ऐच्छिक समापन

D. कम्पनी की रुग्णता

**63.** साधारण सभा की सूक्ष्म पुस्तिका निरीक्षण के लिए खुली रहेगी :

A. सभी कर्मचारियों के लिए

B. सभी सदस्यों के लिए

C. सभी ऋणपत्र धारियों के लिए

D. सभी कर्मचारियों तथा सभी ऋण पत्रधारियों के लिए

**64.** प्रतिपुरुष के सम्बन्ध में कौन-सी स्थिति सही है ?

A. एक कम्पनी का अंशधारी दूसरे अंशधारी को ही प्रतिपुरुष के रूप में नियुक्त कर सकता है

B. प्रतिपुरुष को सभा में उपस्थित होने का अधिकार है

C. प्रतिपुरुष को सभा में बोलने का अधिकार है

D. प्रतिपुरुष को सभा में वोट देने का अधिकार नहीं है

**65.** निम्नलिखित में से प्रथम आधिकारिक साधारण सभा कौन-सी है ?

A. वार्षिक साधारण सभा   B. वैधानिक सभा

C. असाधारण सभा     D. संचालक मण्डल सभा

**66.** दो वार्षिक साधारण सभाओं के मध्य अन्तराल कितनी अवधि से अधिक नहीं होनी चाहिए ?

A. 12 माह     B. 15 माह

C. 18 माह     D. 20 माह

**67.** कम्पनी सचिव का वैधानिक कर्त्तव्य है :

A. संचालकों की सहमति के बिना अंशों का आवण्टन

B. संचालकों द्वारा विशिष्ट रूप से अधिकृत किए बिना कम्पनी के अंशों का हस्तान्तरण करना

C. संचालक मण्डल द्वारा विशेष तौर पर अधिकृत किए बिना वैधानिक औपचारिकताओं का पालन करना

D. कम्पनी के नाम से धन राशि उधार लेना

**68.** वार्षिक साधारण सभा में निम्नलिखित में से किस मामले पर विचार नहीं किया जाता है ?

A. ऋणपत्रों के निर्गमन पर

B. अंकेक्षकों की नियुक्ति पर

C. अवकाश ग्रहण करने वाले संचालकों के स्थान पर संचालकों की नियुक्ति पर

D. अंकेक्षकों के परिश्रमिक के निर्धारण पर

**69.** मिनट बुक की जांच कौन कर सकता है ?

A. अंशधारी, बिना किसी शुल्क के

B. ऋणपत्र धारी, शुल्क के भुगतान करने पर

C. कोई भी व्यक्ति, शुल्क भुगतान करने पर

D. उपरोक्त में से कोई नहीं

**70.** असाधारण सभा बुलाने की सूचना, सभा के बुलाए जाने से कम से कम कितने दिन पूर्व जानी की जानी चाहिए ?

A. 7 दिन     B. 14 दिन

C. 21 दिन     D. 30 दिन

**71.** ऐसी सभी कम्पनियों को एक पूर्णकालिक सचिव नियुक्त करना चाहिए, जिनकी पूंजी हो :

A. 5 लाख रुपए     B. 10 लाख रुपए

C. 25 लाख रुपए     D. 15 लाख रुपए

**72.** निम्नांकित में से कौन-सा एक कार्य एक असाधारण सभा में नहीं किया जा सकता है ?

A. ऋणपत्र निर्गमन     B. अन्तर्नियमों में परिवर्तन

C. अंशपूंजी में कमी     D. उपरोक्त सभी

**73.** यदि निर्धारित अवधि में वैधानिक सभा न बुलाई जाए तो न्यायालय आदेश दे सकता है :
A. सभा बुलवाने का
B. कम्पनी के परिसमापन का
C. संचालकों से स्पष्टीकरण मांगने का
D. कम्पनी सचिव को उत्तरदायी ठहराने का

**74.** प्रतिपुरुष को अधिकार है :
A. सभा में मतदान नहीं करना
B. सभा में हाथ उठाकर मतदान करना
C. सभा में बोलना

D. उपरोक्त सभी

**75.** कम्पनी सचिव के रूप में किसे नियुक्त नहीं किया जा सकता है ?
A. इन्स्टीट्यूट ऑफ कम्पनी सेक्रेटरी का सदस्य
B. किसी विश्वविद्यालय से वाणिज्य में स्नातकोत्तर उपधि का धारक
C. कम्पनी का एक अंकेक्षक
D. इण्डियन लॉ इन्स्टीट्यूट से कम्पनी लॉ में डिप्लोमा धारक

## उत्तरमाला

| 1 | 2 | 3 | 4 | 5 | 6 | 7 | 8 | 9 | 10 |
|---|---|---|---|---|---|---|---|---|----|
| B | B | A | B | A | D | B | A | B | B |
| **11** | **12** | **13** | **14** | **15** | **16** | **17** | **18** | **19** | **20** |
| B | C | A | B | D | C | A | C | D | C |
| **21** | **22** | **23** | **24** | **25** | **26** | **27** | **28** | **29** | **30** |
| B | B | B | C | D | A | B | D | C | A |
| **31** | **32** | **33** | **34** | **35** | **36** | **37** | **38** | **39** | **40** |
| C | D | B | C | A | D | B | A | A | C |
| **41** | **42** | **43** | **44** | **45** | **46** | **47** | **48** | **49** | **50** |
| D | B | C | A | A | D | A | B | A | C |
| **51** | **52** | **53** | **54** | **55** | **56** | **57** | **58** | **59** | **60** |
| D | D | D | C | D | D | B | C | B | D |
| **61** | **62** | **63** | **64** | **65** | **66** | **67** | **68** | **69** | **70** |
| D | B | B | B | B | B | C | A | A | C |
| **71** | **72** | **73** | **74** | **75** | | | | | |
| C | D | B | B | C | | | | | |

# 25. व्यावसायिक वित्त
# (BUSINESS FINANCE)

**1.** अन्तर्नियम में विपरीत व्यवस्था न होने पर पूर्वाधिकार अंशधारी का कौन-सा अधिकार सही है :

A. सिर्फ सभा में भाग न लेने का

B. सिर्फ मतदान करने का

C. सभा में भाग न लेने व मतदान न करने का

D. इनमें से कोई नहीं

**2.** किस प्रकार की कम्पनी के लिए ऋणपत्र उपयुक्त प्रतिभूति मानी जाती है ?

A. कम्पनियां जिनकी आय परिवर्तनशील है

B. कम्पनियां जिनकी आय स्थिर है

C. कम्पनियां जो ऋणपत्र पर भुगतान योग्य ब्याज की दर से उच्चतम दर पर लाभ या मुनाफा अर्जित नहीं कर सकती हैं

D. उपर्युक्त सभी

**3.** जन-निक्षेप से तात्पर्य है :

A. सरकार से प्राप्त उपनिधियां

B. एजेण्टों से पेशगी रूप में प्राप्त निक्षेप

C. जनता से व्यापक स्तर पर प्राप्त निक्षेप

D. उपर्युक्त सभी

**4.** आत्म वित्त-प्रबन्धन से तात्पर्य है :

A. काले धन का अर्जन

B. अर्जित आय को प्रतिधारित करना

C. किसी विशेष वर्ष में लाभांश का भुगतान न होना

D. अंशधारकों द्वारा दावाकृत लाभांश नहीं

**5.** निम्नलिखित में से कौन-सा वित्त-स्रोत वित्तीय व्यवस्था पर भार नहीं बनता है :

A. जन-निक्षेप

B. ऋणपत्र

C. वित्तीय संस्थाओं से ऋण

D. प्रतिधारित आय

**6.** अभिगोपक कौन है ?

A. जो गुप्त सौदे करता है

B. जो अंशों को खरीदते व बेचते हैं

C. जो कम्पनी की वित्तीय दशा को प्रभावित नहीं करते हैं

D. उक्त में से कोई नहीं

**7.** परिवर्तनशील कार्यशील पूंजी का वित्त प्रबन्धन कैसे किया जाता है ?

A. ऋणपत्रों द्वारा

B. पूर्वाधिकार अंशों द्वारा

C. व्यापारिक साख द्वारा

D. उक्त में से कोई नहीं

**8.** औद्योगिक वित्त के साधन के सम्बन्ध में 'सुख का साथी' क्या है ?

A. जन-निक्षेप

B. अभिगोपक

C. साहूकार

D. व्यापारिक बैंक

**9.** भारतीय औद्योगिक साख एवं विनियोग निगम की स्थापना हुई :

A. 1947 में

B. 1951 में

C. 1955 में

D. 1956 में

**10.** भारतीय औद्योगिक विकास बैंक का उद्देश्य है :

A. अभिगोपन करना

B. लघु-उद्योगों को अल्पकालीन ऋण देना

C. बड़े उद्योगों को अल्पकालीन ऋण देना

D. बड़े उद्योगों को दीर्घकालीन ऋण देना

**11.** यदि किसी कम्पनी की अंश पूंजी 5 लाख रुपए है, कम्पनी से वार्षिक लाभ की आशा 30 हजार रुपए है और वैसी ही कम्पनियों की सामान्य लाभ-दर 10% है तो इस स्थिति को क्या कहा जाएगा ?

A. अनुकूलन पूंजीकरण

B. अल्प पूंजीकरण

C. अति पूंजीकरण

D. इक्विटी व्यापार

**12.** निम्न में से कौन-सा उद्देश्य राज्य वित्त निगम की स्थापना से सम्बन्धित है ?

A. घरेलू उद्योगों को ऋण देना

B. लघु उद्योगों को ऋण देना

C. बड़े उद्योगों को ऋण देना

D. A और B दोनों

**13.** वह कौन-सी संस्था है जो औद्योगिक परियोजनाओं के लिए दीर्घकालीन ऋण प्रदान करती है ?
   A. विकास बैंक
   B. विनिमय बैंक
   C. विनियोग बैंक
   D. बंधक बैंक

**14.** निम्नलिखित में से किस संस्था की स्थापना सबसे पहले हुई :
   A. भारतीय औद्योगिक विकास बैंक
   B. भारतीय यूनिट ट्रस्ट
   C. औद्योगिक वित्त निगम
   D. औद्योगिक साख एवं विनियोग निगम

**15.** मुम्बई और अहमदाबाद की सूती मिलों तथा बंगाल और असम के चाय बागानों का प्रमुख वित्त-स्रोत कौन-सा रहा है :
   A. ऋण पत्र
   B. समता अंश
   C. सार्वजनिक निक्षेप
   D. पूर्वाधिकार अंश

**16.** निम्न मे से किसे वित्तीय संस्था कहा जा सकता है ?
   A. बैंक
   B. राज्य वित्त निगम
   C. भारतीय औद्योगिक विकास बैंक
   D. उपरोक्त सभी

**17.** व्यापारिक बैंक उद्योगों को सामान्यत: किस प्रकार का ऋण प्रदान करते हैं ?
   A. मध्यकालीन
   B. अल्पकालीन
   C. दीर्घकालीन
   D. उपरोक्त सभी

**18.** निम्न में से स्वपोषित वित्त का साधन कौन-सा है ?
   A. प्रतिधारित आय
   B. समता अंश
   C. जन-निक्षेप
   D. व्यापारिक साख

**19.** UTI ने अपने यूनिट की बिक्री कब आरम्भ की ?
   A. 1.2.1964
   B. 1.7.1964
   C. 1.4.1951
   D. 1.7.1948

**20.** स्थायी पूंजी को निम्न में से किसके लिए प्रयुक्त किया जाता है ?
   A. कच्चा माल
   B. वेतन
   C. विज्ञापन
   D. भूमि और भवन

**21.** स्थायी पूंजी की अधिक आवश्यकता प्राय: किन उपक्रमों को रहती है ?
   A. कुटीर उद्योग
   B. घरेलू उद्योग
   C. निर्माणी उद्योग
   D. व्यावसायिक उद्योग

**22.** निम्नलिखित में किसके लिए कार्यशील पूंजी प्रयुक्त की जाती है ?
   A. भूमि और भवन
   B. कच्चामाल
   C. मशीनरी
   D. इनमें से सभी

**23.** निम्नलिखित में से किसके लिए कार्यशील पूंजी प्रयोग नहीं जानी चाहिए ?
   A. विज्ञापन
   B. कच्चा माल
   C. वेतन
   D. ऋणपत्रों का विमोचन

**24.** विशाल मशीनरी वाले उद्योगों के लिए निम्न में से कौन-सा कथन सही है ?
   A. स्थायी पूंजी सम्बन्धी आवश्यकताएं तत्समान रूप में कम होती हैं
   B. कार्यशील पूंजी सम्बन्धी आवश्यकताएं तत्समान रूप से अधिक होती हैं
   C. कार्यशील पूंजी सम्बन्धी आवश्यकताएं तत्समान रूप से कम होती हैं
   D. कार्यशील तथा स्थायी पूंजी सम्बन्धी आवश्यकताएं क्रमश: ज्यादा व कम होती हैं

**25.** चलित पूंजी की व्यवस्था की जा सकती है :
   A. जन निक्षेप द्वारा
   B. वाणिज्यिक बैंकों से ऋण
   C. आय या अर्जन का पुनर्निवेश
   D. इनमें से सभी

**26.** निम्न में से किसके द्वारा स्थायी पूंजी की व्यवस्था की जानी चाहिए ?
   A. अंशों के निर्गमन द्वारा
   B. ऋणपत्रों के निर्गमन द्वारा
   C. विशिष्ट औद्योगिक वित्तीय संस्थाओं से ऋण
   D. इनमें से सभी

**27.** एक फर्म के लिए किसके द्वारा वित्त व्यवस्था करना एक प्रतिबन्ध के समान है ?
   A. बैंक ऋण
   B. ऋणपत्र
   C. साझेदार का ऋण
   D. साझेदार की पूंजी

**28.** कार्यशील पूंजी को व्यक्त किया जा सकता है :
   A. चालू सम्पत्तियां - चालू दायित्व
   B. चालू सम्पतियां
   C. कुल परिसम्पतियां - चालू दायित्व
   D. हस्तस्थ रोकड़ + व्यापारिक स्टॉक

**29.** कार्यशील पूंजी को प्रभावित करने वाले तत्वों से सम्बन्ध में निम्न में से सही है :

A. नकद या उधार क्रय

B. नकद या उधार विक्रय

C. मौसमी परिवर्तन व स्कन्ध

D. उपर्युक्त सभी

**30.** कम्पनी के लिए अल्पकालीन वित व्यवस्था की जा सकती है :

A. अंशों के निर्गमन द्वारा

B. विशिष्ट औद्योगिक वितीय संस्थाओं से ऋण द्वारा

C. ऋणपत्रों के निर्गमन द्वारा

D. बैंक ऋण

**31.** मध्यकालीन वित्त आवश्यकता की पूर्ति कम्पनी करती है:

A. बैंक द्वारा

B. लेनदार द्वारा

C. विमोचनशील ऋणपत्र द्वारा

D. सार्वजनिक निक्षेप द्वारा

**32.** दीर्घावधि वित व्यवस्था कम्पनी किसके द्वारा कर सकती है ?

A. समता पूंजी द्वारा          B. पूर्वाधिकार पूंजी द्वारा

C. ऋणपत्र द्वारा          D. उपर्युक्त सभी

**33.** कौन-सी प्रतिभूति विमोचन-योग्य नहीं होती है ?

A. समता अंश          B. ऋणपत्र

C. पूर्वाधिकार अंश          D. संचयी पूर्वाधिकार अंश

**34.** लाभार्जन न होने की स्थिति में कौन-सी प्रतिभूति कम्पनी की वित्तीय व्यवस्था पर भार बन जाती है ?

A. विमोचनशील पूर्वाधिकार अंश

B. ऋणपत्र

C. सामान्य अंश

D. अधिमान अंश

**35.** व्यवसाय की वास्तविक जोखिम को कौन वहन करता है ?

A. समता अंशधारी          B. अधिमान अंशधारी

C. ऋण पत्रधारी          D. उपर्युक्त सभी

**36.** निम्न में से कौन-सी प्रतिभूति सभी आय-वर्गों के निवेशकों को निवेश के लिए प्रेरित करती है ?

A. समता अंश          B. अधिमान अंश

C. सामान्य अंश          D. शोध्य-पूर्वाधिकार अंश

**37.** समता अंश में प्रायः निवेशक किस विशेषता के कारण प्रेरित होते हैं ?

A. अधिक लाभ          B. पूंजी का पूर्वाधिकार

C. कम-मूल्य          D. उपर्युक्त सभी विशेषताएं

**38.** पूर्वाधिकार अंशधारी को समता-अंशधारी की तुलना में क्या पूर्वाधिकार है ?

A. लाभांश का          B. पूंजी का

C. लाभांश व पूंजी का          D. इनमें से कोई नहीं

**39.** लाभांश या ब्याज दर किस प्रतिभूति के सम्बन्ध में पूर्व निर्धारित नहीं होती है ?

A. ऋणपत्र          B. शोध्य अधिमान अंश

C. संचयी अधिमान अंश          D. समता अंश

**40.** कम्पनी समापन की स्थिति में सर्वप्रथम भुगतान योग्य प्रतिभूति है :

A. ऋणपत्र          B. पूर्वाधिकार अंश

C. शोध्यअधिमान अंश          D. समता अंश

**41.** सबसे जोखिम पूर्ण प्रतिभूति कौन-सी मानी जाती है ?

A. ऋणपत्र          B. समता अंश

C. अधिमान अंश          D. शोध्य पूर्वाधिकार अंश

**42.** कम्पनी समापन की स्थिति में सबसे अन्तिम भुगतान योग्य प्रतिभूति है :

A. ऋण पत्र          B. पूर्वाधिकार अंश

C. समता अंश          D. संचयी अधिमान अंश

**43.** निम्न में से कौन-सी प्रतिभूति स्वामित्व प्रतिभूति नहीं मानी जाती :

A. समता अंश          B. ऋणपत्र

C. अधिमान अंश          D. उपर्युक्त सभी

**44.** कम्पनी का प्रबन्ध व नियन्त्रण मुख्यतया किसके हाथ में रहता है ?

A. ऋणपत्रधारी          B. समता अंशधारी

C. पूर्वाधिकार अंशधारी          D. उपर्युक्त सभी

**45.** अति पूंजीकरण से प्रोत्साहन मिलता है :

A. सट्टे बाजी को

B. अंशों की खरीद को

C. ऋणपत्रों की खरीद को

D. उत्पाद विक्रय को

**46.** अल्प पूंजीकरण का आशय है :

A. स्थिर पूंजी की समुचितता का अभाव

B. निम्न लाभांश दर से

C. वास्तविक पूंजीकरण का उपयुक्त पूंजीकरण से कम होना

D. प्रति अंश निम्न आय दर से

**47.** अवपूंजीकरण को रोकने का उपाय है :
A. बोनस अंशों का निर्गमन
B. अधिमान अंशों का विमोचन
C. ऋण पत्रों का विमोचन
D. उपर्युक्त सभी

**48.** अवपूंजीकरण का कारण है :
A. पूंजीकरण की कम दर का आकलन
B. गुप्त संचय का निर्माण
C. भावी आय का अधिक अनुमान लगाना
D. विस्तृत लाभांश नीति का अनुसरण

**49.** अल्प पूंजीकरण का दुष्परिणाम निम्नलिखित में से क्या है ?
A. प्रबन्धकों द्वारा हेरा-फेरी
B. कम्पनी की लाभ दर कम होना
C. श्रम सम्बन्ध में तनाव मुक्ति
D. उपर्युक्त सभी

**50.** जलयुक्त पूंजी ( Watered Capital ) से अभिप्राय है :
A. अवपूंजीकरण
B. अधिपूंजीकरण
C. अतिरिक्त पूंजी,
D. पूंजी का वह भाग जो परिसम्पत्तियों के द्वारा प्रदर्शित नहीं किया गया हो

**51.** साधारणतया द्रवित पूंजी की स्थिति का उदय होता है :
A. व्यापार काल के मध्य
B. व्यापार के अनिवार्य समापन पर
C. व्यापार के आरम्भ में
D. व्यापार के ऐच्छिक समापन पर

**52.** द्रवित पूंजी किस परिस्थिति में उत्पन्न हो सकती है ?
A. प्रवर्तकों को उनकी सेवा के बदले में अधिक पारिश्रमिक का भुगतान
B. ख्याति के लिए अधिक मूल्य का भुगतान
C. सभी सम्पत्तियों को बढ़े मूल्य पर क्रय करने की स्थिति में
D. उपर्युक्त सभी

**53.** पूंजी संरचना से आशय है :
A. द्रवित पूंजी
B. सामान्य अंश पूंजी
C. विभिन्न प्रकार की प्रतिभूतियों के मध्य उचित अनुपात का निर्धारण

D. उचित पूंजीकरण

**54.** निर्माणी उपक्रमों के लिए किसके द्वारा वित्त व्यवस्था करना उचित है ?
A. समता अंशपूंजी
B. ऋणपत्रों द्वारा
C. पूर्वाधिकार अंशपूंजी
D. सभी प्रकार की प्रतिभूतियां

**55.** सार्वजनिक उपयोगिता सम्बन्धी व्यवसाय वित्त व्यवस्था करते है :
A. समता अंशों द्वारा
B. पूर्वाधिकार अंशों द्वारा
C. ऋणपत्रों द्वारा
D. सभी प्रतिभूतियां

**56.** अल्पकालीन वित्त व्यवस्था की जानी चाहिए :
A. समता अंश द्वारा
B. ऋणपत्र द्वारा
C. पूर्वाधिकार अंश
D. सभी प्रतिभूतियां

**57.** यदि किसी नए व्यवसाय को स्थापित किया जाना है तो उसके लिए वित्त व्यवस्था करने का सर्वोत्तम साधना होगा:
A. समता अंश
B. पूर्वाधिकार अंश
C. ऋणपत्र
D. सभी प्रतिभूतियां

**58.** बैंकिंग कम्पनी निम्न में से क्या निर्गमित कर सकती है ?
A. केवल पूर्वाधिकार पूंजी
B. केवल समता पूंजी
C. समता तथा पूर्वाधिकार
D. सभी प्रकार की प्रतिभूतियां

**59.** कम्पनी पर नियन्त्रण रखने के लिए प्रवर्तक को बड़ी मात्रा में निधियों को किसके द्वारा एकत्रित करना चाहिए ?
A. समता पूंजी
B. अधिमान पूंजी
C. अधिमान पूंजी तथा ऋणपत्र
D. ऋणपत्र

**60.** ''समता पर व्यापार'' करना तब कहलाता है, जब :
A. कम्पनी की अर्जन की दर, उसकी स्थायी आय प्रतिभूतियों पर ब्याज की दर से अधिक है
B. कम्पनी की अर्जन दर, उसकी स्थायी आय प्रतिभूतियों पर ब्याज की दर से कम हैं
C. सम्पूर्ण पूंजी समता अंशों के द्वारा एकत्रित हो
D. ऋण पूंजी की तुलना में कम्पनी समता अंशों पर व्यापार करती है

**61.** कोई कम्पनी समता पर व्यापार तब कर सकती है, जब :

    A. संपूर्ण की अपेक्षा समता अंशों पर व्यापार करती है

    B. संपूर्ण पूंजी ऋणपत्रों द्वारा एकत्रित की जाती है

    C. सम्पूर्ण पूंजी समता अंशों के द्वारा एकत्रित की जाती है

    D. स्वामित्व पूंजी की अपेक्षा ऋणपूंजी पर व्यापार करती है

**62.** ''कार की स्थिरत गति'' पूंजी दन्तिकरण की किस स्थिति का द्योतक है ?

    A. समता पर व्यापार     B. अतिपूंजीकरण

    C. निम्न दन्तिकरण     D. उच्च दन्तिकरण

**63.** ''कार-स्टार्ट'' की तुलना पूंजी दन्तिकरण की किस स्थिति से की जाती है ?

    A. समता पर व्यापार     B. अति पूंजीकरण

    C. निम्न दन्तिकरण     D. उच्च दन्तिकरण

**64.** तेजीकाल एवं मन्दी में क्रमशः कौन-सा पूंजी दन्तिकरण लाभप्रद है ?

    A. निम्न दन्तिकरण एवं निम्न दन्तिकरण

    B. निम्न दन्तिकरण तथा उच्च दन्तिकरण

    C. उच्च दन्तिकरण तथा निम्न दन्तिकरण

    D. उच्च मिला एवं उच्च मिलान

**65.** ''व्यवसाय का आधार और जीवन रक्त'' कहा जाता है :

    A. प्रबन्ध         B. वित्त

    C. कर्मचारी      D. मशीनें

**66.** वित्तीय योजना बनाते समय ध्यान रखा जाता है :

    A. सिर्फ पूंजी की मात्रा का

    B. सिर्फ पूंजी का ढांचा

    C. पूंजीकरण एवं पूंजी का ढांचा

    D. पूंजीकरण, पूंजी ढांचा व वित्तीय प्रशसन का

**67.** ''पूंजीकरण'' शब्द प्रयुक्त किया जाता है :

    A. एकल व्यवसाय के लिए

    B. साझेदारी संगठन के लिए

    C. संयुक्त पूंजी वाली कम्पनी के लिए

    D. सहकारी समिति के लिए

**68.** पूंजीकरण का बेहतर रूप है :

    A. अर्जित किए जाने वाले लाभ का पूंजीकृत किया जाना

    B. समान कम्पनियों की वित्तीय स्थिति की तुलना के आधार पर

    C. स्थायी सम्पत्तियों तथा आवश्यक कार्यशील पूंजी की लागत का परिवर्धन

    D. इनमें से कोई नहीं

**69.** पूंजीकरण के मुख्य सिद्धान्त कौन-से हैं ?

    A. लागत सिद्धान्त तथा समता सिद्धान्त

    B. समता सिद्धान्त तथा उपार्जन सिद्धान्त

    C. लागत, समता तथा उपार्जन सिद्धान्त

    D. लागत तथा उपार्जन सिद्धान्त

**70.** पूंजीकरण का लागत सिद्धान्त अत्यन्त उपयोगी है :

    A. प्रर्वतकों के लिए     B. प्रबन्धकों के लिए

    C. संचालकों के लिए     D. अंशधारियों के लिए

**71.** ''पूंजी की मात्रा निर्धारित करते समय संस्था की अर्जन क्षमता को ध्यान में नहीं रखा जाता बल्कि सम्पत्तियों में लगी राशि का योग करके पूंजीकरण निर्धारित किया जाता है'', ऐसा किस सिद्धान्त के अनुसार किया जाता है ?

    A. उपार्जन सिद्धान्त     B. लागत सिद्धान्त

    C. समता सिद्धान्त      D. इनमें से कोई नहीं

**72.** पूंजीकरण में सम्मिलित किया जाता है :

    A. केवल अंशपूंजी

    B. केवल ऋणपूंजी

    C. कम्पनी द्वारा बाजार मूल्य पर निर्गमित अंश तथा ऋण

    D. अंशपूंजी, ऋणपत्र, दीर्घकालीन ऋण तथा प्रतिधारित अर्जनें

**73.** ''कम्पनी का पूंजीकरण उसकी अनुमानित आय का पूंजीकृत मूल्य है'' के अनुसार :

    A. उपार्जन सिद्धान्त

    B. लागत सिद्धान्त

    C. समता सिद्धान्त

    D. समता तथा लागत सिद्धान्त

**74.** ''लागत सिद्धान्त'' का मुख्य दोष क्या है ?

    A. व्यापार के पूंजी स्रोतों के निर्धारण में असक्षम

    B. लागत निर्धारण में असक्षम

    C. उपार्जन क्षमता का ध्यान न रखा जाना

    D. इनमें से कोई नहीं

**75.** ''चालू प्रत्याय दर'' का ध्यान किस सिद्धान्त में पूंजीकरण की मात्रा निर्धारण के लिए ध्यान रखा जाता है ?

A. उपार्जन सिद्धान्त  
B. लागत सिद्धान्त  
C. समता सिद्धात्त  
D. इनमें से कोई नहीं

**76.** नए व्यवसाय के लिए पूंजीकरण का कौन-सा सिद्धान्त उपयुक्त है ?
A. उपार्जन सिद्धान्त  
B. लागत सिद्धान्त  
C. समता सिद्धान्त  
D. अंशपूंजी निर्धारण का सिद्धान्त

**77.** चालू व्यवसाय के पूंजीकरण के लिए उपयुक्त है :
A. लागत सिद्धान्त  
B. समता सिद्धान्त  
C. अंशपूंजी निर्धारण सिद्धान्त  
D. उपार्जन सिद्धान्त

**78.** वास्तविक पूंजीकरण की गणना की जाती है :
A. अंशपूंजी + ऋणपत्र  
B. ऋणपत्र + वितरितलाभ  
C. अंशपूंजी + अवितरित लाभ  
D. अंशपूंजी + ऋणपत्र + अवितरित लाभ

**79.** किसी कम्पनी के समुचित पूंजीकरण की वास्तविक पूंजीकरण से तुलना करने पर निम्नलिखित में से ज्ञात होता है :
A. कम्पनी समुचित रूप से पूंजीकृत है  
B. कम्पनी अल्पपूंजीकरण या अतिपूंजीकरण से ग्रस्त है  
C. कम्पनी या तो समुचित रूप से पूंजीकृत है अथवा वह अल्पपूंजीकरण या अतिपूंजीकरण से ग्रस्त है  
D. इनमें से कोई नहीं

**80.** अतिपूंजीकरण का तात्पर्य है :
A. पूंजी का आधिक्य  
B. लाभांश भुगतान की अधिक दर  
C. पूंजीकरण की दर का अधिक अनुमान लगाना  

D. कम्पनी की अर्जन क्षमता द्वारा निर्धारित पूंजी की तुलना में अधिक पूंजी का होना

**81.** अति पूंजीकरण के क्या कारण हैं ?
A. कम्पनी के प्रवर्तन व्यय का अत्यधिक होना  
B. अधिक दरों से करों का भुगतान करना  
C. प्रवर्त्तक द्वारा पूंजीकरण की कम दर का मूल्यांकन करना  
D. उपरोक्त सभी

**82.** अति पूंजीकरण का दुष्परिणाम है :
A. सामान्य अंशों की लाभांश दर में वृद्धि  
B. सामान्य अंशों की लाभांश दर में कमी  
C. अंशों के बाजार मूल्य में वृद्धि  
D. अंशों का मूल्य ऋणों के लिए प्रतिभूति रूप में बढ़ जाता है

**83.** अतिपूंजीकरण को रोकने का उपाय क्या है ?
A. ऋणपत्रों के विमोचन द्वारा  
B. ऋणपत्रों के ब्याज में वृद्धि  
C. समता अंशों के मूल्यों में वृद्धि  
D. समता अंशों की संख्या में वृद्धि

**84.** कोई कम्पनी उच्च दन्तिकरण की स्थिति में होती है जब :
A. समता पूंजी का कुल पूंजी से अनुपात कम हो  
B. पूर्वाधिकार पूंजी का कुल पूंजी से अनुपात कम हो  
C. ऋणपत्र पूंजी का कुल पूंजी से अनुपात कम हो  
D. ( पूर्वाधिकार पूंजी + ऋणपूंजी ) < कुल पूंजी

**85.** कोई कम्पनी निम्न दन्तिकरण की स्थिति में होती है, जब:
A. समता पूंजी < कुल पूंजी  
B. ( पूर्वाधिकार पूंजी + ऋणपत्र पूंजी ) < कुल पूंजी  
C. पूर्वाधिकार पूंजी < कुल पूंजी  
D. ऋणपत्र पूंजी < कुल पूंजी

**उत्तरमाला**

| 1 | 2 | 3 | 4 | 5 | 6 | 7 | 8 | 9 | 10 |
|---|---|---|---|---|---|---|---|---|---|
| C | B | C | B | D | D | C | A | C | D |
| **11** | **12** | **13** | **14** | **15** | **16** | **17** | **18** | **19** | **20** |
| C | D | A | C | C | D | B | A | B | D |
| **21** | **22** | **23** | **24** | **25** | **26** | **27** | **28** | **29** | **30** |
| C | B | D | C | D | D | B | A | D | D |

| 31 | 32 | 33 | 34 | 35 | 36 | 37 | 38 | 39 | 40 |
|----|----|----|----|----|----|----|----|----|----|
| C | D | A | B | A | A | C | C | D | A |

| 41 | 42 | 43 | 44 | 45 | 46 | 47 | 48 | 49 | 50 |
|----|----|----|----|----|----|----|----|----|----|
| B | C | B | B | A | C | A | B | A | D |

| 51 | 52 | 53 | 54 | 55 | 56 | 57 | 58 | 59 | 60 |
|----|----|----|----|----|----|----|----|----|----|
| C | D | C | A | C | B | A | B | C | A |

| 61 | 62 | 63 | 64 | 65 | 66 | 67 | 68 | 69 | 70 |
|----|----|----|----|----|----|----|----|----|----|
| D | D | C | C | B | D | C | A | D | A |

| 71 | 72 | 73 | 74 | 75 | 76 | 77 | 78 | 79 | 80 |
|----|----|----|----|----|----|----|----|----|----|
| B | D | A | C | A | B | D | B | C | D |

| 81 | 82 | 83 | 84 | 85 |
|----|----|----|----|----|
| D | B | A | A | B |

# 26. नव निर्गमन बाजार और स्टॉक एक्सचेंज
## (NEW ISSUE MARKET AND STOCK EXCHANGE)

**1.** पूंजी बाजार खण्ड के अन्तर्गत कारोबार होता है:
A. इक्विटी का
B. परिवर्त्तनीय डिबेंचरों का
C. ऋण लिखतों का
D. उपरोक्त सभी का

**2.** एन.एस.ई. स्क्रीन आधारित ऑन लाइन एवं स्क्रिप-रहित ट्रेडिंग का शेयर बाजार है जिसके अन्तर्गत :
A. सौदे पूर्णत:पारदर्शी होते हैं
B. धोखाधड़ी की संभावना कम रहती है
C. समुचित सम्प्रेषण नेटवर्क के जरिए पूरे देश के निवेशकों के लिए समान अवसर सुलभ होते हैं
D. उपरोक्त सभी

**3.** वह स्थान जहां पर औद्योगिक प्रतिभूतियों का क्रय-विक्रय निश्चित नियमों एवं विनियमों के अधीन किया जाता है, कहलाता है:
A. शेयर बाजार
B. स्टॉक एक्सचेंज
C. विनिमय बाजार
D. उपरोक्त में से कोई नहीं

**4.** शेयर एवं स्टॉक है :
A. एक दूसरे के पर्याय
B. एक दूसरे के विलोम
C. एक दूसरे के भाग
D. इनमें से कोई नहीं

**5.** विश्व का पहला स्टॉक एक्सचेंज कब एवं कहां स्थापित हुआ था?
A. 1773 लंदन
B. 1875 मुम्बई
C. 1908 कोलकाता
D. इनमें से कोई नहीं

**6.** भारत में पहला स्टॉक एक्सचेंज कब एवं कहां स्थापित हुआ?
A. 1875 मुम्बई
B. 1908 कोलकाता
C. 1920 चेन्नई
D. इनमें से कोई नहीं

**7.** वर्तमान में पूरे देश में मान्यता प्राप्त स्टॉक एक्सचेंज कितने हैं?
A. 10
B. 20
C. 23
D. इनमें से कोई नहीं

**8.** देश का सबसे बड़ा स्टॉक एक्सचेंज कौन सा है?
A. मुम्बई
B. कोलकाता
C. चेन्नई
D. अहमदाबाद

**9.** वह स्थान जहां एक्सचेंज के सदस्य क्रय-विक्रय करने हेतु एकत्रित होते हैं, कहलाता है:
A. बाजार
B. शेयर मार्केट
C. दलाल स्ट्रीट
D. रिंग

**10.** भारत के स्टॉक एक्सचेंजों के संगठन, प्रबन्ध एवं कार्य प्रणाली पर नियन्त्रण किस अधिनियम के तहत किया जाता है?
A. भारतीय कम्पनी अधिनियम 1956
B. प्रतिभूति संविदा (विनियम)अधिनियम 1956
C. SEBI
D. इनमें से कोई नहीं

**11.** किसी स्टॉक एक्सचेंज को मान्यता कब मिलती है?
A. जब उसके नियम प्रतिभूति संविदा (विनियम) अधिनियम 1956 के प्रावधानों के अनुसार बनाए गए हों
B. जब उसके उप नियम प्रतिभूति संविदा (विनियम) अधिनियम 1956 के प्रावधानों के अनुसार बनाए गए हों।
C. जब A एवं B दोनों बातों का पालन हुआ हो
D. इनमें से कोई नहीं

**12.** स्टॉक एक्सचेंज के कार्यों का प्रबन्ध किसके द्वारा किया जाता है?
A. प्रबन्धक द्वारा
B. सदस्यों की चुनी हुई एक समिति द्वारा
C. संचालक मंडल द्वारा
D. इनमें कोई नहीं

**13.** स्टॉक एक्सचेंज के दिन-प्रतिदिन के कार्यों को किया जाता है:
A. प्रबन्धकों द्वारा
B. सदस्यों की एक समिति द्वारा
C. उप समिति द्वारा
D. इनमें से कोई नहीं

**14.** संगठन के आधार पर देश में कार्यरत स्टॉक एक्सचेंजों के प्रकार है:
   A. स्वैच्छिक अलाभकारी संगठन
   B. शेयरों द्वारा सीमित संयुक्त स्टॉक कम्पनियां
   C. गारण्टी द्वारा सीमित कम्पनियां
   D. उपरोक्त सभी

**15.** स्वैच्छिक अलाभकारी संगठन प्रारूप है:
   A. मुम्बई स्टॉक एक्सचेंज
   B. कोलकाता स्टॉक एक्सचेंज
   C. दिल्ली स्टॉक एक्सचेंज
   D. बैंगलौर स्टॉक एक्सचेंज

**16.** 'शेयरों द्वारा सीमित संयुक्त स्टॉक कम्पनीज' संगठन प्रारूप नहीं है:
   A. कोलकाता      B. मुम्बई
   C. दिल्ली      D. बंगलौर

**17.** गारण्टी द्वारा सीमित कम्पनियां संगठन प्रारूप है:
   A. चेन्नई      B. जयपुर
   C. हैदराबाद      D. उपरोक्त सभी

**18.** उप समितियों में शामिल है:
   A. सूचीबद्धता समिति
   B. चूककर्ताओं के लिए समिति
   C. पंच निर्णय समिति
   D. उपरोक्त सभी

**19.** नव निर्मन बाजार का मुख्य कार्य है:
   A. पूंजी प्रवाह का उचित निर्देशन
   B. पूंजी का एकत्रीकरण
   C. पूंजी पर नियन्त्रण
   D. नए अंशपत्रों तथा ऋणपत्रों को व्यक्तियों व संस्थाओं को आवंटित करना

**20.** प्रतिभूति बाजार के दूसरे भाग को कहते हैं:
   A. शेयर बाजार
   B. स्टॉक एक्सचेंज
   C. नव निर्गमित अंशपत्र बाजार
   D. इनमें से कोई नहीं

**21.** स्टॉक एक्सचेंज में व्यवहार होते हैं:
   A. नयी प्रतिभूतियों से सम्बन्धित
   B. पुरानी प्रतिभूतियों से सम्बन्धित
   C. नयी व पुरानी दोनों प्रतिभूतियों से सम्बन्धित
   D. अंशों से सम्बन्धित

**22.** देश के आर्थिक व औद्योगिक विकास में अग्रणी भूमिका निभाता है:
   A. नव निर्गमन बाजार      B. स्टॉक एक्सचेंज
   C. पूंजी बाजार      D. औद्योगिक विकास बैंक

**23.** बचतों को निवेशों में बदलने हेतु सुविधा प्रदान करने का कार्य करता है:
   A. स्टॉक एक्सचेंज      B. नव निर्गमन बाजार
   C. पूंजी बाजार      D. औद्योगिक वित्त निगम

**24.** अभिगोपक कौन होता है ?
   A. समता अंशों को बेचने वाला
   B. समता अंशों एवं प्रतिभूतियों को बेचने वाला
   C. प्रतिभूतियों को बेचने वाला
   D. अंशों व ऋण पत्रों को बेचने की गारंटी देने वाला

**25.** अंशों के अभिगोपन हेतु अभिगोपक को दिया जाने वाला अधिकतम कमीशन को सकता है:
   A. अंशों के निर्गमन मूल्य का 2.5%
   B. 5%
   C. 5.5%
   D. कोई निश्चित नहीं

**26.** ऋणपत्रों के अभिगोपन हेतु अभिगोपक को दिया जाने वाला अधिकतम कमीशन हो सकता है:
   A. ऋणपत्रों के निर्गमन मूल्य का 2.5%
   B. 5%
   C. 5.5%
   D. कोई निश्चित नहीं

**27.** कम्पनी जिसके अंशों के शेयर बाजार में खरीदा-बेचा जाता है और उनके मूल्य कोट किए जाते हैं, होती है:
   A. निजी कम्पनी
   B. सार्वजनिक कम्पनी
   C. बिना अंश-पूंजी वाली सार्वजनिक कम्पनी
   D. A और B दोनों

**28.** अंशों का नव निर्गमन बाजार किससे सम्बन्धित है ?
   A. पुरानी प्रतिभूतियों
   B. नयी प्रतिभूतियों
   C. सभी प्रकार की प्रतिभूतियों
   D. उपरोक्त में से कोई नहीं

**29.** प्रतिभूति प्रसंविदा नियमन अधिनियम कब लागू हुआ ?
   A. 1947      B. 1950
   C. 1955      D. 1956

**30.** उदार अर्थव्यवस्था की धुरी, दीर्घकालीन पूंजी का गढ़, द्रव्य बाजार का केन्द्र बिन्दु, पूंजी व राजनीति का स्नायु केन्द्र तथा सामान्य आर्थिक प्रगति का दर्पण किसे कहा गया है ?

A. स्टॉक एक्सचेंज     B. नवनिर्गमन बाजार
C. प्रतिभूति बाजार     D. अंश-बाजार

**31.** प्रतिभूति प्रसंविदा नियमन अधिनियम 1956 की धारा 21 के अन्तर्गत सरकार को कौन-सा महत्वपूर्ण अधिकार प्राप्त है ?

A. किसी भी सार्वजनिक कम्पनी से वह अन्तिम खातों की प्रतिभूति मांग सकती है

B. किसी भी सार्वजनिक कम्पनी को अपनी प्रतिभूतियों का सूचीयन किसी मान्य स्टॉक एक्सचेंज से करा सकती है

C. कम्पनी को पूर्वाधिकारी अंश जारी करने के लिए कह सकती है

D. कम्पनी के अनिवार्य समापन की कार्यवाही कर सकती है

**32.** भारत के कितने स्टॉक एक्सचेंज में केवल नकद लेन-देन ही किए जा सकते हैं ?

A. 3     B. 5
C. 6     D. 8

**33.** कितने स्टॉक एक्सचेंजों को उधार एवं नकद लेन-देनों की अनुमति प्राप्त है:

A. 3     B. 5
C. 6     D. 8

**34.** हैदराबाद, इन्दौर तथा बंगलौर के स्टॉक एक्सचेंज में कैसे लेनदेन किए जा सकते हैं ?

A. केवल नकद     B. केवल उधार
C. नकद और उधार     D. इनमें से कोई नहीं

**35.** तत्काल सुपुर्दगी प्रसंविदा में कितने दिनों के अन्दर निपटारा होना आवश्यक है ?

A. 3 दिन     B. 5 दिन
C. 7 दिन     D. 10 दिन

**36.** बदले की सुविधा कब दी जा सकती है ?

A. जिसमें अग्रिम सुपुर्दगी प्रसंविदा सुविधा उपलब्ध हो
B. तत्काल सुपुर्दगी प्रसंविदाओं में
C. A एवं B दोनों
D. इनमें से कोई नहीं

**37.** समाशोधन गृह में निपटारा होता है:

A. समाशोधित प्रतिभूतियों से
B. असमाशोधित प्रतिभूतियों से
C. गैर-प्रतिभूतियों से सम्बन्धित सौदे
D. A एवं B दोनों

**38.** असमाशोधित प्रतिभूतियों से सम्बन्धित सौदों का निपटारा होता है:

A. भावी सुपुर्दगी से     B. केवल सुपुर्दगी से
C. सौदे की तिथि से     D. भुगतान की तिथि से

**39.** निम्न में से किसके द्वारा समशोधन गृहों की स्थापना नहीं की जाती है ?

A. मुम्बई     B. चेन्नई
C. कोलकाता     D. बंगलौर

**40.** अनैतिक तथा गैर-कानूनी माना जाता है:

A. सट्टे को     B. जुए को
C. A और B दोनों     D. इनमें से कोई नहीं

**41.** नयी प्रतिभूतियों के विक्रय के लिए सर्वाधिक उपयोग में ली जाने वाली सामान्य विधि है:

A. स्टॉक एक्सचेंज के माध्यम से
B. वर्तमान अंश धारियों के माध्यम से
C. प्रविवरण के माध्यम से जनता को आमन्त्रण देकर
D. इनमें से कोई नहीं

**42.** U.T.I. की स्थापना हुई:

A. 1955     B. 1963
C. 1965     D. 1970

**43.** स्कन्ध विनिमय में कौन व्यवहार कर सकता है ?

A. स्कन्ध विनिमय के सदस्य
B. बैंक
C. केन्द्रीय सरकार
D. कोई भी विनियोजक

**44.** भारत में स्कन्ध विपणियों का नियमन किस अधिनियम द्वारा किया जाता है ?

A. RBI Act
B. पूंजी निर्गमन अधिनियम
C. नियमित मंडी अधिनियम
D. प्रतिभूति अनुबंध (नियमन) अधिनियम

**45.** प्रतिभूतियों के सूचीकरण का आवेदन कहां पर किया जाता है ?

A. राज्य सरकार  B. केन्द्र सरकार
C. स्टॉक एक्सचेंज  D. कम्पनी रजिस्टार

**46.** स्कन्ध विपणियों का मुख्य कार्य क्या है ?
A. पूंजी निवेशकर्ताओं के हितों की रक्षा करना
B. देश में पूंजी संरचना के लिए सहायता
C. सट्टेबाजी के लिए सुविधा प्रदान करना
D. पुरानी प्रतिभूतियों के लिए तत्कालिक बाजारी व्यवस्था करना

**47.** व्यापार के प्रयोजन के लिए स्कन्ध विपणी में प्रतिभूतियों का सूचीयन प्रदर्शित करता है कि:
A. सूचीयन के समय कम्पनी वित्तीय रूप से सुदृढ़ है
B. सूचीयन के समय कम्पनी विधि अनुसार गठित है
C. स्कन्ध विपणी कम्पनी की वित्तीय दृष्टि से सुदृढ़ता की गारण्टी लेता है
D. कम्पनी का निर्माण सरकारी क्षेत्र में हुआ है

**48.** भारत में पहला स्टॉक एक्सचेंज गठित किया गया ?
A. 1880  B. 1887
C. 1905  D. 1908

**49.** भारत में पहला स्टॉक एक्सचेंज कहां स्थापित किया गया ?
A. दिल्ली  B. मुम्बई
C. चेन्नई  D. कोलकाता

**50.** सेबी का मुख्यालय कहां स्थापित है ?
A. दिल्ली  B. मुम्बई
C. कोलकाता  D. चेन्नई

**51.** आम व्यक्ति स्टॉक एक्सचेंज से लेन देन कर सकता है:
A. प्रत्यक्ष रूप से
B. दलाल के माध्यम से
C. आढ़तियों के माध्यम से
D. किसी अंशधारी के माध्यम से

**52.** स्टॉक एक्सचेंज की दृष्टि से निम्न में से कौन सट्टेबाज नहीं है ?
A. तेजड़िया  B. मन्दड़िया
C. दलाल  D. आढ़तिया

**53.** ख्याली या चंचल परिकल्पक (stag) का कार्य है:
A. नयी कम्पनियों द्वारा निर्गमित अंशों का क्रय
B. नयी कम्पनियों द्वारा निर्गमित अंशों का विक्रय
C. पुरानी कम्पनियों के अंशों का क्रय
D. B एवं C दोनों

**54.** तेजी की आशा करने वाला तथा तेजड़ियों की तरह व्यवहार करने वाला कहलाता है:
A. दलाल
B. तेजड़िया
C. मन्दड़िया
D. चंचल परिकल्पक (stag)

**55.** निरंक हस्तान्तरण पर किस अधिनियम के तहत प्रतिबन्ध लगाए गए हैं ?
A. कम्पनी अधिनियम 1956
B. प्रतिभूति नियमन अधिनियम, 1956
C. पूंजी निर्गमन अधिनियम
D. इनमें से कोई नहीं

**56.** शेयर बाजार में जोड़-तोड़ या मूल्यान्नयन से आशय है:
A. प्रतिभूतियों के मूल्यों में उतार
B. प्रतिभूतियों के मूल्यों में चढ़ाव
C. प्रतिभूतियों के मूल्यों में स्थिरता
D. A और B दोनों

**57.** सेबी को वैधानिक दर्जा कब दिया गया ?
A. 12 अप्रैल, 1988  B. 31 जनवरी, 1992
C. 21 फरवरी, 1992  D. 1 अप्रैल, 1992

**58.** सेबी की स्थापना की गई:
A. 12 अप्रैल, 1988  B. 31 जनवरी, 1992
C. 21 फरवरी, 1992  D. 1 अप्रैल, 1992

**59.** सेबी बोर्ड का प्रबन्धन किया जाता है:
A. 5 सदस्यों द्वारा  B. 6 सदस्यों द्वारा
C. 8 सदस्यों द्वारा  D. 10 सदस्यों द्वारा

**60.** सेबी ने अपने क्रियाकलापों का समुचित निष्पादन करने के लिए कितने संभाग निर्धारित किए हैं ?
A. 5  B. 6
C. 7  D. 8

**61.** मर्चेण्ट बैंकरों के क्रियाकलापों को सरकार द्वारा सेबी के दायरे में लाने की घोषणा कब की गई है ?
A. 12 अप्रैल, 1988  B. 31 जनवरी, 1992
C. 21 फरवरी, 1992  D. 1 जनवरी, 1993

**62.** मर्चेण्ट बैंकर्स के कार्यकलापों के लिए घोषित की गई आचार संहिता के अनुसार मर्चेण्ट बैंकरों को कितनी श्रेणियों में बांटा गया ?
A. 2  B. 4
C. 6  D. 8

**63.** बदला-शुल्क कौन किससे वसूल करता है ?
A. मन्दड़िए द्वारा तेजड़िए से
B. तेजड़िया द्वारा मन्दड़िया से
C. स्टेग द्वारा तेजड़िए से
D. तेजड़िया द्वारा स्टेग से

**64.** भारतीय राष्ट्रीय स्टॉक एक्सचेंज (एन.एस.ई.) की स्थापना की गयी थी ?
A. 1972
B. 1982
C. 1992
D. इनमें से कोई नहीं

**65.** कितनी संस्थाओं ने मिलकर एन.एस.ई. की स्थापना में प्रमोटर का कार्य किया ?
A. 10
B. 15
C. 16
D. 20

**66.** एन.एस.ई. की स्थापना का उद्देश्य था:
A. शेयरों, ऋणों तथा अन्य वित्तीय व्युत्पन्नों (Financial Derivatives) के लिए देश व्यापी ट्रेडिंग सुविधा देना
B. उन्नत सूचना प्रणाली तथा इलेक्ट्रॉनिक ट्रेडिंग प्रणाली द्वारा निवेशकों को समुचित सुविधा प्रदान करना
C. ग्राहकों (निवेशकों) को कुशल तथा पारदर्शी प्रतिभूति बाजार की सुविधा प्रदान करना
D. उपरोक्त सभी

**67.** एन.एस.ई. में बीमा जैसी कौन सी विशेषताएं निहित हैं:
A. अल्पकालिक निपटान अवधि
B. निवेशक क्षतिपूर्ति निधि
C. ब्रोकरों के लिए सुविधाएं
D. उपरोक्त सभी

**68.** एन.एस.ई. ने शेयरों में ट्रेडिंग का कार्य प्रारम्भ किया:
A. 1992
B. 1993
C. 1994
D. इनमें से कोई नहीं

**69.** एन.एस.ई. विश्व का पहला स्टॉक एक्सचेंज है जहां:
A. ऋण की ट्रेडिंग होती है
B. इक्विटी की ट्रेडिंग होती है
C. ऋण एवं इक्विटी दोनों की ट्रेडिंग होती है
D. इनमें से कोई नहीं

**70.** एन.एस.ई. के कार्यों का संचालन किसके द्वारा किया जाता है:
A. निदेशक द्वारा
B. प्रबन्ध निदेशक द्वारा
C. निदेशक मंडल द्वारा
D. कार्यपालक समिति द्वारा

**71.** बाजार परिचालन सम्बन्धी निर्णय एवं कार्य सम्पादित करने का अधिकार सौंपा गया है:
A. प्रबन्ध निदेशक को
B. निदेशक मण्डल को
C. कार्यपालक समिति को
D. इन सभी को

**72.** परिचालन सम्बन्धी विभिन्न पहलुओं के सम्बन्ध में परामर्श देने के लिए बनाई गयी समितियों में शामिल होते हैं:
A. उद्योगों के प्रतिनिधि
B. ट्रेडिंग करने वाले सदस्य
C. एक्सचेंज के स्टॉक सदस्य
D. उपरोक्त सभी

**73.** दैनिक कार्यों का संचालन करता है:
A. कोई भी निदेशक
B. प्रबन्ध निदेशक
C. कार्यपालक समिति
D. इनमें से कोई नहीं

**74.** एन.एस.ई. कारोबार के महत्वपूर्ण खण्ड हैं:
A. थोक ऋण बाजार खण्ड
B. पूंजी बाजार खण्ड
C. थोक ऋण बाजार एवं पूंजी बाजार खण्ड दोनों
D. इनमें से कोई नहीं

**75.** थोक ऋण बाजार खण्ड के अन्तर्गत कार्य होते हैं:
A. सरकारी प्रतिभूतियों एवं खजाना बिलों से सम्बन्धित
B. सार्वजनिक क्षेत्र के बाण्डों से सम्बन्धित
C. UTI के यूनिट 64 एवं वाणिज्यिक पत्रों से सम्बन्धित
D. उपरोक्त सभी

**उत्तरमाला**

| 1 | 2 | 3 | 4 | 5 | 6 | 7 | 8 | 9 | 10 |
|---|---|---|---|---|---|---|---|---|---|
| D | D | B | A | A | A | C | A | C | B |

| 11 | 12 | 13 | 14 | 15 | 16 | 17 | 18 | 19 | 20 |
|---|---|---|---|---|---|---|---|---|---|
| C | B | C | D | A | B | D | D | D | B |

| 21 | 22 | 23 | 24 | 25 | 26 | 27 | 28 | 29 | 30 |
|----|----|----|----|----|----|----|----|----|----|
| B | A | B | D | B | A | B | B | D | A |
| **31** | **32** | **33** | **34** | **35** | **36** | **37** | **38** | **39** | **40** |
| B | A | B | A | C | A | A | B | D | B |
| **41** | **42** | **43** | **44** | **45** | **46** | **47** | **48** | **49** | **50** |
| C | B | A | D | C | A | A | B | B | B |
| **51** | **52** | **53** | **54** | **55** | **56** | **57** | **58** | **59** | **60** |
| B | C | A | D | A | D | B | A | B | C |
| **61** | **62** | **63** | **64** | **65** | **66** | **67** | **68** | **69** | **70** |
| D | B | A | C | C | D | D | C | C | D |
| **71** | **72** | **73** | **74** | **75** | | | | | |
| C | D | B | C | D | | | | | |

———

# 27. विदेशी व्यापार
# (FOREIGN TRADE)

1. भारतीय राज्य व्यापार निगम की स्थापना कब हुई ?
   A. 18 मई, 1956 को    B. 18 मई, 1963 को
   C. 26 मई, 1963 को    D. 26 मई, 1956 को

2. भारतीय राज्य व्यापार निगम गठित हुआ:
   A. संसद के विशेष अधिनियम द्वारा
   B. कम्पनी अधिनियम 1956 के अन्तर्गत एक निजी सीमित दायित्व वाली कम्पनी के रूप में
   C. कम्पनी अधिनियम 1956 के अन्तर्गत एक सार्वजनिक सीमित दायित्व वाली कम्पनी के रूप में
   D. उपरोक्त में से कोई नहीं

3. S.T.C. की पूर्णतया नियन्त्रित सहायक कम्पनियां हैं:
   A. भारतीय परियोजना एवं संयन्त्र निगम
   B. काजू निगम
   C. भारतीय चलचित्र निर्यात निगम
   D. उपरोक्त सभी

4. किसका उद्देश्य ऐसे देशों से व्यापार करना है जिसके विदेशी व्यापार पर सरकार का एकाधिकार है:
   A. S.T.C. का    B. MMTC का
   C. EXIM Bank का    D. IDBI का

5. EXIM Bank की स्थापना कब हुई ?
   A. 1 जनवरी, 1956    B. 1 जनवरी, 1963
   C. 1 जनवरी, 1982    D. 15 जनवरी, 1964

6. EXIM Bank का कार्य है:
   A. जहाज पर लदान के पूर्ण ऋण
   B. समुद्री बैंको को पुन: ऋण की सुविधा
   C. समुद्रपारीय पुंजी निवेश
   D. उपर्युक्त सभी कार्य

7. निर्यात साख एवं प्रत्याभूति निगम की स्थापना कब हुई ?
   A. 1 जनवरी, 1956    B. 15 जनवरी, 1963
   C. 15 जनवरी 1964    D. 1 जनवी, 1964

8. IDBI की स्थापना कब हुई ?
   A. 1956 में    B. 1964 में
   C. 1963 में    D. 1962 में

9. विदेशी मुद्रा कोष को बनाए रखना एवं उसका नियन्त्रण करना किस संस्था का कार्य है ?
   A. EXIM Bank
   B. निर्यात साख एवं प्रत्याभूति निगम
   C. RBI का
   D. Commercial Bank and Exchange Banks

10. विदेशी व्यापार की वित्त व्यवस्था करते हैं:
    A. RBI    B. EXIM Bank
    C. IDBI    D. उपरोक्त सभी

11. निर्यात संवर्द्धन के उद्देश्य से स्थापित है:
    A. केवल STC    B. केवल MMTC
    C. STC एवं MMTC    D. राज्य वित्त निगम

12. IDBI का कार्य है:
    A. निर्यातकों के लिए ऋण स्वीकृत करना तथा साथ ही निर्यात ऋण के विरुद्ध वाणिज्यिक बैंकों को पुन: वित्त पोषण करना
    B. जहाज पर लदान के पूर्व ऋण
    C. तकनीकी एवं सलाहकारी सुविधाएं
    D. समुद्रपारीय पूंजी निवेश

13. खनिज पदार्थों तथा धातुओं के विदेशी व्यापार में कौन-सी संस्था भाग लेती है:
    A. STC    B. MMTC
    C. EXIM Bank    D. ECGE

14. किस प्रपत्र को प्रस्तुत किए बिना आयातकर्ता माल प्राप्त नहीं कर सकता है ?
    A. जहाजी बिल    B. जहाजी बिल्टी
    C. जहाजी आज्ञा पत्र    D. जहाजी बीमा पत्र

15. जहाजी बिल्टी अन्य व्यक्ति को हस्तान्तरित की जाती है:
    A. सुपुर्दगी द्वारा
    B. बेचान द्वारा
    C. सुपुर्दगी या बेचान द्वारा
    D. उपरोक्त में से कोई नहीं

**16.** " Certificate of origin" यह किस तथ्य का प्रमाण है ?

A. माल का बीमा करा दिया गया है

B. माल गन्तव्य स्थान पर पहुंचने के उद्देश्य से जहाज को सुपुर्द कर दिया गया है

C. माल दोषपूर्ण नहीं है

D. भेजा गया माल निर्यातक देश में ही उत्पादित होता है

**17.** " Certificate of origin" की आवश्यकता कब पड़ती है ?

A. जब निर्यातकर्ता को आयातकर्ता का विश्वास प्राप्त करना हो

B. जब निर्यातकर्ता माल का स्वामित्व हस्तान्तरित करता हो

C. जब आयातकर्ता को आयात कर के सम्बन्ध में कुछ छूट लेनी हो

D. जब निर्यातकर्ता को निर्यात कर के सम्बन्ध में कुछ छूट लेनी हो

**18.** दूषित जहाजी बिल्टी निर्गमित की जाती है:

A. जब माल चुराई गई सम्पत्ति है

B. जब माल क्षतिग्रस्त हो

C. जब माल सही प्रकार से प्रतिबन्धित नहीं है

D. उपर्युक्त सभी अवस्थाओं में

**19.** दोषरहित जहाजी बिल्टी निर्गमित की जाती है:

A. जब माल बीमा रहित हो

B. जब माल चुराई गई सम्पत्ति हो

C. जब माल अच्छी अवस्था में हो

D. जब माल क्षतिग्रस्त हो

**20.** आयात प्रक्रिया किसके साथ आरम्भ होती है ?

A. मांगपत्र                     B. समुद्री बीमा

C. कप्तान की रसीद          D. जहाजी बिल

**21.** प्रायः सरकार आयात लाइसेन्स कितनी अवधि के लिए निर्गमित करती है ?

A. एक समय में 3 मास की अवधि के लिए

B. एम समय में 6 मास की अवधि के लिए

C. एक समय में 1 वर्ष की अवधि के लिए

D. एक समय में 2 वर्ष की अवधि के लिए

**22.** माल के आयात के लिए कौन-सा प्राधिकरण विनिमय मुद्रा देने की सहमति देता है ?

A. R.B.I

B. भारत में कोई भी राष्ट्रीयकृत बैंक

C. एक्सचेन्ज बैंक

D. विदेश मन्त्रालय, भारत सरकार

**23.** पुनर्निर्यात व्यापार से आशय है:

A. आयात व्यापार

B. निर्यात व्यापार

C. पुनर्निर्यात के प्रयोजन के लिए आयात किया गया माल

D. विदेशी व्यापार

**24.** माल देश की सीमाओं में प्रवेश का कौन-सा प्रलेख द्योतक है ?

A. जहाजी बिल          B. जहाजी बिल्टी

C. कम्पनी की रसीद      D. प्रवेश बिल

**25.** आयात किए गए माल के स्रोत का निम्नलिखित में से कौन-सा दस्तावेज सूचक होता है ?

A. गोदी की रसीद          B. कम्पनी की रसीद

C. दर्शनी प्रवेश बिल        D. उपरोक्त में से कोई नहीं

**26.** प्रवेश बिल की प्रतियां होती हैं:

A. 2 प्रतियां          B. 3 प्रतियां

C. 4 प्रतियां          D. 5 प्रतियां

**27.** पोर्ट ट्रस्ट कर भुगतान करता है:

A. आयातकर्ता          B. निर्यातकर्ता

C. जहाजी कप्तान        D. एजेन्ट

**28.** बन्दरगाह पर जहाज पहुंचने पर जहाज के कप्तान द्वारा कस्टम अधिकारियों को कितने घण्टों के भीतर जहाजी रिपोर्ट देनी होती है:

A. 24 घण्टों में          B. 6 घण्टों में

C. 24 घण्टों में          D. 18 घण्टों में

**29.** स्थायी डिपोजिट योजना में:

A. आयातकर्ता कम्पनी में चालू खाता रखता है

B. कस्टम ड्यूटी का भुगतान किस्तों में किया जा सकता है

C. माल प्राप्त करने से पहले कस्टम ड्यूटी का भुगतान करता है

D. उपरोक्त में से कोई नहीं

**30.** आयातक देश का वाणिज्यिक दूत निर्गमित करता है:

A. माल को भारत में लाने का सहमति पत्र

B. विदेशी विनिमय की स्वीकृति

C. करों में छूट का राहत पत्र

D. प्रमाणित बीजक

**31.** वाणिज्यिक दूत का कार्य है:

A. तस्करी के माल को अधिग्रहित करना

B. आयातित माल पर कस्टम शुल्क वसूल करना

C. विदेशी राष्ट्र में रहकर अपने देश के लिए व्यापारिक व वाणिज्यिक हितों का रक्षा करना

D. अपने देश में रहकर विदेशी व्यापार में व्यावसायिक हित की देख भाल करना

**32.** जब निर्यात, आयात से अधिक है तो व्यापार सन्तुलन होगा:

A. अनुकूल

B. प्रतिकूल

C. न अनुकूल और न प्रतिकूल

D. उपरोक्त में से कोई नहीं

**33.** व्यापार सन्तुलन प्रतिकूल होता है जब:

A. निर्यात व्यापार > आयात व्यापार

B. आयात व्यापार > निर्यात व्यापार

C. निर्यात व्यापार = आयात व्यापार

D. इनमें से कोई नहीं

**34.** माल के भार के आधार पर चार्ज कस्टम शुल्क कहलाता है:

A. राजस्व शुल्क          B. उत्पादन शुल्क

C. मूल्यांकन शुल्क        D. विशिष्ट शुल्क

**35.** माल के मूल्य के आधार पर आरोपित कस्टम शुल्क कहलाता है:

A. राजस्व शुल्क          B. उत्पादन शुल्क

C. मूल्यांकन शुल्क        D. विशिष्ट शुल्क

**36.** भारतीय खनिज तथा धातु व्यापार निगम की स्थापना हुई:

A. 25 दिसम्बर, 1963    B. 25 दिसम्बर, 1964

C. 26 दिसम्बर, 1963    D. 26 दिसम्बर, 1964

**37.** MMTC किस प्रकार गठित की गई ?

A. संसद के विशेष अधिनियम द्वारा

B. कम्पनी अधिनियम 1956 के अन्तर्गत एक सार्वजनिक सीमित दायित्व वाली कम्पनी के रूप में

C. कम्पनी अधिनियम 1956 के अन्तर्गत एक निजी सीमित दायित्व वाली कम्पनी के रूप में

D. उपरोक्त में से कोई नहीं

**38.** साख पत्र प्रस्तुत किया जाता है:

A. निर्यातकर्ता द्वारा       B. कस्टम अधिकारी द्वारा

C. शिपिंग कम्पनी द्वारा    D. आयातकर्त्ता द्वारा

**39.** मांग-पत्र से तात्पर्य है:

A. सप्लायरों की एक सूची से

B. माल लदाने वाले एजेण्टों की सूची से

C. एक आदेश पत्र जिसमें विक्रय की शर्तों का उल्लेख हो

D. उपर्युक्त सभी से

**40.** साख पत्र का उद्देश्य है:

A. बैंक अधिकारी को सन्तुष्ट करना

B. आयातकर्त्ता की विश्वसनीयता को स्थापित करना

C. निर्यातकर्त्ता की विश्वसनीयता को स्थापित करना

D. उपर्युक्त सभी

**41.** आदान-विपत्रों को बिना शर्त किस साख पत्र के अनुसार स्वीकार किया जाता है ?

A. स्वच्छ साख पत्र

B. दास्तावेजी साख पत्र

C. खुला-दस्तावेजी साख पत्र

D. उपर्युक्त में से कोई नहीं

**42.** आदान-विपत्रों को शर्त-सहित किस साख पत्र के अनुसार स्वीकार किया जाता है ?

A. स्वच्छ साख पत्र        B. दस्तावेजी साख पत्र

C. विनिमय विपत्र          D. उपर्युक्त में से कोई नहीं

**43.** चार्टर पार्टी कैसा ठहराव है ?

A. निश्चित समयावधिका

B. निश्चित यात्रा का

C. निश्चित समयावधि या यात्रा का

D. उपर्युक्त में से कोई नहीं

**44.** माल के पुनर्निर्यात के लिए आयातकर्ता द्वारा किस दस्तावेज को तैयार किया जाता है ?

A. चार्टर पार्टी           B. कप्तान की रसीद

C. शिपिंग बिल           D. जहाजी बिल्टी

**45.** जहाजी बिल तैयार किया जाता है:

A. जब आयातकर्ता द्वारा माल का पुनर्निर्यात करना चाहता है

B. माल के जहाज में क्षतिग्रस्त को जाने पर

C. गन्तव्य स्थान पर माल के सन्तोषप्रद ढंग से पहुंचने पर

D. उपर्युक्त में से किसी के लिए नहीं

**46.** शिपिंग कम्पनी का जहाज पर माल प्राप्ति की अधिकारिक रसीद है:

A. दस्तावेजी बिल       B. जहाजी बिल

C. जहाजी बिल्टी       D. जहाजी आज्ञा-पत्र

**47.** आयातकर्त्ता के विरुद्ध निर्यातकर्त्ता द्वारा आहरण किया गया विनिमय विपत्र कहलाता है:

A. जहाजी बिल्टी       B. खुला साख-पत्र

C. दस्तावेजी साख-पत्र   D. प्रवेश बिल

**48.** कप्तान की रसीद निर्गमित की जाती है:

A. आयातकर्ता द्वारा    B. निर्यातकर्ता द्वारा

C. जहाज कप्तान        D. बैंक

**49.** कप्तान की रसीद कब निर्गमित की जाती है:

A. जब माल जहाज पर लाद दिया जाता है

B. जब माल बन्दरगाह पर पहुंच जाता है

C. जब माल आयातकर्ता के बन्दरगाह पर पहुंच जाता है

D. जब निर्यातक इसकी मांग करता है

**50.** मेट रसीद दिखाई जाने पर जहाजी कम्पनी निर्गमित करती है:

A. जहाजी आज्ञा पत्र    B. जहाजी बिल

C. जहाजी बिल्टी        D. कप्तान रसीद

**51.** निर्यात मूल्य आयातकर्त्ता द्वारा किस वाक्यांश के अन्तर्गत वहन किया जाता है ?

A. F.A.S.             B. F.O.B.

C. C & F              D. C.I.F.

**52.** माल का स्वत्व विलेख माना जाता है:

A. प्रवेश बिल          B. साख-पत्र

C. जहाजी बिल्टी        D. उपर्युक्त में से कोई नहीं

**53.** आयातक के बन्दरगाह तक पहुंचाने तक के व्यय निर्यातकर्त्ता द्वारा किस वाक्यांश के अन्तर्गत वहन किए जाते हैं ?

A. F.A.S.             B. C & F

C. C.I.F.             D. F.O.B.

**54.** C & F मूल्य वाक्यांश के सम्बन्ध में कौन-सा कथन सही है ?

A. बीमा व्यय निर्यातक द्वारा वहन किया जाता है

B. बीमा व्यय आयातक द्वारा वहन किया जाता है

C. रेलवे वैगनों में माल लदाने का व्यय आयातक द्वारा वहन किया जाता है

D. उपर्युक्त में से कोई नहीं

**55.** सभी व्यय एवं जहाज का भाड़ा एवं बीमा व्यय निर्यातक द्वारा किस वाक्यांश के अन्तर्गत वहन किए जाते हैं ?

A. C & F              B. F.O.B.

C. F.A.S.             D. C.I.F.

**56.** जहाजी कम्पनी जहाजी आदेश ( Shipping order) जारी करती है:

A. जहाज द्वारा यात्रा प्रारम्भ करने पर

B. जहाज का अधिकांश भाग भाड़े पर लिए जाने पर

C. जब सम्पूर्ण जहाज किराए पर लिया जाता है

D. जब जहाज का किराया निर्यातकर्त्ता के लिए आरक्षित हो जाता है

**57.** बन्द मांग पत्र का आशय है:

A. आदेशित माल की किस्म तथा अन्य विवरण को निर्देशित नहीं करता है

B. आदेशित माल की किस्म मूल्य तथा अन्य विवरणों को विर्निदिष्ट करता है

C. आदेशित माल सम्बन्धी विवरणों को आयातकर्त्ता क्रेता की इच्छा पर छोड़ देता है

D. निर्यातकर्त्ता आदेशित माल सम्बन्धी विवरण विक्रेता की इच्छा पर छोड़ देता है

**58.** निर्यातकर्त्ता को वस्तु के मूल्य, चुनाव किस्म, आदि बातों के सम्बन्ध में निर्धारण की स्वतन्त्रता किस मांग-पत्र के अन्तर्गत होती है ?

A. खुला इन्डैन्ट       B. बन्द इन्डैन्ट

C. अन्तिम इन्डैन्ट     D. इनमें से कोई नहीं

**59.** इन्डैन्ट को स्वीकृत किए जाने पर वह कहलाता है:

A. खुला इन्डैन्ट       B. बन्द इन्डैन्ट

C. अन्तिम इन्डैन्ट     D. उपर्युक्त सभी

**60.** इन्डैन्ट कार्यालय से आशय है:

A. जो माल के भुगतान की गारण्टी देता है

B. आयातकर्त्ता एवं निर्यातकर्त्ता के मध्य माल का आदेश प्राप्त करने के लिए मध्यवर्ती के रूप में कार्य करता है

C. आयातकर्त्ता के लिए कस्टम सम्बन्धी औपचारिकताओं को पूरा करता है

D. उपर्युक्त सभी

**61.** ''अन्तर्राष्ट्रीय व्यापार उस समय सम्भव होता है जब कि श्रम-विभाजन राष्ट्रीय सीमाओं के बाहर किए जाते हैं'', यह कथन किसका है ?

A. एन्साइक्लोपीडिया ब्रिटेनिका
B. प्रो. हेरोल्ड
C. पी.टी. एल्सवर्थ
D. प्रो. हैने

**62.** विदेशी व्यापार का भौगोलिक आधार नहीं है:
A. श्रम विभाजन एवं विशिष्टीकरण
B. भौगोलिक स्थिति
C. जलवायु एवं भूमि की भिन्नता
D. प्राकृतिक सम्पदा

**63.** '' अन्तर्राष्ट्रीय व्यापार ऐसा व्यापार है जो राष्ट्रीय सीमाओं को पार कर जाता है'' यह कथन किसका है ?
A. एन्साइक्लोपीडिया ब्रिटेनिका
B. प्रो. हेरोल्ड
C. पी.टी. एल्सवर्थ
D. प्रो. हैने

**64.** ''विभिन्न राष्ट्रों के मध्य वस्तुओं एवं सेवाओं के साधारण विनिमय को अन्तर्राष्ट्रीय व्यापार के रूप में परिभाषित किया जा सकता है।'' यह कथन किसका है ?
A. एन्साइक्लोपीडिया ब्रिटेनिका
B. प्रो. हेरोल्ड
C. पी.टी. एल्सवर्थ
D. प्रो. हैने

**65.** आन्तरिक व अन्तर्राष्ट्रीय व्यापार में निम्न में से क्या असामानता है:
A. ऐच्छिक सौदे
B. वस्तुओं व सेवाओं का क्रय-विक्रय
C. मुख्य उद्देश्य लाभ कमाना
D. मौद्रिक प्रणाली में भिन्नता

**66.** विदेशी व्यापार के राजनीतिक आधार हैं:
A. राजनीतिक सम्बन्ध सुदृढ़ करना
B. राजनीतिक प्रभुत्व की इच्छा
C. राजनीतिक सुरक्षा एवं स्वाधीनता
D. उपर्युक्त सभी

**67.** अन्तर्राष्ट्रीय व्यापार का उदय होता है:
A. आर्थिक संकट में सहायता
B. औद्योगिकरण को बढ़ावा
C. एकाधिकारी प्रवृत्तियों पर अंकुश
D. उपर्युक्त सभी

**68.** आन्तरिक व अन्तर्राष्ट्रीय व्यापार में समानता है ?

A. ऐच्छिक सौदे
B. दो पक्ष
C. वस्तुओं व सेवाओं का विनिमय
D. उपर्युक्त सभी

**69.** आन्तरिक व अन्तर्राष्ट्रीय व्यापार में क्या समानता है ?
A. साधनों की गतिशीलता का अभाव
B. मुख्य उद्देश्य लाभ कमाना
C. बाजारों की पृथकता
D. मौद्रिक प्रणाली में भिन्नता

**70.** विदेशी व्यापार का आर्थिक आधार नहीं है:
A. उत्पादन साधनों में गतिशीलता
B. श्रम विभाजन एवं विशिष्टीकरण
C. प्राकृतिक सम्पदा
D. उच्च जीवन–स्तर की लालसा

**71.** अन्तर्राष्ट्रीय व्यापार का दुष्परिणाम है:
A. प्राकृतिक साधनों का दुरुपयोग
B. आत्मनिर्भरता को हतोत्साहन
C. देश का एकांगी एवं असन्तुलित आर्थिक विकास
D. उपर्युक्त सभी

**72.** अन्तर्राष्ट्रीय व्यापार का दुष्परिणाम नहीं है:
A. आत्मनिर्भरता को हतोत्साहन
B. प्राकृतिक साधनों का उपयोग
C. देश का एकांगी एवं असन्तुलित आर्थिक विकास
D. उपभोक्तओं की आदतों पर प्रतिकूल प्रभाव

**73.** निर्यात प्रक्रिया प्रारम्भ होती है:
A. जहाजी आदेश से    B. प्रमाणित बीजक से
C. मांग पत्र से    D. समुद्री बीमा से

**74.** सामुद्रिक बीमा प्रीमियम किस कोटेशन के अन्तर्गत निर्यातकर्ता द्वारा वहन किया जाता है ?
A. F.O.B.
B. F.A.S
C. लागत तथा माल परिवहन भाड़ा
D. फ्रेंको

**75.** फ्रेंको मूल्य से तात्पर्य है:
A. केवल माल को जहाज तक पहुंचने के प्रभार
B. केवल माल का जहाज पर लदान करने की लागत
C. लागत + माल परिवहन भाड़ा + बीमा
D. क्रेता के व्यावसायिक – स्थल तक भोजन में होने वाले व्यय से है

**76.** शिपिंग कम्पनी सम्पूर्ण जहाज किराए पर दिए जाने की स्थिति में जारी करती है:

A. जहाजी आदेश     B. चार्टर पार्टी

C. प्रवेश बिल     D. रेलवे रसीद

**77.** F.O.R. मूल्य वाक्यांश का तात्पर्य है:

A. सिर्फ रेलवे माल परिवहन भाड़ा

B. माल को रेलवे स्टेशन तक लाने, माल का लदान करने तथा रेलवे परिवहन व्यय

C. माल को निर्यातक गोदाम से रेलवे वैगनों में रखे जाने का व्यय

D. माल को रेलवे स्टेशन तक ले जाने में हुआ परिव्यय

**78.** समस्त व्यय क्रेता द्वारा किस वाक्यांश के अन्तर्गत वहन किए जाते हैं ?

A. फ्रेंको     B. लदान मूल्य

C. F.O.R मूल्य     D. कारखानों का मूल्य

**79.** किस वाक्यांश के अन्तर्गत रेलवे माल परिवहन भाड़ा सम्मिलित नहीं होता है ?

A. फ्रेंको     B. लोको मूल्य

C. F.A.S     D. F.O.B

**80.** कारखाने के मूल्य में शामिल है:

A. सामान्य मुनाफा + माल की लागत

B. वस्तुओं की लागत एवं उनका जहाज पर लदान करने का परिव्यय

C. B + माल परिवहन प्रभार

D. माल को जहाज तक लाने में हुए समस्त परिव्यय तथा प्रभार (रेलवे माल परिवहन भाड़ा सहित)

## उत्तरमाला

| 1 | 2 | 3 | 4 | 5 | 6 | 7 | 8 | 9 | 10 |
|---|---|---|---|---|---|---|---|---|----|
| A | B | D | A | C | D | C | B | C | D |
| **11** | **12** | **13** | **14** | **15** | **16** | **17** | **18** | **19** | **20** |
| C | A | B | B | C | D | C | B | C | A |
| **21** | **22** | **23** | **24** | **25** | **26** | **27** | **28** | **29** | **30** |
| B | A | C | D | D | B | A | C | A | D |
| **31** | **32** | **33** | **34** | **35** | **36** | **37** | **38** | **39** | **40** |
| C | A | B | D | C | C | C | D | C | B |
| **41** | **42** | **43** | **44** | **45** | **46** | **47** | **48** | **49** | **50** |
| A | B | C | C | A | B | C | C | A | C |
| **51** | **52** | **53** | **54** | **55** | **56** | **57** | **58** | **59** | **60** |
| A | C | B | B | D | D | B | A | C | B |
| **61** | **62** | **63** | **64** | **65** | **66** | **67** | **68** | **69** | **70** |
| B | A | C | A | D | D | D | D | B | C |
| **71** | **72** | **73** | **74** | **75** | **76** | **77** | **78** | **79** | **80** |
| D | B | C | D | D | B | C | D | B | **A** |

# 28. प्रबन्ध के कार्य एवं सिद्धान्त
## (FUNCTIONS AND PRINCIPLES OF MANAGEMENT)

1. व्यक्ति, जिसने 'वैज्ञानिक प्रबन्ध' का विचार दिया था, वह है:
   A. पीटर एफ. ड्रकर
   B. ए.एच. मैस्लो
   C. एफ. डब्लू. टेलर
   D. डगलस मेक ग्रेगर

2. ''जनरल एण्ड इण्डस्ट्रियल मैनेजमेन्ट'' पुस्तक के लेखक हैं:
   A. ओलिवर शेल्डन
   B. हेनरी फेयोल
   C. चेस्टर वर्नार्ड
   D. टेलर

3. प्रबन्ध के 'मानव सम्बन्ध उपागम' के प्रवर्तक हैं:
   A. हेनरी फेयोल
   B. विन्सलों टेलर
   C. एल्टन मेयो
   D. पीटर एफ. ड्रकर

4. प्रसिद्ध पुस्तक ''फिलोसफी ऑफ मैनेजमेन्ट'' किसके द्वारा लिखी गयी ?
   A. हेनरी फेयोल
   B. ओलिवर शेल्डन
   C. फ्रेडरिक विन्सलों टेलर
   D. लिंडाल उर्विक

5. प्रबन्ध है:
   A. एक कला
   B. एक विज्ञान
   C. कला और विज्ञान दोनों
   D. न तो कला है और न ही विज्ञान है

6. नीति-निर्धारण किसकी कार्य विधि का महत्वपूर्ण भाग है ?
   A. अभिप्रेरण
   B. संगठन
   C. समन्वय
   D. नियोजन

7. प्रबन्ध का नियोजन कार्य किसके द्वारा किया जाता है ?
   A. उच्चस्तरीय प्रबन्ध
   B. मध्यस्तरीय प्रबन्ध
   C. निम्नस्तरीय प्रबन्ध
   D. उपरोक्त सभी के द्वारा

8. परिमाणात्मक रूप में व्यक्त की गई योजना कहलाती है:
   A. नीति
   B. कार्य विधि
   C. उद्देश्य
   D. बजट

9. नियोजन की प्रक्रिया किसके निर्धारण के साथ प्रारम्भ होती है ?
   A. नीतियां
   B. कार्यविधियां
   C. लक्ष्य एवं उद्देश्य
   D. इनमें से कोई नहीं

10. निम्नांकित में से कौन-सा निर्णयन प्रक्रिया का अंश नहीं है ?
    A. समस्या की पहचान
    B. समस्या का विश्लेषण
    C. उद्देश्यों तथा अपेक्षित संसाधनों का निर्धारण
    D. वैकल्पिक समाधानों का विकास

11. ''आदेश की एकता'' सिद्धान्त का अर्थ है:
    A. विचार एवं कार्यों की एकता
    B. अधीनस्थों के बीच एकता
    C. स्टाफ अधिकारी द्वारा निर्देश
    D. रेखाधिकारी द्वारा निर्देश

12. प्रबन्ध का नियोजन सम्बन्धी कार्य किसके द्वारा किया जाता है ?
    A. उच्चस्तरीय प्रबन्ध
    B. मध्यस्तरीय प्रबन्ध
    C. निम्नस्तरीय प्रबन्ध
    D. उपरोक्त सभी के द्वारा

13. नियन्त्रण का कार्य इसके बिना नहीं किया जा सकता है:
    A. नियोजन
    B. संगठन
    C. नियुक्तिकरण
    D. अभिप्रेरण
    E. उपरोक्त सभी

14. प्रबन्ध के नियन्त्रण कार्य में समाहित है:
    A. लागत नियन्त्रण
    B. वित्तीय नियन्त्रण
    C. बजटीय नियन्त्रण
    D. उत्पादन नियन्त्रण
    E. उपरोक्त सभी

15. संगठन के क्रियात्मक स्वरूप को सर्वप्रथम किसके द्वारा विकसित किया गया ?
    A. सेना
    B. टेलर का वैज्ञानिक प्रबन्ध
    C. हेनरी फेयोल
    D. एल्टन मेयो

**16.** संगठन का प्राचीनतम स्वरूप कौन-सा है ?
   A. क्रियात्मक संगठन
   B. रेखा संगठन
   C. रेखा एवं स्टाफ संगठन
   D. समिति संगठन

**17.** 'रेखा तथा स्टाफ' संगठन में अधिकार सत्ता किसमें निहित होती है ?
   A. रेखा में
   B. स्टाफ में
   C. रेखा तथा स्टाफ दोनों में
   D. रेखा तथा स्टाफ दोनों में ही नहीं

**18.** प्रबन्ध के समन्वय कार्य का उद्देश्य है:
   A. पर्याप्त सेविवर्गियों की व्यवस्था करना
   B. विभिन्न क्रियाओं में सामंजस्य बिठाना
   C. सुधारात्मक कार्य मार्ग तय करना
   D. इनमें से कोई भी नहीं

**19.** रेखा संगठन का मुख्य लाभ है:
   A. सुपरिभाषित निश्चित उत्तरदायित्व
   B. सरलता
   C. विशेषज्ञ सलाह
   D. विशिष्टीकरण

**20.** रेखा और स्टाफ संगठन का मुख्य लाभ है:
   A. सरलता          B. विशिष्टीकरण
   C. विशेषज्ञ सलाह    D. त्वरित निर्णयन

**21.** क्रियात्मक संगठन का मुख्य लाभ है:
   A. विशिष्टीकरण      B. सरलता
   C. विशेषज्ञ सलाह    D. अनुभव

**22.** रेखा संगठन कहलाता है:
   A. औपचारिक संगठन    B. अनौपचारिक संगठन
   C. क्रियात्मक संगठन   D. सैन्य संगठन
   E. इनमें से कोई नहीं

**23.** गतिनायक, कार्यमार्ग, लिपिक, आदि को किसके सम्बन्ध में प्रयुक्त किया जाता है ?
   A. रेखा संगठन         B. रेखा तथा स्टाफ संगठन
   C. क्रियात्मक संगठन    D. इनमें से कोई भी नहीं

**24.** संचार किसी संगठल में प्रवाहित होता है:
   A. ऊपर से नीचे        B. नीचे से ऊपर
   C. दोनों ही प्रकार से   D. इनमें से कोई नहीं

**25.** संचार हो सकता है:
   A. केवल मौखिक
   B. केवल लिखित
   C. मौखिक और लिखित दोनों ही
   D. इनमें से कोई नहीं

**26.** उपरिगामी संचार प्रवाहित होता है:
   A. उपर से नीचे की ओर
   B. नीचे से उपर की ओर
   C. दोनों ही प्रकार से
   D. उपरोक्त में से कोई भी नहीं

**27.** नियन्त्रण कार्य का प्रमुख प्रयोजन है:
   A. दोषी को दण्डित करना
   B. दोषी पर निगरानी रखना
   C. उपचारात्मक कार्यवाही करना
   D. इनमें से कोई भी नहीं

**28.** निम्नांकित में से किस प्रकार के संगठन में अधीनस्थ को एक से अधिकतम उच्चधिकारी के अधीन कार्य करना होता है:
   A. रेखा संगठन
   B. रेखा तथा स्टाफ संगठन
   C. क्रियात्मक संगठन

**29.** अधिकार सत्ता का भारार्पण संगठन के आकार को करता है:
   A. छोटा
   B. बड़ा
   C. आकार को प्रभावित नहीं करता है

**30.** प्रत्यायोजन प्राय: होता है:
   A. उपरिगामी          B. अधोगामी
   C. पार्श्वगामी

**31.** बजट निर्माण का मुख्य उद्देश्य है:
   A. नियोजन            B. समन्वय
   C. नियन्त्रण          D. उपरोक्त सभी

**32.** टेलर द्वारा विकसित क्रियात्मक संगठन की मुख्य कमी है निम्न को मान्यता देने में विफल रहना:
   A. पदसोपान श्रृंखला
   B. समता का सिद्धान्त
   C. आदेश की एकता का सिद्धान्त
   D. सहयोग का सिद्धान्त

**33.** आदेश की एकता का उल्लंघन किसमें होता है ?
   A. रेखा संगठन में

B. रेखा तथा स्टॉफ संगठन में

C. क्रियात्मक संगठन में

**34.** अभिप्रेरण का प्रत्याशा सिद्धान्त किसके द्वारा प्रतिपादित किया गया?

    A. हर्जबर्ग             B. ब्रूम

    C. पोर्टर तथा लालेर

**35.** 'सिद्धान्त $x$' तथा 'सिद्धान्त $y$' का प्रतिपादन किसने किया?

    A. मास्लो             B. हर्जबर्ग

    C. मेक् ग्रेगर

**36.** अभिप्रेरण की आवश्यकता-क्रमबद्धता के सिद्धान्त का प्रतिपादन किसने किया?

    A. मास्लो             B. हर्जबर्ग

    C. ब्रूम               D. मेक् ग्रेगर

**37.** हर्जबर्ग के सिद्धान्त के अनुसार, कौन सा अभिप्रेरक घटक है?

    A. वेतन तथा भत्ता      B. कार्य संरचना

    C. कार्यशील दशा

**38.** अधिकार सत्ता के भारार्पण की प्रक्रिया में, प्रबन्धक का उत्तरदायित्व

    A. बढ़ेगा

    B. घटेगा

    C. उसके उत्तरदायित्व पर कोई नहीं पड़ेगा

**39.** सर्वाधिक लोकतान्त्रिक संगठन-प्रारूप है:

    A. रेखा              B. रेखा और स्टॉफ

    C. क्रियात्मक        D. समिति

**40.** 'फैक्ट्री में धूम्रपान निषेध है' यह उदाहरण है:

    A. नीति का          B. कार्य विधि का

    C. नियम का        E. व्यूह रचना का

**41.** वैकल्पिक कार्यपथों की जांच का कार्य किसके अन्तर्गत आता है?

    A. नियोजन         B. संगठन

    C. निर्देशन         D. नियन्त्रण

**42.** सत्ता का भारार्पण अधीनस्थ की किस बात पर निर्भर है?

    A. प्रशिक्षण

    B. शैक्षिण योग्यता

    C. योग्यता और सम्भावना

**43.** रेखा-स्टॉफ संगठन में 'स्टॉफ' की भूमिका है:

    A. आदेशात्मक       B. सलाहकारी

    C. उत्तरदायित्वपूर्ण

**44.** समता सिद्धान्त के अनुसार, कर्मचारियों को अभिप्रेरणा नहीं मिलेगी जब:

    A. पुरस्कार अपेक्षा से कम हो

    B. जब पुरस्कार आनुपातिक न हो

    C. उपरोक्त A तथा B

    D. इनमें से कोई नहीं

**45.** अधिकार का विकेन्द्रीकरण निम्न में से किसके द्वारा सम्भव है?

    A. समन्वय द्वारा      B. उत्प्रेरण द्वारा

    C. प्रतिनिधायन द्वारा    D. आयोजन द्वारा

**46.** भविष्य में क्या करना है, उसे पहले से ही निर्णय कर लेना कहलात है:

    A. प्रबन्धन         B. समन्वय

    C. नियोजन         D. निर्णयन

**47.** मार्गदर्शक सिद्धान्त, जिनकी सहायता से प्रबन्धक निर्णय करते हैं, को कहा जाता है:

    A. उद्देश्य तथा लक्ष्य    B. नियम

    C. नीतियां         D. कल्पना

**48.** निम्न में से किसने आवश्यकताओं की सन्तुष्टि को अभिप्रेरण के साथ जोड़ा था:

    A. पीटर ड्रकर      B. डलगस मेग्रेगर

    C. ए.एच. मैस्लो     D. हर्जबर्ग

**49.** 'अंगूरलता' एक प्रकार का:

    A. अनौपचारिक सम्प्रेषण है

    B. क्षैतिज सम्प्रेषण है

    C. लम्बवत् सम्प्रेषण है

    D. औपचारिक सम्प्रेषण है

**50.** एक 'कार्यदल' (taskforce) के गठन का उदेश्य होता है:

    A. दिन-प्रतिदिन की अनिश्चितताओं का सामना करने के लिए

    B. एक असामान्य समस्या के समाधान के लिए

    C. दीर्घकाल के लिए आयोजन हेतु

    D. समन्वय हेतु

**51.** निर्णयन का आशय होता है:

    A. संगठन के लक्ष्यों का निर्धारण

    B. संगठन की नीतियों का निर्धारण

    C. संगठन के दर्शन का निर्धारण

    D. एक समस्या के समाधान हेतु श्रेष्ठ विकल्प का चयन

**52.** अंगूरीलता संप्रेषण का निम्न में से कहां प्रयोग किया जाता है ?

A. औपचारिक संगठन    B. अनौपचारिक संगठन

C. विभागीय संगठन    D. मैट्रिक्स संगठन

**53.** निम्न में से कौन-सा कार्य शीर्ष प्रबन्ध का है:

A. कार्य की प्रगति की निगरानी

B. व्यवसाय का निरीक्षण तथा नियन्त्रण

C. व्यूहरचनात्मक आयोजन तथा नियन्त्रण

D. लक्ष्यों की प्राप्ति सुनिश्चित करना

**54.** एक नेतृत्व पद्धति जिसके अन्तर्गत निर्णय सामान्य सहमति के द्वारा लिये जाते हैं, कहलाती है:

A. उदारवादी    B. अहस्तक्षेप

C. गणतन्त्रात्मक    D. अधिनायकवादी

**55.** एक संगठन में ''निर्णय वृक्ष'':

A. संगठनात्मक प्रभावशीलता आरोपित करता है

B. कर्मचारियों का कार्यभार कम करता है

C. प्रबन्धन में श्रमिकों की सहभागिता बढ़ाता है

D. उपरोक्त में से कोई नहीं

**56.** प्रबन्ध के 'Z सिद्धान्त' का विकास किसने किया ?

A. डगलस मैकग्रेगर    B. विलियम जी. औची

C. चेस्टर बर्नार्ड    D. रेन्सिस लिकर्ट

**57.** ब्लेक तथा मोटन की प्रबन्धकीय ग्रिड की विचार धारा के सन्दर्भ में उत्पादन-उन्मुख नेता वह है, जो अपनाता है:

A. 9, 1 शैली    B. 1, 1 शैली

C. 9, 9 शैली    D. 1, 9 शैली

**58.** निम्नांकित में से कौन-सा निर्णयन प्रक्रिया का अंश नहीं है ?

A. समस्या की पहचान

B. समस्या का विश्लेषण

C. उद्देश्यों तथा अपेक्षित

D. वैकल्पिक समाधानों का विकास

**59.** निम्नलिखित नेतृत्व शैलियों में से कौन-सी शैली वर्तमान में सामान्यतया पाई जाती है:

A. निरंकुश    B. जनतन्त्रीय

C. मुक्त लगाम    D. सहभागी

**60.** 'गाजर और छड़ी' तकनीक का प्रयोग होता है:

A. अनुपस्थिति कम करने में

B. अभिप्रेरित करने में

C. नियन्त्रित करने में

D. पुरस्कृत करने में

**61.** प्रशिक्षण का मुख्य उद्देश्य है:

A. ज्ञान एवं कुशलता का विकास करना

B. सूचना प्रदान करना

C. दृष्टिकोण को परिवर्तित करना

D. उपरोक्त सभी

**62.** जब प्रबन्धक केवल उन्हीं घटनाओं पर अपना ध्यान केन्द्रित करते हैं जहां परिणाम सामान्य से अत्यधिक भिन्न होते हैं, कहलाता है:

A. उद्देश्य द्वारा प्रबन्ध    B. अपवाद द्वारा प्रबन्ध

C. संकट द्वारा प्रबन्ध    D. चयन क्षरा प्रबन्ध

**63.** मास्लो के आवश्यकता पद सोपान सिद्धान्त के अनुसार:

A. एक असन्तुष्ट आवश्यकता व्यवहार की अभिप्रेरक है

B. एक सन्तुष्ट आवश्यकता व्यवहार की अभिप्रेरक है

C. इनमें से कोई नहीं

**64.** ''किसी व्यक्ति की जो वह है उससे अधिक बनने की इच्छा तथा जो वह हो सकता है वही बनने की इच्छा'' मास्लो के अभिप्रेरण सिद्धान्त में से कौन-सी आवश्यकता के तहत आता है:

A. शारीरिक आवश्यकताएं

B. सामाजिक आवश्यकताएं

C. स्वाभिमानगत आवश्यकताएं

D. आत्मपूर्त्ति की आवश्यकताएं

**65.** अभिप्रेरण के प्रत्याशा (आकांक्षा) सिद्धान्त के अन्तर्गत, अभिप्रेरणा में वृद्धि कब होती है ?

A. संयोजकता बढ़ने पर

B. संयोजकता घटने पर

C. संयोजकता के अप्रभावित रहने पर

**66.** विकेन्द्रीकरण:

A. उच्चाधिकारियों के महत्व को बढ़ाता है

B. उच्चाधिकारियों के महत्व को घटाता है

C. अधीनस्थों के महत्व को घटाता है

D. अधीनस्थों के महत्व को बढ़ाता है

**67.** एक अधीनस्थ को एक ही अधिकारी से आदेश मिलना चाहिए और वह उसके प्रति ही उत्तरदायी होना चाहिए, यह सिद्धान्त है:

A. आदेश की एकता

B. निर्देशन की एकता

C. नियन्त्रण का विस्तार

**68.** अपवाद द्वारा प्रबन्ध का आशय है:

A. शीर्ष प्रबन्ध को केवल महत्वपूर्ण समस्याओं की निगरानी करनी चाहिए

B. सक्षम को पुरस्कृत करना तथा अकुशल को दण्डित करना

**69.** नियन्त्रण का विस्तार संकुचित होगा जब:

A. शीर्ष प्रबन्ध स्तर के पदों में वृद्धि होगी

B. मध्यम प्रबन्ध के पदों में वृद्धि होगी

**70.** सत्ता का भारार्पण प्रभावी होता है जब:

A. उपक्रम का व्यवसाय विभिन्न शाखाओं द्वारा होता है

B. उत्तरदायित्व का भी भारार्पण हो

C. दोहरी अधीनस्थता न हो

**71.** एक बृहत संगठन अनिवार्य रूप में प्रदान करता है:

A. अच्छा नियन्त्रण तथा समन्वय

B. अधिक गतिकता

C. साधनों के सन्तुलन का अच्छा क्षेत्र

D. उच्चस्तर की कार्य कुशलता

**72.** एक संगठन चित्र (Chart) प्रदर्शित करता है:

A. प्रबन्धकों तथा अधीनस्यों के बीच सम्बन्ध

B. विभिन्न स्तर पर व्यक्तियों में कार्य का विभाजन

C. संगठन का स्वरूप

D. अधिकार-दायित्व सम्बन्ध

**73.** संगठनों के लक्ष्यों की प्राप्ति के लिए उच्चस्थ प्रबन्ध के स्तर पर आवश्यक कुशलता की प्रकृति होती है

A. कूटरचनात्मक पद्धति तथा नेतृत्व क्षमता

B. तकनीकी ज्ञान

C. निरीक्षण की कुशलता

D. संगठन करने की योग्यता

**74.** आधुनिक संगठनों में विशिष्टीकरण की प्रेरणा का स्रोत रहा है:

A. बढ़ी हुई प्रतियोगिता

B. कर्मचारियों का अच्छा प्रशिक्षण

C. आधुनिक तकनीकी की जटिलता तथा विशिष्ट कुशलता की आवश्यकता

**75.** उद्देश्यों द्वारा प्रबन्ध की सफलता के लिए एक अनिवार्य तत्व है:

A. उच्चस्थ प्रबन्ध की वचनबद्धता तथा समर्थन

B. राजनैतिक समर्थन

C. वित्तीय संस्थानों से समर्थन

D. बाहरी प्रतियोगिता

**76.** निर्णय करने में सर्जनात्मकता को एक अनिवार्य लक्षण माना जाता है क्योंकि सर्जनात्मकता आवश्यक होती है:

A. दिन-प्रतिदिन के सामान्य निर्णयों में

B. विकल्प विकसित करने में

C. निर्णय को कार्यान्वित करने में

D. अन्य का समर्थन प्राप्त करने में

**77.** आधुनिक संगठन सिद्धान्त में यह आधारभूत दृष्टिकोण है कि एक 'उपर्युक्त संगठन' वह है जो कि:

A. निरन्तर विकसित होता रहता है

B. अत्यधिक लाभदायक होता है

C. उच्चस्थ प्रबन्ध की अपेक्षाओं की पूर्ति करता है

D. आन्तरिक स्थिति तथा बाह्य पर्यावरण के अनुरूप है

**78.** उत्तरदायित्व के प्रतिनिधायन के बारे में अलग-अलग विचार हैं। इनमें से सही विचार है:

A. इसका प्रतिनिधायन किया जा सकता है

B. इसका प्रतिनिधायन नहीं किया जा सकता है

C. इसका केवल आंशिक प्रतिनिधायन सम्भव है

D. आंशिक प्रतिनिधायन सम्भव नहीं है

**79.** प्रबन्ध के नियन्त्रण कार्य का आशय है:

A. विभिन्न क्रियाओं में सामंजस्य बिठाना

B. कर्मचारियों को सन्तुष्ट बनाए रखना

C. सुधारात्मक कार्यवाही करना

D. पर्याप्त वित्त की व्यवस्था करना

**80.** अधिकारसत्ता के प्रत्यायोजन का आशय है:

A. केवल अधिकारसत्ता का प्रव्यायोजन

B. केवल उत्तरदायित्व का प्रत्यायोजन

C. अधिकारसत्ता तथा उत्तरदायित्व दोनों का प्रत्यायोजन

**81.** महाप्रबन्धक ने बजटीय बिक्री के लक्ष्य को प्राप्त करने हेतु विपणन प्रबन्धक को सत्ता का भारार्पण किया। कम बिक्री के लिए निदेशक मण्डल के प्रति कौन उत्तरदायी है ?

A. विक्रय अभिकर्त्ता      B. महाप्रबन्धक

C. विपणन प्रबन्धक

**82.** यदि महाप्रबन्धक वित्त प्रबन्धक को अपनी ओर से कार्यकारी अधिकारियों की भर्ती के लिए कहता है तो उदाहरण है:

A. सत्ता का केन्द्रीकरण

B. सत्ता का विकेन्द्रीकरण

C. उत्तरदायित्व का भारार्पण

D. सत्ता का भारार्पण

**83.** सत्ता के अन्तरण का परिणाम होता है:

A. उत्तरदायित्व का विसर्जन

B. शीर्ष स्तर पर शक्तियों का केन्द्रीकरण

C. मंहगे निर्णय

D. प्रबन्धकों की अपने कार्य भार को वितरित करने में सक्षम बनाना

**84.** संगठन का विकेन्द्रीकरण किए जाने का प्रभाव होता है:

A. शीर्ष अधिशासी का भार घटना

B. शीर्ष अधिशासी का भार बढ़ना

C. शीर्ष अधिशासी के भार पर कोई प्रभाव नहीं

**85.** सिद्धान्त 'X' कहता है:

A. कर्मचारी निर्देशित होना पसन्द करते हैं

B. कर्मचारी आम निर्देशन तथा आत्म-नियन्त्रण का प्रयोग करते हैं

C. कर्मचारियों की कार्य के प्रति स्वाभाविक अरूचि होती है

**86.** 'सिद्धान्त y' कहता है:

A. कर्मचारी निर्देशित होना चाहते हैं

B. कर्मचारी आत्म निर्देशित तथा आत्म नियन्त्रित होते हैं

C. कर्मचारियों की कार्य के प्रति स्वाभाविक अनिच्छा होती है

**87.** आवश्यकता-क्रमबद्धता सिद्धान्त के अन्तर्गत जब अपर लिपिक का पद, सहायक पद के रूप में बदल जाए तो यह उदाहरण है:

A. सामाजिक आवश्यकता

B. अहम आवश्यकता

C. आत्म विकास की आवश्यकता

**88.** संगठन के 'स्केलर सिद्धान्त' के अनुसार:

A. एक प्रबन्धक प्रत्यक्ष रूप से सीमित संख्या में लोगों का पर्यवेक्षण कर सकता है

B. अधिकार सत्ता रेखा स्पष्ट रूप से परिभाषित होनी चाहिए

C. अपवादस्वरूप जटिल समस्याएं उच्चस्तरीय प्रबन्ध के पास भेजी जाती है

D. प्रत्येक अधीनस्थ का केवल एक वरिष्ठ अधिकारी होना चाहिए

**89.** 'प्रबन्ध के विस्तार' से आशय है:

A. एक अच्छे संगठन में विभाग होने चाहिए

B. प्रत्येक व्यक्ति का प्राधिकार सुस्पष्ट परिभाषित होने चाहिए

C. प्रत्येक अधीनस्थ का केवल एक ही वरिष्ठ अधिकारी होना चाहिए

**90.** वह प्रक्रिया जो चालू निष्पत्ति का मापन और उसका पूर्वनिर्धारित लक्ष्यों की ओर मार्ग दर्शन करती है, उसे कहते हैं:

A. उद्देश्यों द्वारा प्रबन्धन     B. नियोजन

C. अभिप्रेरण                 D. नियन्त्रण

**91.** स्टाफ (सेवा कर्मचारी) से आशय है:

A. संगठन के वे तत्व जो सलाह और सेवा प्रदान करते हैं

B. प्रबन्धकीय कार्य के उस अंश से जो एक प्रबन्धक आदेश शृंखला के बाहर किसी को आवण्टित करता है

C. उस सलाह से है जो प्राधिकार कार्य से भिन्न है

D. उपरोक्त सभी से

**92.** व्यावसायिक नियोजन का निचोड़ है:

A. बाजार अवसरों का लाभ उठाने हेतु निधारण करना

B. आशंकाओं और जोखिमों का मूल्यांकन करना

C. हानियों एवं लाभों का पूर्वानुमान लगाना

D. उपरोक्त सभी

**93.** एक सकारात्मक नेतृत्व वह है जो लोगों को अभिप्रेरित करता है:

A. भय उत्पन्न करके

B. प्राधिकार केन्द्रित करके

C. उनकी सन्तुष्टि में वृद्धि करके

D. कार्य सेवा से निकालने की धमकी देकर

**94.** प्रबन्ध के स्टाफिंग कार्य की आवश्यकता किसमें होती है?

A. केवल नए उपक्रमों में

B. केवल चालू उपक्रमों में

C. नए तथा चालू दोनों ही उपक्रमों में

D. उपरोक्त सभी

**95.** प्रबन्ध के निर्देशन कार्य में कौन-सी गतिविधियां शामिल है:

A. अधीनस्थों को आदेश देना

B. अधीनस्थों का पर्यवेक्षण करना

C. अधीनस्थों का मार्ग दर्शन एवं उन्हें शिक्षित करना

D. अधिनस्थों को उपर्युक्त नेतृत्व प्रदान करना

E. उपरोक्त सभी

**96.** 'रेखा तथा स्टाफ' संगठन में स्टाफ का कार्य है:

A. रेखा से सलाह लेना

B. रेखा को सलाह देना

C. अधिकार सत्ता और उत्तरदायित्व धारण करना

D. किसी कार्य को निश्चित ढंग से पूरा करने हेतु कुछ व्यक्तियों का उत्तरदायित्व

**97.** प्रभावी निर्देशन के ''आदेश की एकता'' का आशय है:

A. अधीनस्थ सिर्फ एक ही उच्चाधिकारी के प्रति उत्तरदायी होने चाहिए

B. अधीनस्थों के बीच एकता होनी चाहिए

C. उच्चाधिकारियों के बीच एकता होनी चाहिए

D. एक उच्चाधिकारी अधीनस्थों की सीमित संख्या की ही निगरानी कर सकता है

**98.** क्रियात्मक संगठन में:

A. संगठन अन्तर्निहित कार्य-प्रकार के अनुसार विभाजित होता है

B. अधिकार सत्ता लम्बवत् रूप में ऊपरी व्यक्ति से निचले व्यक्ति की ओर प्रवाहित होती है

C. प्रत्येक कर्मचारी सिर्फ एक ही सुपरवाइजर के अधीन होता है

D. संगठन किसी कार्य को पूरा करने के लिए अपेक्षित कौशल के अनुसार विभाजित होता है

**99.** रेखा संगठन में:

A. संगठन किसी कार्य को पूरा करने के लिए अपेक्षित कौशल के अनुसार विभाजित होता है

B. संगठन अन्तर्निहित कार्य-प्रकार के अनुसार विभाजित होता है

C. अधिकार सत्ता का प्रवाह लम्बवत् रूप में शीर्ष से नीचे की ओर होता है

D. प्रत्येक कर्मचारी कई पर्यवेक्षकों के अधीन होता है

**100.** '' प्रबन्ध से आशय पूर्वानुमान लगाना तथा योजना बनाना संगठित करना, आदेश करना, समन्वय करना तथा नियन्त्रण करना है'' उपरोक्त कथन किसका है ?

A. कूण्टाज एवं ओ डोनेल

B. हेनरी फेयोल

C. एफ. डब्ल्यू. टेलर

D. पीटर एफ. ड्रकर

**101.** निम्नांकित प्रबन्धकीय कार्यों में से कौन-से कार्य निकटतम रूप से सम्बन्धित हैं ?

A. नियोजन और संगठन   B. नियोजन और नियन्त्रण

C. नियोजन और नियुक्ति   D. नियुक्ति और नियन्त्रण

**102.** हेनरी फेयोल जाने जाते हैं ?

A. वैज्ञानिक प्रबन्ध के लिए

B. विवेकीकरण के लिए

C. प्रबन्ध के सिद्धान्तों के लिए

D. औद्योगिक मनोविज्ञान के लिए

**103.** ''औपचारिक समूह के माध्यम से तथा उसके द्वारा कार्य सम्पादित करने की कला ही प्रबन्ध है।'' यह परिभाषा दी है:

A. पीटर ड्रकर ने       B. हेनरी फेयोल ने

C. हेरॉल्ड कूण्टज ने   D. एफ. डब्ल्यू. टेलर ने

**104.** प्रशासन और प्रबन्ध के बीच अन्तर है:

A. प्रशासन मुख्यतया निर्धारणात्मक है जबकि प्रबन्ध आवश्यक रूप से क्रियात्मक है

B. प्रबन्ध मुख्यतया निर्धारणात्मक है जब कि प्रशासन आवश्यक रूप से क्रियात्मक है

C. प्रबन्ध उच्चस्तरीय प्रबन्ध पर सम्पादित होता है जब कि प्रशासन निम्नस्तरीय प्रबन्ध पर सम्पादित होता है

D. उपरोक्त में से कोई नहीं

**105.** वह विशिष्ट प्रकार की योजना जो प्रतिस्पर्द्धियों की चुनौती का सामना करने के लिए बनाई जाती है, कहलाती है:

A. एकल उपयोग योजना   B. कार्यक्रम

C. व्यूहरचना          D. परियोजना

**106.** प्रबन्ध का प्रणालीगत उपागम सम्बन्धित है, निम्न से:

A. प्रबन्ध सूचना प्रणाली

B. संतान्त्रिक (Cybernetic) उपागम

C. व्यवस्थापक (Systematic) विश्लेषण

D. उपरोक्त में किसी से नहीं

**107.** किसी संगठन में प्रबन्ध के निम्नांकित कार्यों का सही अनुक्रम क्या है ?

A. अभिप्रेरण, नियन्त्रण, संगठन, आयोजन

B. आयोजन, संगठन, अभिप्रेरण, नियन्त्रण

C. आयोजन, संगठन, नियन्त्रण, अभिप्रेरण

D. संगठन, आयोजन, अभिप्रेरण, नियन्त्रण

**108.** प्रबन्ध के कार्यों को अभिव्यक्त करने के लिए POSDCORB सूत्र गढ़ा गया था:
   A. लूथर गुलिक द्वारा
   B. हेनरी फेयोल द्वारा
   C. अर्नेस्ट डेल द्वारा
   D. उपर्युक्त में से किसी के द्वारा नहीं

**109.** निम्नलिखित में से कौन-सा एक ''संगठन'' को एक कार्य के रूप में स्पष्ट रूप से परिभाषित करता है:
   A. व्यवसाय का प्रबन्ध
   B. साधनों द्वारा लक्ष्यों को पूर्ति
   C. व्यावसायिक लक्ष्यों की प्राप्ति हेतु किसी व्यक्ति के हाथों में केन्द्रित प्राधिकार (authority)
   D. विशिष्ट साध्यों को प्रभावी ढंग से प्राप्त करने हेतु व्यक्तियों को कर्त्तव्य सौंपने की प्रक्रिया

## उत्तरमाला

| 1 | 2 | 3 | 4 | 5 | 6 | 7 | 8 | 9 | 10 |
|---|---|---|---|---|---|---|---|---|---|
| C | B | C | B | C | D | A | D | C | C |

| 11 | 12 | 13 | 14 | 15 | 16 | 17 | 18 | 19 | 20 |
|---|---|---|---|---|---|---|---|---|---|
| D | A | C | C | B | B | A | B | B | C |

| 21 | 22 | 23 | 24 | 25 | 26 | 27 | 28 | 29 | 30 |
|---|---|---|---|---|---|---|---|---|---|
| C | A | C | C | C | B | C | C | C | B |

| 31 | 32 | 33 | 34 | 35 | 36 | 37 | 38 | 39 | 40 |
|---|---|---|---|---|---|---|---|---|---|
| A | C | C | B | B | A | C | B | D | C |

| 41 | 42 | 43 | 44 | 45 | 46 | 47 | 48 | 49 | 50 |
|---|---|---|---|---|---|---|---|---|---|
| A | C | B | A | C | C | C | C | A | D |

| 51 | 52 | 53 | 54 | 55 | 56 | 57 | 58 | 59 | 60 |
|---|---|---|---|---|---|---|---|---|---|
| D | B | C | C | B | B | A | C | B | B |

| 61 | 62 | 63 | 64 | 65 | 66 | 67 | 68 | 69 | 70 |
|---|---|---|---|---|---|---|---|---|---|
| A | B | A | D | A | D | A | A | B | B |

| 71 | 72 | 73 | 74 | 75 | 76 | 77 | 78 | 79 | 80 |
|---|---|---|---|---|---|---|---|---|---|
| A | A | A | C | A | C | D | B | C | C |

| 81 | 82 | 83 | 84 | 85 | 86 | 87 | 88 | 89 | 90 |
|---|---|---|---|---|---|---|---|---|---|
| C | B | B | A | C | B | B | B | B | D |

| 91 | 92 | 93 | 94 | 95 | 96 | 97 | 98 | 99 | 100 |
|---|---|---|---|---|---|---|---|---|---|
| A | D | C | C | C | B | A | A | C | B |

| 101 | 102 | 103 | 104 | 105 | 106 | 107 | 108 | 109 | |
|---|---|---|---|---|---|---|---|---|---|
| A | C | C | A | C | A | B | A | D | |

# 29. कार्यालय प्रबन्ध
## (OFFICE MANAGEMENT)

**1.** कार्यालय में कार्य प्रवाह में अवरोध उत्पन्न होता है:
   A. आगन्तुकों से
   B. अनुपस्थिति से
   C. टेलीफोन घण्टियों से
   D. इन सभी से

**2.** निम्नलिखित में से किस यन्त्र का संवादों के भेज जाने से सम्बन्ध नहीं है:
   A. फोटो कॉपियर
   B. फैक्स
   C. टेलीप्रिंटर
   D. टेलीफोन

**3.** पंच किए गए कार्ड, निम्नलिखित में से किसके सम्बन्ध में प्रयुक्त किए जा सकते है ?
   A. सभी आगणन तथा लेखांकन मशीनों के सम्बन्ध में
   B. केवल पंचकार्ड लेखांकन प्रणाली के सम्बन्ध में
   C. केवल इलेक्ट्रॉनिक डाटा प्रोसेसिंग के सम्बन्ध में
   D. पंचकार्ड लेखांकन प्रणाली तथा इलेक्ट्रॉनिक डाटा प्रोसेसिंग के सम्बन्ध में

**4.** बड़े व्यावसायिक संस्थानों में लेखांकन को निम्नलिखित में से किसके उपयोग के द्वारा यन्त्रीकरण किया जाना उपयुक्त है:
   A. केवल आगमन तथा लेखांकन मशीनों का
   B. पंचकार्ड प्रणाली
   C. इलेक्ट्रॉनिक प्रणाली
   D. पंचकार्ड प्रणाली तथा इलेक्ट्रॉनिक प्रणाली दोनों ही

**5.** मीमियोग्राफ एक विधि है:
   A. स्टेन्सिल डुप्लीकेटर की
   B. फोटों कॉपिंग की
   C. इलेक्ट्रिक फोटोग्राफी की
   D. ब्ल्यू प्रिंटिंग की

**6.** जीरोग्राफी प्रक्रिया है:
   A. विद्युत फोटोग्राफी की
   B. ब्ल्यू प्रिंटिंग की
   C. डाक टिकटों को चिपकाने की
   D. पतों का मुद्रण

**7.** सम्प्रेषण का नवीनतम साधन है:
   A. टेलीफोन
   B. टेलीविजन

   C. स्पीकिंग टयूबस
   D. पी.बी.एक्स.

**8.** पंचकार्ड प्रयुक्त किए जाते हैं:
   A. सभी आगणन तथा लेखांकन मशीनों के सम्बन्ध में
   B. पंचकार्ड लेखांकन प्रणाली के सम्बन्ध में
   C. इलेक्ट्रॉनिक डाटा प्रोसेसिंग के सम्बन्ध में
   D. B और C दोनों में

**9.** टेब्यूलेटर (पंचकार्ड लेखांकन में) का कार्य है:
   A. जांच कि पंचिंग सही है
   B. संगणना करना व परिणामों को मुद्रित करना
   C. कार्डों को पढ़ना व व्याख्या करना
   D. वांछित क्रम में कार्ड को व्यवस्थित करना

**10.** सर्टिंग (पंच कार्ड प्रणाली में) का कार्य है:
   A. वांछित क्रम में कार्ड को व्यवस्थित करना
   B. जांच की पंचिंग सही है
   C. संगणना करना व परिणामों को मुद्रित करना
   D. कार्डों को पढ़ना व व्याख्या करना

**11.** पहला डिजीटल कम्प्यूटर 'मार्क–प्रथम' का विकास कब हुआ ?
   A. 1945 में
   B. 1944 में
   C. 1947 में
   D. 1949 में

**12.** प्रमाणक (पंच कार्ड प्रणाली में) का कार्य है:
   A. संगणनाओं की शुद्धता का सत्यापन करना
   B. सत्यापित करना कि परिणाम सही रूप से पुनरुत्पादित किए गए हैं
   C. प्रमाणित करना कि पंच कार्डों में दो वर्गों का सही रूप से विलयन हो चुका है
   D. पंच की गई सूचना की शुद्धता का सत्यापन करना

**13.** अति छिद्रीकरण के द्वारा:
   A. पंचिंग क्षेत्र की क्षमता में बढ़ोत्तरी
   B. पूर्व पंचिंग को सत्यापित करना
   C. छिद्रों को पुन: वर्णों या अंकों में अनुवादित करना
   D. पंच किए गए कार्ड को तीव्र गति से पुनरुत्पादित करना

**14.** पंचकार्ड प्रणाली में संगणना सम्बन्धी कार्य किस मशीन द्वारा सम्पन्न किया जाता है ?

A. सर्टिंग

B. सारणीयन करने वाली मशीन

C. अनुवाद करने वाली मशीन

D. कलैक्टर

**15.** वांछित क्रम में भौतिक रूप से कार्डों के व्यवस्थित करने की प्रक्रिया निम्न में से किसके द्वारा सम्पन्न की जाती है ?

A. कलैक्टर

B. टेब्यूलेटर

C. सर्टिंग

D. अनुवाद करने वाली माशीन

**16.** कोलेटर क्या है ?

A. इलेक्ट्रॉनिक कम्प्यूटर का भाग

B. पंचकार्ड लेखांकन प्रणाली का भाग

C. गुणा तथा भाग करने के लिए निर्मित मशीन

D. A और B दोनों का भाग

**17.** बोलने वाले तथा लिखने वाले की सह-उपस्थिति को कौन-सा यन्त्र अनावश्यक कर देता है:

A. गणना मशीन          B. लेखांकन मशीन

C. श्रुतवाचक यन्त्र          D. टाइपयन्त्र

**18.** कार्यालय अन्य विभागों के बीच निम्न में से कौन-सा कथन सही है ?

A. कार्यालय अन्य विभागों की विशेषज्ञतापूर्ण सलाह प्रदान करता है

B. कार्यालय अन्य विभागों को लिपिकीय सेवाएं प्रदान करता है

C. अन्य विभागों की गतिविधियां, कार्यालयों के लिए द्वितीयक गतिविधियां हैं

D. अन्य विभाग कार्यालय के द्वारा मांगी गई सूचना को प्रदान करता है

**19.** एक बड़े कार्यालय में फ्रेंकिंग मशीन समय बचानें के लिए उपयोगी है:

A. रोकड़ विभाग के लिए  B. पत्रचार विभाग के लिए

C. डाक विभाग के लिए  D. लेखांकन विभाग के लिए

**20.** पहली इलेक्ट्रॉनिक कम्प्यूटर प्रणाली का विकास हुआ:

A. 1920 में          B. 1930 में

C. 1940 में          D. 1950 में

**21.** 'ओ' और 'एम' प्रणाली का अर्थ है:

A. कार्यालय और प्रबन्ध  B. उद्देश्य और प्रबन्ध

C. संगठन और विधि      D. उद्देश्य और विधि

**22.** किस व्यक्ति ने यह दावा किया था कि कम्प्यूटर ने दूसरी औद्योगिक क्रान्ति का सूत्रपात किया है ?

A. आलविन ने          B. आलविन टालफर ने

C. जेम्स ने          D. प्रो. विलियम्स ने

**23.** प्रथम डिजीटल कम्प्यूटर का विकास किसने किया ?

A. I.B.M. ने

B. हार्वर्ड विश्वविद्यालय ने

C. I.B.M. व हावर्ड विश्वविद्यालय ने संयुक्त रूप से

D. I.B.M. व MicroSoft Co. ने संयुक्त रूप से

**24.** स्मरण शक्ति यूनिट निम्न में से किसका भाग है ?

A. पंच कार्ड प्रणाली का

B. इलेक्ट्रॉनिक डाटा प्रोसेसिंग का

C. A और B दोनों का

D. पंचकार्ड प्रणाली व मानवीय बल द्वारा चलित लेखांकन मशीनों का

**25.** किसी इलेक्ट्रॉनिक कम्प्यूटर का सर्वाधिक महत्वपूर्ण लाभ क्या है ?

A. कार्य अत्यधिक तीव्र गति से होता है

B. लिपिकीय परिव्यय अत्यन्त कम हो जाता है

C. प्रबन्धकीय नियन्त्रण में सुधार करने में सहायक

D. उपरोक्त सभी

**26.** Output unit का क्या कार्य है ?

A. तीव्रगति से संगणना सम्पादित करना

B. संगणना प्रक्रिया का नियन्त्रण करना

C. आंकडों का संग्रहण करना

D. उत्पादन लक्ष्य को प्रदान करना

**27.** कम्प्यूटर के सहायक संग्रहण साधनों में शमिल नहीं है:

A. डेटा सेल्स

B. चुम्बकीय डिस्क

C. चुम्बकीय स्याही करेक्टर रीडर

D. चुम्बकीय ड्रम

**28.** कम्प्यूटर प्रणाली का नियन्त्रण केन्द्र माना जाता है:

A. Input unit          B. CPU

C. Output unit          D. उक्त सभी

**29.** तार्किक इकाई निम्न में से कौन-सा कार्य सम्पादित करती है ?

A. उत्पादन लक्ष्य को प्रदान करना

B. संगणना प्रक्रिया को नियन्त्रित करना

C. आंकड़ों का संग्रहण करना

D. अत्यधिक तीव्रगति से संगणना सम्पन्न करना

**30.** CPU कितनी उप इकाइयों से बनी होती है ?

A. 2      B. 3

C. 4      D. 5

**31.** कम्प्यूटर के Output unit के साधनों में शामिल है:

A. पंचकार्ड      B. चुम्बकीय टेप

C. माइक्रोफिल्म      D. उक्त सूची

**32.** कम्प्यूटर मशीनरी और उसके सहायक उपकरणों को कहा जाता है:

A. सॉफ्टवेयर      B. हार्डवेयर

C. A और B दोनों      D. उक्त में से कोई नहीं

**33.** निर्माता अथवा प्रयोगकर्त्ता द्वारा निर्मित प्रोग्रामों को कहा जाता है:

A. सॉफ्टवेयर      B. हार्डवेयर

C. A और B दोनों      D. उक्त में से कोई नहीं

**34.** O & M का कार्य है:

A. अनावश्यक कार्यों व व्यवहारों को रोकना

B. कार्य के दोहरावीकरण को रोकना

C. कार्य के प्रत्येक भाग के प्रयोजन को सुपरिभाषित करना

D. उपरोक्त सभी कार्य

**35.** एक फाइलिंग प्रणाली वह है जो:

A. सरल व मितव्ययी हो

B. सरल, मितव्ययी व लोचशील हो

C. मितव्ययी, लोचशील, व सुरक्षित हो

D. सरल, मितव्ययी, लोचशील, अनुकूल व सुरक्षित हो

**36.** फाइलिंग की परम्परागत पद्धति है:

A. बॉक्स फाइल      B. लीवर आर्च फाइल

C. खड़ी फाइल      D. लेटी हुई फाइल

**37.** फाइलिंग की आधुनिक पद्धति है:

A. मेटल होल्डर      B. बॉक्स फाइल

C. खड़ी फाइल      D. कबूतर खाने वाली फाइल

**38.** निम्नलिखित में से परम्परागत फाइलिंग का जोड़ है:

A. बॉक्स फाइल व खड़ी फाइल

B. लेटी हुई फाइल व खड़ी फाइल

C. मेटल फाइल व बॉक्स फाइल

D. लीवर आर्च फाइल व खड़ी फाइल

**39.** निम्नलिखित में से आधुनिक फाइल का जोड़ा है:

A. बॉक्स फाइल व खड़ी फाइल

B. लेटी हुई फाइल व खड़ी हुई फाइल

C. मेटल होल्डरा व बॉक्स फाइल

D. मेटल होल्डर व लीवर आर्च फाइल

**40.** निम्नलिखित में से परम्परागत व आधुनिक फाइल का जोड़ा है:

A. बॉक्स फाइल व मेटल होल्डर

B. लीवर आर्च फाइल व खड़ी फाइल

C. लेटी हुई फाइल व खड़ी फाइल

D. मेटल होल्डर व लीवर आर्च फाइल

**41.** अनुक्रमणिका फाइलिंग की होती है:

A. सहायक      B. पूरक

C. कुछ नहीं      D. प्रतिपूरक

**42.** अनुक्रमणिका की आवश्यकता तब नहीं पड़ती है जब:

A. फाइलें रखी जाती है

B. फाइलों को व्यापारी वर्गानुसार रखा जाता है

C. फाइलें वर्णमाला के क्रमानुसार रखी जाती है

D. फाइलें विषय वार रखी जाती है

**43.** अनुक्रमणिका का मुख्य उद्देश्य है:

A. फाइल सुविधा से विमुक्त करना

B. थोड़े समय व श्रम में यह पता लगाना कि फाइल कहां है

C. फाइल के महत्वपूर्ण प्रपत्रों को ढूंढ़ने की कठिनाई से मुक्त करना

D. उपर्युक्त में से कोई नहीं

**44.** किसी बड़े आकार के व्यवसाय के लिए आप कौन-सी फाइल व्यवस्था अपनाने का सुझाव देंगे ?

A. कबूतर खाने वाली फाइल व्यवस्था

B. तार फाइलिंग व्यवस्था

C. बॉक्स फाइल व्यवस्था

D. खड़ी फाइल व्यवस्था

**45.** फाइलिंग का उद्देश्य है:

A. पत्रों की उचित प्रकार से छांटा जाना

B. पत्रों का उचित रख-रखाव

C. पत्रों का शीघ्र प्राप्त किया जाना

D. उपर्युक्त सभी

**46.** कार्यालय सेवाओं का केन्द्रीकरण हो जाने पर:

A. प्रत्येक विभाग आत्मनिर्भर हो जाता है

B. प्रत्येक विभाग की गोपनीयता बढ़ जाती है

C. प्रत्येक विभाग के कर्मचारी अपने विभाग के प्रति निष्ठावान हो जाते हैं

D. प्रत्येक विभाग को टंकण, टेलीफोन आदि की सुविधाएं केन्द्रीय कार्यालय से दी जाती है

**47.** फाइलिंग की किस पद्धति के अन्तर्गत, फाइल समतल स्थिति में रखी जाती है ?

A. खड़ी फाइल          B. तार की फाइल

C. पार्श्ववर्ती फाइल     D. बॉक्स फाइल

**48.** किस फाइलिंग प्रणाली में फाइल को लम्बवत् स्थिति में रखा जाता है ?

A. कबूतरखाना फाइल    B. लम्बवत् फाइल

C. समतल फाइल         D. हुक फाइल

**49.** एक अनुक्रमणिका है:

A. फाइलिंग प्रणाली

B. फोटोस्टेट की एक प्रकिया

C. समंक एकत्र करने की प्रक्रिया

D. फाइलिंग में एक महत्वपूर्ण सहायता

**50.** समतल फाइलिंग रीति से सम्बन्धित कौन नहीं है ?

A. टैग फाइल

B. लोहेकी सलाखों वाली फाइल

C. खुले खानों वाली फाइल

D. शैनन फाइल

**51.** फाइलिंग की कौन सी विधि अधिक प्रयुक्त होती है ?

A. सीधी (पूर्व से पश्चिम)

B. खड़ी फाइलिंग विधि

C. लेटी हुई फाइलिंग विधि

D. संदूकची फाइलिंग विधि

**52.** फाइलिंग की निम्नलिखित में से कौन-सी विधि सर्वोत्तम मानी जाती है ?

A. लम्बवत् फाइलिंग     B. क्षैतिज फाइलिंग

C. बॉक्स फाइलिंग       D. कबूतर प्रकोष्ठ

**53.** कौन-सी फाइलिंग विधि सबसे पुरानी है ?

A. लम्बवत् फाइलिंग     B. क्षैतिज फाइलिंग

C. टैग फाइलिंग         D. बॉक्स फाइलिंग

**54.** फ्रेंकिंग मशीन निम्नलिखित में से किस कार्य के लिए प्रयुक्त की जाती है ?

A. टिकिट छापने के लिए

B. बहु-प्रतिलिपिकरण के लिए

C. कार्डों में छेद करने के लिए

D. लेखांकन के लिए

**55.** ब्लूप्रिंटिंग क्या कहलाती है ?

A. जीरोग्राफी         B. माइक्रोफिल्मिंग

C. डियाजो             D. लिथोग्राफी

**56.** पंचकार्ड प्रणाली में प्रयुक्त किया जाने वाला कार्ड कितने कॉलमों में विभक्त होता है ?

A. 80 से 90 तक खड़े कॉलम

B. 160 खड़े कॉलम

C. 30 से 40 तक खड़े कॉलम

D. उपर्युक्त सभी

**57.** कार्यालय यन्त्रीकरण का परिणाम हो सकता है:

A. अधिक लागत

B. कर्मचारियों का विरोध

C. प्रशिक्षण की आवश्यकता

D. उपर्युक्त सभी

**58.** कार्यालय अभिन्यास का उद्देश्य होता है:

A. स्थान का सर्वोत्तम रूप से उपयोग

B. विस्तृत स्थान सुविधा प्रदान करना

C. विस्तृत खुला स्थान प्रदान करना

D. कार्यालय प्रबन्धक के लिए व्यापक स्थान प्रदान करना

**59.** खुले कार्यालय का दोष है:

A. गोपनीयता का अभाव

B. अधिक खर्चीला

C. कर्मचारियों में एकाग्रता का अभाव

D. A और C दोनों

**60.** सुपरवाइजर के रूप में छोटे कार्यालयों में कौन-कार्य करता है ?

A. प्रबन्धसंचालक       B. लेखाकार

C. सचिव               D. संचालक

**61.** खुला कार्यालय किस दृष्टिकोण से लाभप्रद है ?

A. मितव्ययता          B. गोपनीयता

C. शोरसे बचाव         D. लोचहीनता

**62.** कार्यालय के कार्य करने के प्रचलित व स्वीकृत तरीका माना जाता है:

A. कार्यप्रणाली        B. नियोजन क्रम

C. प्रणाली-क्रम        D. कार्य परिपाटी

**63.** प्रत्येक कार्यवाही को सदैव पूर्व निर्धारित क्रम व ढंग से सम्पादित करना, कहलाता है:

A. कार्यप्रणाली     B. नियोजन क्रम

C. कार्य परिपाटी     D. A और C दोनों

**64.** कार्यालय की भावी चुनौतियां है ?

A. मशीनरी व संगठन के बढ़ते आकार की चुनौतियां

B. संगठन के बढ़ते आकार व वैधानिक चुनौतियां

C. मशीनरी, संगठन के बढ़ते आकार व कार्यालय खर्चों में बढ़ोत्तरी की चुनौतियां

D. मशीनरी, संगठन के बढ़ते आकार, कार्यालय खर्चों में बढ़ोतरी व वैधानिक चुनौतियां

**65.** ''उत्तम लक्ष्यों की प्राप्ति हेतु और शीर्ष प्रबन्ध द्वारा स्वीकार्य न्यूनतम लागत व समय उत्पादन-साधनें का नियोजन व नियन्त्रण कार्यालय प्रबन्ध है।'' यह कथन किस विद्वान का है ?

A. प्रो. हार्नर     B. लार्ड किंग्स

C. वायली     D. प्रो. हैने

**66.** निश्चित उद्देश्यों की प्राप्ति के लिए आवश्यक क्रियाओं को योजनाबद्ध तरीके से करना कहलाता है:

A. कार्यप्रणाली

B. कार्यपरिपाटी

C. कार्य प्रणाली और कार्य परिपाटी

D. उपरोक्त से कोई नहीं

**67.** फाइल प्रणाली किसका उदाहरण है ?

A. कार्यपरिपाटी     B. कार्यप्रणाली

C. A और B दोनों का     D. उपर्युक्त में से कोई नहीं

**68.** फाइलिंग से आशय:

A. अभिलेखों को संग्रहित करने से है

B. अभिलेखों को वितरित करने से है

C. अभिलेखों को इस प्रकार सुरक्षित रखने से है ताकि आवश्यकता पड़ने पर महत्वपूर्ण प्रलेखों को तुरन्त उपलब्ध कराया जा सके

D. A और B दोनों से है

**69.** कार्यालय से तात्पर्य है जहां से:

A. सभी संवाद-सम्प्रेषण का आरम्भ एवं अन्त होता है

B. नियन्त्रण सम्बन्धी कार्य सम्पन्न होता है

C. सभा सम्बन्धी कार्य सम्पादित होता है

D. केवल व्यवसाय सम्बन्धी अभिलेख संग्रहित किए जाते हैं

**70.** व्यवसाय का केन्द्रबिन्दु माना जाता है:

A. प्रबन्धक को     B. कार्यालय को

C. नियन्त्रण को     D. उपरोक्त सभी को

**71.** कार्यालय से तात्पर्य है-(सामान्य अवधारणा के अनुसार):

A. उस स्थल से है जहां लिपिकों द्वारा नैत्यक प्रकार की कागजी कार्यवाही सम्पन्न की जाती है।

B. जहां प्रबन्धकों के लिए विभिन्न स्रोतों से सूचनाएं व आंकड़ें संकलित कर वैज्ञानिक ढंग से उनका विश्लेषण किया जाता है ताकि इसके द्वारा उचित व शीघ्र निर्णय लिया जा सके

C. किसी संगठन के अंग से है जहां विभिन्न स्रोतों से सूचनाएं संग्रहित कर यथानुसार उनका वितरण किया जाता है

D. A और C दोनों

**72.** किसी संगठन का मस्तिष्क कहा जाता है:

A. प्रबन्धक को     B. संचालक मण्डल को

C. अंशधारी को     D. कार्यालय को

**73.** व्यवसाय में कार्यालय की स्थिति क्या है ?

A. यह अधीनस्थ है     B. यह नियन्त्रक है

C. यह परिपूरक है     D. उक्त सभी

**74.** परम्परागत विचारधारा के अनुसार कार्यलय का तात्पर्य है:

A. उस स्थल से जहां लिपिकों द्वारा नैत्यक प्रकार की कागजी कार्यवाही सम्पन्न की जाती है

B. जहां प्रबन्धकों के लिए विभिन्न स्रोतों से सूचनाएं व ऑकड़ें संकलित कर वैज्ञानिक ढंग से उनका विश्लेषण किया जाता है, द्वारा उचित व शीघ्र निर्णय लिया जा सके

C. किसी संगठन के अंग से है जहां विभिन्न स्रोतों से सूचनाएं संग्रहित कर यथानुसार उनका वितरण किया जाता है

D. उपरोक्त में से किसी से नहीं है

**75.** आधुनिक विचार धारा के अनुसार कार्यालय का तात्पर्य है:

A. उस स्थल से जहां लिपिकों द्वारा नैत्यक प्रकार की कागजी कार्यवाही सम्पन्न की जाती है

B. जहां प्रबन्धकों के लिए विभिन्न स्रोतों से सूचनाएं व आंकड़े संकलित कर वैज्ञानिक ढंगसे उनका विश्लेषण किया जाता है ताकि इसके द्वारा उचित व शीघ्र निर्णय लिया जा सके

C. किसी संगठन के अंग से जहां विभिन्न स्रोतों से

सूचनाएं संग्रहित कर यथानुसार उनका वितरण किया जाता है

D. उपरोक्त में कोई नहीं

**76.** कार्यालय का प्राथमिक कार्य है:

A. अभिलेख तैयार करना, प्रयोग करना एवं उन्हें भावी सन्दर्भ के लिए सुरक्षित रखना

B. कर्मचारी वर्ग को अभिप्रेरित करना

C. प्रबन्ध नीतियों को लागू करना

D. संस्था की परिसम्पत्तियों की रक्षा करना

**77.** किसी कार्यालय के प्राथमिक कार्यों में से एक है:

A. कम्पनी सचिव की नियुक्ति करना

B. कर्मचारियों की नियुक्ति करना

C. प्रशिक्षण सुविधाएं प्रदान करना

D. मांगी हुई सूचना प्रदान करना

## उत्तरमाला

| 1 | 2 | 3 | 4 | 5 | 6 | 7 | 8 | 9 | 10 |
|---|---|---|---|---|---|---|---|---|---|
| D | A | D | C | A | A | B | D | B | A |
| **11** | **12** | **13** | **14** | **15** | **16** | **17** | **18** | **19** | **20** |
| B | D | A | B | C | B | C | B | C | C |
| **21** | **22** | **23** | **24** | **25** | **26** | **27** | **28** | **29** | **30** |
| A | B | C | B | A | D | C | B | D | B |
| **31** | **32** | **33** | **34** | **35** | **36** | **37** | **38** | **39** | **40** |
| D | B | A | D | D | A | C | C | B | D |
| **41** | **42** | **43** | **44** | **45** | **46** | **47** | **48** | **49** | **50** |
| A | C | B | D | D | D | D | B | D | A |
| **51** | **52** | **53** | **54** | **55** | **56** | **57** | **58** | **59** | **60** |
| B | A | C | A | C | D | D | A | D | B |
| **61** | **62** | **63** | **64** | **65** | **66** | **67** | **68** | **69** | **70** |
| A | D | C | D | C | A | B | C | A | B |
| **71** | **72** | **73** | **74** | **75** | **76** | **77** | | | |
| A | D | B | C | B | A | D | | | |

# 30. बीमा
# (INSURANCE)

**1.** ''बीमा वह योजना है जिसके अन्तर्गत एक बड़ी संख्या में लोग मिलकर किन्ही एकाकी व्यक्तियों की जोखिमों को अपने कन्धों पर ले लेते हैं'', यह कथन किसका है:

A. सर विलियम बेवरिज   B. मेगी

C. विलेट           D. हॉपकिन्स

**2** ''बीमा आर्थिक हानि के विरुद्ध सुरक्षा है'', यह कथन किसका है:

A. सर विलियम बेवरिज    B. मेबी

C. विलेट           D. हॉपकिन्स

**3.** '' बीमा, मूलतः सामाजिक प्रकृति का है।'' यह कथन है:

A. मेहेक तथा केमेक      B. बून तथा कूर्ट्ज

C. रीगल तथा मिलर      D. न्यायमूर्ति टिण्डाल

**4.** बीमाकर्त्ता का आशय है जो:

A. बीमे के दावे की वसूली के लिए न्यायालय में वाद प्रस्तुत करते हैं

B. अपने जीवन या माल का बीमा कराता है

C. किसी व्यक्ति को बीमा पॉलिसी के प्राप्त करने में सहायता करता है

D. दूसरे व्यक्ति को बीमे की विषय-वस्तु की जोखिम से सुरक्षा प्रदान करता है

**5.** बीमा कृत का तात्पर्य है जो:

A. बीमे के दावे की वसूली कि लिए न्यायालय में वाद प्रस्तुत करता है

B. अपने जीवन या माल का बीमा कराता है

C. किसी व्यक्ति को बीमापॉलिसी के प्राप्त करनें में सहायत करता है

D. दूसरे व्यक्ति को बीमे की विषय-वस्तु की जोखिम से सुरक्षा प्रदान करता है

**6.** ''बीमा एक सहकारी व्यवस्था है''। यह कथन है:

A. प्रो. आर. एस. शर्मा   B. सर विलियम बेवरिज

C. मेगी            D. हॉपकिन्स

**7.** एश्योरेन्स शब्द इंगित करता है:

A. बीमे के सिद्धान्त को

B. बीमे की प्रकिया को

C. बीमे के सिद्धान्त व प्रक्रिया को

D. उपर्युक्त में से कोई नहीं

**8.** इन्स्योरेन्स शब्द इंगित करता है:

A. बीमे के सिद्धान्त को

B. बीमे की प्रक्रिया

C. बीमे के सिद्धान्त व प्रक्रिया को

D. उपर्युक्त में से कोई नहीं

**9.** ''सामूहिक रूप से जोखिमें उठाना ही बीमा है'' कथन किसका है ?

A. सर विलियम बेवरिज   B. मेगी

C. विलेट           D. हॉपकिन्स

**10.** ''एश्योरेन्स व इन्स्योरेन्स'' दोनों शब्दों में अन्तर प्रायः किया जाता है:

A. इग्लैंड में         B. अमेरिका में

C. फ्रांस में          D. भारत में

**11.** जीवन बीमे का राष्ट्रीयकरण कब हुआ ?

A. 19 फरवरी, 1956 को

B. 20 सितम्बर, 1972 को

C. 20 सितम्बर, 1956 को

D. 19 फरवरी, 1972 को

**12.** साधारण बीमे का राष्ट्रीयकरण कब हुआ ?

A. 19 फरवरी, 1956 को

B. 20 सितम्बर, 1972 को

C. 19 फरवरी, 1972 को

D. 20 सितम्बर, 1956 को

**13.** भारतीय साधारण बीमा निगम की सहायक कम्पनियां हैं:

A. 2              B. 3

C. 4              D. 5

**14.** नेशनल इन्स्योरेन्स कम्पनी लिमिटेड का मुख्यालय कहां स्थित है ?

A. कोलकाता     B. नई दिल्ली
C. मुम्बई     D. चेन्नई

**15.** न्यू इण्डिया एश्योरेन्स कम्पनी लिमिटेड का मुख्यालय कहां स्थित है ?
A. कोलकाता     B. नई दिल्ली
C. मुम्बई     D. चेन्नई

**16.** ओरियन्टल इन्श्योरेन्स कम्पनी लिमिटेड का मुख्यालय कहां स्थित है ?
A. कोलकाता     B. नई दिल्ली
C. मुम्बई     D. चेन्नई

**17.** यूनाइटेड इण्डिया एश्योरेन्स कम्पनी लिमिटेड का मुख्यालय कहां स्थिति है ?
A. कोलकाता     B. नई दिल्ली
C. मुम्बई     D. चेन्नई

**18.** इण्डिया इन्टरनेशनल इन्श्योरेन्स प्रा. लि. का मुख्यालय कहां स्थित है ?
A. सिंगापुर     B. लन्दन
C. वाशिंगटन     D. टोकियो

**19.** इण्डिया इन्टरनेशनल इन्श्योरेन्स प्रा. लि. में साधरण बीमा निगम का पूंजी प्रतिशत है:
A. 20%     B. 80 %
C. 30%     D. 50%

**20.** कोई व्यक्ति निम्नलिखित में से किसका बीमा करवाता है ?
A. किसी भी व्यक्ति की सम्पत्ति का
B. केवल अपनी सम्पत्ति का
C. केवल उस सम्पत्ति का जिसमें उसक हित है
D. केवल उस सम्पत्ति का जिसमें उसका वित्तीय हित है

**21.** बीमा के किस सिद्धान्त के अन्तर्गत अनुबन्ध के पक्षकारों द्वारा ऐसे समस्त सारवान तथ्य प्रकट किए जाने चाहिए जो कि उन्हें ज्ञात है ?
A. क्षतिपूर्ति     B. परम सद्विश्वास
C. अधिकार समर्पण     D. बीमा योग्य हित

**22.** क्षतिपूर्ति का सिद्धान्त किसके सम्बन्ध में लागू नहीं होता है ?
A. जीवन बीमा     B. अग्नि बीमा
C. सामुद्रिक बीमा     D. चोरी का बीमा

**23.** क्षतिपूर्ति का सिद्धान्त लागू होता है:
A. जीवन बीमा में
B. जीवन बीमा तथा अग्नि बीमा में
C. जीवन बीमा तथा समुद्री बीमा में
D. अग्नि बीमा तथा समुद्री बीमा में

**24.** किस प्रकार के बीमें की दशा में अनुबन्ध के समय हित होना आवश्यक नहीं है ?
A. जीवन बीमा     B. अग्नि बीमा
C. समुद्री बीमा     D. उपरोक्त सभी

**25.** किस प्रकार के बीमे में बीमा योग्य हित केवल बीमा करते समय ही होना आवश्यक है ?
A. जीवन बीमा     B. अग्नि बीमा
C. सामुद्रिक बीमा     D. उपर्युक्त सभी

**26.** किस प्रकार के बीमे में बीमा योग्य हित बीमा करते समय तथा हानि होते समय दोनों ही समय होना आवश्यक है ?
A. जीवन बीमा     B. अग्नि बीमा
C. सामुद्रिक बीमा     D. उपर्युक्त सभी

**27.** जीवन बीमा के सन्दर्भ में बीमा कराने वाले व्यक्ति में बीमा योग्य हित कब निहित होना चाहिए ?
A. जब पॉलिसी ली जाती है
B. जब पॉलिसी परिपक्व होती है
C. दोनों समय, जब पॉलिसी ली जाती है तथा परिपक्व होती है
D. पॉलिसी की पूरी अवधि में

**28.** जीवन बीमा में क्षतिपूर्ति का सिद्धान्त:
A. प्रयुक्त होता है
B. प्रयुक्त नहीं होता है
C. नामांकित व्यक्ति द्वारा दावा करने पर प्रयुक्त होता है
D. विशेष परिस्थितियों में प्रयुक्त होता है

**29.** जीवन बीमा में निहित है:
A. जोखिम और विनियोग
B. केवल जोखिम
C. केवल विनियोग
D. उपरोक्त में से कोई नहीं

**30.** अंशदान का सिद्धान्त प्रयुक्त होगा:
A. जब बीमित व्यक्ति जोखिम न्यूनतम करने के लिए प्रयास नहीं करता है
B. जब एक सम्पत्ति का बीमा दो या अधिक बीमा संस्थाओं से कराया हो
C. जब बीमित व्यक्ति ने प्रीमियम नहीं दिया हो
D. जब बीमित जायदाद पूर्णरूप से नष्ट हो गई हो

                                                    

**31.** अंशदान का सिद्धान्त किस पर लागू होता है:

A. दोहरे बीमें पर     B. कराए गए पुनर्बीमे पर

C. दोनों A और B     D. उक्त में से कोई नहीं

**32.** 'हानि शमन'' सिद्धान्त क्या है ?

A. बीमित व्यक्ति को बीमित सम्पत्ति को बचाने के लिए यथोचित प्रयल करने चाहिए

B. बीमित व्यक्ति को किसी अबीमित चतुर व्यक्ति की भांति ही कार्य करना चाहिए

C. A और B दोनों

D. उपरोक्त में से कोई नहीं

**33.** बीमे के किस सिद्धान्त के अन्तर्गत दोनों ही सम्बन्धित पक्षों को तथ्यों की जानकारी देनी चाहिए ?

A. क्षतिपूर्ति     B. अधिकतम सद्विश्वास

C. प्रत्यासन     D. बीमा सम्बन्धी हित

**34.** क्षतिपूर्ति सिद्धान्त के अनुसार बीमाकर्ता बीमादार की कौन–सी हानि का भुगतान करता है:

A. केवल वास्तविक हानि

B. बीमा-पत्र की धन राशि

C. A या B में जो भी कम हो

D. उपर्युक्त में से कोई नहीं

**35.** 'X' ने अपनी 20,000 रुपए की सम्पत्ति का बीमा करवाया था। उसे अग्नि द्वारा होने वाली वास्तविक क्षति 15,000 रुपए हैं, तो बीमा कम्पनी भुगतान करेगी:

A. 20,000 रुपए     B. 15,000 रुपए

C. 18,000 रुपए     D. 10, 000 रुपए

**36.** प्रत्यासन का सिद्धान्त निम्नलिखित में लागू नहीं होता:

A. जीवन बीमा     B. अग्नि बीमा

C. चोरी बीमा     D. जमा बीमा

**37.** निकटतम कारण के सिद्धान्त में यह अन्तर्निहित है कि क्षति:

A. किसी भी कारण से होनी चाहिए

B. एक से अधिक कारणों से होनी चाहिए

C. ऐसे कारणों से होनी चाहिए जिनके विरुद्ध बीमा कराया गया है

D. ईश्वरीय कार्य से उत्पन्न होनी चाहिए

**38.** क्षतिपूर्ति सिद्धान्त का सहायक सिद्धान्त कौन-सा है ?

A. बीमा योग्य हित का सिद्धान्त

B. निकटतम कारण का सिद्धान्त

C. परम सद्विश्वास का सिद्धान्त

D. प्रत्यासन्न का सिद्धान्त

**39.** किस सिद्धान्त के आधार पर बीमाकर्त्ता बीमादार की सम्पत्ति सम्बन्धी हानि की पूर्ति करने के पश्चात्, तृतीय पक्षकारों के विरुद्ध उसके अधिकारों को प्राप्त करता है ?

A. निकटतम कारण का सिद्धान्त

B. बीमा योग्य हित का सिद्धान्त

C. परम सद्विश्वास का सिद्धान्त

D. प्रत्यासन्न का सिद्धान्त

**40.** 'X' द्वारा किसी सम्पत्ति को Y के पास बन्धक रूप में रखा जाता है। इस सम्पत्ति में बीमा योग्य हित किसका होता है ?

A. केवल 'X' का     B. सिर्फ 'Y' का

C. 'X' एवं Y दोनों का     D. बीमा कम्पनी का

**41.** बीमित 'X' की सम्पत्ति व्योम द्वारा जलाई जाने पर, उसने बीमा कम्पनी से क्षतिपूर्ति राशि प्राप्त करने के साथ-साथ व्योम से भी राशि प्राप्ति की इस प्रकार अधिकार होगा:

A. केवल X का

B. केवल व्योम का

C. केवल बीमा कम्पनी का

D. 'X' व बीमा कम्पनी का

**42.** क्षतिपूर्ति का पूरक सिद्धान्त कहलाता है:

A. अंशदान का सिद्धान्त

B. प्रत्यासन का सिद्धान्त

C. निकटतम कारण का सिद्धान्त

D. बीमा योग्य हित का सिद्धान्त

**43.** एक व्यक्ति ने अपनी 20,000 रुपए मूल्य की सम्पत्ति का अग्नि के विरुद्ध बीमा केवल 16,000 रुपये का कराया। उसे अग्नि द्वारा होने वाली वास्तविक क्षति 10,000 रुपए है। इस पॉलिसी में औसत वाक्य भी है उसका दावा क्या होगा ?

A. 20,000 रुपए     B. 16,000 रुपए

C. 10,000 रुपए     D. 8,000 रुपए

**44.** किसी व्यक्ति ने अपने 20,000 रुपए मूल्य के माल का अग्नि के विरुद्ध बीमा 16,000 रुपए का कराया तथा अग्नि द्वारा उसे पहुंचने वाली क्षति 18,000 रुपए है। उसका दावा क्या होगा ?

A. 16,000 रुपए     B. 18,000 रुपए

C. 20,000 रुपए     D. 15,000 रुपए

**45.** किसी व्यक्ति ने अपने 20,000 रुपए मूल्य के माल का अग्नि के विरुद्ध बीमा 18,000 रुपए का कराया तथा अग्नि द्वारा उसे पहुंचने वाली क्षति 16,000 रुपए है: उसका दावा औसत वाक्य की अनुपस्थिति में क्या होगा ?

    A. 16,000 रुपए        B. 18,000 रुपए

    C. 20,000 रुपए        D. 15,000 रुपए

**46.** दोहरे बीमे की स्थिति में बीमादार अपनी वास्तविक क्षति की पूर्ति करा सकता है, इसके लिए निम्नलिखित में से कौन-सा कथन सही है ?

    A. केवल एक बीमा कम्पनी से

    B. सभी बीमा कम्पनियों से समानुपातिक आधार पर

    C. केवल एक बीमा कम्पनी या सभी बीमा कम्पनियों से समानुपातिक आधार पर

    D. किसी भी बीमा कम्पनी से नहीं

**47.** अंशदान का सिद्धान्त लागू होता है:

    A. बीमादार द्वारा एक ही विषय-वस्तु का बीमा विभिन्न बीमाकर्त्ताओं से समान जोखिम के विरुद्ध कराया जाना चाहिए

    B. हानि बीमा की अवधि में होनी चाहिए

    C. हानि होते समय सभी बीमा-पत्र चालू स्थिति में होने चाहिए

    D. उपर्युक्त सभी परिस्थितियों में

**48.** बीमित विषय-वस्तु के क्षतिग्रस्त होने पर बीमाकर्त्ता का दायित्व तब उत्पन्न होता है जब:

    A. क्षति निकटतम कारण से पहुंची हो

    B. जब क्षति दूरस्थ कारण से पहुंची हो

    C. क्षति निकटतम कारण से पहुंची हो और वह निकटतम कारण बीमा-पत्र में उल्लेखित हो

    D. क्षति दूरस्थ कारण से पहुंची हो और वह दूरस्थ कारण बीमा-पत्र उल्लेखित नहीं है

**49.** ''इस दुनिया में मृत्यु एवं करों के अतिरिक्त कुछ भी निश्चित नहीं है'', यह कथन किस विद्वान का है ?

    A. फ्रेंक एच. नाइट      B. बेन्जामिन फ्रेंकलिन

    C. डेनबर्ग            D. प्रो. मार्शल

**50.** कौन-सी जोखिम का बीमा नहीं करवाया जा सकता है ?

    A. परिकल्पित जोखिमों का

    B. बीमा योग्य जोखिमों का

    C. सम्पत्ति सम्बन्धी जोखिमों का

    D. शुद्ध जोखिमों का

**51.** जोखिम समाधान की कौन-सी विधि है जिसके अन्तर्गत बीमादार अपने जोखिमों को स्वयं ही वहन करता है:

    A. जोखिम बचाव विधि    B. जोखिम धारण विधि

    C. जोखिम कटौती विधि    D. जोखिम हस्तान्तरण विधि

**52** भारत में ''ट्रिटोन इन्श्योरेन्स कम्पनी लिमि.'' की स्थापना कब हुई ?

    A. सन् 1750 में        B. सन् 1850 में

    C. सन् 1950 में        D. सन् 1947 में

**53.** प्रथम भारतीय बीमा कम्पनी थी :

    A. ट्रिटोन इन्श्योरेन्स कम्पनी लिमिटेड

    B. इण्डियन मर्केंटाइल इन्श्योरेन्स कम्पनी लिमिटेड

    C. ओरियन्टल इन्श्योरेन्स कम्पनी लिमिटेड

    D. न्यू इण्डिया एश्योरेन्स कम्पनी लिमिटेड

**54.** सर्वप्रथम भारत में अग्नि बीमा व्यवसाय प्रारम्भ किया:

    A. इण्डियन मर्केंटाइल इन्श्योरेन्स कम्पनी लिमिटेड ने

    B. ट्रिटोन इन्श्योरेन्स कम्पनी लिमिटेड ने

    C. ओरियन्टल इन्श्योरेन्स कम्पनी लिमिटेड ने

    D. न्यू इण्डिया इन्श्योरेन्स कम्पनी लिमिटेड ने

**55.** साधारण बीमा परिषद का भारत में गठन कब हुआ ?

    A. सन् 1947 में        B. सन् 1948 में

    C. सन् 1957 में        D. सन् 1958 में

**56.** जीवन बीमा के क्षेत्र में सर्वप्रथम कौन-सी कम्पनी स्थपित हुई :

    A. बोम्बे लाइफ इनश्योरेन्स कम्पनी

    B. मद्रास इक्वीटेबल लाइफ इन्श्योरेन्स कम्पनी

    C. ओरियन्टल गवर्नमेन्ट सिक्यूरिटी लाइफ इन्श्योरेन्स कम्पनी

    D. ओरियन्टल लाइफ इन्श्योरेन्स कम्पनी

**57.** पुनर्बीमा को बढ़ावा देने के लिए गठन किया गया :

    A. साधारण बीमा परिषद

    B. इण्डियन गारण्टी एण्ड जनरल इन्श्योरेन्स कम्पनी

    C. भारत विकास प्राधिकरण

    D. टेरिफ एडवाइजरी कमेटी

**58.** 'टेरिफ एडवाइजरी कमेटी' कब स्थापित की गई ?

    A. सन् 1968 में        B. सन् 1967 में

    C. सन् 1966 में        D. सन् 1965 में

**59.** पुनर्बीमा से आशय है :

    A. बीमित व्यक्ति द्वारा पॉलिसी के परिपक्व होने पर पुन: बीमा कराने से

B. बीमित व्यक्ति एक ही जोखिम का बीमा दो या अधिक बीमा कम्पनियों से कराता है,

C. बीमा करने, अपने द्वारा बीमित जोखिम को अंशत: या पूर्णत: अन्य बीमा कम्पनियों से बीमा करवाता है

D. बीमित व्यक्ति एक ही जोखिम का अंशत: अन्य कम्पनियों से बीमा करवाता है

**60.** विध्वंसक हानियों के पुनर्बीमे के लिए कौन-सी विधि लाभप्रद है ?

A. हानि अधिक्य सन्धि विधि

B. ऐच्छिक विधि

C. पूलविधि

D. समझौता विधि

**61.** एक निश्चित प्रकार के बीमों या जोखिमों के निश्चित प्रतिशत भाग का पुनर्बीमा किस सन्धि विधि के अन्तर्गत किया जाता है ?

A. हानि आधिक्य सन्धि विधि

B. हानि आधिक्य अनुपात विधि

C. आधिक्य सन्धि विधि

D. कोटा समझौता विधि

**62.** दोहरे बीमे से आशय है:

A. बीमा कम्पनी अपने द्वारा बीमित जोखिम का पूर्णत:, अंशत: या अन्य बीमा कम्पनियों से बीमा कराती है

B. बीमा कराने वाला व्यक्ति एक ही जोखिम का बीमा दो या अधिक बीमा कम्पनियों से कराता है

C. बीमा कराने वाला व्यक्ति पॉलिसी के परिपक्व होने पर उसका पुन: बीमा कराता है

D. उपरोक्त कोई नहीं

**63.** दोहरा बीमा किस क्षेत्र में अधिक लाभ प्रद है ?

A. अग्नि बीमा के क्षेत्र में

B. जीवन बीमा के क्षेत्र में

C. समुद्री बीमा के क्षेत्र में

D. उपर्युक्त सभी में

**64.** दोहरा बीमा के क्षेत्र में किसका-किससे सम्बन्ध होता है ?

A. बीमाकर्त्ता से बीमित का

B. बीमाकर्त्ता का पुनर्बीमाकर्त्ता से

C. मूल बीमित का पुनर्बीमाकर्त्ता से

D. बीमित का बीमित से

**65.** पुनर्बीमा के क्षेत्र में किसका-किससे सम्बन्ध होता है ?

A. बीमाकर्त्ता से बीमित का

B. बीमाकर्त्ता का पुनर्बीमाकर्त्ता से

C. मूल बीमित का पुनर्बीमाकर्त्ता से

D. बीमित का बीमित से

**66.** बीमा-पत्र के कालातीत होने से क्या तात्पर्य है ?

A. बीमा-पत्र का परिपक्व हो जाना

B. बीमित की मृत्यु हो जाना

C. बीमा-पत्र का खो जाना

D. बीमित द्वारा बीमा-पत्र की परिपक्वता तिथि से पूर्व ही प्रीमियम का भुगतान न कर पाना

**67.** बीमा-पत्र के कालातीत हो जाने पर भी बीमा कम्पनी बीमित को परिपक्वता तिथि पर एक निश्चित धनराशि का भुगतान करती है, कहलाता है :

A. समर्पण मूल्य          B. चुकता मूल्य

C. अधिमूल्य               D. इनमें से कोई नहीं

**68.** चुकता मूल्य बीमित को तभी प्राप्त होता है, जब :

A. उसने सम्पूर्ण प्रीमियम किस्तों का भुगतान किया हो

B. कुछ निश्चित वर्षों तक प्रीमियम का भुगतान किया हो

C. प्रीमियम का बिल्कुल भुगतान नहीं किया हो

D. जब अन्तिम किस्त न चुकाई हो

**69.** आजीवन बीमा-पत्र का भुगतान मिलता है :

A. बीमित को

B. बीमित के जीवित रहते हुए उसके उत्तराधिकारी को

C. बीमित की मृत्यु पर उसके आश्रितों कों

D. उपरोक्त कोई नहीं

**70.** आजीवन बीमा पत्र की स्थिति में बीमित यदि 100 वर्ष की आयु पूरी कर लेता है तो बीमापत्र का भुगतान किसे प्राप्त होगा ?

A. बीमित को

B. बीमित की पत्नी को

C. बीमित के रिश्तेदारों को

D. बीमित के परिवार को

**71.** जीवन बीमा में कौन-सा बीमा-पत्र सम्पूर्ण जीवनकाल के लिए निर्गमित किया जाता है ?

A. जीवन मित्र बीमा पत्र     B. बन्दोबस्ती बीमा-पत्र

C. आजीवन बीमा-पत्र        D. मनी बैंक बीमा पत्र

**72.** संयुक्त जीवन बन्दोबस्ती बीमा-पत्र में किसी एक बीमित की मृत्यु हो जाने पर बीमा राशि का भुगतान प्राप्त करने का अधिकार होता है :

A. जीवित बीमित को

B. जीवित बीमितों को

C. जीवित बीमित तथा मृत बीमित के उत्तराधिकारी को

D. A या B को

**73.** एक निश्चित समयावधि अन्तराल से बीमा राशि का एक पूर्व-निर्धारित भाग प्राप्त होता है :

A. आजीवन बीमा-पत्र में

B. जीवन मित्र बीमा पत्र में

C. मनी बैंक बीमा-पत्र में

D. संयुक्त जीवन बीमा-पत्र में

**74.** जीवन मित्र दोहरी सुरक्षा बन्दोबस्ती बीमा-पत्र में बीमित की मृत्यु हो जोने पर नामांकिती को बीमाधन की :

A. दुगनी राशि प्राप्त होती है

B. तीन गुनी प्राप्त होती है

C. वही राशि प्राप्त होती है

D. कुछ भी प्राप्त नहीं होता है

**75.** अग्नि बीमा में मूल्यांकित बीमा-पत्रधारी ने 5 लाख का बीमा करा रखा है। अग्नि से 6 लाख की हानि हो जाती है। बीमा कम्पनी कितना भुगतान करेगी ?

A. 5 लाख

B. 6 लाख

C. सर्वेयर के आंकलन के अनुसार

D. बीमा कम्पनी जो उचित समझे

**76.** ''औसत वाक्य'' किस बीमा-पत्र में जुड़ा रहता है ?

A. चल बीमा-पत्र         B. विशिष्ट बीमा-पत्र

C. औसत बीमा-पत्र       D. मूल्यांकित बीमा-पत्र

**77.** अग्नि बीमा पत्र में चल बीमा-पत्र उपयुक्त रहता है :

A. एक स्थान पर स्थित सम्पत्तियों के लिए

B. विभिन्न स्थानों पर स्थिति सम्पत्ति के लिए

C. चलायमान सम्पत्ति के लिए

D. B और C दोनों के लिए

**78.** अग्नि बीमा में वह कौन-सा बीमा पत्र है जिसके अन्तर्गत लाभों को होने वाली क्षति की जोखिम के विरूद्ध सुरक्षा प्रदान की जाती है :

A. चल बीमा-पत्र

B. विशिष्ट बीमा-पत्र

C. परिणामिक हानि बीमा-पत्र

D. औसत बीमा-पत्र

**79.** अवधि बीमा-पत्र (सामुद्रिक बीमा में) की अधिकतम अवधि कितनी होती है ?

A. 3 माह            B. 6 माह

C. 9 माह            D. 12 माह

**80.** मुम्बई से न्यूयार्क के लिए समुद्री यात्रा हेतु कौन-सा बीमा-पत्र उपयुक्त रहेगा ?

A. मिश्रित बीमा-पत्र       B. मूल्यांकित बीमा-पत्र

C. अवधि बीमा-पत्र        D. यात्रा बीमा-पत्र

**81.** समुद्री बीमा में मिश्रित बीमा-पत्र लिया जाता है :

A. यात्रा के लिए

B. समय के लिए

C. यात्रा और मूल्य के लिए

D. यात्रा और समय के लिए

**82.** मूल्यांकित बीमा-पत्र (समुद्री बीमा) में क्षतिपूर्ति प्राप्त होती है :

A. क्षति के समय पूर्व निर्धारित मूल्य के अनुसार

B. वास्तविक क्षति के अनुसार

C. सर्वेयर की रिपोर्ट के अनुसार

D. बीमा कम्पनी की इच्छानुसार

**83.** किस बीमा-पत्र के अन्तर्गत (समुद्री बीमा में) हानि होने पर ही बीमा की विषय-वस्तु का मूल्य निर्धारण किया जाता है ?

A. मूल्यांकित बीमा-पत्र   B. अमूल्यांकित बीमा-पत्र

C. मिश्रित बीमा-पत्र      D. चल बीमा-पत्र

**84.** समुद्री बीमा में चल/खुला बीमा-पत्र उन व्यवसायियों के लिए उपयोगी होता है, जो :

A. वर्षभर निरन्तर माल भेजते रहते हैं

B. कभी-कभी माल भेजते रहते हैं

C. एक बार भेजते हैं

D. कोई नहीं

**85.** एक ही स्वामी के दो जहाज टकरा जाने पर बीमा कम्पनी किस वाक्यांश के अन्तर्गत भुगतान के लिए उत्तरदायी होता है :

A. सिस्टर शिप वाक्य      B. पुन: बीमा वाक्य

C. विदेशी व्यापक वाक्य   D. चालू वाक्य

**86.** समुद्री मार्ग में जहाज द्वारा माल ढोने की क्षमता में कमी आ जाने के कारण जहाज को बचाने के लिए कुछ माल को समुद्र में फेंकने की क्रिया कहलाती है :

A. बैरटरी               B. बर्गलेरी

C. जेटिसन              D. कोलिसन

**87.** समुद्री बीमा में ''पर और से'' वाक्य से तात्पर्य है :

A. बन्दगाह पर खड़े जहाज एवं उसमें लदे माल के प्रति दायित्व

B. जहाज बन्दरगाह को छोड़कर यात्रा प्रारम्भ करता है

C. A और B दोनों

D. इनमें से कोई नहीं

## उत्तरमाला

| 1 | 2 | 3 | 4 | 5 | 6 | 7 | 8 | 9 | 10 |
|---|---|---|---|---|---|---|---|---|---|
| B | D | C | D | B | A | A | B | A | A |
| **11** | **12** | **13** | **14** | **15** | **16** | **17** | **18** | **19** | **20** |
| A | B | D | A | C | B | D | A | A | D |
| **21** | **22** | **23** | **24** | **25** | **26** | **27** | **28** | **29** | **30** |
| C | A | D | C | A | B | C | B | A | B |
| **31** | **32** | **33** | **34** | **35** | **36** | **37** | **38** | **39** | **40** |
| A | C | B | C | B | A | C | D | D | C |
| **41** | **42** | **43** | **44** | **45** | **46** | **47** | **48** | **49** | **50** |
| D | A | D | A | A | C | D | C | B | A |
| **51** | **52** | **53** | **54** | **55** | **56** | **57** | **58** | **59** | **60** |
| B | B | B | A | C | D | B | A | C | C |
| **61** | **62** | **63** | **64** | **65** | **66** | **67** | **68** | **69** | **70** |
| D | B | B | A | A | D | B | B | C | A |
| **71** | **72** | **73** | **74** | **75** | **76** | **77** | **78** | **79** | **80** |
| C | D | C | A | A | C | D | C | D | D |
| **81** | **82** | **83** | **84** | **85** | **86** | **87** | | | |
| D | A | B | A | A | C | C | | | |

---

# 31. विविध
# (MISCELLANEOUS)



**1.** निम्न में से किस वर्ष का बिजली कम्पनी (पूर्ति) अधिनियम बिजली कम्पनियों के लिए लागू होता है ?

   A. सन् 1948         B. सन् 1958

   C. सन् 1970         D. सन् 1982

**2.** बैंकिंग कम्पनी के वार्षिक खातों पर हस्ताक्षर हेतु अधिकृत है :

   A. प्रबन्धक

   B. प्रबन्धक या प्रमुख अधिकारी

   C. कम से कम तीन संचालक

   D. B और C दोनों

**3.** बैंकिंग कम्पनी के वार्षिक खातों का अंकेक्षण कर सकता है :

   A. C.A.          B. सर्टिफाइड ऑडिटर

   C. A या B में से कोई भी   D. एकाउण्टेण्ट

**4.** बैंकों का राष्ट्रीयकरण निम्नलिखित में से किस वर्ष किया गया ?

   A. सन् 1956         B. सन् 1970

   C. सन् 1980         D. सन् 1990

**5.** जीवन बीमा का राष्ट्रीयकरण किस वर्ष किया गया था ?

   A. सन् 1956         B. सन् 1960

   C. सन् 1968         D. सन् 1969

**6.** भारत में सामान्य बीमा व्यवसाय का राष्ट्रीयकरण किया गया था :

   A. सन् 1970         B. सन् 1972

   C. सन् 1982         D. सन् 1990

**7.** बैंकिंग कम्पनी को वर्ष समाप्ति के कितने माह के भीतर अन्तिम खाते अंकेक्षण रिपोर्ट फाइल करना पड़ता है ?

   A. 2 माह          B. 3 माह

   C. 4 माह          D. 6 माह

**8.** वर्ष समाप्ति के कितने माह के भीतर बैंकिंग कम्पनी के अन्तिम खाते व अंकेक्षण रिपोर्ट अखबार में प्रकाशित होने चाहिए ?

   A. 2 माह          B. 3 माह

   C. 4 माह          D. 6 माह

**9.** बैंकिंग कम्पनियां किस प्रकार का अंकेक्षण अपनाती है ?

   A. चालू अंकेक्षण      B. निष्पत्ति अंकेक्षण

   C. निपुणता अंकेक्षण    D. सामयिक अंकेक्षण

**10.** बैंकिंग कम्पनी का चिट्ठा व लाभ-हानि खाता बैंकिंग अधिनियम की किस धारा के अनुसार तैयार किया जाता है ?

   A. धारा 28          B. धारा 29

   C. धारा 30          D. धारा 31

**11.** बैंकिंग कम्पनी के खाते किस धारा के अनुसार अंकेक्षण द्वारा तैयार करवाए जाता है ?

   A. धारा 28          B. धारा 29

   C. धारा 30          D. धारा 31

**12.** एक बैंकिंग कम्पनी के अंकेक्षक के अधिकार, कर्त्तव्य व दायित्व निर्धारित होते हैं :

   A. कम्पनी अधिनियम द्वारा

   B. बैंकिंग नियमन अधिनियम द्वारा

   C. पारस्परिक अनुबन्ध द्वारा

   D. उक्त सभी द्वारा

**13.** बैंकिंग कम्पनी के चालू अंकेक्षण हेतु प्रमाणन का कार्य करता है :

   A. C.A.          B. ऑडिट क्लर्क

   C. एकाउण्टेण्ट       D. सर्टिफाइड ऑडिटर

**14.** बैंकिंग रेगूलेशन एक्ट के अतिरिक्त कौन-सा अधिनियम राष्ट्रीयकृत बैंकों के कार्यों के लिए लागू होता है :

   A. स्टेट बैंक ऑफ इण्डिया एक्ट, 1955

   B. स्टेट बैंक ऑफ इण्डिया (सबसीडियरी बैंक्स एक्ट), 1959

   C. रीजनल रूरल बैंक्स एक्ट, 1976

   D. उपरोक्त सभी

**15.** बैंकिंग कम्पनी द्वारा एक निश्चित सीमा ऋण देने की गारण्टी व सामान्यत: स्टॉक बन्धक किस ऋण एवं अग्रिम के अन्तर्गत आता है :
- A. नकद साख
- B. बैंक अधिविकर्ष
- C. भुनाए गए एवं क्रय किए गए बिल
- D. उक्त सभी

**16.** चालू खाते पर निश्चित सीमा तक जमा राशि से अधिक आहरण की सुविधा किस ऋणपत्र अग्रिम के अन्तर्गत की जाती है ?
- A. नकद साख
- B. बैंक अधिविकर्ष
- C. भुनाए गए एवं क्रय किए गए बिल
- D. उक्त सभी

**17.** एक बैंकिंग कम्पनी द्वारा ऋण एवं अग्रिम के सम्बन्ध में दिए जाने वाले विवरण का क्रम है :
- A. कैश-क्रेडिट, ऋण, बैंक अधिविकर्ष, भुनाए गए एवं क्रयाकिए गए बिल
- B. ऋण, कैश-क्रेडिट, बैंक अधिविकर्ष, भुनाए गए एवं क्रय किए गए बिल
- C. बैंक अधिविकर्ष, कैश-क्रेडिट, ऋण, भुनाए गए एवं क्रय किए गए बिल
- D. भुनाए गए एवं क्रय किए गए बिल, कैश-क्रेडिट, ऋण, बैंक अधिविकर्ष

**18.** बैंकिंग कम्पनी की अंकेक्षण रिपोर्ट में शामिल की जाने वाली बातों का उल्लेख है :
- A. बैंकिंग अधिनियम की धारा 226
- B. कम्पनी अधिनियम की धारा 226
- C. कम्पनी अधिनियम की धारा 227
- D. बैंकिंग अधिनियम की धारा 227

**19.** एक बैंकिंग कम्पनी की अंकेक्षण रिपोर्ट में शामिल की जाने वाली बात है :
- A. अंकेक्षक द्वारा मांगी गई सूचनाएं एवं स्पष्टीकरण संतोषप्रद है अथवा नहीं
- B. कम्पनी के लेन-देन कम्पनी के अधिकार क्षेत्र में है अथवा नहीं
- C. कम्पनी के शाखा-कार्यालयों से प्राप्त रिटर्न उसके अंकेक्षण कार्य के लिए पर्याप्त है या नहीं
- D. उक्त सभी

**20.** एक बैंकिंग कम्पनी की सम्पत्तियों के सत्यापन हेतु आवश्यक है :
- A. अन्तिम खाते बनाने की तिथि पर अंकेक्षक को व्यक्तिश: नकद राशि का सत्यापन करना चाहिए
- B. बैंक में जमा राशि का प्रमाण पत्र लेना चाहिए
- C. अन्तिम तिथि पर प्राप्त चैक, ड्राफ्ट आदि की जांच करनी चाहिए
- D. उक्त सभी

**21.** विश्वविद्यालय स्तर की किसी बड़ी शिक्षण संस्था में अंकेक्षण का मुख्य पहलु होता है :
- A. स्टॉफ प्रोविडेण्ट फण्ड की अंकेक्षण प्रक्रिया
- B. वेतन-प्रमाणकों की जांच
- C. कर्मचारी उपस्थिति की जांच
- D. उक्त सभी

**22.** सिनेमा अंकेक्षण हेतु अंकेक्षक अपनी अंकेक्षण प्रक्रिया प्रारम्भ करता है:
- A. नियमों की जानकारी से
- B. आन्तरिक नियन्त्रण प्रणाली की जानकारी से
- C. A और B दोनों से
- D. रोकड़ बही से

**23.** सिनेमा कम्पनी की आय का प्रमाणन हेतु अंकेक्षक अवलोकन नहीं करता है :
- A. टिकटों के पर्ण-प्रति पर्ण का
- B. मनोरंजन कर का
- C. अग्रिम बुकिंग प्रणाली का
- D. पर्दे पर विज्ञापनों से आय का

**24.** सिनेमा कम्पनी के व्यय-प्रमाणन हेतु अंकेक्षक देखता है :
- A. किराए के बीजक एवं प्रसंविदे की जांच
- B. कर्मचारियों के वेतन प्राप्त व मजदूरी-प्रपत्र
- C. मनोरंजन कर हेतु विभागीय निरीक्षक का प्रमाण-पत्र
- D. उक्त सभी

**25.** विद्युत कम्पनी के अंकेक्षण हेतु एक अंकेक्षक को ज्ञान होना आवश्यक है :
- A. बिजली अधिनियम, 1910
- B. बिजली आपूर्ति अधिनियम, 1948
- C. A और B दोनों
- D. बैंकिंग नियमन अधिनियम

**26.** विद्युत कम्पनी का आय का साधन नहीं है :

A. मीटर व यंत्र किराये पर देना
B. बिजली विवरण के व्यय
C. शक्ति बेचना
D. विनियोग से व्यय

**27.** विद्युत कम्पनी के व्यय का साधन नहीं है :
A. विद्युत कम्पनी में विनियोग के व्यय
B. बिजली वितरण के व्यय
C. ऋणों पर व्यय
D. प्रबन्ध व्यय

**28.** विद्युत कम्पनी के अंकेक्षण हेतु अंकेक्षक को ध्यान रखना चाहिए :
A. अधिनियम, सीमानियम व अन्तर्नियमों का
B. आन्तरिक नियन्त्रण प्रणाली का
C. उपभोक्ता छूट संचय खाते का
D. उक्त सभी का

**29.** बीमा कम्पनी द्वारा '' दावों के भुगतान'' के सत्यापन में अंकेक्षक का कार्य है :
A. पुनर्बीमा दावे की जांच पुनर्बीमा रजिस्टर से
B. बकाया दावों की जांच
C. दायित्वों एवं दावे के मूल्यांकन की जांच
D. उक्त सभी

**30.** बीमा कम्पनी के अंकेक्षण हेतु अंकेक्षक को जानकारी होनी चाहिए :
A. बीमा विधान की
B. आन्तरिक नियन्त्रण प्रणाली की
C. A और B दोनों की
D. कम्पनी के नियमों की

**31.** बीमा कम्पनी के आय प्रमाणन हेतु आवश्यक है :
A. पुनर्बीमा रजिस्टर से पुनर्बीमा की जांच
B. पॉलिसी रजिस्टर में दर्ज पॉलिसियों का निर्गमन तथा प्रीमियम रजिस्टर से प्रमाणन
C. बकाया प्रीमियम की जांच
D. उक्त सभी

**32.** बीमा कम्पनी के व्यय प्रमाणन हेतु आवश्यक है :
A. पुनर्बीमा दावे की जांच पुनर्बीमा रजिस्टर से
B. असमाप्त जोखिमों के संचय की पर्याप्तता की जांच
C. प्रबन्ध व्ययों को उचित शीर्षकों में विभाजित किया जाना चाहिए
D. उक्त सभी

**33.** बीमा कण्ट्रोलर के पास वार्षिक खातों की कितनी प्रतियां भेजी जाती हैं ?
A. 2            B. 3
C. 4            D. 5

**34.** बीमा कम्पनी के वार्षिक खाते की प्रतियां किसके पास भेजी जाती हैं ?
A. रजिस्ट्रार के पास
B. बीमा-कन्ट्रोलर के पास
C. आयकर आयुक्त के पास
D. उक्त सभी के पास

**35.** बीमा कन्ट्रोलर के पास भेजी जाने वाली कितनी प्रति पर अंकेक्षक के हस्ताक्षर होने चाहिए ?
A. 1            B. 2
C. 3            D. 4

**36.** बीमा कम्पनी में अंकेक्षक का विशेष कर्त्तव्य नहीं है :
A. बीमा कन्ट्रोलर के पास भेजी जाने वाली 4 प्रतियों में किसी एक पर हस्ताक्षर
B. बीमा कन्ट्रोलर के पास भेजी जाने वाली 4 प्रतियों में से किसी 2 पर हस्ताक्षर
C. प्रबन्धकीय व्ययों के सम्बन्ध में प्रमाण पत्र पर अपने हस्ताक्षर
D. उक्त में से कोई नहीं

**37.** एक अस्पताल के अंकेक्षण हेतु अंकेक्षक करता है :
A. प्रन्यास पत्र का अध्ययन
B. सम्पत्तियों का भौतिक सत्यापन
C. आय व्यय का प्रमाणन
D. उक्त सभी

**38.** एक निजी अस्पताल के अंकेक्षण हेतु अंकेक्षक अपना कार्य प्रारम्भ करता है :
A. रोकड़ बही की जांच से
B. प्रन्यास पत्र के अध्ययन से
C. आन्तरिक नियन्त्रण प्रणाली की जानकारी से
D. A और C दोनों से

**39.** क्लब के अंकेक्षण हेतु अंकेक्षक को अपना कार्य प्रारम्भ करना चाहिए :
A. आन्तरिक नियन्त्रण प्रणाली की जानकारी से
B. क्लब के नियमों व उद्देश्य की जांच से
C. रोकड़ बही से
D. उक्त सभी से

**40.** होटल के अंकेक्षण हेतु अंकेक्षक अपना कार्य प्रारम्भ करता है :
- A. होटल में रखी जाने वाली लेखा पुस्तकों की जानकारी से
- B. आन्तरिक नियन्त्रण प्रणाली की जानकारी से
- C. A और B दोनों से
- D. रोकड़ बही से

## B. गैर व्यापारिक संस्थाओं के लेखे (ACCOUNTS OF NON–PROFIT MAKING ORGANISATIONS)

**1.** गैर व्यापारिक संस्थाएं लाभ-हानि ज्ञात करने हेतु तैयार करती है :
- A. व्यापार खाता
- B. लाभ-हानि नियोजन खाता
- C. आय-व्यय खाता
- D. निर्माणी खाता

**2.** स्टेशनरी के लिए भुगतान किया 1,670 रु., वर्ष के अन्त में अन्तिम स्टॉक 140 रु., लाभ-हानि खाते में डेबिट होगें :
- A. 1,530 रु.
- B. 1,810 रु.
- C. 1,740 रु.
- D. कुछ नहीं

**3.** आय-व्यय खाते में डेबिट की जाने वाली राशि होगी : वर्ष के व्यय 1,800 रु., अदत्त व्यय (1-1-2004) 500 रु., अदत्त व्यय (3-12-2004) 400 रु.
- A. 1,800 रु.
- B. 1,700 रु.
- C. 1,850 रु.
- D. 1,900 रु.

**4.** निम्नलिखित से प्राप्ति एवं भुगतान खाते में डेबिट की जाने वाली राशि होगी :
वर्ष के बाद 1,260 रु. अन्तिम स्टॉक 50 रु. प्रारम्भिक स्टॉक 300 रु. प्रारम्भिक लेनदार 200 रु., अन्तिम लेनदार 130 रु.
- A. 1,080 रु.
- B. 1,210 रु.
- C. 1,510 रु.
- D. 1,1260 रु.

**5.** वर्ष का प्राप्त चन्दा 5,000 रु. अग्रिम प्राप्त चन्दा 500 रु., बकाया चन्दा 300 रु., आय-व्यय खाते में क्रेडिट की गई राशि होगी :
- A. 5,100 रु.
- B. 4,800 रु.
- C. 5,500 रु.
- D. 5,300 रु.

**6.** निम्नलिखित से आय-व्यय खाते में प्रविष्ट राशि होगी :
स्टेशनरी का प्रारम्भिक एवं अन्तिम स्टॉक 1,200 रु. एवं 200 रु., वर्ष में चुकाई गई राशि 4,320 रु., स्टेशनरी के प्रारम्भिक एवं अन्तिम अदत्त लेनदार क्रमश: 800 एवं 520 रु.
- A. 5,840 रु.
- B. 5,240 रु.
- C. 4,520 रु.
- D. 5,040 रु.

**7.** 31 दिसम्बर, 2003 को स्टेशनरी का शेष 100 रु., वर्ष में क्रय की 1,600 रु. 31 दिसम्बर 2004 को स्टेशनरी का शेष 120 रु., आय-व्यय खाते में प्रकट राशि होगी :
- A. 1,700 रु.
- B. 1,480 रु.
- C. 1,580 रु.
- D. 1,820 रु.

**8.** वर्ष में स्टेशनरी हेतु भुगतान किया 1,500 रु. 1 वर्ष के अन्त में स्टेशनरी का शेष रहा 150 रु. 1 आय-व्यय खाते में प्रविष्ट राशि होगी :
- A. 1,500 रु.
- B. 1,350 रु.
- C. 1,650 रु.
- D. उपर्युक्त में से कोई नहीं

**9.** एक क्लब के दैनिक व्यवहारों का लेखा होगा :
- A. प्राप्ति भुगतान खाते में
- B. रोकड़ बही में
- C. आय-व्यय खाते में
- D. अन्य खाता बही में

**10.** आय-व्यय खाते की प्रकृति है :
- A. व्यक्तिगत खाता है
- B. वस्तुगत खाता है
- C. नाम मात्र का खाता है
- D. संस्थागत खाता है

**11.** पूंजीगत मदें आय-व्यय खाते में दिखाई जाती हैं :
- A. आय पक्ष में
- B. व्यय पक्ष में
- C. समायोजन की भांति
- D. दिखाई नहीं जाती हैं

**12.** देनदारों पर बट्टा आयोजन को प्राप्ति भुगतान खाते में दिखाया जाएगा :
- A. डेबिट पक्ष में
- B. क्रेडिट पक्ष में
- C. डेबिट पक्ष में प्राप्ति में से घटाकर
- D. दिखाया नहीं जाता है

**13.** 'क्लब हेतु फर्नीचर खरीदा' आय-व्यय खाते में प्रविष्ट होगा :
- A. डेबिट में
- B. क्रेडिट में
- C. व्ययों में जुड़ेगा
- D. दिखाया नहीं जाता है

**14.** गैर-व्यापारिक संस्थाओं के अन्तिम खातों में समायोजन प्रभावी होते हैं :
- A. प्राप्ति भुगतान खाते में

B. आय-व्यय खाते में

C. आय-व्यय खाते एवं चिट्ठे में

D. उपर्युक्त सभी में

**15.** एक क्लब द्वारा प्राप्त अग्रिम चन्दा कहां दिखाया जाता है?

A. आय-व्यय खाते के क्रेडिट में

B. आय-व्यय खाते के डेबिट में

C. स्थिति विवरण के दायित्व पक्ष में

D. स्थिति विवरण के सम्पत्ति पक्ष में

**16.** चालू वर्ष के दौरान प्रवेश शुल्क को मानना चाहिए :

A. पूंजीगत आय

B. आयगत प्राप्ति

C. सूचना के अभाव में आयगत

D. उपर्युक्त में से कोई नहीं

**17.** चालू वर्ष में प्राप्त अग्रिम चन्दा प्रविष्ट किया जाता है :

A. आय-व्यय खाते के आय पक्ष में

B. प्राप्ति भुगतान खाते के नाम पक्ष में

C. प्राप्ति एवं भुगतान खाते के नाम पक्ष तथा चिट्ठे में

D. आय-व्यय खाते एवं चिट्ठे में

**18.** दिया गया है-स्थायी सम्पत्तियां 1,50,000 रु., बैंक ऋण 50,000 रु., बकाया चन्दा 3,000 रु. तो संस्था की पूंजी होगी :

A. 97,000 रु.            B. 1,50,000 रु.

C. 2,03,000 रु.            D. 1,03,000 रु.

**19.** आय-व्यय खाते में वेतन की राशि 15,000 रु., प्राप्ति भुगतान खाते में वेतन 12,000 रु., अन्तर का कारण है :

A. वेतन बकाया है 3,000 रु.

B. वेतन अग्रिम चुकाया 3,000 रु.

C. वेतन कर्मचारियों ने त्यागा है

D. उपर्युक्त में से नहीं

**20.** आय-व्यय खाते की मदों का सम्बन्ध होता है :

A. वर्तमान वर्ष से            B. गत वर्ष से

C. आगामी वर्ष से            D. उपर्युक्त सभी से

**21.** निम्नलिखित में आय-व्यय खाते में न लिखी जाने वाली मद है :

A. सरकारी सहायता

B. मानदेय

C. विशिष्ट दान

D. पुरानी चल सामग्री की बिक्री

**22.** निम्नलिखित में से कौन-सी मद प्राप्ति भुगतान खाते एवं आय-व्यय खाते दोनों में लिखी जाएगी ?

A. अदत्त वेतन

B. रोकड़ शेष

C. सम्पत्ति की बिक्री पर लाभ

D. मानदेय का भुगतान

**23.** एक पत्रिका के प्रकाशन द्वारा 'पेशगी प्राप्त चन्दा' वर्गीकृत किया जाना चाहिए :

A. अर्जित लाभ            B. अनुपार्जित लाभ

C. पूर्व प्रकाशन प्राप्ति            D. भावी लाभ

**24.** आय-व्यय खाता रखता है :

A. प्रारम्भिक जमा शेष

B. प्रारम्भिक नाम शेष

C. कोई प्रारम्भिक शेष नहीं

D. अन्य कोई शेष

**25.** निवेश पर ब्याज प्राप्त हुआ 500 रु., इसमें पूर्व वर्ष का अर्जित ब्याज 100 रु. शामिल है, आय-व्यय खाते में प्रकट होंगे :

A. 400 रु.            B. 500 रु.

C. 600 रु.            D. 100 रु.

**26.** दिया गया है :

Prize Fund 4,000 रु. Prizes Paid 1,500 रु., आय-व्यय खाते मे ले जाई जाने वाली राशि होगी :

A. 1,500 रु.            B. 2,500 रु.

C. 4,000 रु.            D. कुछ नहीं

**27.** Match Fund 5,000 रु. Expenses of Match 6,200 रु., आय-व्यय खाते में राशि ले जाई जाएगी :

A. 1,200 रु.            B. 6,200 रु.

C. 5,000 रु.            D. कुछ नहीं

**28.** प्राप्ति भुगतान खाता है :

A. रोकड़ बही का सारांश

B. बैंक खाते का संक्षिप्त रूप

C. आय-व्यय खाते का सारांश

D. चिट्ठे की आधारशिला

**29.** प्राप्ति भुगतान खाते में बकाय खर्च एवं पूर्वदत्त व्यय लिखे जाते हैं :

A. डेबिट एवं क्रेडिट क्रमश:

B. क्रेडिट एवं डेबिट क्रमश:

C. प्राप्ति भुगतान खाते में सम्बन्धित मदों में जोड़कर एवं घटाकर

D. उपर्युक्त में से कोई नहीं

**30.** प्रारम्भिक शेष से चालू होकर अन्तिम शेष से बन्द होने वाला खाता है :

A. व्यापार खाता     B. लाभ-हानि खाता

C. आय-व्यय खाता     D. प्राप्ति एवं भुगतान खाता

**31.** आय-व्यय खाता तैयार करते हैं :

A. उद्योग संचालक

B. व्यापारिक संस्थाएं

C. सार्वजनिक हितार्थ संस्थाएं

D. राजनैतिक संगठन

**32.** निम्नलिखित में सही मेल बनाइए :

| *सूची I* | *सूची II* |
|---|---|
| *(a)* प्राप्ति भुगतान खाता | 1. आयगत मदें |
| *(b)* आय-व्यय खाता | 2. दायित्व |
| *(c)* भवन कोष | 3. पूंजीकृत |
| *(d)* आजीवन सदस्यता शुल्क | 4. रोकड़ बही का सारांश |

| | *(a)* | *(b)* | *(c)* | *(d)* |
|---|---|---|---|---|
| A. | 4 | 3 | 2 | 1 |
| B. | 4 | 1 | 2 | 3 |
| C. | 1 | 2 | 3 | 4 |
| D. | 2 | 3 | 4 | 1 |

**33.** निम्नलिखित में गैर व्यापारिक संस्था है :

A. रोटरी क्लब     B. बी.एम.एल.लि.

C. ग्वालियर ग्रेसिम     D. म्युचुअल फण्ड

**34.** जन सेवा करने वाली संस्थाएं लाभ ज्ञात करने हेतु तैयार करती हैं :

A. व्यापार खाता     B. लाभ-हानि खाता

C. आय-व्यय खाता     D. प्राप्ति एंव भुगतान खाता

**35.** निम्नलिखित में गैर-व्यापारिक संस्था कहलाएगी :

A. होटल ताज     B. परिवहन कम्पनी

C. विद्युत् प्रदाय कम्पनी     D. स्टडी सोसायटी

**36.** गैर-व्यापारिक संस्थाओं की मूल लेखे की पुस्तकें हैं :

(i) जर्नल (ii) रोकड़ बही (iii) क्रय बही (iv) स्टॉक रजिस्टर (v) सदस्य रजिस्टर

A. (i), (ii), (iii)     B. (ii), (iv), (v)

C. (i), (ii)     D. (ii), (iii)

**37.** सदस्यता शुल्क एवं प्रवेश शुल्क की जांच की जाती है :

A. रोकड़ बही से     B. स्टॉक रजिस्टर से

C. सदस्यों के रजिस्टर से     D. उपर्युक्त सभी से

**38.** प्राप्ति भुगतान खाते का डेबिट पक्ष प्रकट करता है :

A. आय     B. प्राप्तियां

C. हानि एवं व्यय     D. समायोजन

**39.** प्राप्ति भुगतान खाते के डेबिट में लिखी जाने वाली प्रमुख मद है :

A. प्रवेश शुल्क     B. सम्पत्ति विक्रय पर लाभ

C. किराया चुकाया     D. दान दिया

**40.** प्राप्ति भुगतान खाते की प्रकृति है :

A. एक व्यक्तिगत खाता

B. एक वस्तुगत खाता

C. एक नाम मात्र का खाता

D. उत्पादन खाता

**41.** प्राप्ति एवं भुगतान खाते के सम्बन्ध में सत्य है :

A. एक मुख्य खाता है

B. दोहरा लेखा प्रणाली का अंग है

C. एक स्मरणार्थ खाता है

D. खाता नहीं है

**42.** प्राप्ति एवं भुगतान खाता तैयार किया जाता है :

A. लेन-देन की तिथि को

B. वर्ष के प्रारम्भ में

C. सचिव की इच्छा से कभी भी

D. वर्ष के अन्त में

**43.** कौन-सी मद प्राप्ति भुगतान खाते में नहीं दिखाई जाएगी ?

A. गत वर्ष के वेतन का भुगतान

B. पेशगी वेतन

C. चालू वर्ष का वेतन

D. बकाया वेतन

**44.** प्राप्ति एवं भुगतान खाते में दिखाई जाने वाली मद निम्नलिखित में से है :

A. पूर्वदत्त व्यय     B. अदत्त किराया

C. डूबत ऋण आयोजन     D. आजीवन सदस्यता शुल्क

**45.** प्राप्ति एवं भुगतान खाते के डेबिट में सर्वप्रथम लिखा जाता है :

A. प्रवेश शुल्क

B. रोकड़ बही का प्रारम्भिक शेष

C. आजीवन सदस्यता शुल्क

D. सम्पत्तियों का विक्रय मूल्य

**46.** प्राप्ति एवं भुगतान खाते में जाने वाली मदें हैं :

A. केवल आयगत मदें

B. केवल पूंजीगत मदें

C. आयगत एवं पूंजीगत मदें

D. केवल आयगत प्राप्तियां

**47.** अनाथालय को भवन बनाने हेतु दान मिला, प्रकट होगा :

A. आय-व्यय खाते में

B. चिट्ठे के सम्पत्ति पक्ष में

C. चिट्ठे के दायित्व पक्ष में

D. उपर्युक्त सभी में

**48.** एक पुस्तकालय क्लब ने (दूब) घास बेची—आय होगी:

A. आयगत        B. पूंजीगत

C. उपार्जित आय        D. सम्पत्ति का विक्रय

**49.** कौन सी मद आय-व्यय खाते एवं प्राप्ति भुगतान खाते दोनों में दिखाई जाएगी ?

A. फर्नीचर खरीदा

B. पूर्वदत्त बीमा

C. अग्नि बीमा प्रीमियम चुकाया

D. बैंक शेष

**50.** गैर व्यापारिक संगठन की पूंजी कोष की राशि होती है :

A. सम्पत्तियां-दायित्व     B. दायित्व-सम्पत्तियां

C. आय-व्यय        D. प्राप्ति-भुगतान

**51.** आय-व्यय खाते में आय एवं व्यय लिखे जाते हैं :

A. आय एवं व्यय दोनों बाईं ओर

B. दोनों दाईं ओर

C. आय बाईं ओर व्यय दाईं ओर

D. आय दाईं ओर व्यय बाईं ओर

**52.** प्राप्ति भुगतान खाते में प्राप्तियां दिखाई जाती हैं :

A. डेबिट पक्ष में        B. क्रेडिट पक्ष में

C. दाहिनी ओर        D. दोनों पक्षों में

**53.** प्राप्ति एवं भुगतान खाते में कौन-सी मद जमा पक्ष में लिखी जाएगी ?

A. उधार खरीद

B. बकाया मजदूरी

C. सम्पत्ति विक्रय पर हानि

D. नकद मजदूरी दी

**54.** आजीवन सदस्यता शुल्क एक मद है :

A. आयगत

B. पूंजीगत

C. कभी आयगत कभी पूंजीगत

D. उपर्युक्त में से कोई नहीं

**55.** प्रवेश शुल्क है :

A. आयगत मद

B. पूंजीगत मद

C. आयगत या पूंजीगत दोनों

D. उपर्युक्त में से कोई नहीं

**56.** साइकिल स्टैण्ड बनाने हेतु दान प्राप्त हुआ, यह प्राप्ति है:

A. पूंजीगत        B. आयगत

C. समायोजन        D. कोष मद

**57.** क्लब की गतिविधियों के संचालन हेतु दान की प्राप्ति दिखाई जाएगी :

A. प्राप्ति भुगतान खाते में

B. आय-व्यय खाते में

C. प्राप्ति एवं भुगतान तथा आय-व्यय दोनों में

D. चिट्ठे में

**58.** विद्यालय के वार्षिक उत्सव कोष का शेष 5,000 रु. है। वार्षिक उत्सव पर व्यय 2,500 रु. हुआ, यह राशि लिखी जाएगी :

A. आय-व्यय खाते के डेबिट में

B. वार्षिक उत्सव कोष में

C. आय-व्यय खाते के क्रेडिट में

D. चिट्ठे के सम्पत्ति पक्ष में

**59.** पुराने समाचार-पत्रों की रद्दी के विक्रय की आय है :

A. पूंजीगत प्राप्ति

B. आयगत प्राप्ति

C. सम्पत्तियों में कमी से प्राप्ति

D. उपर्युक्त में से कोई नहीं

**60.** पुरानी सम्पत्तियों से बिक्री प्रकट की जाएगी :

A. आय-व्यय खाते में

B. लाभ-हानि खाते में

C. चिट्ठे के दायित्व में

D. चिट्ठे के सम्पत्ति पक्ष में सम्पत्तियों में से घटाकर

**61.** पुरानी सम्पत्तियों की बिक्री से प्राप्त राशि है :

A. पूंजीगत प्राप्ति        B. आयगत प्राप्ति

C. समायोजन प्राप्ति     D. उपर्युक्त में से कोई नहीं

**62.** रोटरी क्लब के चिट्ठे में निम्नलिखित में से कौन-सा चन्दा नहीं लिखा जाएगा :

A. आगामी वर्ष का चन्दा

B. चालू वर्ष का चन्दा

C. चालू वर्ष का बकाया चन्दा

D. उपर्युक्त में से कोई नहीं

**63.** ''अग्रिम चन्दा प्राप्त किया'' प्रविष्ट नहीं होगा :

A. प्राप्ति भुगतान खाता      B. आय-व्यय खाता

C. चिट्ठे सम्पति पक्ष      D. उपर्युक्त में से कोई नहीं

**64.** एक स्कूल का आय-व्यय खाता डेबिट होगा :

A. पारितोषिक कोष में से पारितोषिक बांटे

B. ट्यूशन फीस

C. भूगोल विषय के नक्शे खरीदें

D. छात्रों से अर्थदण्ड वसूला

**65.** पुराना फर्नीचर बेचा 670 रु. पुस्तक मूल्य 550 रु. आय-व्यय खाते में लिखी जाने वाली राशि होगी :

A. 670 रु.                B. 550 रु.

C. 120 रु.                D. 1,220 रु.

**66.** विभिन्न वर्षों में प्राप्त चन्दा :

वर्ष 1999 = Rs. 1,500, वर्ष 2000 = Rs. 16,000, वर्ष 2001 = Rs. 1,400, 31, दिसम्बर, 2000 को अदत्त 900 रु. वर्ष 2000 के आय-व्यय खाते में प्रविष्ट राशि होगी :

A. 18,900 रु.            B. 16,900 रु.

C. 19,800 रु.            D. 18,400 रु.

**67.** 31 दिसम्बर, 2000 को अदत्त चन्दा 2,050 रु. और 1 जनवरी को अदत्त चन्दा 750 रु. आय-व्यय खाते में दर्ज राशि होगी :

A. 13,600 रु.            B. 12,400 रु.

C. 13,300 रु.            D. 1,04,050 रु.

**68.** सन् 2000 में चन्दे की प्राप्त राशि 8,000 रु., 1 जनवरी, 2000 को अदत्त 200 रु., 31 दिसम्बर, 2000 को अदत्त 400 रु., आय-व्यय खाते में प्रकट राशि होगी :

A. 8,000 रु.             B. 8,400 रु.

C. 8,200 रु.             D. 8,600 रु.

**69.** वर्ष 2000 में प्राप्त चन्दा 780 रु., 1 जनवरी, 2000 को अदत्त 15 रु. 31 दिसम्बर, 2000 को अदत्त 20 रु., प्राप्ति भुगतान खाते में प्रकट की जाने वाली राशि होगी :

A. 780 रु.                B. 795 रु.

C. 800 रु.                D. 805 रु.

**70.** वर्ष 2000 में चन्दे से आय 45,000 रु., वर्ष 2000 में अग्रिम प्राप्त चन्दा 3,600 रु. 31 दिसम्बर, 2000 को अदत्त चन्दा 1,400 रु., 31 दिसम्बर, 2000 प्राप्ति भुगतान खाते में दर्ज राशि होगी :

A. 45,000 रु.            B. 40,000 रु.

C. 50,000 रु.            D. 47,200 रु.

---

## C. सरकारी कम्पनियों एवं सूत्रधारी कम्पनियों का अंकेक्षण
### (AUDIT OF GOVERNMENT COMPANIES AND HOLDING COMPANIES)

**1.** धारा 228 के अन्तर्गत एक सरकारी कम्पनी के अंकेक्षक को अधिकार है :

A. कम्पनी की पुस्तको तक पहुंचने का

B. स्पष्टीकरण मांगने का

C. कम्पनी की शाखा के सम्बन्ध में जानकारी लेने का

D. क्षतिपूर्ति कराने का

**2.** 'साधारण सभा के सम्बन्ध में अधिकार' किस धारा के तहत प्राप्त है ?

A. धारा 201            B. धारा 226

C. धारा 228            D. धारा 231

**3.** किस धारा के तहत् सरकारी कम्पनी अंकेक्षक को क्षतिपूर्ति प्राप्त करने का अधिकार प्राप्त है :

A. धारा 201            B. धारा 226

C. धारा 228            D. धारा 231

**4.** सरकारी कम्पनी के अंकेक्षक पर लागू होने वाले कर्त्तव्यों से सम्बन्धित धाराएं है :

A. धारा 227 (1ए)      B. धारा 227(2)

C. धारा 156 (4)        D. उपरोक्त सभी

**5.** सरकारी कम्पनी के अंकेक्षक का अनुसन्धान से सम्बन्धित कर्त्तव्य किस धारा के तहत् है ?

A. 227 (1ए)          B. 227 (2)

C. 56 (1)              D. 240 (1)

**6.** सरकारी कम्पनी के अंकेक्षक का यह कर्त्तव्य ''समापन के समय लाभ-हानि एवं चिट्ठे पर रिपोर्ट प्रस्तुत करना'' किसी धारा के तहत् निर्धारित है :

A. 227(2)            B. 56 (1)

C. 488 (2)           D. इनमें से कोई नहीं

**7.** पूरक/परीक्षण/निपुणतामय औचित्य अंकेक्षण के अन्तर्गत

शामिल किए जाने वाले कार्य हैं :

A. संचालक मण्डल के निर्णयों की समीक्षा करना

B. मुख्य अधिकारियों द्वारा किए गए कर्त्तव्य पालन की जांच करना

C. उपक्रम कुशलता एवं मितव्ययिता से चल रहा है, की जांच करना

D. उपरोक्त सभी

**8.** अंकेक्षक द्वारा भेजी जाने वाली रिपोर्ट पर टिप्पणी करने का अधिकार है :

A. प्रबंधकों को

B. सचिव को

C. नियन्त्रक एवं महालेखा परीक्षक को

D. किसी को नहीं

**9.** वह कम्पनी जिसकी चुकता पूंजी का कम से कम 51% भाग केन्द्र सरकार, राज्य सरकार/सरकारें अथवा अंशत: केन्द्र सरकार अंशत: एक या अधिक राज्य सरकारों के पास है, कहलाती है :

A. निजी कम्पनी

B. सरकारी कम्पनी

C. सहकारी कम्पनी

D. इनमें कोई नहीं

**10.** सार्वजनिक क्षेत्र का विकास कितने रूपों में हुआ ?

A. विभागीय उपक्रम

B. वैधानिक निगम

C. सरकारी कम्पनी

D. उपरोक्त सभी

**11.** सरकारी कम्पनियों का पूरक अंकेक्षण करने का अधिकार है :

A. केन्द्र सरकार को

B. रजिस्ट्रार को

C. नियन्त्रक एवं महा लेखापरीक्षक को

D. प्रबन्धक को

**12.** कम्पनी अधिनियम की धारा 619(2) के तहत् सरकारी कम्पनियों के अंकेक्षक की नियुक्ति की जाती है :

A. नियन्त्रक एवं महालेखा परीक्षक द्वारा

B. केन्द्र सरकार द्वारा

C. नियन्त्रक एवं महालेखा परीक्षक की सलाह पर केन्द्र सरकार द्वार

D. प्रबन्धकों द्वारा

**13.** सरकारी कम्पनियों का अंकेक्षण अधिनियम किस धारा के अन्तर्गत किया जाता है?

A. धारा 619

B. धारा 619 (1)

C. धारा 619 (2)

D. इनमें से कोई नहीं

**14.** सरकारी कम्पनी की अंकेक्षण रिपोर्ट अंकेक्षण द्वारा प्रस्तुत की जाती है :

A. रजिस्ट्रार को

B. सरकार को

C. महालेखा परीक्षक को

D. प्रबन्धकों को

**15.** सरकारी कम्पनी के अंकेक्षक के पारिश्रमिक का निर्धारण किया जाता है :

A. सरकार द्वारा

B. नियन्त्रक एवं महालेखा परिक्षक द्वारा

C. प्रबन्धकों द्वारा

D. इनमें से कोई नहीं

**16.** एक सरकारी कम्पनी के अंकेक्षक को किस धारा के तहत् ''कम्पनी की पुस्तकों तक पहुंचने'' का अधिकार है ?

A. धारा 226

B. धारा 227

C. धारा 228

D. धारा 231

**17.** सरकारी कम्पनी के अंकेक्षक को कम्पनी से 'सूचना एवं स्पष्टीकरण मांगने का अधिकार' किस धारा के अन्तर्गत प्राप्त है ?

A. धारा 201

B. धारा 226

C. धारा 227

D. धारा 228

**18.** धारा 619 के प्रावधान एक ऐसी कम्पनी पर लागू होते हैं जिसकी प्रदत्त अंशपूंजी का कम से कम 51प्रतिशत भाग:

A. केन्द्र सरकार तथा एक से अधिक सरकारी कम्पनियों

B. कोरी राज्य सरकार/सरकारें/एक या अधिक कम्पनियों

C. एक से अधिक सरकारी कम्पनियों के पास हो

D. उपरोक्त सभी

**19.** सरकारी कम्पनी की अंकेक्षण रिपोर्ट में शामिल है :

A. लेखा एवं पुस्तपालन की विधि

B. आन्तरिक नियन्त्रण

C. लाभ-हानि खाता

D. उपरोक्त सभी

**20.** सरकारी कम्पनियों की वर्तमान अंकेक्षण व्यवस्था की आलोचना के कारण है :

A. समय एवं शक्ति अधिक नष्ट होती है

B. ये अंकेक्षक कम्पनियों के व्यावसायिक स्वभाव को कम समझते हैं

C. अंकेक्षक अक्सर पिछली घटनाओं के आधार पर निर्णय ले लेते हैं जो उनकी योग्यता एवं अनुभव की कमी को दर्शाता है

D. उपरोक्त सभी

**21.** सरकारी कम्पनी के अंकेक्षक को आलोचनाओं से बचने के लिए

A. उसको योग्यता एवं अनुभव बढ़ाना चाहिए

B. उसे केवल गलत निर्णयों की ही आलोचना करनी चाहिए

C. कम्पनी के व्यावसायिक स्वरूप को समझना चाहिए

D. उपरोक्त सभी

**22.** वह कम्पनी जो अन्य एक या अनेक कम्पनियों के समस्त या पर्याप्त संख्या में अंश धारण करती है ताकि इन अन्य कम्पनियों पर उसे नियन्त्रण प्राप्त हो, कहलाती है :

A. निजी कम्पनी       B. सार्वजनिक कम्पनी

C. सूत्रधारी कम्पनी    D. सहकारी कम्पनी

**23.** भारतीय कम्पनी विधान की धारा 2(19) के अनुसार सूत्रधारी कम्पनी का अर्थ किस धारा में वर्णित है :

A. धारा 4            B. धारा 6

C. धारा 8            D. धारा 10

**24.** 'अन्तः कम्पनी व्यवहार' किसे कहते हैं ?

A. सरकारी एवं सूत्रधारी कम्पनियों के बीच होने वाले व्यवहार को

B. निजी एवं सूत्रधारी कम्पनियों के बीच होने वाले व्यवहार को

C. सहकारी एवं सूत्रधारी कम्पनियों के बीच होने वाले व्यवहार को

D. सूत्रधारी कम्पनी एवं सहायक कम्पनियों के मध्य व्यवहार को

**25.** एकीकृत चिट्ठा बनाना किसे आवश्यक नहीं हैं ?

A. सरकारी कम्पनी

B. सूत्रधारी कम्पनी

C. सूत्रधारी कम्पनी की सहायक कम्पनियों

D. B एवं C दोनों को

**26.** धारा 212 (1) के अनुच्छेद (ड.), (ब) एवं (छ) से सम्बन्धित प्रपत्र पर वही व्यक्ति हस्ताक्षर करेगा जिसने :

A. अन्तिम खातों पर हस्ताक्षर किए हों

B. जिसने सूक्ष्म पुस्तिका पर हस्ताक्षर किए हों

C. जिसने सूत्रधारी कम्पनी के चिट्ठे पर हस्ताक्षर किए हों

D. इनमें से कोई नहीं

**27.** एक कम्पनी को किसी अन्य कम्पनी की सहायक कम्पनी माना जाएगा यदि वह अन्य कम्पनी :

A. उस कम्पनी के संचालक मण्डल को नियन्त्रित करती हो या

B. उस कम्पनी के आधे से अधिक मतों पर नियन्त्रण रखती हो या

C. उस कम्पनी की समता अंश पूंजी के अंकित मूल्य के आधे से अधिक भाग को धारण करती हो

D. उपरोक्त सभी

**28.** सूत्रधारी कम्पनी के निर्माण का उद्देश्य नहीं है :

A. प्रतिस्पर्द्धा को बढ़ाना

B. प्रतिस्पर्द्धा को कम करना

C. तकनीकी ज्ञान व अनुभव को संगठित करना

D. उत्पादन एवं प्रबन्ध में मितव्यियता लाना

**29.** एक सूत्रधारी कम्पनी के चिट्ठे के साथ उसकी प्रत्येक सहायक कम्पनी से सम्बन्धित नत्थी किए जाने वाले प्रपत्रों में सम्मिलित नहीं हैं :

A. सहायक कम्पनी के चिट्ठे की प्रतिलिपि

B. सहायक कम्पनी के लाभ-हानि खाते की प्रति

C. सहायक कम्पनी के संचालक मण्डल की सूची

D. सहायक कम्पनी के संचालक मण्डल की रिपोर्ट

**30.** अंकेक्षक को किसी सूत्रधारी कम्पनी के अंकेक्षण के समय निम्न बातों पर ध्यान देना चाहिए :

A. कम्पनी के अन्तः कम्पनी व्यवहारों की जांच

B. सहायक कम्पनी के लाभ-हानि खाते की जांच

C. लाभांश की जांच

D. सचिव के कर्तव्यों/दायित्वों की जांच

**31.** सूत्रधारी कम्पनी का अंकेक्षण करने के बाद यदि अंकेक्षक को असन्तोष हो तो इसका उल्लेख उसे करना चाहिए :

A. सरकार को          B. महालेखा परीक्षक को

C. अपनी रिपोर्ट में    D. इनमें से कोई नहीं

**32.** यदि सूत्रधारी कम्पनी द्वारा चिट्ठा प्राप्त करने के बाद सहायक कम्पनी लाभांश घोषित करती है तो उसे :

A. चिट्ठे में शामिल किया जाना चाहिए

B. चिट्ठे में शामिल नहीं किया जाना चाहिए

C. लाभ-हानि खाते में लिखा जाना चाहिए

D. इनमें से कोई नहीं

**33.** एकीकृत चिट्ठा बनाया जाता है :

A. सूत्रधारी कम्पनी एवं सहायक कम्पनियों के मध्य व्यवहारों का सही समायोजन किया गया है

B. लाभ-हानि खाता सही है

C. आर्थिक स्थिति की जानकारी हेतु

D. इनमें से कोई नहीं

**34.** किसी सूत्रधारी कम्पनी द्वारा बनाए गए एकीकृत चिट्ठे का अंकेक्षण करते समय ध्यान दिया जाना चाहिए कि :

A. ख्याति का मूल्यांकन सही ढंग से किया गया है

B. अल्पमत के अंशधारियों के दायित्व का निर्धारण सही है

C. अन्त: कम्पनी दायित्वों का पूर्ण समायोजन किया गया है

D. उपरोक्त सभी

---

## D. व्यावसायिक संयोजन एवं विवेकीकरण (BUSINESS COMBINATIONS AND RATIONALISATION)

**1.** ट्रस्ट/सूत्रधारी कम्पनी/समुदाय हित किस प्रकार के समेकन में शामिल है :

A. पूर्ण समेकन      B. अंशिक समेकन

C. एकाधिकारी समेकन   D. पूर्वाधिकारी समेकन

**2.** विश्व में सर्वप्रथम ट्रस्ट की स्थापना कब और कहां हुई :

A. भारत, 1899      B. अमेरिका, 1879

C. जापान, 1830      D. चीन, 1900

**3.** स्वामित्व सूत्रधारी कम्पनी से आशय उस कम्पनी से है जो :

A. अन्य कम्पनी के 1/3 अंशों को खरीद लेती है

B. अन्य कम्पनी के आधे अंशों को खरीद लेती है

C. 3/4 भाग अंशों को खरीद लेती है

D. अन्य कम्पनी के पूरे शेयर खरीद लेती है

**4.** सूत्रधारी कम्पनी वह है जो :

A. किसी अन्य कम्पनी के आधे से अधिक समता अंशों पर अधिकार रखती है

B. अन्य कम्पनी के संचालक मण्डल की संरचना पर नियन्त्रण रखती है

C. किसी अन्य कम्पनी के आधे से अधिक अंशों पर अधिकार अथवा संचालक मण्डल की संरचना पर नियन्त्रण रखती है ।

D. उपर्युक्त में से कोई नहीं

**5.** यदि 'क' कम्पनी 'ख' कम्पनी के 60% अंशों पर अधिकार रखती है तो 'ख' कम्पनी क्या कहलाएगी ?

A. सूत्रधारी कम्पनी      B. सहायक कम्पनी

C. निजी कम्पनी      D. सार्वजनिक कम्पनी

**6.** उपरोक्त प्रश्न में 'क' कम्पनी कौन-सी कम्पनी कहलाएगी ?

A. सूत्रधारी कम्पनी      B. सहायक कम्पनी

C. निजी कम्पनी      D. सार्वजनिक कम्पनी

**7.** जब दो या दो से अधिक सदस्य इकाइयां अपना विलय/समामेलन कर लेती हैं तो यह कहलाता है :

A. आंशिक समेकन      B. पूर्ण समेकन

C. एकाधिकारी समेकन   D. कोई नहीं

**8.** पूर्ण समेकन का दोष नहीं है :

A. एकाधिकारी प्रवृत्ति को बढ़ावा देना

B. अतिपूंजीकरण

C. निर्माण अत्यन्त कठिन

D. वित्तीय सुदृढ़ता बढ़ना

**9.** पूर्ण समेकन का लाभ नहीं है :

A. प्रतिस्पर्द्धा को समाप्त करना

B. एकाधिकारी शक्तियों को बढ़ावा

C. वित्तीय सुदृढ़ता

D. शोध व विकास को बढ़ावा

**10.** इण्डियन पेपर मिल्स एसोसिएशन संयोजन का रूप है :

A. व्यापारिक परिषद      B. पूल

C. सूत्रधारी कम्पनियां   D. चैम्बर्स ऑफ कॉमर्स

**11.** महासंघ का स्वरूप निम्न में से है :

A. व्यापार परिषद      B. अनौपचारिक समझौते

C. पूल      D. चैम्बर ऑफ कॉमर्स

**12.** शिपिंग कान्फ्रेंस किस संयोजन का रूप है ?

A. व्यापारिक परिषद      B. समुदाय हित

C. पूल एवं कार्टेल्स      D. सूत्रधारी कम्पनियां

**13.** MRTP एक्ट कब पारित हुआ ?

A. 1 दिसम्बर, 1969   B. 15 दिसम्बर, 1969

C. 20 दिसम्बर, 1969   D. 27 दिसम्बर, 1969

**14.** MRTP एक्ट कब प्रभावी हुआ ?

A. 1 जून, 1970      B. 5 जून, 1970

C. 15 जून, 1970      D. 30 जून, 1970

**15.** MRTP एक्ट का मुख्य उद्देश्य नहीं है :

A. जनहित में आर्थिक सत्ता के केन्द्रीकरण पर रोक

B. सार्वजनिक कल्याण के विरुद्ध व्यापार व्यवहारों पर रोक

C. केन्द्रीय सरकार को आर्थिक सत्ता के नियन्त्रण हेतु सशक्त बनाना

D. व्यापार एवं व्यवसाय के केन्द्रीकरण पर बल

**16.** विवेकीकरण से क्या आशय है :

A. उत्पादन में सर्वाधिक कुशल विधियों को लागू करना

B. वितरण में सर्वाधिक कुशल विधियों को लागू करना

C. परिवहन में सर्वाधिक कुशल विधियों को लागू करना

D. उपरोक्त सभी

**17.** उद्योग में सचेतन रूप से अपव्यय व अकुशलता के समाप्त करने का प्रयास कहलाता है :

A. विवेकीकरण     B. संगठन

C. विशिष्टीकरण     D. समानीकरण

**18.** विवेकीकरण प्रक्रिया के तीन चरण हैं :

A. नियोजन, विकास, पुनर्संगठन

B. नियोजन, पुनर्संगठन, विकास

C. विकास, पुनर्संगठन, नियोजन

D. पुनर्संगठन, नियोजन, विकास

**19.** विवेकीकरण का आवश्यक तत्व नहीं है :

A. संयोजन     B. प्रमापीकरण

C. सरलीकरण     D. अल्पीकरण

**20.** विवेकीकरण में सम्मिलित नहीं है :

A. मशीनीकरण     B. सरलीकरण

C. आधुनिकीकरण     D. असामाजिक पहलू

**21.** प्रथम महायुद्ध के बाद "Rationalisation" शब्द का प्रयोग सर्वप्रथम किसने किया ?

A. वाल्टर रोथेना     B. एफ.डब्लू. टेलर

C. पीटर एफ. ड्रुकर     D. ब्रीच

**22.** जब दो या दो से अधिक व्यावसायिक इकाइयां अपनी समान क्रियाओं के संचालन एवं अपनी नीतियों को पारस्परिक लाभ के लिए रुपान्तरित कर देती है, तो इसे कहते हैं :

A. संयुक्त साहस

B. व्यावसायिक संयोजन

C. साझेदारी

D. संयुक्त पूंजी वाली कम्पनी

**23.** व्यावसायिक संयोजन का मुख्य उद्देश्य होता है :

A. अधिक लाभ कमाना

B. गलाकाट प्रतिस्पर्द्धा में टिके रहना

C. तेजी-मन्दी से सुरक्षा

D. उपरोक्त सम्बन्धी

**24.** व्यावसायिक संयोजनों का जन्मदाता कहा गया है :

A. सरकार को

B. संयुक्त पूंजी वाली कम्पनी को

C. आयात-निर्यात शुल्क को

D. बढ़ती प्रतिस्पर्धा को

**25.** व्यावसायिक संयोजन के तहत एकाधिकारी प्रवृत्ति सफल होती है :

A. तेजी-मन्दी पर

B. उत्पादों की अपूर्ति पर नियन्त्रण करके

C. विपणन के क्षेत्र में मित व्ययिता प्राप्त करके

D. तेजी मन्दी पर अंकुश लगाकर

**26.** किसी अकुशल इकाई को कुशल इकाइयों के साथ संयोजित करना कहलाता है :

A. व्यावसायिक संयोजन   B. विवेकीकरण

C. साझेदारी     D. एकीकरण

**27.** चीनी मिलें जब आपस में संयोजित हो जाती हैं तो कहलाता है :

A. समतलीय संयोजन    B. लम्बवत् संयोजन

C. वृत्तीय संयोजन     D. विकर्णीय संयोजन

**28.** A.C.C. तथा शुगर सिण्डीकेट किस संयोजन के उदाहरण हैं ?

A. समतलीय संयोजन    B. लम्बवत् संयोजन

C. वृत्तीय संयोजन     D. विकर्णीय संयोजन

**29.** समतलीय संयोजन का मुख्य उद्देश्य होता है :

A. अधिक लाभ कमाना

B. अधिक उत्पादन करना

C. अनुपयोगी प्रतिस्पर्द्धा का अन्त करना

D. व्यवसाय का क्षेत्र बढ़ाना

**30.** एक ही उद्योग/व्यवसाय में लगी इकाइयां जब आपस में संयुक्त होती हैं, तो कहलाता है :

A. चक्रीय संयोजन     B. विकर्णीय संयोजन

C. लम्बवत् संयोजन     D. समतलीय संयोजन

**31.** उत्पादन की विभिन्न अवस्थाओं में क्रमानुसार लगी इकाइयों के संयोजन को कहते हैं :

A. चक्रीय संयोजन     B. विर्कणीय संयोजन

C. लम्बवत् संयोजन     D. समतलीय संयोजन

**32.** निम्न में लम्बवत् संयोजन का उदाहरण है :

A. कपड़ा उद्योग     B. सीमेण्ट उद्योग

C. शक्कर उद्योग     D. इस्पात उद्योग

**33.** जब दो या दो से अधिक भिन्न प्रकार के माल जो एक

दूसरे से सम्बन्धित हैं का निर्माण करने वाली इकाइयां संयुक्त हो जाती हैं तो यह संयोजन क्या कहलाता है :

A. समतल        B. लम्बवत्

C. चक्रीय        D. पार्शिवक

**34.** सीमेण्ट, ईंट, लकड़ी व इस्पात का उत्पाद करने वाली कम्पनियों के बीच हुआ संयोजन कहलाएगा :

A. अन्तर्मुखी पार्शिवक संयोजन

B. लम्बवत्

C. समतल

D. बहिर्मुखी पार्शिवक संयोजन

**35.** जब एक इस्पात मिल के साथ इंजन, इन्जीनियरिंग तथा मोटर बनाने वाली इकाइयों के मध्य संयोजन हो जाता है तो वह संयोजन कहलाता है :

A. अन्तर्मुखी पार्शिवक संयोजन

B. बहिर्मुखी पार्शिवक संयोजन

C. लम्बवत्

D. समतल

**36.** मुख्य उत्पादन में लगी इकाई के साथ आवश्यक सहायक सेवा प्रदान करने वाली इकाई का संयोजन कहलाता है :

A. समतल        B. लम्बवत्

C. चक्रीय        D. विकर्णीय

**37.** एक निर्माणी कम्पनी के साथ पैकिंग या विज्ञापन करने वाली कम्पनी का संयोजन कहलाता है :

A. विकर्णीय        B. लम्बवत्

C. समतल        D. चक्रीय

**38.** जब विभिन्न प्रकार के माल उत्पाद में लगी इकाइयां एक केन्द्रीय ऐजेन्सी के अन्तर्गत एकीकृत हो जाती हैं तो कहलाता है :

A. समतल संयोजन      B. चक्रीय संयोजन

C. लम्बवत् संयोजन     D. विकर्णीय संयोजन

**39.** भारत में टाटा/बिड़ला/J.K ग्रुप किस प्रकार के संयोजन के उदाहरण हैं ?

A. समतम        B. वृत्तीय

C. लम्बवत्        D. विकर्णीय

**40.** साझेदारी और कम्पनियां संयोजन का कौन-सा प्रारूप है ?

A. सरल संयोजन      B. यौगिक संयोजन

C. सरल और संयोजन    D. इनमें से कोई नहीं

**41.** व्यक्तियों के संघों के संयोजन कहलाते हैं :

A. सरल संयोजन

B. यौगिक संयोजन

C. सरल और यौगिक संयोजन

D. इनमें से कोई नहीं

**42.** किस देश के व्यवसायिक एवं सामुदायिक हितों को बढ़ावा देने का कार्य करता है :

A. व्यापार परिषद     B. चैम्बर ऑफ कॉमर्स

C. महासंघ        D. अनौपचारिक समझौते

**43.** एसोसिएटेड चैम्बर्स ऑफ कॉमर्स का गठन कब किया गया:

A. सन् 1920       B. सन् 1926

C. सन् 1930       D. सन् 1932

**44.** फेडरेशन ऑफ इण्डिया चैम्बर्स ऑफ कॉमर्स एण्ड इण्डस्ट्रीज की स्थापना कब की गई :

A. सन् 1920       B. सन् 1926

C. सन् 1930       D. सन् 1932

**45.** इन्टरनेशनल चैम्बर ऑफ कॉमर्स का गठन कब किया गया ?

A. सन् 1920       B. सन् 1926

C. सन् 1930       D. सन् 1932

**46.** इन्टरनेशनल चैम्बर ऑफ कॉमर्स का प्रधान कार्यालय कहां है ?

A. दिल्ली        B. पेरिस

C. लन्दन        D. इटली

**47.** अनौपचारिक करार/भद्र पुरुषों के समझौते का मूल उद्देश्य होता है :

A. प्रतिस्पर्द्धी व्यावसायिक इकाइयों द्वारा उत्पादित माल या सेवाओं की कीमतों पर प्रत्यक्ष नियन्त्रण रखना

B. प्रतिस्पर्द्धी इकाइयों के बीच आपसी मनमुटाव खत्म करना

C. प्रतिस्पर्द्धी इकाइयों के बीच चल रहे विवादों को निपटाना

D. इनमें से कोई नहीं

**48.** संघ किस संयोजन का उदाहरण है ?

A. लम्बवत्        B. समतलीय

C. विकर्णीय       D. वृत्तीय

**49.** पूल और कार्टेल में प्रमुख अन्तर क्या है ?

A. पूल में केन्द्रीय संगठन नहीं होता है जबकि कार्टेल में होता है

B. पूल में केन्द्रीय संगठन होता है जबकि कार्टेल में नहीं होता है

C. पूल में कठोर संयोजन होता है जबकि कार्टेल में नहीं

D. B और C दोनों

**50.** आंशिक समेकन का आशय है :

A. सदस्य इकाइयों के समान स्वामित्व के अन्तर्गत लाना

B. सदस्य इकाइयों को समान नियन्त्रण के अधीन लाना

C. सदस्य इकाइयों को समान स्वामित्व तथा नियन्त्रण के अधीन लाना किन्तु उनका पृथक अस्तित्व बनाए रखना

D. A और B दोनों

---

## E. व्यावसायिक संगठन के प्रारूप (FORMS OF BUSINESS ORGANISATIONS)

**1.** एकाकी व्यापारी को व्यवसाय संगठन का निम्नांकित लाभ उपलब्ध नहीं होता :

A. निर्माण की सुगमता

B. स्वतन्त्र निर्णय

C. ग्रहकों की व्यक्तिगत सेवा

D. सीमित दायित्व

**2.** एक सार्वजनिक कम्पनी अपना रजिस्टर्ड कार्यालय मध्य प्रदेश से महाराष्ट्र ले जाना चाहती है, उसे कम से कम परिवर्तन करना होगा :

A. पार्षदसीमा नियम      B. पार्षद अन्तर्नियम

C. प्रविवरण            D. स्थानापन्न विवरण

**3.** निम्नांकित में से कौन-सी संस्था पहले स्थापित हुई थी ?

A. भारत का औद्योगिक विकास बैंक

B. भारत का औद्योगिक वित्त निगम

C. UTI

D. भारत का औद्योगिक साख और विनियोग निगम

**4.** सार्वजनिक कम्पनी और सहकारी संगठन में समानता होती है :

A. सदस्यों के दायित्व

B. सदस्यों की न्यूनतम संख्या

C. सदस्यों की अधिकतम संख्या

D. उपरोक्त में से कोई नहीं

**5.** सहकारी संगठन में सदस्यों को मतदान का अधिकार होता है :

A. उनके द्वारा खरीदे गए अंशों की संख्या के बराबर

B. उनके द्वारा लगाई गई पूंजी के अनुपात में

C. समान रूप से

D. कुल आपूर्ति की गई राशि के अनुपात में

**6.** भारतीय औद्योगिक वित्तनिगम की स्थापना कब हुई ?

A. 1948               B. 1956

C. 1964               D. 1947

**7.** आर्थिक व सामाजिक असंतुलन के परिणामस्वरूप किस व्यवसाय का उदय हुआ :

A. सरकारी उपक्रम      B. सहकारी संगठन

C. साझेदारी संगठन      D. एकल संगठन

**8.** सरकार के स्वामित्व एवं संचालन के तहत आने वाली औद्योगिक, कृषि, वित्तीय एवं वाणिज्यिक संस्थाएं कहलाती हैं :

A. एकाकी उपक्रम       B. थोक उपक्रम

C. साझेदारी उपक्रम     D. सार्वजनिक उपक्रम

**9.** लालफीता शाही एवं नौकरशाही बोलबाला किस उपक्रम में सर्वाधिक होता है :

A. निजी उपक्रम        B. सार्वजनिक उपक्रम

C. साझेदारी उपक्रम     D. सहकारी उपक्रम

**10.** सार्वजनिक उपक्रमों का प्राचीनतम प्रारूप है :

A. विभागीय संगठन     B. सरकारी कम्पनी

C. सार्वजनिक निगम     D. एकाकी व्यापार

**11.** निम्न में विभागीय संगठन का उदाहरण नहीं है :

A. रेल                 B. डाक-तार

C. दामोदर घाटी निगम   D. करेन्सी नोट

**12.** सार्वजनिक उपक्रम का वह कौन-सा प्रारूप है जिसकी स्थापना सरकार द्वारा पारित विशेष अधिनियम के अन्तर्गत की जाती है ?

A. विभागीय संगठन     B. सरकारी कम्पनी

C. सार्वजनिक निगम     D. संयुक्त स्कन्ध कम्पनी

**13.** RBI कौन से सार्वजनिक उपक्रम का संगठनात्मक प्रारूप है ?

A. विभागीय संगठन     B. सरकारी कम्पनी

C. सार्वजनिक निगम     D. संयुक्त स्कन्ध कम्पनी

**14.** सरकारी कम्पनी की स्थापना की जाती है :

A. राष्ट्रपति द्वारा

B. संसद द्वारा पारित विशेष अधिनियम द्वारा

C. सम्बन्धित सरकारी विभाग द्वारा

D. कम्पनी अधिनियम द्वारा

**15.** केवल फर्म के लाभों में सम्मिलित साझेदारों को कहते हैं:
- A. वास्तविक साझेदार
- B. निष्क्रिय साझेदार
- C. अवयस्क साझेदार
- D. नाममात्र साझेदार

**16.** वह साझेदार जिसका फर्म में कोई लेना-देना नहीं होता है, कहलाता है :
- A. वास्तविक साझेदार
- B. अवयस्क साझेदार
- C. नाममात्र साझेदारी
- D. निष्क्रिय साझेदार

**17.** विशिष्ट प्रयोजन एवं उद्देश्य के लिए गठित साझेदारी क्या कहलाती है :
- A. ऐच्छिक साझेदारी
- B. विशिष्ट साझेदारी
- C. सामान्य साझेदारी
- D. सीमित साझेदारी

**18.** वह साझेदारी जिसे भारतीय विधान में मान्यता नहीं है :
- A. ऐच्छिक साझेदारी
- B. विशिष्ट साझेदारी
- C. सामान्य साझेदारी
- D. सीमित साझेदारी

**19.** वह साझेदारी जिसकी अवधि निश्चित नहीं होती है तथा साझेदारों की इच्छा पर निर्भर करती है, कहलाती है :
- A. सीमित साझेदारी
- B. विशिष्ट साझेदारी
- C. ऐच्छिक साझेदारी
- D. सामान्य साझेदारी

**20.** वह साझेदारी जिसमें अवयस्क साझेदार का दायित्व सीमित होता है :
- A. असीमित साझेदारी
- B. सीमित साझेदारी
- C. विशिष्ट साझेदारी
- D. इनमें से कोई नहीं

**21.** निम्न में से सही कथन है :
- A. साझेदारी के विघटन पर फर्म का विघटन हो जाता है
- B. साझेदारी का विघटन होने पर फर्म का विघटन होना जरूरी नहीं है
- C. फर्म के विघटन पर साझेदारी का विघटन होना जरूरी नहीं है
- D. फर्म के विघटन पर सभी साझेदारों का सहमत होना आवश्यक नहीं है

**22.** न्यायालय के आदेश से निम्न दशाओं में फर्म का विघटन हो सकता है :
- A. जब कोई साझेदार पागल हो जाए
- B. जब कोई साझेदार दुराचरण का दोषी हो जाए
- C. जब कोई साझेदार स्थायी रूप से कर्त्तव्य निर्वाह में असमर्थ हो जाए
- D. जब कोई साझेदार प्रबन्ध में सक्रिय भागीदारी नहीं निभाता है

**23.** जब किसी सम्पत्ति पर दो या दो से अधिक व्यक्तियों का स्वामित्व होता है तो यह स्थिति कहलाती है :
- A. साझेदारी
- B. सहस्वामित्व
- C. संयुक्त साहस
- D. एकल स्वामित्व

**24.** संयुक्त हिन्दू परिवार द्वारा संचालित व्यवसाय पर कौन-सा कानून लागू होता है :
- A. कम्पनी अधिनियम, 1956
- B. साझेदारी अधिनियम, 1932
- C. भारतीय अनुबन्ध अधिनियम, 1872
- D. हिन्दू लॉ

**25.** संयुक्त हिन्दू परिवार व्यवसाय का मिताक्षरा प्रारूप किस प्रदेश में लागू नहीं होता है ?
- A. राजस्थान
- B. गुजरात
- C. पश्चिमी बंगाल
- D. केरल

**26.** ''एक सबके लिए, सब एक के लिए'' किस व्यवसाय का मूल मन्त्र है :
- A. सरकारी संगठन
- B. राजनैतिक संगठन
- C. साझेदारी संगठन
- D. सहकारी संगठन

**27.** संयुक्त हिन्दू परिवार व्यवसाय का वह कौन-सा रूप है जिसमे केवल पुरुष सदस्य ही पूर्वजों की सम्पत्ति में हिस्सेदार होते हैं ?
- A. मिताक्षरा
- B. दाय भाग
- C. बाय भाग
- D. अग्रभाग

**28.** संयुक्त हिन्दू परिवार व्यवसाय का वह कौन-सा रूप है जिसमें पुरुष के साथ-साथ स्त्री सदस्य भी पारिवारिक सम्पत्ति में हिस्सेदार होती है ?
- A. मिताक्षरा
- B. दाय भाग
- C. दायां भाग
- D. बाय भाग

**29.** जन्म लेते ही कोई बच्चा कौन से व्यवसाय का सदस्य बन जाता है :
- A. साझेदारी
- B. कम्पनी
- C. संयुक्त हिन्दू परिवार
- D. संयुक्त साहस

**30.** संयुक्त हिन्दू परिवार व्यवसाय में किसका दायित्व असीमित होता है ?
- A. सिर्फ माता का
- B. सिर्फ पिता का
- C. सिर्फ कर्त्ता का
- D. परिवार के सभी सदस्यों का

**31.** संयुक्त हिन्दू परिवार व्यवसाय में कर्त्ता के अलावा शेष सभी सदस्यों का दायित्व कैसा होता है ?

A. सीमित

B. असीमित

C. परिवार के सदस्यों की संख्या के अनुरूप

D. लाभ-विभाजन अनुपात में

**32.** निम्न में किसका पंजीयन आवश्यक नहीं है ?

A. कम्पनी

B. सहकारी उपक्रम

C. सहकारी समिति

D. संयुक्त हिन्दू परिवार व्यवसाय

**33.** कौन-से व्यवसाय में कोई भी बाहरी पक्षकार सदस्य नहीं बन सकता है ?

A. कम्पनी

B. संयुक्त हिन्दू परिवार व्यवसाय

C. सहकारी समिति

D. सहकारी उपक्रम

**34.** सहकारिता व समानतामूलक प्रजातान्त्रित सिद्धान्तों पर किस व्यवसाय का निर्माण किया जाता है ?

A. सहकारी संगठन      B. सरकारी उपक्रम

C. निजी उपक्रम      D. साझेदारी संगठन

**35.** सेवा तत्व ही जिसका मूल उद्देश्य होता है, कहलाता है :

A. सरकारी उपक्रम      B. सहकारी संगठन

C. निजी उपक्रम      D. साझेदारी संगठन

**36.** सहकारी संगठन द्वारा कमाए गए अधिक्य को लाभांश के रूप में कितना वितरित किया जा सकता है ?

A. 10% से कम      B. 10% से अधिक

C. 10% तक      D. सम्पूर्ण

**37.** सहकारी समितियों का पंजीयन निम्न के अन्तर्गत होता है:

A. सहकारी अधिनियम 1912

B. राज्य सरकार के सहकारी अधिनियम

C. सहकारी अधिनियम 1912 या राज्य सरकार के सहकारी अधिनियम

D. किसी भी अधिनियम के तहत

**38.** एकल स्वामित्व से क्या आशय है ?

A. एक व्यक्ति द्वारा निर्णय लेना

B. एक व्यक्ति द्वारा लाभ कमाना

C. एक व्यक्ति द्वारा आर्थिक क्रियाओं का संचालन

D. एक व्यक्ति द्वारा आर्थिक क्रियाओं का प्रबन्धन, संचालन, नियन्त्रण एवं लाभ-हानि का दायित्व

**39.** व्यावसायिक संगठन का अति प्राचीन रूप है :

A. साझेदारी      B. एकल व्यापार

C. संयुक्त पूंजी कम्पनी   D. सहकारी समिति

**40.** एकल व्यापारी का दायित्व होता है :

A. सीमित      B. असीमित

C. संयुक्त      D. उपर्युक्त में से कोई नहीं

**41.** सरकारी नियमन से कौन सा संगठन मुक्त है :

A. साझेदारी      B. संयुक्त कम्पनी

C. एकल व्यापार      D. सहकारी समिति

**42.** एकल स्वमित्व उपयोगी है :

A. बड़ी पूंजी वाले उद्योगों के लिए

B. बड़े प्रबन्ध के लिए

C. संयुक्त पूंजी वाली कम्पनी के लिए

D. छोटे व्यवसाय के लिए

**43.** निम्न में से किसका पंजीयन अनिवार्य नहीं है ?

A. संयुक्त पूंजी वाली कम्पनी

B. साझेदारी

C. एकल व्यापार

D. सहकारी संस्थान

**44.** कौन-सा व्यावसायिक स्वरूप ग्राहकों पर व्यक्तिगत ध्यान देता है ?

A. संयुक्त पूंजी कम्पनी   B. एकल व्यापार

C. साझेदारी      D. थोक व्यापारी

**45.** किस व्यावसायिक स्वरूप में अत्यधिक गोपनीयता बनी रहती है ?

A. सहकारी समितियां   B. संयुक्त साहस

C. साझेदारी      D. एकल व्यापार

**46.** एकल स्वामित्व का मुख्य दोष कौन-सा है ?

A. सीमित पूंजी      B. सीमित क्षेत्र

C. सीमित साख      D. असीमित दायित्व

**47.** विश्व में सर्वाधिक प्रचलित एवं प्राचीनतम व्यावसायिक संगठन स्वरूप कौन सा है :

A. थोक व्यापार

B. संयुक्त पूंजी वाली कम्पनियां

C. एकल व्यापार

D. साझेदारी

**48.** साझेदारी अधिनियम 1932 की धारा (4) के अनुसार साझेदारी का अर्थ है :

A. मिल-जुलकर व्यापार करना

B. एक साथ पूंजी लगाना व लाभ-हानि को बांटना

C. एक निश्चित कार्य का सम्पादन करने हेतु समझौता करना

D. उन व्यक्तियों का पारस्परिक सम्बन्ध जो व्यवसाय के लाभ हानि को आपस में बांटते हैं तथा उनमें से कोई एक या अधिक व्यापार का संचालन करते हैं।

**49.** साझेदारी विलेख होना चाहिए :

A. मौखिक

B. गर्भित

C. स्टाम्म पेपर पर लिखित

D. लिखित

**50.** साझेदारों के मध्य साझेदारी के लिए कैसा अनुबन्ध होना चाहिए :

A. मौखिक                        B. लिखित

C. गर्भित                        D. उपरोक्त सभी

**51.** एक साझेदार अपने हित का हस्तान्तरण कर सकता है :

A. अपनी इच्छा से

B. रजिस्ट्रार की सहमति से

C. अन्य साझेदारों की सहमति से

D. C.A. की सहमति से

**52.** साझेदारी फर्म में साझेदारों के मध्य सम्बन्ध होता है :

A. प्रधान एजेण्ट                B. प्रधान-मुनीम

C. प्रधान-दलाल                 D. प्रधान-प्रबन्धक

**53.** एक साझेदारी संस्था का अस्तित्व होता है :

A. साझेदारों से पृथक

B. साझेदारों से पृथक नहीं

C. साझेदारों की इच्छा पर निर्भर

D. उपरोक्त में से नहीं

**54.** एक साझेदारी फर्म में कम से कम साझेदारों की संख्या कितनी होती है ?

A. 2                             B. 5

C. 7                             D. 10

**55.** साझेदारी फर्म में एक साझेदार का दायित्व होता है :

A. अपने द्वारा लगायी गई पूंजी तक सीमित

B. अपने द्वारा दी गई गारंटी की राशि तक सीमित

C. अपने द्वारा दिए गए फर्म को ऋण की राशि तक सीमित

D. असीमित

**56.** एक साझेदारी संगठन का निर्माण किस प्रयोजन के लिए होता है ?

A. जनहित के लिए

B. धर्मार्थ कार्य के लिए

C. राजनीतिक कार्य के लिए

D. व्यवसाय संचालन एवं लाभ कमाने के लिए

**57.** बैंकिंग व्यवसाय के लिए गठित साझेदारी संगठन में साझेदारों की अधितम संख्या कितनी होती है ?

A. 50                            B. 20

C. 10                            D. असीमित

**58.** सामान्य व्यवसाय की दशा में साझेदारी संगठन की अधिकतम संख्या होती है ?

A. 10                            B. 20

C. 7                             D. 50

**59.** साझेदारों की अधिकतम संख्या का निर्धारण कौन करता है ?

A. साझेदारी संलेख

B. कम्पनी अधिनियम, 1956

C. साझेदारी अधिनियम, 1932

D. रजिस्ट्रार

**60.** साझेदारों के बीच मतभेद का निपटारा किसके द्वारा होता है ?

A. न्यायालय द्वारा             B. रजिस्ट्रार द्वारा

C. साझेदारों द्वारा            D. पंचनिर्णय द्वारा

**61.** साझेदारी का पंजीयन कराना :

A. ऐच्छिक है                   B. आवश्यक है

C. अनिवार्य है                 D. सभी सही हैं

**62.** क्या अपंजीकृत साझेदारी फर्म और उसके साझेदारों पर बाह्य पक्ष वाद प्रस्तुत कर सकते है ?

A. हां

B. नहीं

C. रजिस्ट्रार की आज्ञा से

D. उपर्युक्त में से कोई नहीं

**63.** साझेदारी का पंजीयन कराया जाता है :

A. तहसील कार्यालय से

B. रजिस्ट्रार कार्यालय से

C. न्यायालय से

D. केन्द्रीय सरकार से

**64.** अपंजीकृत फर्म की एक मुख्य अक्षमता क्या होती है ?

A. वैधानिक कार्यवाही नहीं कर सकना

B. लाभ से वंचित रहना

C. अन्य पक्षों से लेन-देन करना

D. साझेदारों से निजी लाभ प्राप्त करना

**65.** निम्न में से किस व्यावसायिक संगठन में व्यवसाय का विशिष्ट वैधानिक इकाई का स्वरूप है ?

A. एकल स्वामित्व

B. साझेदारी

C. हिन्दू अविभाजित परिवार

D. संयुक्त स्कन्ध कम्पनी

**66.** निम्नलिखित में से कौन-सा एक संगठन को एक कार्य के रूप में स्पष्ट रूप से परिभाषित करता है ?

A. व्यवसाय का प्रबन्धन

B. साधनों द्वारा लक्ष्यों का सम्पादन

C. व्यावसायिक लक्ष्यों की प्राप्ति हेतु किसी व्यक्ति के हाथों में केन्द्रित प्राधिकार

D. विशिष्ट साध्यों को प्रभावी ढंग से प्राप्त करने हेतु व्यक्तियों को कर्त्तव्य सौंपने की प्रक्रिया

**67.** सूची-I (व्यावसायिक संगठन के रूप) को सूची-II (विशिष्ट अभिलक्षण) के साथ सुमेलित कीजिए और कूट का प्रयोग करते हुए सही उत्तर चुनिए :

| *सूची-I* | *सूची-II* |
|---|---|
| *(a)* संयुक्त हिन्दू परिवार | 1. अपने समान हितों के लिए व्यक्तियों का संघ |
| *(b)* सार्वजनिक उपक्रम | 2. सरकार द्वारा स्वामित्व व नियन्त्रण |
| *(c)* कम्पनी की धारा-25 | 3. सहभागियों द्वारा स्वामित्व |
| *(d)* सहकारी संगठन कला | 4. वाणिज्य, कला, विज्ञान, आदि को बढ़ावा देने के लिए बनी लिमिटेड कम्पनी |

कूट:

| | *(a)* | *(b)* | *(c)* | *(d)* |
|---|---|---|---|---|
| A. | 3 | 2 | 1 | 4 |
| B. | 1 | 3 | 2 | 4 |
| C. | 3 | 2 | 4 | 1 |
| D. | 1 | 3 | 4 | 2 |

**68.** व्यावसायिक संगठन के सहकारी रूप के लिए निम्न में से कौन-सा एक लागू नहीं होता है :

A. लाभ का अधिकांश भाग सदस्यों के बीच लाभांश के रूप में बांटना

B. सामान्य बैठक में नीति सम्बन्धी निर्णय सदस्यों द्वारा लेना

C. समान हित रखने वाले सभी के लिए सदस्यता खुली होना

D. इसका गठन सामान्य तथा सीमित साधनों वाले शिल्पकारों तथा उप भोक्ताओं द्वारा होता है

**69.** एक सहकारी उपभोक्ता भण्डार में प्रत्येक सदस्य का मत:

A. एक-एक होता है

B. खरीदे गए अंशों की संख्या के बराबर होता है

C. उसके द्वारा खरीदे गए माल से होता है

D. प्रबन्ध समिति निश्चित करती है

**70.** एक साझेदारी फर्म का पंजीयन न कराने पर :

A. आयकर से छूट नहीं मिलती है

B. उसे किसी बाह्य पक्ष के विरुद्ध कार्यवाही करने का अधिकार प्राप्त नहीं होता है

C. बाह्य पक्ष को उसके विरुद्ध अधिकार प्राप्त नहीं होता है

D. B और C दोनों

**71.** एक साझेदारी फर्म का अनिवार्य समापन हो जाएगा :

A. यदि फर्म को हानि हो जाए

B. फर्म का कारोबार अवैध हो जाए

C. यदि फर्म के किसी साझेदार की मृत्यु हो जाए

D. यदि फर्म का कोई साझेदार पागल हो जाए

**72.** किसी समझौते के अभाव में एक साझेदार के दिवालियापन से उत्पन्न हानि अन्य साझेदारों द्वारा वहन की जाती है :

A. समान अनुपात में

B. उनके पूंजी अनुपात में

C. लाभ विभाजन अनुपात में

D. 3:2:1 के अनुपात में

**73.** किसी साझेदारी का विघटन कब होना आवश्यक है ?

A. जब कोई साझेदार दुर्व्यवहार करता है

B. अस्वस्थ हो जाता है

C. व्यवसाय घाटे में चलता है

D. जब किसी साझेदार की मृत्यु हो जाती है

**74.** एकल व्यापारी के दायित्व भुगतान के लिए प्रयुक्त हो सकते हैं :

A. व्यवसाय की केवल सम्पत्तियां

B. केवल पूंजी

C. व्यवसाय की कुल रोकड़ राशि, सम्पत्तियां, निजी जायदाद व रोकड़ एवं मूल्यवान पदार्थ

D. केवल उसकी निजी जायदाद, रोकड़ एवं मूल्यवान पदार्थ

**75.** एक साझेदारी स्वत: ही विघटित (समाप्त) हो जाती है, जब :

A. व्यवसाय हानि में चलता हो

B. एक साझेदार की मृत्यु हो गई हो

C. एक साझेदार विकलांग हो गया हो

D. एक साझेदार का व्यवहार बुरा हो

**76.** 25 व्यक्तियों का एक संघ बिना पंजीकरण के ही व्यापार कर रहा है, उसे कहा जाएगा :

A. निजी कम्पनी      B. सार्वजनिक कम्पनी

C. अवैधानिक संघ      D. साझेदारी

**77.** निष्क्रिय साझेदार से तात्पर्य है जो :

A. फर्म के संचालन में सक्रिय रूप से भाग लेता है

B. वास्तविक साझेदार है जो साझेदार के रूप में उल्लेखित नहीं होता है

C. अवास्तविक साझेदार है जो साझेदार के रूप में उल्लेखित होता है

D. उपरोक्त सभी

## F. अनुसंधान
## (INVESTIGATION)

**1.** निरीक्षक की रिपोर्ट के आधार पर केन्द्र सरकार किस धारा के तहत् कम्पनी के अनिवार्य समापन हेतु न्यायालय में प्रार्थना-पत्र दे सकती है ?

A. धारा 242      B. धारा 243

C. धारा 244      D. धारा 245

**2.** किस धारा के तहत् केन्द्र सरकार कुछ परिस्थितियों में दोषी व्यक्ति/व्यक्तियों से अनुसन्धान का समस्त व्यय वसूल कर सकती है :

A. धारा 242      B. धारा 243

C. धारा 244      D. धारा 245

**3.** किसी धारा के तहत् केन्द्र सरकार निरीक्षक की रिपोर्ट के आधार पर जनहित में आवश्यक समझे तो सम्बन्धित व्यक्तियों से हर्जाने की प्राप्ति हेतु कार्यवाही कर सकती है ?

A. धारा 242      B. धारा 243

C. धारा 224      D. धारा 245

**4.** फर्म में सम्मिलित होने वाले साझी द्वारा कराए जाने वाले अनुसन्धान में सम्मिलित है :

A. फर्म की उपार्जन क्षमता क्या है

B. फर्म की सम्पत्तियां किस हालत में है

C. साझेदारी संलेख की व्यवस्थाएं ठीक है

D. उपरोक्त सभी

**5.** आप एक ऐसे व्यक्ति के अनुसन्धानकर्त्ता नियुक्त किए गए हैं जो किसी व्यवसाय को ऋण देना चाहता है, आप जांच करेंगे :

A. जमानत के लिए दी जाने वाली सम्पत्ति का स्वभाव

B. जमानत के लिए दी जाने वाली सम्पत्ति का मूल्य

C. व्यवसाय की सामान्य आर्थिक स्थिति कैसी है

D. उपरोक्त सभी

**6.** आप एक ऐसे व्यक्ति के अनुसंधानकर्त्ता नियुक्त किए गए हैं जो किसी व्यवसाय में ऋण देना चाहता है, आप जांच में शामिल नहीं करेंगे :

A. ऋण जिस कारण दिया जा रहा है, उसका औचित्य क्या है

B. व्यवसायी की उपार्जन क्षमता कितनी एवं कैसी है

C. ऋण की राशि की पर्याप्तता

D. व्यवसाय की शाखाएं कितने शहरों में है

**7.** एक कम्पनी के अंशों का मूल्य निर्धारित करने वाले अनुसंधानकर्त्ता द्वारा ध्यान रखा जाएगा कि :

A. व्यापार का झुकाव किस ओर है

B. मुद्रा बाजार की स्थिति क्या एवं कैसी है

C. अधिमान अंशों पर दी जाने वाली लाभांश दर क्या है

D. उपरोक्त सभी

**8.** एक कम्पनी के अंशों के मूल्य निर्धारण के सम्बन्ध में अनुसंधानकर्त्ता को स्पष्ट कारण देने होते हैं, इसका मुख्य कारण है कि :

A. उसका कार्य सही है

B. उसे ऐसा करना चाहिए इसलिए करता है

C. न्यायालय इसकी जांच भी कर सकता है

D. इनमे से कोई नहीं

**9.** अनुसन्धान किसी विधान के अन्तर्गत :

A. अनिवार्य है      B. अनिवार्य नहीं है

C. आवश्यक है      D. इनमें से कोई नहीं

**10.** केन्द्र सरकार द्वारा निरीक्षक की नियुक्ति की जा सकती है जब :

                                      

A. अंशपूंजी वाली कम्पनी की दशा में कम से कम 200 सदस्यों ने आवेदन किया हो

B. बिना अंशपूंजी वाली कम्पनी की दशा में जब कम्पनी की कुल सदस्य संख्या का कम से कम 1/5 सदस्यों ने आवेदन किया हो

C. जब रजिस्ट्रार ने धारा 234 के अन्तर्गत रिपोर्ट प्रस्तुत की हो

D. उपरोक्त सभी परिस्थितियों में

**11.** जब धारा 237 के अनुसार कम्पनी ने विशेष प्रस्ताव द्वारा घोषण की हो या न्यायालय घोषित करे कि अनुसन्धान होना चाहिए तब निरीक्षक की नियुक्ति का आदेश देगा :

A. न्यायालय      B. केन्द्र सरकार

C. रजिस्ट्रार      D. कोई नहीं

**12.** एक ऐसी संस्था जिसकी कुल बिक्री तो बढ़ रही है, किन्तु उसके सकल लाभ का प्रतिशत गिर रहा है, ऐसी स्थिति में अनुसंधानकर्त्ता जांच में शामिल करता है :

A. पिछले वर्षों की तुलना में क्रय लागतें

B. क्रय बीजकों को दो बार तो नहीं लिखा गया

C. मजदूरी की पिछली एवं वर्तमान दरें

D. उपरोक्त सभी

**13.** प्रश्न संख्या 12 के सन्दर्भ में अनुसन्धानकर्त्ता शामिल नहीं करेगा :

A. प्रत्यक्ष व्यय      B. विक्रय मूल्य

C. स्टॉक का मूल्यांकन      D. अंकेक्षक का पारिश्रमिक

**14.** अनुसन्धानकर्त्ता को अपना दायित्व कम करने के लिए अपनी रिपोर्ट में :

A. कुछ तथ्य नहीं डालने चाहिए, छुपा लेने चाहिए

B. प्रबन्धकों की राय लिखनी चाहिए

C. विशेषज्ञों की रिपोर्ट एवं टिप्पणियों का उल्लेख करना चाहिए

D. इनमें से कोई नहीं

**15.** अनुसन्धान की सामान्यतया अवधि होती है :

A. एक वर्ष से लगातार 3 वर्षों तक

B. एक वर्ष से लगातार 4 वर्षों तक

C. एक वर्ष से लगातार 5 वर्षों तक

D. एक वर्ष से लगातार 6 वर्षों तक

**16.** ''किसी विशिष्ट उद्देश्य के लिए लेखों एवं रिकार्डों की जांच को ही अनुसंधान कहते हैं''। यह कथन है :

A. स्पाइसर का

B. पैगलर का

C. स्पाइसर एवं पैगलर का

D. इनमें से किसी का भी नहीं

**17.** अनुसन्धान का उद्देश्य स्पष्ट किया जाना चाहिए :

A. सचिव द्वारा      B. नियोक्ता द्वारा

C. सरकार द्वारा      D. रजिस्ट्रार द्वारा

**18.** अनुसन्धान प्रारम्भ करने से पूर्व की जाने वाली आवश्यक कार्यवाही में सम्मिलित होता है :

A. उद्देश्य का निर्धारण      B. परिणाम का उपयोग

C. अवधि एवं कार्यक्षेत्र      D. उपरोक्त सभी

**19.** अनुसन्धान प्रारंभ करने से पूर्व की जाने वाली आवश्यक कार्यवाही में सम्मिलित नहीं होता है :

A. गोपनीयता

B. विशेषज्ञों का परामर्श

C. लेखों का असत्यता को स्वीकार करना

D. व्यवसाय की विशेषता का अध्ययन

**20.** अनुसन्धान के उद्देश्यों में सम्मिलित है :

A. किसी व्यक्ति द्वारा व्यवसाय की खरीद

B. नई कम्पनी द्वारा चालू व्यवसाय की खरीद

C. फर्म में किसी नए साझी का प्रवेश

D. उपरोक्त सभी

**21.** अनुसन्धान का उद्देश्य नहीं है :

A. लाभ-हानि का पता लगाना

B. कपट का पता लगाना

C. बिक्री पर सकल लाभ के प्रतिशत के गिरने का कारण जानना

D. अपने धन का विनियोग करना

**22.** अनुसन्धान कराने का कारण नहीं है :

A. व्यवसाय को ऋण प्रदान करना

B. कम्पनी के अंशों का मूल्यांकन

C. प्रविवरण में रिपोर्ट देना

D. अंशों का आबंटन करना

**23.** कम्पनी अनुसन्धान हेतु नियुक्त निरीक्षक द्वारा अपनाई जाने वाली प्रक्रिया में सम्मिलित है :

A. कम्पनी की सम्पत्तियों का अस्तित्व क्या व कैसा है

B. कम्पनी के दायित्वों का स्वभाव कैसा है

C. कम्पनी का अपनी सहायक कम्पनियों के साथ व्यवहार कैसा है एवं अन्तिम खातों में लाभ-हानि का निर्धारण किस प्रकार किया गया है

D. उपरोक्त सभी

**24.** केन्द्र सरकार द्वारा नियुक्त एक निरीक्षक को प्रदत अधिकार है :

A. वह कम्पनी के अधिकारियों, कर्मचारियों एवं एजेन्टों से आवश्यक सूचनाएं मांग सकता है

B. महत्वपूर्ण कार्यों के लिए विशेषज्ञों से परामर्श ले सकता है

C. कम्पनी, उसकी सहायक कम्पनियों, सूत्रधारी कम्पनी, सूत्रधारी कम्पनी की सहायक कम्पनियों के प्रबन्ध संचालक या मैनेजर के मामलों का अनुसन्धान कर सकता है

D. उपरोक्त सभी

**25.** निरीक्षण द्वारा प्रस्तुत रिपोर्ट के आधार पर केन्द्रीय सरकार धारा 242 के तहत् किस अधिकार का प्रयोग कर सकती है ?

A. किसी व्यक्ति के विरुद्ध सापराध दायित्व के लिए मुकदमा दायर करना

B. कम्पनी के समापन हेतु न्यायालय में प्रार्थना पत्र देना

C. जनहित में सम्बन्धित व्यक्तियों से हर्जाना वसूली हेतु कार्यवाही करना

D. इनमें से कोई नहीं

## G. वस्तु एवं सेवा कर (GST) (GOODS AND SERVICE TAX)

**1.** जीएसटी परिषद बनाई गई है:

A. संविधान संशोधन के अनुच्छेद 279A के अनुसार

B. संविधान संशोधन के अनुच्छेद 280A के अनुसार

C. संविधान संशोधन के अनुच्छेद 281A के अनुसार

D. संविधान संशोधन के अनुच्छेद 282A के अनुसार

**2.** GST के तहत पंजीकरण रद्द करने का फॉर्म ______ है।

A. GST REG-16

B. GST REG-17

C. GST REG-18

D. GST REG-19

**3.** GST के अंतर्गत CIN आता है:

A. Computer Identification Number

B. Challan Identification Number

C. Cost Identification Number

D. इनमें से कोई नहीं

**4.** GST के अंतर्गत E-FPB क्या है?

A. Electronic Focal Point Bank

B. Electronic Fund Payment Bank

C. Electronic Focal Point Branch

D. Electronic Focus Point Bank

**5.** GST के संदर्भ में RNR क्या है?

A. Rate Neutral Revenue

B. Revenue Natural Rate

C. Rate of Non-Revenue

D. Revenue Neutral Rate

**6.** निम्नलिखित में से कौन-सी GST के बारे में सही है?

A. GST आयात पर लागू होता है

B. अंतिम उपभोक्ता केवल पिछली डीलर द्वारा आपूर्ति शृंखला में GST का भुगतान करेंगे, जो कि पिछले सभी चरणों में निर्धारित लाभ के साथ है।

C. इसमें पेट्रोल शामिल हैं

D. इसमें स्थानीय निकायों द्वारा लगाए गए मनोरंजन कर शामिल हैं

**7.** GST के तहत IGST के क्रेडिट के लिए उपयोगिता क्रम है:

A. IGST, CGST, SGST/UTGST

B. CGST, SGST/UTGST, IGST

C. SGST/UTGST, IGST, CGST

D. SGST/UTGST, CGST, IGST

**8.** GST के तहत एंटी-प्रोफाइटरिंग क्लॉज शामिल है:

A. यह सुनिश्चित करने के लिए कि व्यापार उच्च कर के साथ बोझ नहीं है

B. यह सुनिश्चित करने के लिए कि व्यापारियों को नुकसान नहीं उठाना चाहिए

C. यह सुनिश्चित करने के लिए कि व्यापार में उपभोक्ताओं को दोनों की वस्तुओं या सेवाओं पर कम कर की घटनाओं के लाभ प्राप्त होता है

D. इनमें से कोई नहीं

**9.** GST के तहत फंड का अर्थ है:

A. वरिष्ठ नागरिक कल्याण निधि

B. व्यापारी कल्याण कोष

C. समाज कल्याण निधि

D. उपभोक्ता कल्याण कोष

**10.** GST के तहत इनपुट टैक्स क्रेडिट सेक्शन _____ के तहत कवर किया गया है।

A. 2(62)

B. 2(63)

C. 2(65)

D. 2(66)

**11.** GST के तहत, CPIN है:

A. Common Product Identification Number

B. Computer Portal Identification Number

C. Common Portal Identification Number

D. Computerized Personal Identification Number

**12.** वस्तु एवं सेवा कर (GST) लगाया गया:

A. 1 जून, 2017

B. 1 जुलाई, 2017

C. 15 अगस्त, 2017

D. इनमें से कोई नहीं

**13.** जी.एस.टी. परिषद् (कौन्सिल) का अध्यक्ष होता है:

A. प्रधानमंत्री

B. केन्द्रीय वित्त मंत्री

C. वित्त आयोग का अध्यक्ष

D. इनमें से कोई नहीं

**14.** भारत में जी.एस.टी. (वस्तु और सेवा कर) में अधिकतम कर की दर क्या है?

A. 22%

B. 24%

C. 26%

D. 28%

**15.** निम्नलिखित में से किस माल को सन्दर्भ एक जुलाई, 2017, जी.एस.टी. के अंतर्गत सम्मिलित किया गया है?

A. बिजली

B. तरलीकृत पेट्रोलियम गैस

C. हाई स्पीड डीजल

D. पेट्रोलियम क्रूड

**16.** जी.एस.टी. के अंतर्गत माल के वर्गीकरण के लिए प्रयुक्त कोड है:

A. एन.आई.सी.          B. एच.एस.एन.

C. जी.एस.टी.एन.        D. आई.टी.सी.

**17.** वस्तु और सेवा कर (जीएसटी) की अवधारणा किस देश से शुरू हुई थी?

A. कनाडा                 B. संयुक्त राज्य अमेरिका

C. ब्रिटेन                 D. जर्मनी

**18.** किस प्रकार का कर जीएसटी है?

A. प्रत्यक्ष कर

B. अप्रत्यक्ष कर

C. वस्तुओं और सेवाओं के प्रकार पर निर्भर करता है

D. उपरोक्त में से कोई भी नहीं

**19.** जीएसटी बिल को पारित करने के लिए कौन-सा संवैधानिक संशोधन किया गया है?

A. 101वां                B. 120वां

C. 122वां                D. 115वां

**20.** जीएसटी बिल के अंतर्गत निम्नलिखित में से कौन-सी वस्तु शामिल नहीं होगी?

A. कुकिंग गैस            B. शराब

C. पेट्रोल                 D. उपरोक्त सभी

**उत्तरमाला**

**(A)**

| 1 | 2 | 3 | 4 | 5 | 6 | 7 | 8 | 9 | 10 |
|---|---|---|---|---|---|---|---|---|----|
| A | D | C | D | A | B | B | D | A | B |
| **11** | **12** | **13** | **14** | **15** | **16** | **17** | **18** | **19** | **20** |
| C | A | B | D | A | B | A | C | D | D |
| **21** | **22** | **23** | **24** | **25** | **26** | **27** | **28** | **29** | **30** |
| A | C | B | D | C | B | A | D | D | C |
| **31** | **32** | **33** | **34** | **35** | **36** | **37** | **38** | **39** | **40** |
| D | D | C | B | A | B | D | B | C | C |

**(B)**

| 1 | 2 | 3 | 4 | 5 | 6 | 7 | 8 | 9 | 10 |
|---|---|---|---|---|---|---|---|---|---|
| C | A | B | A | B | D | C | B | B | C |

| 11 | 12 | 13 | 14 | 15 | 16 | 17 | 18 | 19 | 20 |
|---|---|---|---|---|---|---|---|---|---|
| D | D | D | C | C | C | C | D | A | A |

| 21 | 22 | 23 | 24 | 25 | 26 | 27 | 28 | 29 | 30 |
|---|---|---|---|---|---|---|---|---|---|
| C | D | B | C | A | D | A | A | D | D |

| 31 | 32 | 33 | 34 | 35 | 36 | 37 | 38 | 39 | 40 |
|---|---|---|---|---|---|---|---|---|---|
| C | B | A | C | D | B | C | B | A | B |

| 41 | 42 | 43 | 44 | 45 | 46 | 47 | 48 | 49 | 50 |
|---|---|---|---|---|---|---|---|---|---|
| C | D | D | D | B | C | C | A | C | A |

| 51 | 52 | 53 | 54 | 55 | 56 | 57 | 58 | 59 | 60 |
|---|---|---|---|---|---|---|---|---|---|
| D | A | D | B | C | A | C | B | B | D |

| 61 | 62 | 63 | 64 | 65 | 66 | 67 | 68 | 69 | 70 |
|---|---|---|---|---|---|---|---|---|---|
| A | B | B | C | C | B | B | C | A | D |

**(C)**

| 1 | 2 | 3 | 4 | 5 | 6 | 7 | 8 | 9 | 10 |
|---|---|---|---|---|---|---|---|---|---|
| C | D | A | D | D | C | D | C | B | D |

| 11 | 12 | 13 | 14 | 15 | 16 | 17 | 18 | 19 | 20 |
|---|---|---|---|---|---|---|---|---|---|
| C | C | A | B | A | A | C | D | D | D |

| 21 | 22 | 23 | 24 | 25 | 26 | 27 | 28 | 29 | 30 |
|---|---|---|---|---|---|---|---|---|---|
| D | C | A | D | D | C | D | A | C | D |

| 31 | 32 | 33 | 34 |
|---|---|---|---|
| C | B | A | D |

**(D)**

| 1 | 2 | 3 | 4 | 5 | 6 | 7 | 8 | 9 | 10 |
|---|---|---|---|---|---|---|---|---|---|
| B | B | D | C | B | A | B | D | B | A |

| 11 | 12 | 13 | 14 | 15 | 16 | 17 | 18 | 19 | 20 |
|---|---|---|---|---|---|---|---|---|---|
| C | C | D | A | C | C | A | B | D | D |

| 21 | 22 | 23 | 24 | 25 | 26 | 27 | 28 | 29 | 30 |
|---|---|---|---|---|---|---|---|---|---|
| A | B | B | C | B | B | A | A | C | D |

| 31 | 32 | 33 | 34 | 35 | 36 | 37 | 38 | 39 | 40 |
|---|---|---|---|---|---|---|---|---|---|
| C | A | D | A | B | D | A | B | B | A |

| 41 | 42 | 43 | 44 | 45 | 46 | 47 | 48 | 49 | 50 |
|---|---|---|---|---|---|---|---|---|---|
| B | B | A | B | A | B | A | B | A | C |

**(E)**

| 1 | 2 | 3 | 4 | 5 | 6 | 7 | 8 | 9 | 10 |
|---|---|---|---|---|---|---|---|---|---|
| D | A | B | A | C | A | A | D | B | A |

| 11 | 12 | 13 | 14 | 15 | 16 | 17 | 18 | 19 | 20 |
|---|---|---|---|---|---|---|---|---|---|
| C | C | C | D | C | C | B | D | C | D |

| 21 | 22 | 23 | 24 | 25 | 26 | 27 | 28 | 29 | 30 |
|----|----|----|----|----|----|----|----|----|----|
| D | C | B | D | C | D | A | B | C | C |

| 31 | 32 | 33 | 34 | 35 | 36 | 37 | 38 | 39 | 40 |
|----|----|----|----|----|----|----|----|----|----|
| D | D | B | A | B | B | A | D | B | A |

| 41 | 42 | 43 | 44 | 45 | 46 | 47 | 48 | 49 | 50 |
|----|----|----|----|----|----|----|----|----|----|
| C | D | C | B | D | D | C | D | C | B |

| 51 | 52 | 53 | 54 | 55 | 56 | 57 | 58 | 59 | 60 |
|----|----|----|----|----|----|----|----|----|----|
| C | A | B | A | D | D | C | B | B | D |

| 61 | 62 | 63 | 64 | 65 | 66 | 67 | 68 | 69 | 70 |
|----|----|----|----|----|----|----|----|----|----|
| A | A | B | A | D | D | C | D | A | B |

| 71 | 72 | 73 | 74 | 75 | 76 | 77 |
|----|----|----|----|----|----|----|
| B | B | D | C | B | C | B |

**(F)**

| 1 | 2 | 3 | 4 | 5 | 6 | 7 | 8 | 9 | 10 |
|----|----|----|----|----|----|----|----|----|----|
| B | D | C | D | D | D | D | C | B | D |

| 11 | 12 | 13 | 14 | 15 | 16 | 17 | 18 | 19 | 20 |
|----|----|----|----|----|----|----|----|----|----|
| B | D | D | C | D | C | B | D | C | D |

| 21 | 22 | 23 | 24 | 25 |
|----|----|----|----|----|
| A | D | D | D | A |

**(G)**

| 1 | 2 | 3 | 4 | 5 | 6 | 7 | 8 | 9 | 10 |
|----|----|----|----|----|----|----|----|----|----|
| A | A | B | C | D | B | A | C | D | B |

| 11 | 12 | 13 | 14 | 15 | 16 | 17 | 18 | 19 | 20 |
|----|----|----|----|----|----|----|----|----|----|
| C | B | B | D | B | B | A | B | A | D |